新世纪应用型高等教育
新世纪 会计类课程规划教材

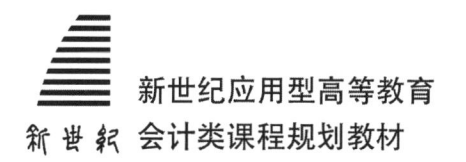

Enterprise Accounting Informatization

企业会计信息化

（第三版）

主　编　柏思萍　唐振达　蒋昌军

副主编　张　菁　王纯杰　陈　岩

大连理工大学出版社

图书在版编目(CIP)数据

企业会计信息化 / 柏思萍，唐振达，蒋昌军主编. — 3版. — 大连：大连理工大学出版社，2018.7(2021.6重印)
新世纪应用型高等教育会计类课程规划教材
ISBN 978-7-5685-1626-6

Ⅰ. ①企… Ⅱ. ①柏… ②唐… ③蒋… Ⅲ. ①企业管理－会计信息－财务管理系统－高等学校－教材 Ⅳ. ①F275.2-39

中国版本图书馆CIP数据核字(2018)第157591号

QIYE KUAIJI XINXIHUA

大连理工大学出版社出版
地址：大连市软件园路80号　邮政编码：116023
发行：0411-84708842　邮购：0411-84708943　传真：0411-84701466
E-mail：dutp@dutp.cn　URL：http://dutp.dlut.edu.cn
大连图腾彩色印刷有限公司印刷　　大连理工大学出版社发行

幅面尺寸：185mm×260mm	印张：22.5	字数：520千字
2010年7月第1版		2018年7月第3版
	2021年6月第3次印刷	

责任编辑：白　璐　　　　　　　　　　　　　责任校对：李　楠
　　　　　　　　　封面设计：对岸书影

ISBN 978-7-5685-1626-6　　　　　　　　　　　定　价：51.80元

本书如有印装质量问题，请与我社发行部联系更换。

前 言

《企业会计信息化》(第三版)是新世纪应用型高等教育教材编审委员会组编的会计类课程规划教材之一。

信息化是当今世界发展的必然趋势,是推动我国现代化建设和经济社会变革的技术手段和基础性工程。党中央、国务院高度重视信息化工作,对各部门、各地区提出了全面推进信息化建设的要求,并有计划、有步骤地组织实施。其工作目标:力争通过5～10年的努力,建立健全会计信息化法规体系和会计信息化标准体系[包括可扩展商业报告语言(XBRL)分类标准],全力打造会计信息化人才队伍,基本实现大型企事业单位会计信息化与经营管理信息化的融合,进一步提升企事业单位的管理水平和风险防范能力,做到数出一门、资源共享,便于不同信息使用者获取、分析和利用,进行投资和相关决策;基本实现大型会计师事务所采用信息化手段对客户的财务报告和内部控制进行审计,进一步提升社会审计质量和效率;基本实现政府会计管理和会计监督的信息化,进一步提升会计管理水平和监管效能。通过全面推进会计信息化工作,使我国的会计信息化达到或接近世界先进水平。

会计信息化是国家信息化的重要组成部分,目前在我国,会计信息化可以说是在会计电算化、会计信息系统概念的基础上派生的全新概念,会计界对于会计信息化概念有不同的理解。谢诗芬教授认为:"会计信息化就是利用现代信息技术(计算机、网络和通信等),对传统会计模式进行重构,并在重构的现代会计模式上通过深化开发和广泛利用会计信息资源,建立技术与会计高度融合的、开放的现代会计信息系统,以提高会计信息在优化资源配置中的有用性,促进经济发展和社会进步的过程。"会计信息化是国民经济信息化和企业信息化的基础和组成部分,它强调会计信息化的本质是一个过程,利用的手段是现代信息技术,目标是建立现代会计信息系统,以提高会计信息的有用性。为了贯彻国家信息化发展战略,全面推进我国会计信息化工作,进一步深化会计改革,充分发挥会计在经

济社会发展中的作用，编者及时把企业管理理念、管理软件（金蝶ERP软件和用友ERP软件）与现代教育思想相融合，以培养企业会计信息化应用型人才为目标，以教材、多媒体教学资源等为载体，矢志创新，组织编写了《企业会计信息化》（第三版）。

本教材从企业会计信息化建设的实际出发，结合国内先进的金蝶K/3ERP管理软件和用友U872版ERP管理软件所提供的管理功能，简明地介绍了企业会计信息化的基本概念、企业会计信息化的构建方法、软件各个模块的主要功能、与其他模块之间的相互关系及应用流程，使之能够适应财政部《关于全面推进我国会计信息化工作的指导意见》中关于会计信息化人才培养方面的要求。教材的使用者从中可以体验到企业会计信息化能够帮助企业解决什么是会计信息化、怎样构建会计信息化、如何实施会计信息化等若干理论与实践问题，更好地推动企业会计信息化建设。

本教材从国家对企业会计信息化建设的基本要求出发，运用CDIO原理，体现"厚德为先、博学为本、尚能为重、创新为魂"的育人思想，实践探索"双体系、双平台、多模块"的应用型高等教育会计人才培养模式，突出"理论够用、应用为先"理念，以企业财务实战演练为核心，遵循由浅入深、循序渐进的原则，力求通俗易懂、易于掌握，并结合配套的《企业会计信息化实训教程》（第三版）一起使用，将理论教学与实践教学紧密结合，使教材的使用者能快速掌握企业会计信息化的基本理论和实际操作技能，调整、优化企业会计信息化的课程结构和教学内容，最终使教材的使用者达到"理论清、用得上、干得好"的高端企业会计信息化人才培养目标。

本教材由广西财经学院柏思萍、唐振达、蒋昌军任主编；广西财经学院张菁、王纯杰、东北财经大学陈岩任副主编。

本教材是在总结我国企业会计信息化建设研究成果、充分借鉴与引用相关学者和专家的教学经验和科研成果的基础上编写而成的，对他们的辛勤耕耘表示衷心感谢！对金蝶公司、用友公司和广西财经学院的有关领导给予的大力支持和帮助，在此一并表示感谢！

在编写本教材的过程中，编者参考、引用和改编了国内外出版物中的相关资料以及网络资源，在此表示深深的谢意！相关著作权人看到本教材后，请与出版社联系，出版社将按照相关法律的规定支付稿酬。

限于水平，书中仍有疏漏和不妥之处，敬请专家和读者批评指正，以使教材日臻完善。

编　者
2018年7月

所有意见和建议请发往：dutpbk@163.com
欢迎访问高教数字化服务平台：http://hep.dutpbook.com
联系电话：0411-84708445　84708462

目 录

上篇 基于金蝶 K/3 平台

第 1 章 金碟 K/3 概述 ... 3
- 1.1 系统架构 ... 3
- 1.2 系统结构 ... 5
- 1.3 新入门者应用流程 ... 9
- 1.4 解决方案 ... 10
- 1.5 安装系统 ... 13
- 1.6 小 结 ... 19
- 1.7 习 题 ... 19

第 2 章 系统管理 ... 20
- 2.1 系统登录 ... 20
- 2.2 账套管理 ... 21
- 2.3 用户管理 ... 30
- 2.4 小 结 ... 36
- 2.5 习 题 ... 36

第 3 章 系统设置 ... 37
- 3.1 系统参数与属性设置 ... 37
- 3.2 基础资料设置 ... 41
- 3.3 小 结 ... 61
- 3.4 习 题 ... 61

第 4 章 系统初始化 ... 64
- 4.1 系统初始化的顺序 ... 64
- 4.2 总账系统初始化 ... 65
- 4.3 应收、应付款管理系统的初始化 ... 68
- 4.4 固定资产管理系统的初始化 ... 75
- 4.5 现金管理系统的初始化 ... 83
- 4.6 工资管理系统的初始化 ... 87
- 4.7 供应链管理系统的初始化 ... 95

4.8	小　结	100
4.9	习　题	100

第 5 章　日常账务处理的一般程序 105

5.1	日常账务处理概述	105
5.2	凭证处理	106
5.3	记　账	110
5.4	账簿管理	111
5.5	小　结	114
5.6	习　题	114

第 6 章　日常业务处理的具体方法 115

6.1	采购业务日常处理	115
6.2	销售业务日常处理	130
6.3	仓储管理业务日常处理	143
6.4	存货业务日常处理	150
6.5	应收款业务日常处理	160
6.6	应付款业务日常处理	165
6.7	固定资产业务日常处理	168
6.8	现金业务日常处理	174
6.9	工资核算业务日常处理	182
6.10	各业务系统传递到总账系统中凭证的处理	189
6.11	小　结	190
6.12	习　题	190

第 7 章　期末业务处理 192

7.1	期末业务处理概述	192
7.2	存货业务期末处理	193
7.3	应收、应付款业务期末处理	195
7.4	固定资产业务期末处理	197
7.5	工资核算业务期末处理	200
7.6	现金管理业务期末处理	201
7.7	总账系统业务期末处理	201
7.8	小　结	205
7.9	习　题	205

第 8 章　K/3 平台会计报表编制与财务报表分析 206

8.1	K/3 平台会计报表编制	206
8.2	K/3 平台财务报表分析	213

8.3 小 结 ·· 215
8.4 习 题 ·· 215

下篇　基于用友 U8 平台

第 9 章　系统管理 ·· 219
9.1 系统登录 ·· 219
9.2 账套管理 ·· 220
9.3 用户管理 ·· 224
9.4 小 结 ·· 227
9.5 习 题 ·· 228

第 10 章　基础设置 ·· 229
10.1 基本信息、系统设置 ·· 229
10.2 基础资料设置 ·· 230
10.3 小 结 ·· 244
10.4 习 题 ·· 245

第 11 章　系统初始化 ·· 248
11.1 系统初始化顺序 ·· 248
11.2 总账系统的初始化 ·· 248
11.3 应收、应付款管理系统的初始化 ·· 251
11.4 固定资产管理系统的初始化 ·· 254
11.5 工资管理系统的初始化 ·· 259
11.6 供应链管理系统的初始化 ·· 263
11.7 小 结 ·· 267
11.8 习 题 ·· 267

第 12 章　日常账务处理的一般程序 ·· 272
12.1 日常账务处理概述 ·· 272
12.2 凭证处理 ·· 273
12.3 记 账 ·· 277
12.4 小 结 ·· 279
12.5 习 题 ·· 279

第 13 章　日常业务处理的具体方法 ·· 280
13.1 采购业务日常处理 ·· 280
13.2 销售业务日常处理 ·· 291
13.3 库存管理业务日常处理 ·· 299

13.4　存货业务日常处理…………………………………………………………305
13.5　应收款业务日常处理………………………………………………………309
13.6　应付款业务日常处理………………………………………………………312
13.7　固定资产业务日常处理……………………………………………………314
13.8　现金业务日常处理…………………………………………………………316
13.9　工资核算业务日常处理……………………………………………………323
13.10　各业务系统传递到总账系统中凭证处理…………………………………328
13.11　小　结………………………………………………………………………329
13.12　习　题………………………………………………………………………329

第 14 章　期末业务处理……………………………………………………………331
14.1　期末业务处理概述…………………………………………………………331
14.2　存货业务期末处理…………………………………………………………332
14.3　应收款/应付款业务期末处理………………………………………………333
14.4　固定资产业务期末处理……………………………………………………334
14.5　工资核算业务期末处理……………………………………………………335
14.6　总账系统期末处理…………………………………………………………336
14.7　小　结………………………………………………………………………340
14.8　习　题………………………………………………………………………341

第 15 章　U8 平台会计报表编制与报表应用……………………………………342
15.1　U8 平台会计报表编制………………………………………………………342
15.2　U8 平台报表应用……………………………………………………………342
15.3　小　结………………………………………………………………………347
15.4　习　题………………………………………………………………………347

参考文献………………………………………………………………………………348
附　录…………………………………………………………………………………349

上 篇

基于金蝶 K/3 平台

第 1 章

金碟 K/3 概述

本章要点

本章主要从金蝶 K/3 的系统架构思想、新入门者的应用流程及其主要解决方案等方面进行介绍，帮助读者(特别是刚接触金蝶 K/3 者)从宏观上对金蝶 K/3 有一个基本的认识；本章还介绍了安装金蝶 K/3 的具体步骤，使读者可以放心地 DIY。

金蝶 K/3 是金蝶国际软件集团有限公司基于"企业基础管理"核心的设计思想所设计的一套 ERP(Enterprise Resource Planning,企业资源计划)产品，它是建立在信息技术的基础之上，利用现代企业的先进管理思想，为企业提供决策、计划、控制与经营业绩评估的全方位、系统化的管理平台。

1.1 系统架构

金蝶 K/3 的系统架构以科学、严密的管理控制流程，全面控制财务、采购、销售和仓库等业务；以基础数据的一体化管理，保障企业各环节信息的充分共享；以快速预警各环节的运营差异，帮助企业实现对业务的敏捷处理，从而有效提升企业的基础管理水平，帮助管理者全面掌控企业运营状况。

企业会计信息化架构

1.1.1 架构思想

金蝶 K/3 的架构思想核心体现了一个重要概念——"三层架构"。在对企业的业务管理上是三层架构：执行层、管理层、领导层；在系统的技术架构上也是三层架构：数据层、应用逻辑层、表示层，用金蝶 K/3 的语言来描述即数据库端、中间层、客户端。

1. 架构原理

金蝶 K/3 的设计者认为基础管理是企业持续的管理实践，基础管理质量的好坏决定了企业的战略目标能否实现，也决定了企业持续发展是否有坚实的根基；过程管理是基础管理的特性，因为它能真实地反映企业在业务处理过程中的第一手资料。因此，金蝶 K/3

以企业基础管理为核心作为设计思想,以覆盖产品价值链的流程进行全面的计划、组织、协调,加强对业务有效处理和有效控制的管理。金蝶 K/3 针对战略企业管理特点,强调对企业基础数据、基本业务流程、内部控制、知识管理、员工行为规范等的管理,通过有机整合丰富的工具与方法并提供贯穿企业战略管理全过程所需的决策信息,实时监控战略执行过程中的问题,帮助企业创造持续增长的核心竞争力。

2. 系统架构图

金蝶 K/3 的系统架构可分为三层:执行层——提供企业日常业务的处理功能;管理层——提供全面的商业分析与优化功能;领导层——提供企业战略管理和战略规划的各种工具与方法。如图 1-1 所示,从上往下,是战略规划和分解的过程,可确保企业战略有效而快速地执行;从下往上,通过基于数据的比较、修正,可发现战略执行过程中存在的问题,实时对战略目标进行调整,确保企业快速反应,使战略执行更有效。

图 1-1 金蝶 K/3 的系统架构

1.1.2 技术架构

金蝶 K/3 遵循微软 Windows DNA 框架结构,基于三层结构技术,支持网络数据库,支持 Microsoft/Citrix 终端应用,同时也支持 Web 应用层,是真正的面向网络的企业管理软件。它的技术架构是:数据库技术+三层结构组件技术+Citrix 终端技术+企业管理技术。

企业管理软件是典型的数据库应用软件,而三层结构是一项先进且成熟的数据库应用结构。根据分布式计算原理,它将应用分为数据库端、中间层、客户端三个层次。数据库端即数据库服务器;中间层包含了封装商业规则的计算组件;客户端为用户界面,既可以是本地客户端 GUI,也可以是远程客户端 Citrix。

金蝶 K/3 全面采用了组件技术,如"积木"般地搭建架构,为用户和二次开发商提供了一个很好的开发平台:通过标准接口可以直接调用中间层组件进行数据操作,将金蝶

K/3系统同其他应用系统有机整合起来,使企业各个系统全面整合成一个完整的企业管理信息系统。

1.2 系统结构

金蝶K/3以企业物流和资金流为两条主线,优化企业流程,为企业管理层提供上佳的企业管理手段。金蝶K/3以总账系统为财务管理的核心系统之一,与其他业务系统无缝链接,以资金流为核心反映企业的全面管理过程,以"全面应用随需应变"[①]为核心理念。

1.2.1 概述

金蝶K/3集供应链管理、财务管理、人力资源管理、客户关系管理、办公自动化、商业分析、移动商务、集成接口及行业插件等业务管理组件为一体,以成本管理为目标,以计划与流程控制为主线,通过对成本目标及责任进行考核激励,推动管理者应用ERP等先进管理模式和工具,建立企业科学、完整的人、财、物、产、供、销管理体系。本书主要对财务管理与供应链管理进行详细介绍。

1. 基本功能

金蝶K/3的基本功能包括财务管理、供应链管理、生产制造管理、销售与分销管理、人力资源管理。

(1) 财务管理

财务管理系统面向企业财务核算及管理人员,对企业的财务进行全面管理,在完全满足财务基础核算的基础上,实现集团层面的财务集中、全面预算、资金管理、财务报告的全面统一,帮助企业财务管理从会计核算型向经营决策型转变,最终实现企业价值最大化。财务管理系统的各模块可独立使用,同时可与业务系统无缝集成,构成财务与业务集成化的企业应用解决方案。它主要包括财务会计与财务管理两大功能。

① 财务会计 提供以凭证处理为核心的财务核算系统,在凭证录入基础上,自动生成各种分析账表,帮助企业减少重复工作,提高数据的准确性、适时性、共享性。提供以固定资产卡片为核心的全面资产管理,根据资产的不同折旧方法自动计提折旧,并形成各种资产分析管理报表,帮助企业强化资源有效控制,防范减值风险。提供全面的工业企业成本核算及管理系统,围绕费用对象化的基本成本理念,与相关模块集成,通过费用归集、费用分配、成本计算实现实际成本处理的业务流程;在此基础上,建立成本预测、成本控制、成本分析和考核体系,帮助企业实现全面、科学的成本管理。

② 财务管理 提供面向单体企业和集团企业的全面预算管理系统,通过预算编制、调整、执行、控制、分析以及考核评价,保障企业战略目标的实现。提供全面的集团资金统一管理系统,以业务为中心,以财务为核心,对资金计划、控制、结算以及融资、存款、利息计算、资金报表、资金分析等进行一体化管理,实现企业资金的整体管理与调配,做到资金事

---

① 引自金蝶K/3产品说明书。

前计划、实时控制和分析,加快资金周转速度,提高资金使用效率,帮助企业全面提升核心竞争力。提供统一的集团报表平台,通过报表平台建立统一、规范的财务报告体系,帮助企业及时、真实、准确、快速地收集其下属公司的各种管理报表并进行汇总处理,同时通过报表平台提供多种财务业务分析数据,帮助企业分析、决策。

(2)供应链管理

供应链管理系统面向企业采购、销售、库存和质量管理人员,提供采购管理、销售管理、仓库管理、进口管理、出口管理、存货核算、质量管理等业务管理功能,帮助企业全面管理供应链业务。该系统既可独立运行,又可与生产、财务系统结合使用,构成更完整、更全面的一体化企业应用解决方案。

①采购管理　提供从采购申请、订单、收货/入库、退货到付款的业务管理功能,支持供应商、价格、批号等多种采购业务处理,帮助企业实现对采购业务全过程的物流、资金流和信息流的有效管理和控制。

②销售管理　提供从订单、发货/出库、退货、发票到收取款项的业务管理功能,支持信用赊销、价格、折扣、促销等多种销售业务处理,帮助企业实现销售业务全过程的物流、资金流和信息流的有效管理和控制。

③仓库管理　提供入/出库业务、物资调拨、库存调整、虚仓等业务管理功能,支持批次、物料对应、盘点、即时库存校核等管理功能,帮助企业建立规范的仓储作业流程,提高运作效率。

④进口管理　提供进口采购订货、进口单证(供应商发票、报关单证、进口税金)等业务管理功能,帮助企业管理进口采购物流和资金流的全过程,提升进口业务效率。

⑤出口管理　提供出口外销订单、外销储运管理、装箱管理、出库管理、外销客户管理、出口单证(形式发票、报关单证)等业务管理功能,帮助企业加强对出口外销的物流和资金流的全过程管理,提升出口业务效率。

⑥存货核算　提供多种存货核算计算方式,结合总仓与分仓核算、凭证模板灵活设置等业务管理功能,帮助企业准确核算存货的入/出库成本和库存金额,实时提供库存业务的财务成本核算信息。

⑦质量管理　提供供应商评估、采购检验、工序检验、委外工序检验、产品检验、委外加工入库检验、发货检验、退货检验等质量管理功能,帮助企业提高质量管理效率与生产效率。

(3)生产制造管理

生产制造管理系统面向企业计划、生产管理人员,对企业的物料清单、生产计划、能力计划和车间业务等进行全面的管理,帮助企业实现物料清单的建立与变更、多方案的生产计划、精细的车间工序管理等与生产制造相关的业务管理。该系统与物流、财务系统结合使用,构成更完整、更全面的一体化企业应用解决方案。其主要功能包括:

①生产数据管理　通过 BOM(浏览器对象模型)的有效期管理、工程变更管理、工艺路线管理、结合工序替代处理、成本模拟、物料替代和 PDM(产品数据管理)接口功能,帮助企业建立完整的生产基础数据管理规范。

②生产计划管理　提供支持多种生产方式的主生产计划和物料需求计划,结合粗/细

能力计划、生产预测管理、可按计划人员及物料范围设定的计划策略以及替代物料策略，制订合理的生产计划，使企业生产安排更高效、更合理。

③生产任务管理　提供从生产任务、投料与领料、生产检验与汇报，到产品入库、任务单结案等业务的全过程监督与控制，结合模拟发料、领料和入库数量控制等，协助企业有效掌握各项制造活动信息。

④车间作业管理　提供车间工序排产及产品加工任务的确定、分派、执行和流转等功能，结合计时计件工资，配置产品、联副产品与等级品的处理，帮助企业减少车间在制品，提升管理效益。

⑤能力计划管理　提供粗能力计算、粗能力查询、细能力计算、细能力查询和调整等业务管理功能，帮助企业从能力方面有效评估主生产计划和物料需求计划的可行性，保障企业的产能均衡。

⑥设备管理　提供设备档案、运行、事故、保养、润滑、维修等业务管理功能，帮助企业对设备进行有效的预防性保养和维修，延长设备的使用寿命，从而降低成本，提高企业的经济效益。

(4)销售与分销管理

销售与分销管理系统面向企业分销渠道，以销售计划为源头，以信息数据的聚合为基础，以资源的集中控制为手段，通过分销管理、门店管理、前台管理的高效运作，帮助企业建立基于销售网络的信息化系统，打造分销核心竞争力。该系统不可独立运行，可与供应链管理、财务管理集成，构建更完整、更全面的企业应用解决方案。其主要功能包括：

①分销后台　提供价格政策、分销销售计划以及订货、补货、发运作业的管理等，帮助企业合理地制订分销计划，为分销渠道提供方便、快捷的服务，保证销售计划的顺利完成。

②门店管理　提供门店日常仓库事务处理，包括订货、入库、赠品、盘点等业务处理；同时也提供条码和单品管理，以便门店管理人员对商品进行管理。

③前台管理　提供零售作业的日常管理，包括开单、退货、挂单、交班、日结等，为收银员和收银主管提供方便；同时提供对 VIP 客户的全面管理功能，帮助企业管理好 VIP 客户，使企业客户价值最大化。

④数据传输　提供集中式和分布式的部署和数据传输功能，帮助企业实现基础数据和业务数据的统一集中管理控制。

(5)人力资源管理

人力资源管理系统基于战略人力资源管理思想进行设计和开发，适用于大中型集团企业，同时兼顾中小型企业的应用需求，帮助企业实现基础人事管理、专业人力资源管理和员工自助管理等三个层面的应用。该系统采用 Web 应用，既可独立运行，又可与其他系统无缝集成，为企业提供更完整、更全面的企业应用解决方案。其主要功能包括：

①基础人事管理　提供组织规划、职员管理、查询报表、薪资核算、社保福利、考勤管理等功能管理模块，借助于工作流驱动技术，规范基础数据，理顺组织流程，提高工作效率。

②专业人力资源管理　提供能力素质模型、招聘选拔、培训发展、薪酬设计、绩效管理等功能管理模块，围绕人力资源管理过程中的选、育、用、留四个阶段开展有效的管理工

作,帮助企业构建符合战略要求的人力资源管理机制,提升人力资源(HR)管理水平。

③员工自助管理　提供分角色的CEO平台、经理人平台和我的工作台等功能管理模块,借助于移动HR技术,在满足现代企业对全员参与和移动信息化管理需求的前提下,提升企业的员工满意度,充分体现人力资源的优质服务价值。

2. 扩展功能

金蝶K/3的扩展功能包括办公自动化、客户关系和商业智能。其中,办公自动化系统是实现企业基础管理协作平台的知识办公系统,主要面向企事业单位部门、群组和个人,对事务、流程和信息进行及时、高效、有序、可控的协同业务处理,创建企业电子化的工作环境,通过可视化的工作流系统和知识挖掘机制,建立企业知识门户。该系统既可独立运行,也可与金蝶K/3其他产品无缝集成,为企业提供更完整、更全面的企业应用解决方案。客户关系系统是一套以营运型为主、分析型为辅的客户关系管理系统,主要面向企业市场、销售、服务及管理人员,能够帮助企业对客户资源进行全生命周期的管理;同时支持关系营销与项目过程管理等多种业务模式。该系统既可独立运行,又可与金蝶K/3主系统集成,为企业提供更完整、更全面的企业应用解决方案。商业智能系统面向企业中高级管理者,结合企业管理的关键绩效指标体系,提供灵活的指标监控、报表查询和集团综合分析等功能;通过多维图形展示和多种预警方式等信息工具,帮助企业管理者及时、直观地了解企业各环节的运行状况,实时发现企业经营中的异常,快速做出决策,把握企业未来发展和营利的机会。该系统基于金蝶K/3的财务、供应链、制造等系统,为企业提供更完整、更全面的企业应用解决方案。

1.2.2　系统结构图及特点

1. 系统结构图

金蝶K/3的系统结构如图1-2所示,它由财务管理(包括:应付账系统、总账系统、应收账系统、工资系统、固定资产、现金管理)、供应链管理(包括:采购管理、仓存管理、销售管理、存货核算)、生产制造、销售与分销、人力资源、办公自动化、客户关系、商业智能等几大板块组成。各板块以财务管理为中心向四周发散,既可以独立运行也可以进行无缝集成。

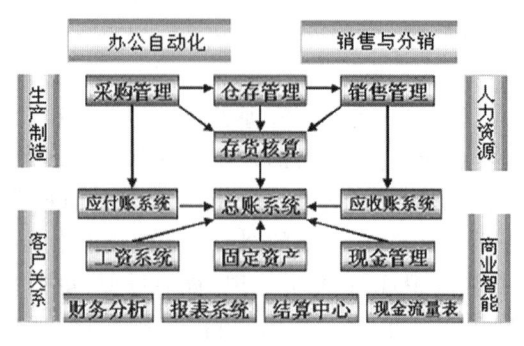

图1-2　金蝶K/3的系统结构

2. 系统特点

为了适应改革开放和经济发展的需要,构建与我国国情相适应并充分与国际财务准

第1章 金蝶K/3概述

则趋同、涵盖各类企业各项经济业务、可独立实施的会计准则体系,我国发布并修订了现行的企业会计准则。金蝶K/3结合这一结构性变化,融合了新准则的内容,其系统架构、业务整合、流程走向、数据处理、管理理念均独具特色,主要表现在以下几个方面:

(1)实现了物流管理与会计核算的高度统一,使业务数据得以及时记录和处理。

(2)方便、及时地产生各种财务分析报告,全面、透彻地反映企业财务状况和经营成果。

(3)将管理会计体系纳入系统,能够为客户提供用于业务活动的计划、执行和评价等多方面的信息。

(4)利用项目管理机制,将整个财务和业务活动有机联系起来,使用户能密切监控每一个项目的所有成本、收入、资产及期限,并对预算与实际成本进行全面比较。

(5)与全球首屈一指的商业分析软件供应商 Hyperion Solutions 以及国际著名管理咨询公司 Stern Stewart 合作,融合了先进的管理思想与管理工具。

(6)在财政部新会计准则的导向下,充分考虑和结合了其结构性转变。

1.3 新入门者应用流程

企业持续经营活动使物流、资金流源源不断地流经企业业务流程的各个作业。为了能使企业的物流、资金流、作业流畅通并能定量地描述这个过程,软件平台的使用者应按照软件平台的数据流规律进行运用,特别是对于一个新手而言,更应组织好数据,按照一定的应用流程进行操作。图1-3所示为金蝶K/3新入门者的典型应用流程。其中的"初始化"与"设置"两部分内容在第一次使用软件时进行处理,以后每月只要重复进行"日常管理""期末处理"与"报表管理"即可。

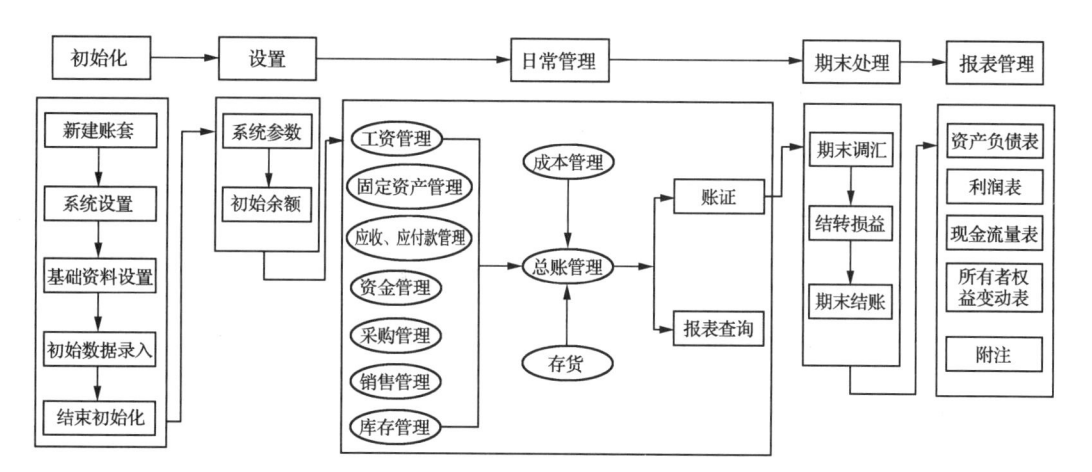

企业会计信息化
数据处理流程

图1-3 金蝶K/3新入门者的典型应用流程

1.4 解决方案

现代企业要持续发展,就必须制定并落实符合自身特点的战略目标,建立和持续完善企业内部控制体系。这就需要依托企业在一定平台上所制订的方案来完成。依托金蝶 K/3 可制订不同的解决方案,如标准财务解决方案、集团财务解决方案、标准供应链管理解决方案、人力资源解决方案、生产制造解决方案、客户关系解决方案等,在此主要介绍标准财务解决方案和供应链管理解决方案。

1.4.1 标准财务解决方案

企业的财务管理贯穿企业战略目标的预测、制定、监控、检查、分析及调整的全过程,在企业管理中处于核心地位。企业的生产经营等各项业务都直接受财务管理的反映和调控。企业财务管理水平直接影响着企业的生存与发展。

金蝶 K/3 的标准财务解决方案可提供从财务最基本的核算、报账、出报表的简约应用到流程规范,角色清晰、职责分明、权限严密;同时可提供从简单的日常会计核算到投资融资管理、资产管理、项目管理、预算管理等,在财务管理的全方位都具备完整的应用策略。

1. 方案背景

金蝶 K/3 的标准财务解决方案的设计主要考虑了两大影响因素:一是企业快速发展;二是我国发布的新会计准则。

(1)企业快速发展对企业财务管理的影响

在企业战略目标落实过程中,企业的财务管理常常会遇到很多挑战,具体表现如图 1-4 所示。

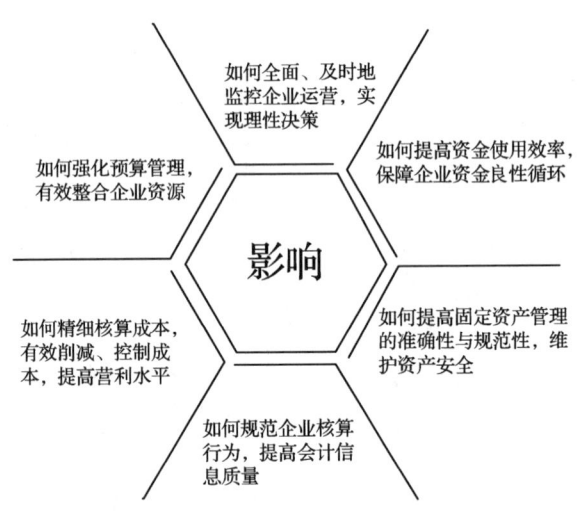

图 1-4 企业快速发展对企业财务管理的影响

(2)新会计准则的颁布对企业财务管理的影响

中国经济已经融入全球经济血脉,这就要求会计准则必须跟上国际步伐。财政部颁布了与国际会计准则趋同的1项基本准则和38项具体会计准则,要求上市公司施行,其他企业鼓励执行。中国企业逐步采用新会计准则已是大势所趋。金蝶K/3的标准财务解决方案充分体现了会计准则体系,其体系结构如图1-5所示。

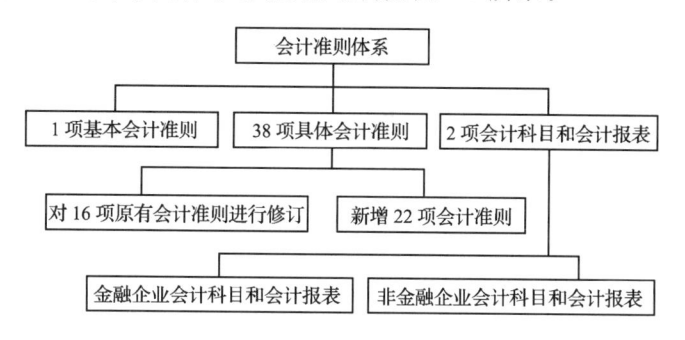

图1-5 会计准则的体系结构

2. 方案应用流程

标准财务解决方案以总账系统凭证处理为主线,结合往来管理、出纳业务、报表管理等核算业务处理流程,与存货核算、固定资产管理、工资管理、采购管理、销售管理等系统集成,通过科目管理与独特的核算项目功能实现企业各项业务的精细化核算与丰富的账簿、财务业务报表查询,帮助企业管理者及时掌握企业财务和业务运营情况,其应用流程如图1-6所示。

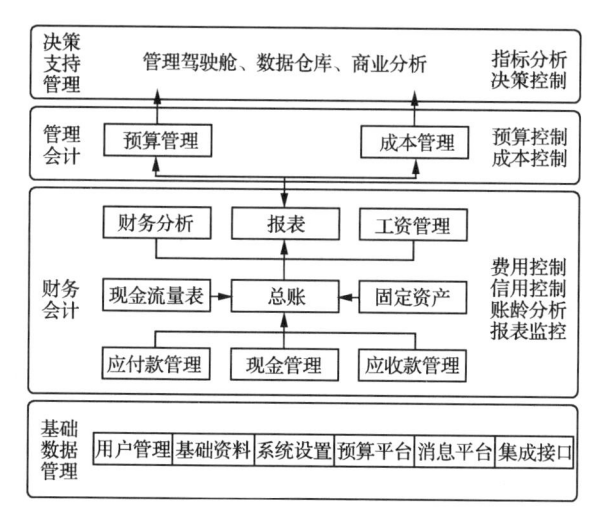

图1-6 标准财务解决方案的应用流程

1.4.2 供应链管理解决方案

金蝶K/3的供应链管理方案能使企业各部门之间不再彼此分离:财务部门能及时了解业务部门,如采购、销售数据;销售部门在收到客户订单时能即时了解库存状况和该客户的信用额度,做出是否接单和接单后交货计划的反馈。该方案实现了企业采购集中统一管理,降低了采购成本;企业可集中制定销售政策和价格,规范商品销售行为;企业内部调拨和联合仓储管理降低了企业内部库存,可以提高现金流的利用率。

供应链管理解决方案可使企业降低生产和运营成本,提升企业的客户满意度,不断提高企业的效益。其应用主要有采购管理、销售管理、仓存管理、分销管理、零售管理和质量管理。

1. 采购管理

采购管理可帮助采购人员控制并完成采购物料从采购计划、采购申请、采购订单到货物接收、检验入库、费用处理的全过程。它可有效地监控采购计划的实施、采购成本的变动及供应商交货履约情况,从而帮助采购人员选择最佳的供应商和采购策略,确保采购工作高质量、高效率、低成本地执行,使企业处于最佳的供货状态,最大限度地减少制造业务环节停工待料现象的发生。

2. 销售管理

销售管理把所有销售业务集成为一个有机的整体,建立完整的客户档案,集中管理各类单据,使销售部门的内部工作变得更有条理,提高了销售人员的工作效率。销售管理使销售业务与其他部门业务实现高度集成。例如,客户信息、报价、接单、排产、制造、出库、开票、送货、收款等原来属于不同部门的业务实现了无缝链接,缩短了交货周期,提高了交货准时性。销售管理可帮助销售人员和管理人员对市场信息、计划、报价、订单、发运和售后服务等销售活动实行全过程的动态跟踪管理和分析,达到提高销售服务和经营决策水平、加强市场竞争能力和应变能力、获取最大经济效益等战略目标。

3. 仓存管理

库存是企业业务处理的核心,欲加强企业管理必先有效管理和控制库存。金蝶K/3的仓存管理系统按照事务的类型全程跟踪企业内部物料的转移过程,处理企业内部物料移动的各种业务,支持集中式事务管理。对仓库提供分类、分级管理模式,使企业的物料管理层次分明、井然有序。该系统提供仓存日常业务处理、库存盘点等处理功能,对企业物料的业务操作进行全面控制和管理;它同存货核算系统结合,能及时反映物料资金占用的状况和结构。该系统的使用能够提高仓库管理人员的工作效率,为其他部门查询库存数据提供更快、更准的服务。

4. 分销管理

分销管理主要针对大型企业集团、工商一体化企业及采用销售公司、集团专卖等方式进行产品销售的企业,对其集团总部与下属分销单位的业务往来和集团统一数据进行管理,提供统一的业务模板、数据资料传递、整体业务控制和分析等日常分布操作和集中管理功能。

5. 零售管理

零售管理即销售前台管理,其主要目的是进行销售数据的收集,并将它汇总后传到后台进行核算,该系统主要适用于商品种类多、价格低、销售价格单一且在一段时期内稳定、销售业务频繁、销售量多的销售企业。

6. 质量管理

质量管理是指在财务会计、物流管理、生产管理等子系统的基础上,采用ISO 9000[①]

[①] 是ISO组织成立的质量管理和质量保证技术委员会 TC176 于 1987 年颁布的系列标准。

的先进质量管理思想,同时吸收 JIT[①] 及精益生产的管理思想,为工业企业提供从供应商评估、采购检验、工序检验、委外工序检验、产品检验、委外加工入库检验、发货检验、退货检验到样品管理及质量事故和客户投诉处理等全面质量管理与控制的企业管理软件,旨在帮助企业提高质量管理效率与生产效率,降低因来料问题、车间生产、库存物料质量管理等原因造成的质量事故,从而降低损耗与成本、提高产品质量与客户满意度。

1.5 安装系统

在运用金蝶 K/3 对企业的各项业务进行管理之前,首先要安装系统。金蝶 K/3 采用三层技术架构,其后台应用程序数据库即 SQL Sever 2000 的安装是必需的。因此,其安装也包括三部分:操作系统的选择与 SQL Sever 2000 的安装;对系统进行环境检测;安装金蝶 K/3。

1.5.1 运行环境

1. 硬件环境

中间层服务器端内存 1 GB 以上,CPU 频率 1 GHz 以上,磁盘空间 10 GB 以上。客户端内存 256 MB 以上,CPU 频率 500 MHz 以上,磁盘空间 2 GB 以上。网络宽带 56 kbit/s 以上。

2. 软件环境

中间层服务器的操作系统一般为 Windows 2000 Server;客户端或演示端可以使用其他操作系统,如 Windows 2000 或 Windows XP。SQL Server 2000 需要安装在中间层服务器端,如果用户使用 Windows 2000 操作系统,则可以安装标准版或企业版的数据库;如果用户使用 Windows XP 操作系统,则可以安装个人版或开发版的数据库。网络协议建议采用 TCP/IP。

1.5.2 SQL Server 2000 的安装

在安装 SQL Server 2000 之前,应保证计算机的软件、硬件环境完全符合安装要求,关闭可能影响安装的程序,并且以管理员的身份登录计算机。将 SQL Server 2000 的安装光盘放入 CD-ROM 驱动器之后,SQL Server 2000 的安装程序会自动启动。如果该光盘不自动运行,可双击该光盘根目录中的 Autorun.exe 文件,弹出安装选项窗口。下面以个人版为例描述安装步骤(标准版、企业版的操作完全一样)。

第 1 步:如图 1-7 所示,单击 安装 SQL Server 2000 组件(C) 选择"安装 SQL Server 2000 组件"选项。

第 2 步:弹出 SQL Server 2000 的【安装组件】界面,它共有 3 个选项,如图 1-8 所示选择"安装数据库服务器"。

---

① JIT(Just In Time,及时生产):JIT 生产的核心在于把所需物品在需要之时,按照需求量生产而不产生多余的库存,即 JIT 生产控制物品、时间和数量。JIT 生产一般属于逆向分派。

图 1-7　选择安装选项　　　　　　　　　图 1-8　选择安装组件

第 3 步：系统进入正式安装界面（【欢迎】界面），单击 下一步(N) 按钮，弹出【计算机名】界面。输入计算机名，选择"本地计算机"，单击 下一步(N) 按钮。

第 4 步：在弹出的【安装选择】界面中，选择默认项"创建新的 SQL Server 实例，或安装客户端工具"，单击 下一步(N) 按钮。

第 5 步：在弹出的【用户信息】界面中，输入"姓名"与"公司"（姓名与公司名称由用户自行命名），单击 下一步(N) 按钮。弹出【软件许可证协议】界面，单击 是(Y) 按钮。弹出【安装定义】界面，如图 1-9 所示选择默认项"服务器和客户端工具"，单击 下一步(N) 按钮。

第 6 步：弹出【实例名】界面，如果选择"默认"，SQL Server 2000 的名称将和 Windows 2000 服务器的名称相同。SQL Server 2000 可以在同一台服务器上安装多个实例，即用户可以重复安装几次，如果用户计算机上已经安装了数据库实例，则"默认"可能不可选择，这时用户就需要选择其他实例名。实例名会出现在各种 SQL Server 2000 和系统工具的用户界面中，实例名越短越容易读取，实例名不能是"Default"等 SQL Server 2000 的保留关键字。在本例中，因系统已有一个实例，故只能再输入一个新的实例名，如图 1-10 所示，在"实例名"下方的文本编辑框中输入"bsp"，单击 下一步(N) 按钮。

第 7 步：弹出【安装类型】界面，选择"典型"，默认安装"目的文件夹"，单击 下一步(N) 按钮。

第 8 步：弹出【服务账户】界面，如图 1-11 所示选择"对每个服务使用同一账户。自动启动 SQL Server 服务"，并在"服务设置"中选择"使用本地系统账户"。（不建议选择"使用域用户账户"，以避免日后因 Windows 的登录用户名和密码被修改而使 SQL Server 2000 不能正常启动。）单击 下一步(N) 按钮。

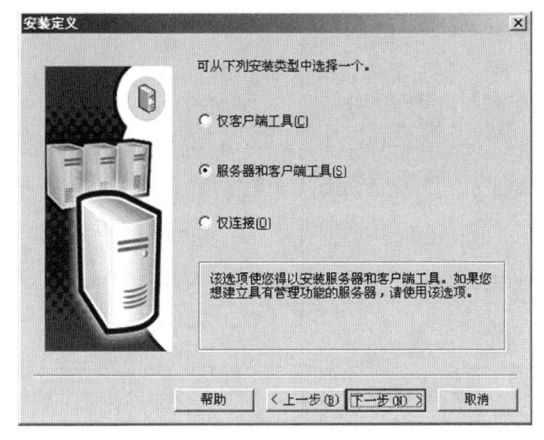

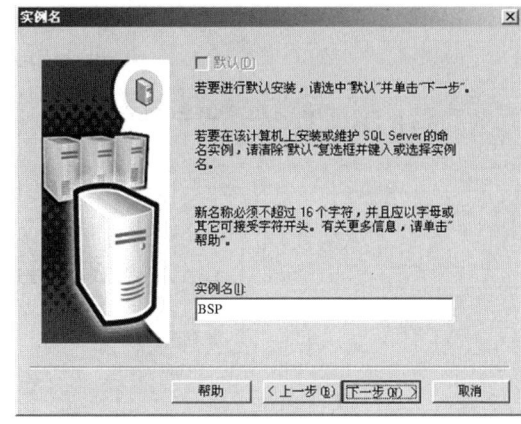

图 1-9 【安装定义】界面　　　　　　　　　图 1-10 【实例名】界面

第 9 步：弹出【身份验证模式】界面，如图 1-12 所示选择"混合模式（Windows 身份验证和 SQL Server 身份验证）"，并勾选"空密码"（不推荐），以方便登录。可以后再设置 sa 的密码，不要忘记设置的 sa 的密码（Sa 为系统默认用户名），因为 SQL Server 2000 的各种应用系统在安装或使用过程中往往需要 sa 的密码。单击 下一步(N) 按钮。

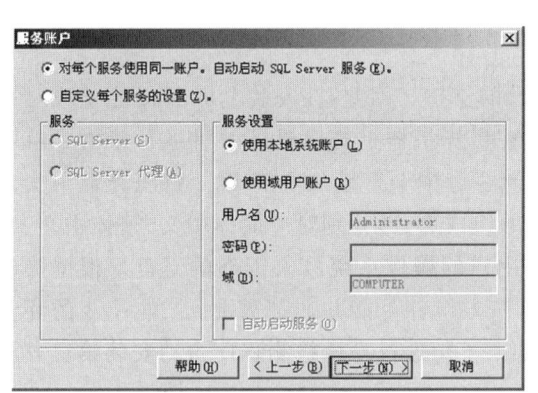

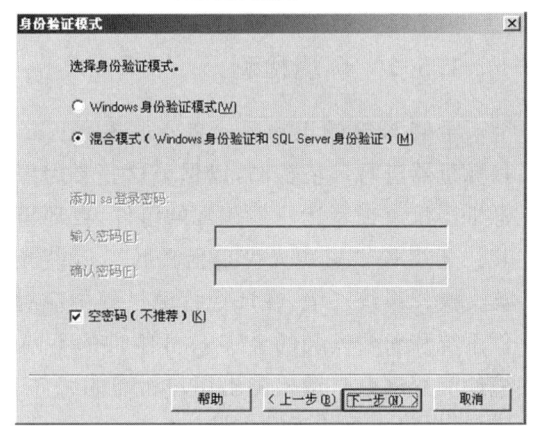

图 1-11 【服务账户】界面　　　　　　　　　图 1-12 【身份验证模式】界面

第 10 步：弹出【开始复制文件】界面，单击 下一步(N) 按钮，安装程序开始复制程序文件。复制完成后，弹出【选择许可模式】界面，如图 1-13 所示进行设置。（在【选择许可模式】界面中，要根据 SQL Server 2000 的类型和数量设置。"每客户"表示同一时间最多允许的链接数，"处理器许可证"表示该服务器最多能安装多少个 CPU。企业版和标准版允许客户修改许可设备数，个人版时为"0"，不能修改。）然后单击 继续(C) 按钮以完成安装。

第 11 步：安装完成后重新启动计算机。

第 12 步：查看 SQL Server 2000 启动情况。成功安装了 SQL Server 2000 并正常启动后，计算机桌面右下角出现 SQL Server 2000 服务监视图标：带绿色三角形的服务启动标志，如图 1-14 所示。

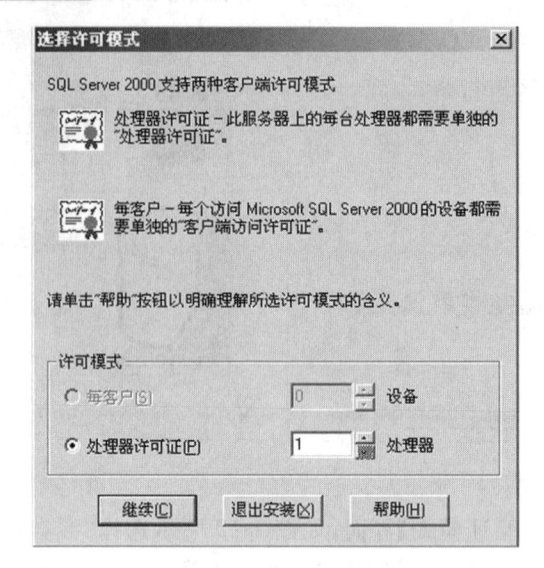

图 1-13 【选择许可模式】界面

图 1-14 SQL Server 2000 服务监视图标

1.5.3 环境检测

金蝶 K/3 的正常运行需要很多第三方组件的支持。因此,在安装金蝶 K/3 之前应对目标机器进行环境检测,以保证这些必需组件在目标机器上都已具备并且运行正常。目标机器没有或者运行不正常的组件,在环境检测过程中会自动从金蝶 K/3 资源光盘中安装。金蝶 K/3 资源光盘是金蝶 K/3 安装光盘的组成部分,分别对应简体中文、繁体中文、英文操作系统环境,在环境检测过程中应对应用户的操作系统放入正确的光盘。根据操作系统和所要安装的金蝶 K/3 组件的不同,第三方组件可能并非都需要,金蝶 K/3 的环境检测程序会自动检测出用户所需的组件。如果不想通过环境检测程序自动安装第三方组件,也可以自行手动安装。

进行环境检测的步骤是:

第 1 步:根据操作系统语言放入对应的金蝶 K/3 资源光盘,通过光盘自动运行功能或者手动运行其中的"setup.exe"来进行环境检测,如图 1-15 所示。

第 2 步:单击 环境检测 ,选择需要安装的金蝶 K/3 的系统部件,对其所需要的环境进行检测,例如安装使用财务会计系统时应选择"客户端部件""中间层服务部件""数据服务部件",如图 1-16 所示进行选择。

第 3 步:如果选择检测的部件环境与推荐的系统环境有重大差别,检测程序也会给出相应提示,如图 1-17 所示。

一般这类提示只具有提醒作用,如果确定要在现有系统上安装相应的部件,虽然在效能上可能达不到最优,但仍然是允许的。

第 4 步:按照环境检测提示的该系统所缺少的必需组件逐项进行安装。安装完毕后,

第 1 章　金蝶 K/3 概述

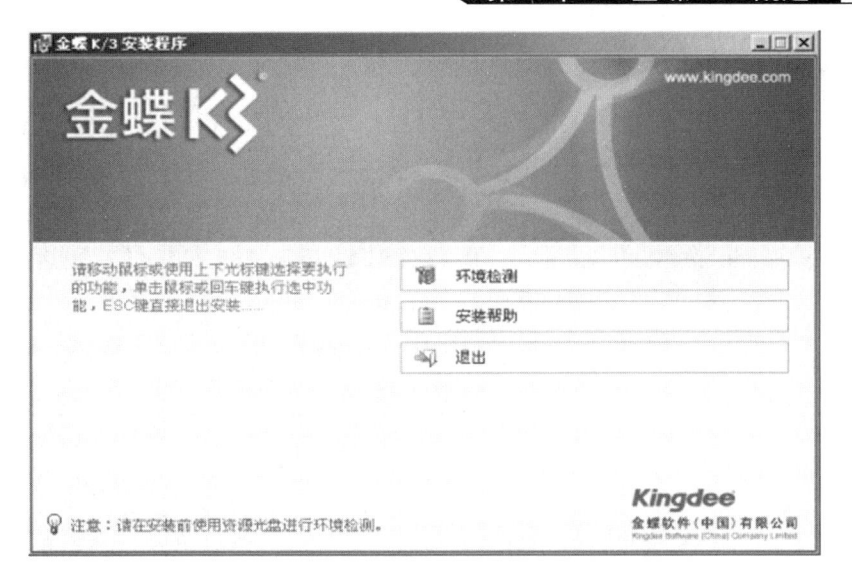

图 1-15　金蝶 K/3 资源光盘环境检测主界面

系统给出符合安装环境的提示，如图 1-18 所示。

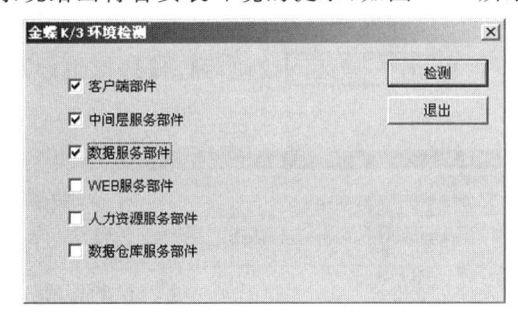

图 1-16　选择所需检测部件　　　　　　　图 1-17　环境检测程序的提示

图 1-18　符合金蝶 K/3 安装环境的提示

此时，单击 确定 按钮，用户就可以进行金蝶 K/3 的安装了。

1.5.4　安装金蝶 K/3

环境检测成功之后，就可以根据实际需要进行所需服务部件的安装了，具体步骤是：

第 1 步：放入金蝶 K/3 系统安装光盘，通过光盘自动运行功能或者手动运行其中的"setup.exe"，弹出金蝶 K/3 安装程序主界面，如图 1-19 所示。

第 2 步：单击 安装金蝶 K/3 ，即开始安装金蝶 K/3。如果目标机器没有安装过金蝶 K/3，安装开始后会弹出【安装类型】界面，如图 1-20 所示。

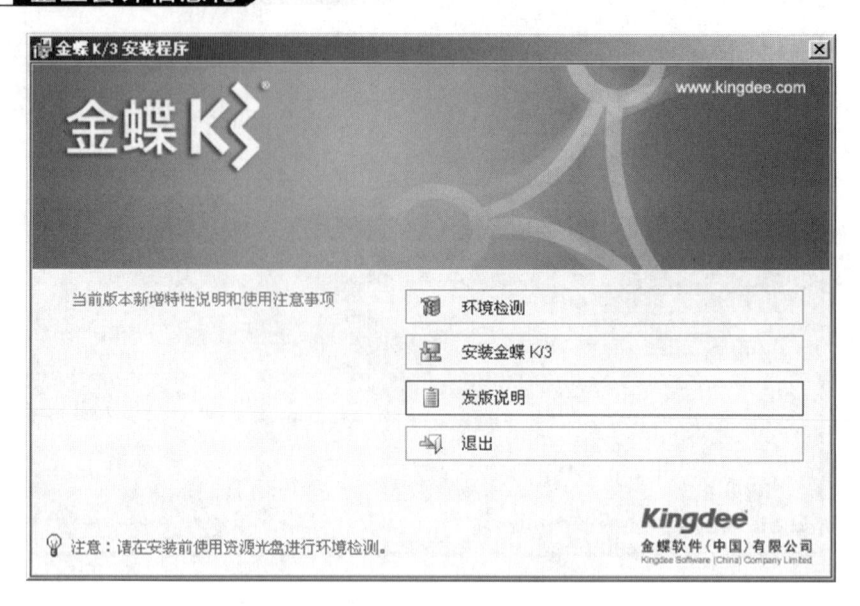

图 1-19　金蝶 K/3 安装程序主界面

第 3 步：根据目标机器在金蝶 K/3 中的角色，选择安装一个或者全部部件。如果需要安装超过一个的部件，请选择"自定义安装"。单击 下一步(N) 按钮，弹出【选择组件】界面，如图 1-21 所示。

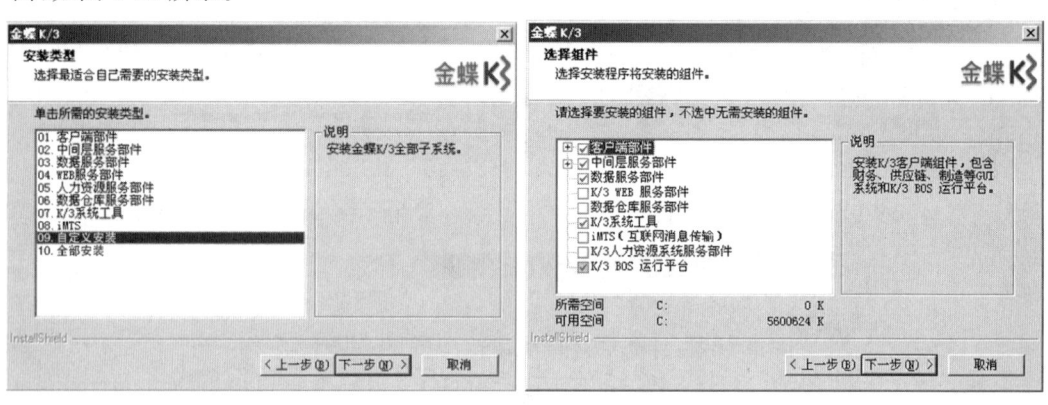

图 1-20　【安装类型】界面　　　　　　　　　　图 1-21　【选择组件】界面

在此可以根据业务需要选择不同业务领域的部件进行安装，不安装不使用的业务系统以缩短安装时间。

安装时间因所安装的部件和目标机器的系统状况而异，用户应耐心等待，每个安装步骤都会有进度提示，便于用户即时了解安装进度。根据所选安装内容的不同，安装过程中可能会提示您更换安装光盘，用户按照提示操作即可。

第 4 步：安装完成后系统通常会要求重新启动计算机，否则金蝶 K/3 不能正常运行，在该过程中需耐心等待。计算机重启成功后，就可以使用金蝶 K/3 了。如果选择安装的部件中包括中间层服务部件，安装完成后将会有一个安装中间层组件的过程，它将更新操作系统的 COM＋组件包。中间层组件的注册也是一个较长的过程。如果操作系统以前安装过低版本的金蝶 K/3,安装程序将会要求用户先卸载低版本软件。如果操作系统已经安装过现有版本金蝶 K/3,则会出现修改、修复、删除现有版本金蝶 K/3 的提示。

1.6 小 结

本章主要介绍了金蝶 K/3 的系统架构、系统结构及其业务流程,并对该软件使用前应进行的基础工作进行了介绍。金蝶 K/3 并不是对手工操作的简单模拟,其运用给企业管理带来了许多新要求和新问题:结合软件功能和企业的业务需要,设计出合理的岗位职能与业务处理流程,及时建立起适于立足于信息技术基础上的现代企业管理制度,是软件功能能否真正发挥作用的前提。

1.7 习 题

1. 简述金蝶 K/3 的系统架构。
2. 简述金蝶 K/3 的设计思想。
3. 简述金蝶 K/3 的技术架构。
4. 简述金蝶 K/3 的系统特点。
5. 简述金蝶 K/3 新入门者的应用流程。
6. 简述金蝶 K/3 的标准财务解决方案。
7. 简述金蝶 K/3 的供应链管理解决方案。
8. 简述金蝶 K/3 的安装步骤。

第 2 章

系统管理

本章要点

本章主要告诉用户怎样登录金蝶 K/3 的信息环境并为企业创建一个账套，对企业发生的经济业务数据进行管理，还为用户更好地进行企业财务分工及信息化的内部控制支着。

金蝶 K/3 是由多个子系统组成的，各个子系统在功能上具有相对独立性，在数据信息上又具有共享性，为了实现对各个子系统的综合管理，金蝶 K/3 设置了账套管理、用户管理等对各个子系统进行综合管理的模块。相对于各个子系统而言，账套管理和用户管理是账套主管和系统管理员专用的，可对各个子系统进行统一的操作管理和数据维护。

2.1 系统登录

在安装金蝶 K/3 后，要运行金蝶 K/3 有两次系统登录过程，第一次是在中间层服务器进行账套管理登录，其界面如图 2-1 所示，可创建账套及对账套进行管理。

图 2-1 【账套管理登录】界面

如果是首次登录该界面,"用户名"是默认的"Admin","密码"是空的,单击 确定 按钮即弹出账套管理界面。

第二次登录是在创建账套之后,由客户端登录到中间层服务器的账套中,即系统登录,可对企业发生的各项业务进行管理,其窗口如图 2-2 所示。

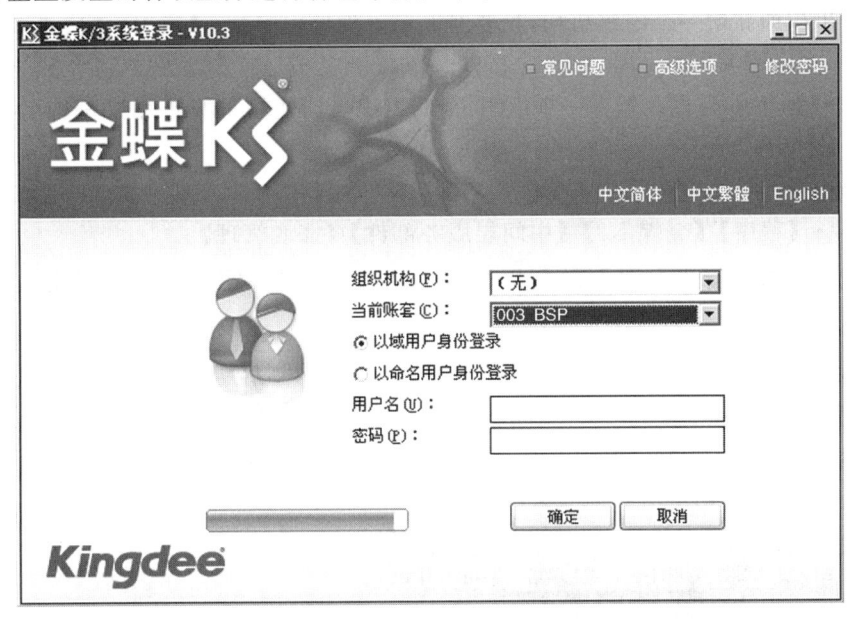

图 2-2 系统登录窗口

单击"组织机构(F):"及"当前账套(C):"文本编辑框右侧的下拉按钮" ",选择所需要登录的组织机构(可以是空的)和账套,并选择"以域用户身份登录"或"以命名用户身份登录",单击 确定 按钮,便可登录相应的账套系统。

2.2 账套管理

用户安装了金蝶 K/3 后,要在计算机上进行企业业务处理与管理,应首先以软件为依托,建立一个专用于企业核算的管理系统(账套),并设置系统操作员及权限,以便在后续工作中由系统操作员在其相应的权限内对财务软件进行管理或运用。

2.2.1 组织机构

金蝶 K/3 中允许存在多个账套,为了便于对多个账套进行管理,金蝶 K/3 提供了组织机构功能,可以按组织机构对各种账套进行分类管理。组织机构是可设可不设的,也就是说,当一个集团公司下属的各个子公司分别设了一个账套对各自的经济业务进行管理时,该集团公司想对各个子公司进行宏观管理,则可设置一个组织机构,通过组织机构的形式对其下属的各个子公司进行管理。当然,一个公司如果只设一个账套,就没有必要再设组织机构了。由此可见,组织机构只具有分类作用,将属于同一类别的账套归属到一起。组织机构主要包括机构代码、机构名称、访问口令三项内容。其中机构代码是指新建组织机构的代码,是必设项;机构名称是指新建组织机构的名称,也是必设项;访问口令是指访问组织机构的口令,用于控制用户访问组织机构下的账套,该项可设可不设。对于组织机构可以进行添加(新增)机构、编辑机构和删除机构操作。

1. 添加机构

添加机构即新增一个组织机构,只要在账套管理界面中执行【组织机构】/【添加机构】即可。

【例2-1】 bsp 公司设置了一个组织机构,组织机构代码为 bsp;组织机构名称为 bsp 公司;无口令。

操作步骤:

(1)执行【程序】/【金蝶 K3】/【中间层服务部件】/【账套管理】。

(2)弹出【账套管理登录】界面,以"Admin"身份登录,"密码"为空,单击 【确定(0)】 按钮。

(3)弹出【金蝶 K/3 账套管理】窗口,如图 2-3 所示,执行【组织机构】/【添加机构】,弹出【添加机构】对话框,在"机构代码"文本编辑框中输入"bsp";在"机构名称"文本编辑框中输入"bsp 公司"。单击 【确定(0)】 按钮,完成组织机构的新建工作,在该界面左侧组织机构下方,列出新添加组织机构的名称。

图 2-3 添加机构

2. 编辑机构

对于已经存在的组织机构,如果想修改其机构名称或访问口令,可选择该组织机构,执行【组织机构】/【编辑机构属性】,在弹出的【机构属性】对话框中进行修改。

注意:组织机构的代码一旦确定,就不允许修改。

【例2-2】 bsp 公司将组织机构名称改为 BBB 公司,口令不变。

操作步骤:

(1)在【金蝶 K/3 账套管理】窗口中,如图 2-4 所示,执行【组织机构】/【编辑机构属性】,弹出【机构属性】对话框,将机构名称"bsp 公司"改为"BBB 公司"。单击 【确定(0)】 按钮。

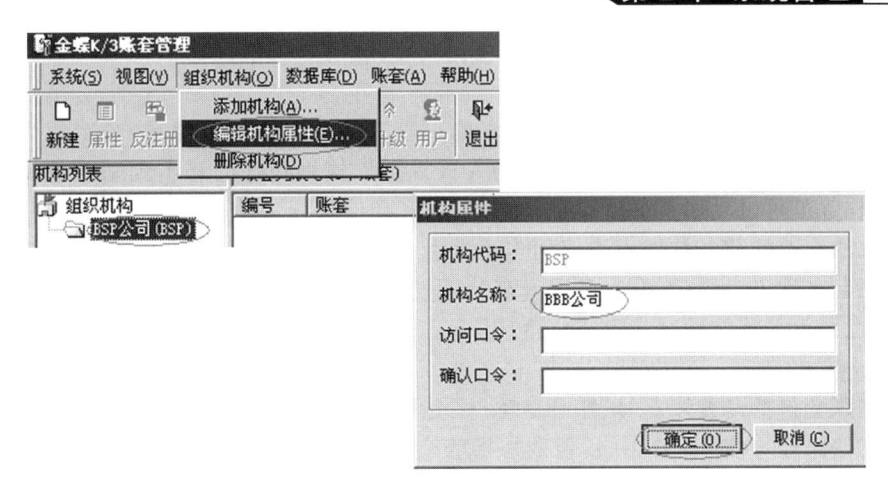

图 2-4 编辑机构

注意：此时机构代码"bsp"是灰色的，不能修改。

（2）在【金蝶 K/3 账套管理】窗口左侧组织机构下方，将显示出修改后的组织机构名称"BBB 公司（bsp）"，括号中的 bsp 表示组织机构代码没有改变，如图 2-5 所示。

3．删除机构

删除机构即将已存在的无用的组织机构进行删除，如果该组织机构下存在着账套，则该组织机构是不允许删除的。必须先将该组织机构下的所有账套都删除之后，才能够删除该组织机构。

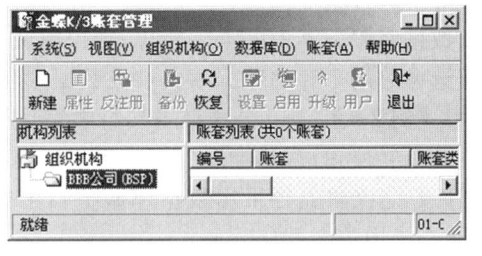

图 2-5 已修改的组织机构

【**例 2-3**】 删除 bsp 公司的组织机构 BBB 公司（bsp）。

操作步骤：

（1）在【金蝶 K/3 账套管理】窗口中，执行【组织机构】/【删除机构】，弹出【金蝶提示】界面，提示"确实要删除该机构吗？"，单击 是(Y) 按钮，删除该组织机构，如图 2-6 所示。

（2）在【金蝶 K/3 账套管理】窗口左侧的"组织机构"下方将为空，没有任何组织机构，原有的组织机构已被删除，如图 2-7 所示。

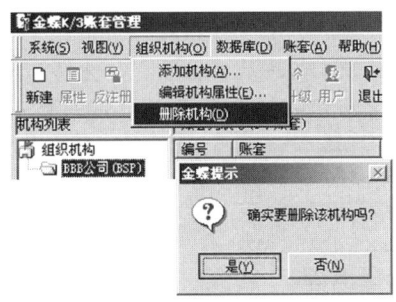

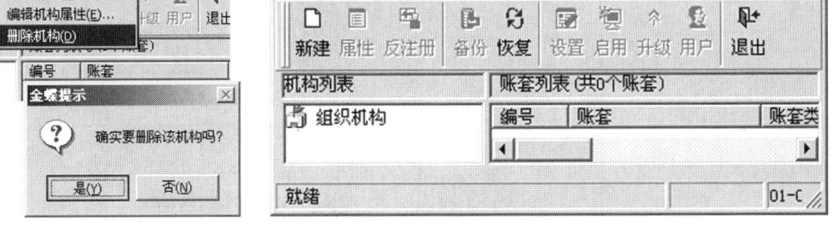

图 2-6 删除机构

图 2-7 已删除组织机构

2.2.2 账　套

账套是指利用软件在计算机上所建立的一套完整的账簿核算体系，是专门为企业服务的财务系统。在账套的基础上，通过输入日常会计核算处理的基本规则参数和会计数据，财务软件就可以利用有关的参数设置、数据和功能进行自动核算。

一般的商业性财务软件允许使用多个账套，在金蝶 K/3 中，每个账套用一个账套号和一个账套名称来表示，账套号和账套名称不能重复且一一对应。账套号可以由用户自己选择，也可由系统按顺序自动排序生成。

1. 新建账套

新建账套包括设置账套号、账套名称、账套类型、数据库实体、数据库文件路径与数据库日志文件路径等信息。其中账套号是指账套在系统中的编号，用来标志账套，是唯一的；账套名称一般用公司名称来表示，也可以不同于公司名称，以用来区分公司内部不同的账套；账套类型是由系统给出的，一般有标准供应链解决方案、标准财务解决方案、人力资源解决方案等，可根据公司的实际需要进行选择；数据库实体是由系统给定的，是账套在数据库服务器中的唯一标志；数据库文件路径与数据库日志文件路径是由用户自建的或选择的用来存放数据库文件或数据库日志文件的路径，是数据库服务器上的某个路径。

【例 2-4】　bsp 公司准备实行电算化操作，需要创建一个账套，账套号是 701；账套名称是 bsp 公司；账套类型为标准供应链解决方案；数据库实体默认；数据库文件路径与数据库日志文件路径采用数据库服务器上的默认路径；系统账号采用 SQL Server 身份验证，系统用户名默认为 sa。

操作步骤：

(1) 在【金蝶 K/3 账套管理】窗口中，单击 新建 按钮，弹出【新建账套】对话框，如图 2-8 所示输入（设置）相关信息。

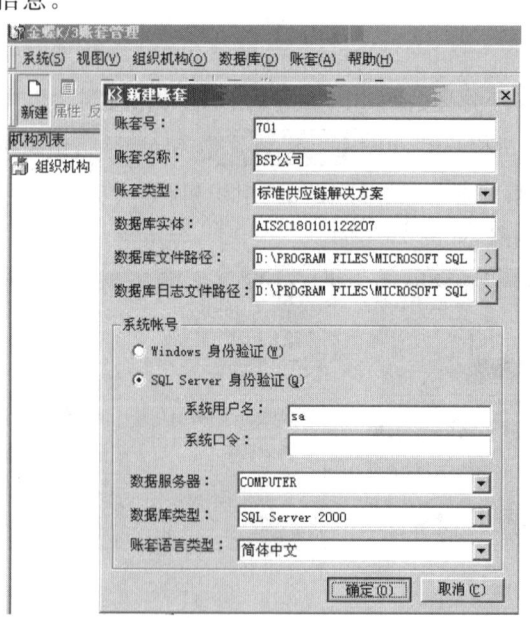

图 2-8　【新建账套】对话框

注意:"数据库实体""数据库文件路径""数据库日志文件路径"采用系统默认设置。

（2）单击 [确定(O)] 按钮，系统就开始自动创建账套，账套建立完成后，在"账套列表"中就形成一条账套记录。

2. 账套属性

账套属性即账套的相关信息，包括系统信息、总账信息及会计期间信息。系统信息是指账套所属机构名称、账套所属单位地址、账套所属公司电话；总账信息是指账套在总账中核算的相关信息，包括记账本位币代码、记账本位币名称、小数点位数、凭证过账前是否必须审核；会计期间信息包括账套启用会计年度、启用会计期间及会计期间的设置。

【例 2-5】 bsp 公司的组织机构名称是 bsp 公司；地址为 XX 市 YY 大道 38 号；电话是 0901-12345678；记账本位币代码是 RMB；名称是人民币；小数点位数是 2，要求：凭证过账前必须审核；启用会计年度是 2018；启用会计期间是 1；采用自然年度会计期间。

操作步骤：

（1）在【金蝶 K/3 账套管理】窗口中，单击 [设置] 按钮，弹出【属性设置】对话框，如图 2-9 所示在【系统】选项卡中的"机构名称"文本编辑框中输入"bsp 公司"；在"地址"文本编辑框中输入"XX 市 YY 大道 38 号"；在"电话"文本编辑框中输入"0901-12345678"。

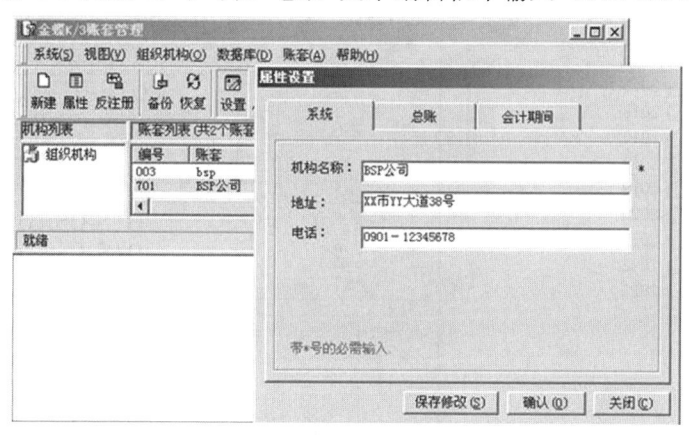

图 2-9 属性设置(1)

（2）选择【总账】选项卡，如图 2-10 所示进行设置，勾选"凭证过账前必须审核"，该选项也可以以后在总账系统参数设置中选择。

（3）选择【会计期间】选项卡，单击 [更改(M)...] 按钮，如图 2-11 所示，弹出【会计期间】对话框，如图 2-12 所示进行设置即可。

（4）在【会计期间】对话框中设置完成后，单击 [确认(O)] 按钮，返回到"确认启用当前账套吗？"界面，在该界面中单击 [确认(O)] 按钮，系统弹出"当前账套已经成功启用！"界面，单击 [确定] 按钮，完成账套的启用。

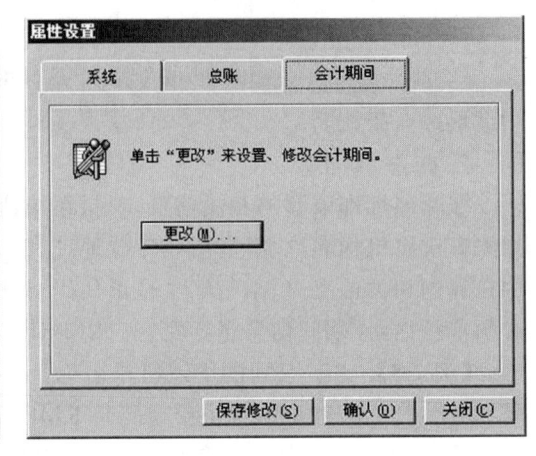

图 2-10　属性设置（2）　　　　　图 2-11　属性设置（3）

注意：一旦启用"会计期间"设置，就不能修改了，需要慎重。

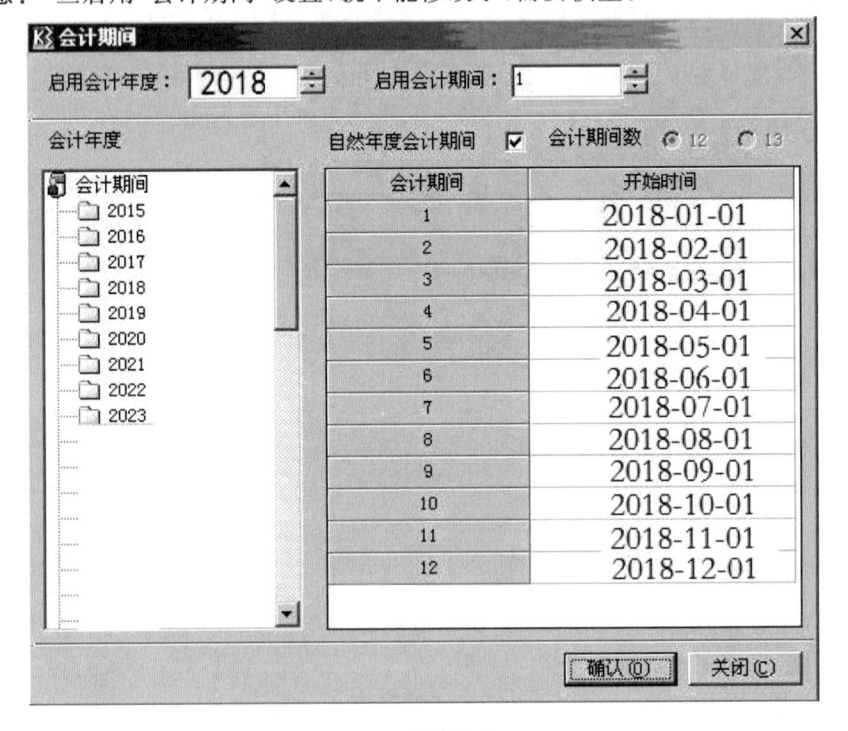

图 2-12　属性设置（4）

3. 备份账套

为了保证账套数据的安全性，需要定期对账套进行备份。一旦原有的账套被破坏，则可以通过账套恢复功能将以前的账套备份文件恢复成一个新账套进行使用，最好每天都备份账套。

对于账套备份操作，金蝶 K/3 提供了三种方式供选择，与 SQL Server 2000 提供的数据库备份方式是一致的。

(1) 完全备份

完全备份执行完整数据库备份,即为账套中的所有数据建立副本。完全备份后,生成完全备份文件。

(2) 增量备份

增量备份记录自上次完全备份后对数据库数据所做的更改,也就是为上次完全备份后发生变动的数据建立副本。增量备份后,生成增量备份文件。增量备份文件比完全备份文件小,其备份速度快,因此可以更经常地备份。增量备份是基于完全备份的。因此在增量备份之前,必须先完全备份。

(3) 事务日志备份

事务日志备份是指自上次备份事务日志后对数据库执行的所有事务的一系列记录进行备份。使用事务日志备份和恢复可以将账套恢复到特定的即时点(如输入多余数据前的那一点)或恢复到故障点。在一般情况下,事务日志备份比数据库备份使用的资源少,因此可以比数据库备份更经常地创建事务日志备份。但有时事务日志备份文件比数据库备份文件要大。例如,数据库的事务率很高,从而导致事务日志迅速增大,在这种情况下,应更经常地创建事务日志备份。

在一般情况下,建议选择"完全备份"方式,每天覆盖前一天的备份即可,但在初始化阶段或特殊阶段也可以修改文件名称,不覆盖前一天的备份,而保存关键阶段的备份数据。

【例 2-6】 bsp 公司的系统管理员制定了备份方案,在 D 盘下建立文件夹"账套备份",每天 17:00 进行完全备份,覆盖前一天的备份。

操作步骤:

①在【金蝶 K/3 账套管理】窗口中,选择待备份账套"701 bsp 公司",单击 备份 按钮,如图 2-13 所示。

图 2-13 选择待备份账套

②弹出【账套备份】对话框,选择"完全备份",如图 2-14 所示,单击"备份路径"文本编辑框右侧的按钮,弹出【选择数据库文件路径】对话框,如图 2-15 所示,选择"D:\账套备份\完全备份",单击 确定(O) 按钮。

③返回【账套备份】对话框,在"文件名称"文本编辑框中修改文件名称或采用默认名称,如图 2-16 所示,单击 确定(O) 按钮。

图 2-14　账套备份　　　　　　　　　图 2-15　选择数据库文件路径

④弹出"备份成功,生成了两个文件:"提示界面,单击 确定 按钮,账套备份成功,生成了"Fbsp 公司.bak"与"Fbsp 公司.dbb"两个完全备份文件。在实际工作中,还需要将这两个文件拷贝到外部设备或制作成光盘隔离保存。

图 2-16　设置账套备份文件名称

4. 删除账套

账套删除是指删除不再需要的账套。在金蝶 K/3 中,删除账套有两种方法:一是一次删除一个账套;二是批量删除账套,即一次删除多个账套。用户可以根据实际情况选用,在删除账套之前,系统会进行以下检测账套信息的工作:

(1)检测当前账套是否正在使用

在真正删除账套前,系统会检测当前账套是否正在使用,如果检测到当前账套正在使用,则不会删除当前账套,并会给出相应的提示。

(2)检测当前账套是否已被其他中间层注册

如果检测到当前账套有其他注册信息,系统会给出提示,如果已经确定要删除,则单击 是(Y) 按钮就可以了。

【例 2-7】　bsp 公司的一套账套编号为 003、账套名称为 bsp 的账套已确定不需要了,将其删除。

操作步骤:

①在【金蝶 K/3 账套管理】窗口中,选择编号为 003 的账套,执行【数据库】/【删除账套】,如图 2-17 所示。

②弹出"确认要删除账套:bsp 吗?"提示界面,单击 是(Y) 按钮。弹出"删除前是

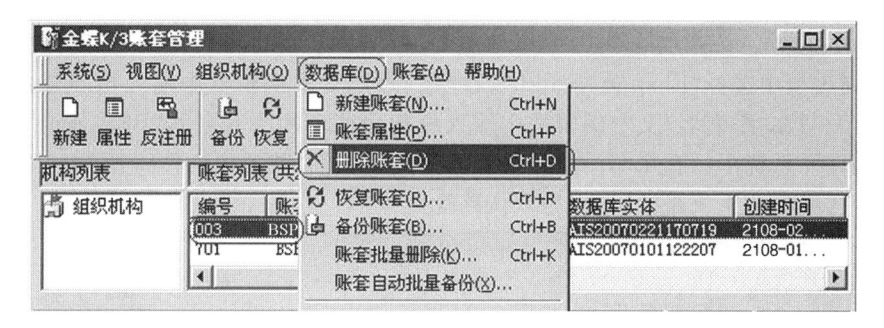

图 2-17 删除账套

否备份该账套?"提示界面,此时按实际需要选择,在本例中无须备份,单击 否(N) 按钮,不进行账套备份,账套就被删除了。

5.恢复账套

恢复账套可以将备份的账套文件恢复成一个新的账套,其操作同样也有三种方式。

(1)通过完全备份文件恢复账套

通过已有的完全备份文件,将账套恢复到上次完全备份点。

(2)通过增量备份文件恢复账套

通过已有的增量备份文件和完全备份文件,将账套恢复到上次增量备份点。在这种恢复方式下,需要使用到的备份文件包括账套增量备份文件和账套完全备份文件。

注意: 上述两种方式都不能将数据库还原到故障点或特定即时点。若要还原到这些点,必须选择通过事务日志备份文件才能做到。

(3)通过事务日志备份文件恢复账套

提供将账套恢复到故障点或特定即时点的功能。在这种恢复方式下,需要的备份文件包括账套事务日志备份文件、账套完全备份文件和账套增量备份文件。

注意: ①在通过事务日志备份文件恢复账套时,账套增量备份文件不一定是必需的。如果事务日志备份前做了增量备份,则进行事务日志文件恢复时,增量备份文件是必需的,否则就不是必需的。

②如果存在多个事务日志备份文件,则恢复时,事务日志备份文件必须按时间先后顺序全部列在恢复文件列表中。

【例 2-8】 bsp 公司由于计算机故障,需对账套文件进行恢复,按最近的完全备份文件进行恢复。

操作步骤:

①在【金蝶 K/3 账套管理】窗口中,执行【数据库】/【恢复账套】。

②弹出【选择数据库服务器】对话框,如图 2-18 所示,选择"SQL Server 身份验证",在"数据服务器"文本编辑框中输入"COMPUTER",在"数据库类型"文本编辑框中输入"SQL Server 2000"。

图 2-18 选择数据库服务器

③单击 确定(O) 按钮,弹出【恢复账套】对话框,如图2-19所示,在"服务器端备份文件"下方列表框中选择"Fbsp公司.dbb";在"账套号"文本编辑框中输入拟新建账套的账套编号"702";在"账套名"文本编辑框中输入拟新建账套的账套名称"BBB公司"(编号和名称不允许同系统中已有账套的编号或者名称重复);在"数据库文件路径"文本编辑框中输入拟新建账套的生成路径,本例为默认路径。

图2-19 恢复账套

④单击 确定(O) 按钮,弹出"账套恢复成功,是否恢复其他账套?"提示界面,如图2-20所示,若不需要恢复,则单击 否(N) 按钮。系统即根据输入的"账套号:702"和"账套名:BBB公司"开始执行恢复账套,然后在"数据库文件路径"指定的路径生成一个新的账套,并且将它在中间层账套列表中显示出来,如图2-21所示。

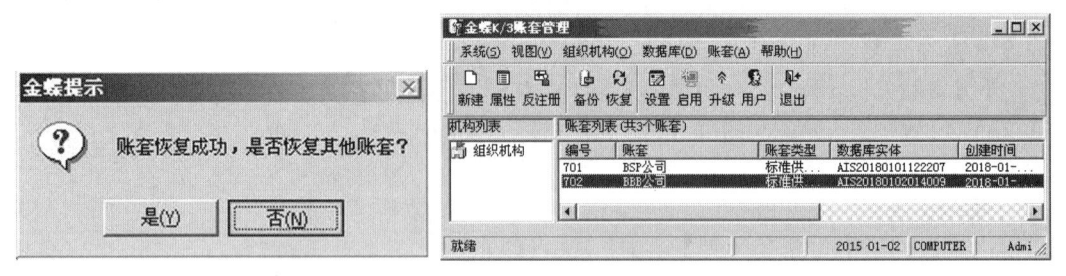

图2-20 账套恢复成功提示界面

图2-21 在账套列表中显示恢复的账套

2.3 用户管理

一个系统的使用离不开人的作用,在登录系统后,就应为系统设置用户(操作员),并对用户进行授权和管理,以避免与业务无关的人员对系统进行操作,保证系统数据的安全与保密。用户管理功能主要对账套管理工具中各种功能的使用进行相应的权限设置,将账套管理中的各种功能授权给不同的用户,从而增强账套管理的安全性。

2.3.1 用户组

用户管理包括用户和用户组。用户组的作用主要是方便对多个用户进行集中授权。因为对权限相同的用户一个一个地授权,比较烦琐和浪费时间,如果只对某个用户组进行一次授权,该用户组中的所有用户都可以使用该用户组的权限信息,将会事半功倍。但当有的用户除了拥有该用户组的权限之外还需要拥有某个特定权限时,则可以再单独对其进行授权。当然在公司员工较少的情况下可以不分组别,直接建立用户并授权。

1. 新建用户组

新建用户组即创建一个用户群组,将具有相同权限的操作员集中在一个群组中进行管理,可以在用户管理窗口中通过新建用户组命令来完成。

【例 2-9】 bsp 公司由于业务需要,拟增加以下用户组,见表 2-1。以后加入该组的成员皆有同样的权限。

表 2-1　　　　　用户组名及说明

用户组名	说　明
财务组	负责财务管理
业务组	负责所有业务处理
办公室组	负责固定资产管理及凭证管理

操作步骤:

(1)在【金蝶 K/3 账套管理】窗口中,先选择待增加用户组的账套,再单击 按钮,弹出【用户管理-[bsp 公司]】窗口。

(2)在【用户管理-[bsp 公司]】窗口中,执行【用户管理】/【新建用户组】,弹出【新增用户组】对话框。

(3)2 在【新增用户组】对话框中,如图 2-22 所示在"用户组名"文本编辑框中输入"财务组",在"说明"文本编辑框中输入"负责财务管理",单击 按钮,增加了一个新的用户组(财务组)并在用户组列表框中显示,同样增加"业务组"与"办公室组"两个新的用户组。

注意:在【用户管理-[bsp 公司]】窗口中已经有了三个用户组:Guest、morningstar 和 Administrator,其中 Administrator 是系统管理员组,无须授权,属于该组的用户自动拥有金蝶 K/3 的所有权限,其余两组是一般用户组,需要经过授权才能使用金蝶 K/3。

2. 用户组授权

新增了用户组之后,如果所增加的用户组不是 Administrator 组,则需要对其进行授权。用户组授权即给某一组的用户赋予一定的操作权限,以对账套管理工具中各种功能的使用进行相应的权限控制,增强账套管理的安全性。对用户组授权后,该用户组的所有成员的权限是相同的。

【例 2-10】 bsp 公司为了对账套的数据进行比较安全的管理,对其新建的用户组进行权限设置,见表 2-2,以后加入该组的成员皆有该权限。

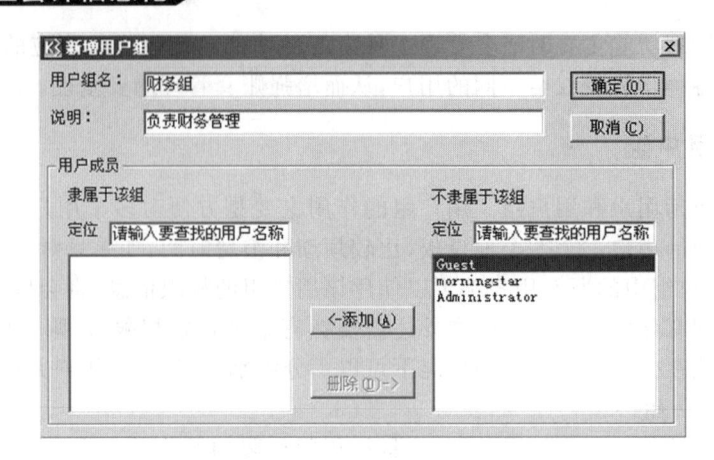

图 2-22　新增用户组

表 2-2　　　　　　　　　　　用户组权限设置

用户组名	用户组权限
财务组	基础资料、总账、工资、报表、应收款、应付款、财务分析、现金管理、现金流量表
业务组	基础资料、采购、仓存、存货核算、销售管理、供应链系统公用设置、供应链分销、管理驾驶舱
办公室组	基础资料、固定资产、总账中的凭证管理

操作步骤：

(1)在【用户管理-[bsp 公司]】窗口中，选择待授权的用户组，如图 2-23 所示选择"财务组"，执行【功能权限】/【功能权限管理】。

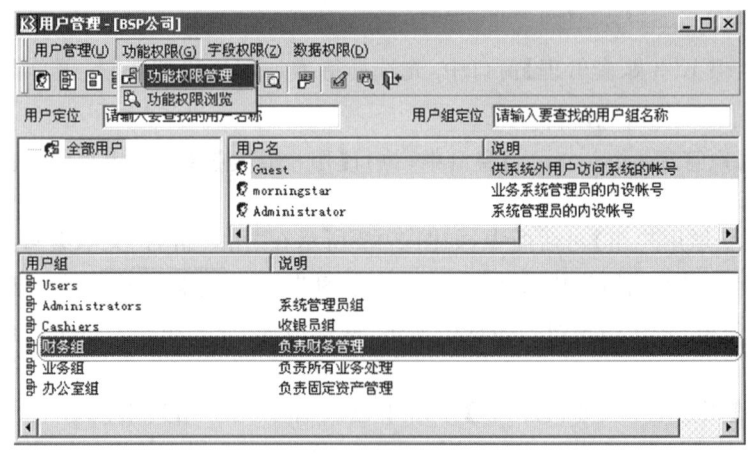

图 2-23　用户管理(2)

(2)弹出【用户管理_权限管理[财务组]】对话框，选择所需要的权限，单击 授权(S) 按钮，授权成功。

按操作步骤(1)(2)完成"业务组"与"办公室组"的授权操作。

技巧： 在用户组授权对话框中，应勾选"禁止使用工资数据授权检查"。因为如果不勾选该项，只要一个用户增加了数据授权中的任意一项，其他所有用户(除系统管理员外)都必须对增加的内容进行授权，非常烦琐。在进行用户权限管理时也是一样。

2.3.2 用 户

用户是对某个具体的账套而言有一定操作权限的人。通过对用户进行管理可以在企业的一个账套中增加用户、删除用户、用户禁用及对各用户进行一定的操作权限授权。

1.新建用户

新建用户即在某一账套中新增加一个操作人员。新建用户包括建立用户姓名、用户说明、认证方式等属性描述。用户姓名是登录账套管理使用的名称,在系统中应该是唯一的,其长度最长为 30 位,且用户一旦新增后,就不能再修改了。因此,新建用户时,需要谨慎设置用户姓名。用户说明是对用户的信息进行描述,以帮助区分用户,用户的信息描述长度应不超过 100 位。认证方式包括 NT 安全认证和密码认证。NT 安全认证是针对 NT 域用户而言的,一般用户采用密码认证中的传统认证方式,如采用动态密码锁认证方式、智能钥匙(ekey)认证方式,则需要在中间层服务器上安装相应的软件①。

【例 2-11】 bsp 公司拟新增一些用户在各用户组中,见表 2-3。

表 2-3　　　　　　用户信息

用户组名	用户名	密码认证
财务组	李主管	空
财务组	张会计	空
业务组	王业务	空
办公室组	陈主任	空

操作步骤:

(1)在【用户管理-[bsp 公司]】窗口中,执行【用户管理】/【新建用户】。

(2)弹出【新增用户】对话框,在【用户】选项卡中的"用户姓名"文本编辑框中输入"李主管";选择【认证方式】选项卡,选择"密码认证"下的"传统认证方式","密码"为空;选择【权限属性】选项卡,勾选"用户可以进行业务操作""用户具有用户管理权限";选择【用户组】选项卡,如图 2-24 所示在"不隶属于(N)"列表框中选择"财务组",单击 【＜添加(A)】 按钮,将"财务组"添加到"隶属于(L)"列表框中,此时李主管将自动拥有财务组的一切权限。

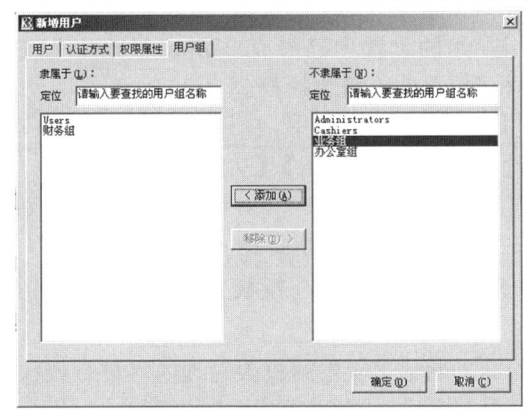

图 2-24　用户组设置

---

① 这是由第三方厂商提供的身份认证方式,其设置需在动态密码锁和智能钥匙各自的管理工具中完成。

2. 用户授权

在金蝶 K/3 中,用户权限管理包括三种权限:功能权限、数据权限和字段权限。功能权限是指用户对各个子系统中功能模块的功能操作权限,当用户拥有了子系统中功能模块的功能操作权限时,就能进行对应模块的功能操作。数据权限是指用户对系统中具体数据的操作权限,包括数据查询权、数据修改权和数据删除权。系统默认所有数据均不进行数据权限控制,用户只要拥有数据类别的功能操作权限就可以进行该类别下所有数据的操作权限。数据权限控制范围包括基础资料、BOM、BOS 基础资料。字段权限是指用户对各个子系统中某一数据类别的字段操作权限,系统默认不进行字段权限检查。当授权用户对指定字段设置了字段权限后,用户对该数据类别的指定字段进行操作时,系统就会进行权限检查,只有当用户拥有了该字段的字段权限时,才能对该字段进行相应的操作。在系统中,可以进行字段权限授权的数据包括公共基础资料(仅为核算项目)、BOS 基础资料和 BOS 单据。

在一般情况下,用户授权只针对"功能权限"而言,其他如"数据权限""字段权限"系统默认用户是完全拥有的,即用户只要拥有某一功能权限,就拥有该功能权限中的所有数据权限与字段权限。如果对数据权限与字段权限进行控制,则对某一功能权限的数据权限或字段权限进行操作时,就必须对其授权,这是一项非常细致与繁杂的工作,建议初学者不要进行"数据权限"或"字段权限"管理。

【例 2-12】 bsp 公司拟对新增的用户进行授权,各用户的权限管理见表 2-4。

表 2-4　　　　　　　　　　用户权限管理

用户组名	用户名	密码认证	权限介绍
财务组	李主管	空	所有权限
财务组	张会计	空	财务组的所有权限、固定资产系统的查询权、固定资产系统的权限中的凭证管理等权限
业务组	王业务	空	业务组的所有权限
办公室组	陈主任	空	办公室组的所有权限

操作步骤:

(1)李主管在前面用户组的设置中已授有"Administrator"组的超级用户管理权限,自然就拥有了最高管理权限,在此不需要授权。

(2)在【用户管理-[bsp 公司]】窗口中,在用户名列表框中选择待授权的用户,如图 2-25 所示选择"张会计",执行【功能权限】/【功能权限管理】。

(3)弹出【用户管理_权限管理[张会计]】对话框,按表 2-4 权限介绍中的说明在"工资""应收账""应付账""固定资产"前面的复选框打"√",选中该权限,再单击 授权(S) 按钮,对"张会计"进行授权,授权成功后,单击 关闭(C) 按钮退出该对话框。

(3)按照操作步骤(1)(2)将表 2-4 中的权限管理内容进行授权。

(4)结合表 2-2 中的内容完成对其余三位用户的授权。

2.3.3　上机日志

上机日志功能可以查询有哪些用户登录了金蝶 K/3,是从哪台客户端登录的,进行了

图 2-25　用户管理(3)

什么操作,什么时间操作的等信息。这样可以方便对系统的运行情况进行监控,确保数据的安全性。

【例 2-13】 bsp 公司拟查询近段时间该公司各台主机对系统所进行的业务操作情况。

操作步骤：

(1)在【金蝶 K/3 账套管理】窗口中,执行【账套】/【上机日志】。

(2)弹出【上机日志-[bsp 公司]】窗口中的【过滤条件】对话框,如图 2-26 所示,按 bsp 公司所要求的信息条件,单击各文本编辑框右侧的下拉按钮,选择输入各项条件(本例为全部),单击 确定(O) 按钮,系统自动按条件组合并将符合条件的上机操作信息显示出来。

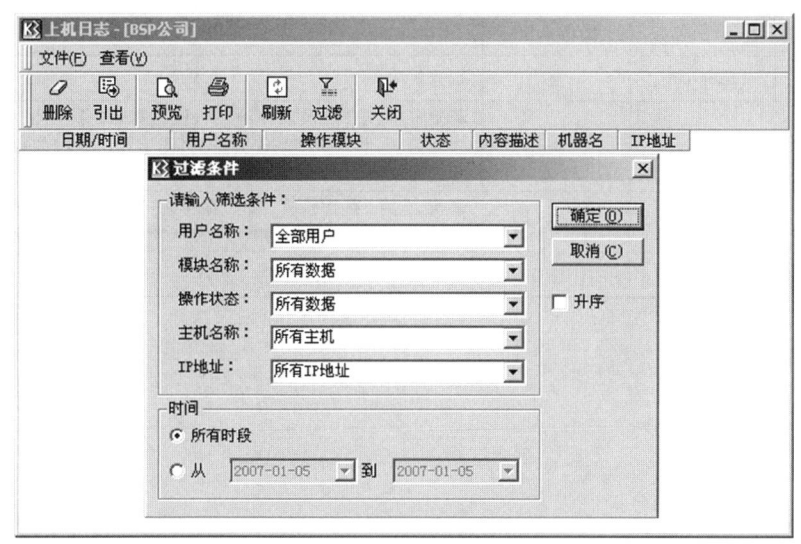

图 2-26　上机日志过滤条件

2.4 小　结

本章主要介绍了账套管理和用户及其权限管理。

在进行账套管理时应注意：在创建账套时要选择与本企业实际情况相吻合的解决方案；进行属性设置时要考虑内部控制的需要；要定期进行备份。

在进行用户及其权限管理时应注意：用户组权限对该用户组中的每个用户都适用；对用户组授权与对用户授权时要勾选"禁止使用工资数据授权检查"，以避免不必要的麻烦；对于初学者而言，不必对数据权限与字段权限进行设置，只需要进行功能权限设置即可；同时，在进行功能权限授权时要考虑内部控制的需要。

2.5 习　题

某公司的基本情况如下，请为其创建账套、增设用户并进行用户授权，在完成所有业务后，建立备份方案并备份一次。

公司名称：A公司；

组织机构：A有限公司；

公司类型：标准供应链解决方案；

数据库实体：默认系统设置；

数据库文件路径：默认系统设置；

数据库日志：默认系统设置；

系统账号："SQL Server 身份验证"，系统用户名默认为 sa；

该公司用户资料见表 2-5。

表 2-5　　　　　　　　　　用户资料表

用户组名	用户名	密码认证	权限介绍
财务组	zhuguan	空	所有权限
财务组	kuaiji	空	基础资料、总账、报表、应收款、应付款、财务分析、现金管理、现金流量表、固定资产系统的查询、固定资产系统的权限中的凭证管理等权限
业务组	yewu	空	采购、仓存、存货核算、销售管理、供应链系统公用设置、供应链分销、管理驾驶舱等权限
办公室组	ziguan	空	固定资产的所有权限

第3章 系统设置

本章要点

本章主要告诉用户怎样将一个企业的基础信息资料设置到信息化系统中去,也就是说如何让一个通用的商品化软件系统成为企业所特有的信息化系统,为企业进行信息化管理与服务。

信息化系统在进行业务处理之前必须先进行相关参数的设置及相关基础资料的配备,它是企业管理信息化的前提与基础,关系到所有财务业务流程的处理,是信息化实施成功与否的关键。因此,在进行系统设置时一定要认真考虑、慎重对待。

3.1 系统参数与属性设置

系统参数与属性设置是对金蝶 K/3 进行最基本的参数设置,它是整个系统的基础,是保障系统正常运行的关键。系统设置的好坏关系到全局业务的处理,因而在进行系统设置时要慎重。在系统设置模块中,可以对各个子系统的参数进行集中设置和管理,一般只要对其中的一个子系统进行了系统设置,其他各子系统就不需要再进行设置了,因为在整个信息化系统中的基础资料是通用的,各个子系统可以共享。在进行系统设置时一般先进行系统参数设置,再进行各个子系统的设置。

系统初始化

3.1.1 系统参数设置

系统参数即金蝶 K/3 的核算参数,它是信息化的前提与基础。系统参数设置一般包括:启用年度和启用期间设置;核算方式设置;库存更新控制;启用门店管理。

1. 在进行启用年度和启用期间设置时,要注意它们不能早于账套创建时的会计年度与会计期间,一般最好与总账的启用期间相同。

2. 核算方式设置有两种选择:数据核算与数量、金额核算。如果选择"数量核算",则在业务系统中只能对物料进行数量核算,不能进行金额核算。也就是说,在业务系统中不能根据相关单据生成凭证,而要到总账系统中手工填制凭证。如果选择"数据金额核算",则在业务系统中既能对物料进行数量核算,也能进行金额核算。也就是说,在业务系统中可根据相关单据直接生成凭证并自动传递到总账系统中。

3. 库存更新控制也有两种选择:单据审核后才更新与单据保存后立即更新。如果选择"单据审核后才更新",则系统将在库存单据进行业务审核后才将该单据的库存数量计算到即时库存中,并在反审核该库存单据后进行库存调整。如果选择"单据保存后立即更新",则系统将在库存单据保存后就将该单据的库存数量计算到即时库存中,并在修改、复制、删除、作废、反作废该库存单据时进行库存调整。

4. 如果启用门店管理,则系统把门店管理系统与系统设置涉及门店管理的功能显示出来,满足企业对零售终端的管理需要。

在金蝶K/3的各个业务子系统中均有系统参数设置功能,在其中的任一子系统中均可进行整个业务系统的参数设置,且只要在其中的任一子系统设置即可,不需要在每个子系统均重复进行。在【系统参数设置-初始化-[主界面]】中【系统设置】/【初始化】下的任一子功能下,只要其明细功能中有【系统参数设置】,双击它即可按照其设置向导进行设置。

【例3-1】 bsp公司的业务系统参数设置要求如下:启用年度为2018年1月;采用数量、金额核算;单据保存后立即更新;不启用门店管理。

操作步骤:

(1)在【金蝶K/3主控台】(【系统参数设置-初始化-[主界面]】,下同)中,如图3-1中的①~④标志所示,执行【系统设置】/【初始化】/【存货核算】/【系统参数设置】并双击,弹出【核算参数设置向导】界面。

(2)在【核算参数设置向导】界面中,在如图3-2所示的"业务系统设定"中,设置"启用年度"为"2018";"启用期间"为"1"。

图3-1 执行【系统参数设置】   图3-2 业务系统设定

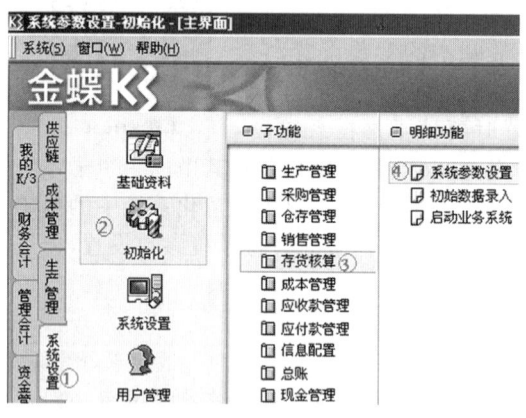

(3)单击 **(N)下一步>** 按钮,弹出如图3-3所示的界面,选择"数量、金额核算";选择"库存更新控制"下方的"单据保存后立即更新";在"门店模块设置"下方,不勾选"启用门店管理",即不进行门店管理。

(4)单击 [(N)下一步>] 按钮,弹出如图 3-4 所示的界面,并在其中显示提示信息,如确信系统参数设置没有错误,则可以完成系统参数设置,单击 [(F)完成] 按钮,完成系统参数设置。

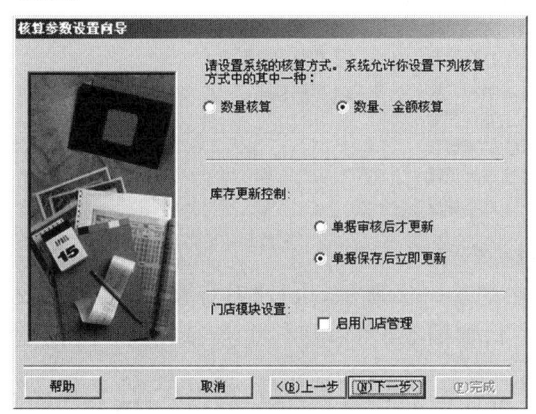

图 3-3　设置系统核算方式　　　　　　　　图 3-4　完成核算参数设置

技巧:在如图 3-3 所示的界面中进行核算方式设置时,为了将业务系统与财务系统更好地结合起来综合运用,应选择"数量、金额核算"。如果企业确实只需运用业务系统进行物料数据核算,则可以选择"数量核算"。

在如图 3-3 所示的界面中进行"库存更新控制"设置时,为了保证数据处理的严肃性,建议采用"单据审核后才更新"。

系统参数设置在未结束初始化前是可以更改的,但一旦结束初始化,就不能更改了。

3.1.2　系统属性设置

系统属性设置是系统使用前必须完成的,如公司名称、电话、银行账号、纳税登记号等公司基本情况,还有各个子系统的选项设置,如暂估冲回凭证生成方式、存货核算方式、期末结账时检查未记账的单据等。但要注意,系统设置中的内容只能修改,不能增加和删除,且公司地址、名称和系统名称会自动显示在各个单据中,一经确定,最好不要随意更改。特别是公司代码,更是不能更改的,因为公司代码是其在信息化资料中的唯一标志,是用来与其他分公司进行区分的。

【例 3-2】　bsp 公司的业务系统设置要求如下:(1)在"系统设置"中将"专用发票精度"设为"4";(2)在"供应链整体选项"参数维护中要求"审核人与制单人可为同一人",不需要"若应收应付系统未结束初始化,则业务系统发票不允许保存";(3)在"核算系统选项"参数维护中设置"暂估冲回凭证生成方式"并采用"月初一次冲回"。

操作步骤:

(1)在【金蝶 K/3 主控台】中,如图 3-5 中的①～④所示,执行【系统设置】/【系统设置】/【存货核算】/【系统设置】并双击,弹出【系统参数维护】窗口。(说明:在选择如图 3-5 中的④标注的明细功能【系统设置】时,并非一定要选择【存货核算】子功能下的,可以是其他任一子功能,如【采购管理】或【仓库管理】等。)

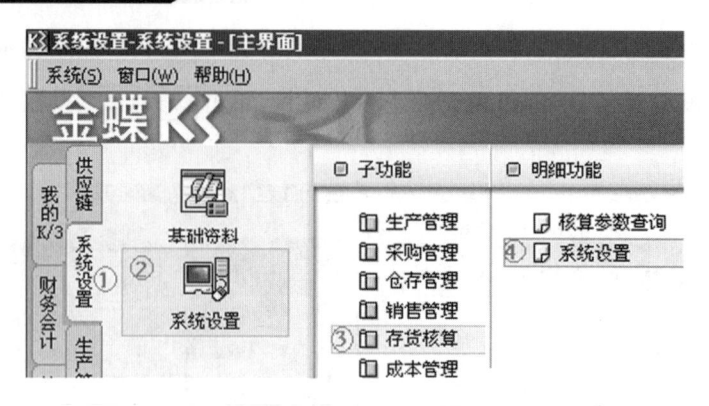

图 3-5 执行【系统设置】

(2)在【系统参数维护】窗口中,如图 3-6 中的①～②所示,执行【系统设置】/【专用发票精度】并双击,弹出【修改系统参数设置】窗口,如图 3-6 中的③～⑤所示,先将"专用发票精度"文本编辑框中的数字改为"4",再单击 保存 按钮,保存成功后,再单击 退出 按钮,或单击窗口右上方的关闭按钮 ✕ ,退出【修改系统参数设置】窗口,完成"专用发票精度"的修改。

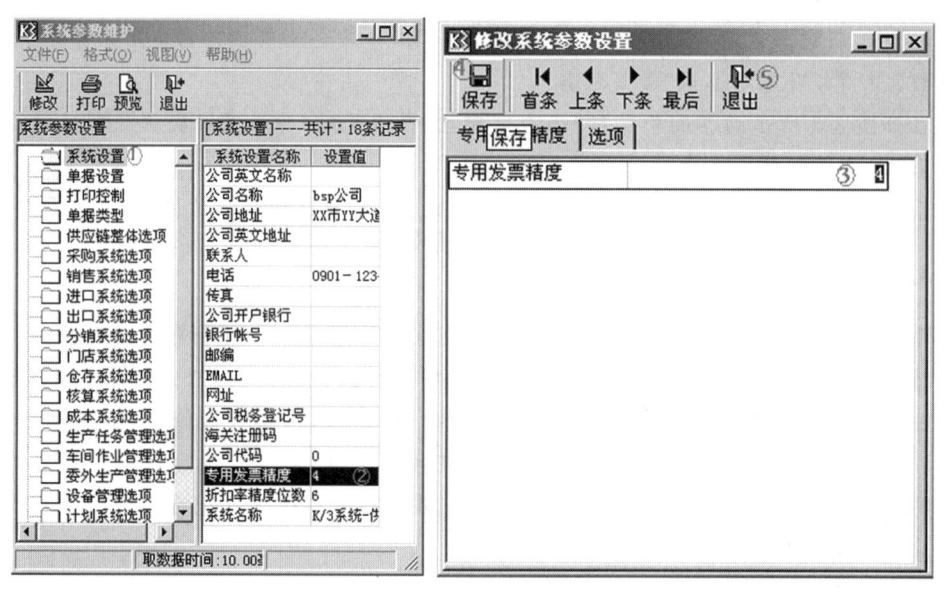

图 3-6 修改专用发票精度

(3)在【系统参数维护】窗口中单击"供应链整体选项"文件夹,弹出"【供应链整体选项】"列表框,如图 3-7 所示,单击选择"审核人与制单人可为同一人"右侧的"参数值" ,即可变为"对勾" ;单击"若应收应付系统未结束初始化,则业务系统发票不允许保存"右侧的"参数值" ,取消原有的"对勾" 。

(4)在【系统参数维护】窗口中单击"核算系统选项"文件夹,弹出【核算系统选项】"列表框,如图 3-8 所示,单击"暂估冲回凭证生成方式"右侧的"值"中的下拉按钮 ,选择输入"月初一次冲回",然后再单击 退出 按钮,或单击窗口右上方的关闭按钮 X,退出【系统参数维护】窗口,完成 bsp 公司的系统设置。

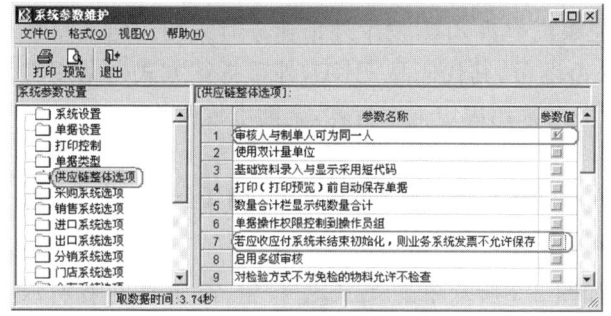

图 3-7 供应链整体选项参数维护　　　图 3-8 核算系统选项参数维护

技巧:在设置"暂估冲回凭证生成方式"时,一定要慎重对待,因为该选项值一旦设置,在系统启用后就不能再进行修改了。

3.2 基础资料设置

基础资料是指在金蝶 K/3 中使用的各种基础数据的总称。企业在进行凭证或者单据处理时,都需要使用一些业务资料信息,如科目、币别、商品、客户、金额等。也就是说企业中所有的凭证、单据都是由一些基础资料信息和具体的数量信息构成的。因此,为了对这些基础数据进行统一设置与管理,金蝶 K/3 提供了基础资料管理平台。

由于金蝶 K/3 功能众多,囊括的范围很广,所以为了便于管理,它根据业务性质将各种功能分在不同的系统中进行维护管理。这样,不仅存在着各个子系统都可使用的公共基础数据,而且各个子系统还会有相应的自己独有的基础资料。因此,将这些不同的基础资料又细分为两大部分:公共资料和各个子系统中的基础数据。公共资料可用于对科目、币别、凭证字、计量单位、结算方式、核算项目等各项基础资料进行维护管理,本节主要对公共资料设置进行阐述。

3.2.1 设置货币类别

在企业的经营活动中,都是以货币作为交易的媒介和度量单位的。对于涉外企业,其交易活动不可避免地要涉及多种币别,为了方便企业对不同币别的业务数据进行记录和度量,金蝶 K/3 提供了"币别"管理功能。如新增币别、币别属性、删除币别、币别管理等。其中"新增币别"是指增加一种新的货币种类;"币别属性"是对选定的某种币别的属性,如币别代码、币别名称、记账汇率进行修改;"删除币别"即对选定的某种币别进行删除,但是要注意如果该币别已经使用,则不能删除;"币别管理"是对币别进行管理的一个综合管理器,其中有多种币别管理功能,如新增、修改、删除、刷新。

在进行币别管理时要注意,币别代码要使用 3 个字符表示,按一般使用惯例进行编码,如人民币为 RMB、港币为 HKD、美元为 USD 等。系统在创建账套时默认的币别是记账本位币,记账本位币在此是不能进行更改的,记账本位币的折算系数为1,不需要选择折算公式。

【例3-3】 bsp公司以人民币为记账本位币,同时还有一种外币美元,其代码为USD,外币折算方式采用直接标价法,记账汇率为8.5,发生外币业务时采用固定汇率核算,金额小数位数为2;另外还有一种外币港币,其代码是HKD,外币折算方式也采用直接标价法,记账汇率为1.1,发生外币业务时采用固定汇率折算,金额小数位数为2。

操作步骤:

(1)在【基础平台-[主界面]】窗口中,执行【系统设置】/【基础资料】/【公共资料】/【币别】并双击,弹出【基础平台-[币别]】窗口。

(2)在【基础平台-[币别]】窗口中,如图3-9所示单击 管理 或 新增 按钮,或如图3-10所示执行【编辑】/【新增币别】。

图3-9 【基础平台-[币别]】窗口(1)

图3-10 执行【新增币别】

(3)在【币别-新增】对话框中,如图3-11所示在"币别代码"文本编辑框中输入"USD";在"币别名称"文本编辑框中输入"美元";在"记账汇率"文本编辑框中输入"8.5";选择"原币×汇率=本位币";选择"固定汇率"。最后单击 确定(O) 按钮,完成美元币别的新增操作,在如图3-12所示的【基础平台-[币别]】窗口右下方的"[币别]的内容"记录中就显示出刚才所增加的美元币别。

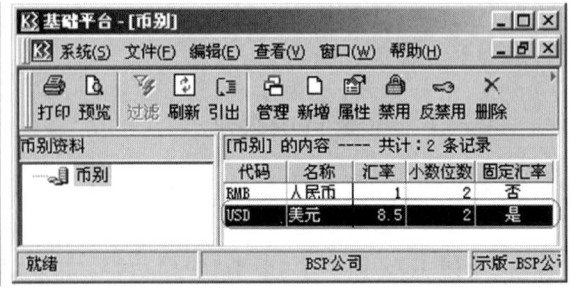

图3-11 新增币别

图3-12 币别记录列表

(4)重复操作步骤(2)~(3),完成币别"港币"的新增操作。

【例3-4】 bsp公司的李主管在检查币别设置时发现港币的记账汇率为1,而不是1.1,其余均是正确的,进行修改。

操作步骤：

(1)在【基础平台-[主界面]】窗口中,执行【系统设置】/【基础资料】/【公共资料】/【币别】并双击,弹出【基础平台-[币别]】窗口。

(2)在【基础平台-[币别]】窗口中,如图 3-13 所示,先在币别记录列表中选择币别"港币",再单击 属性 按钮,或如图 3-14 所示,执行【编辑】/【币别属性】。

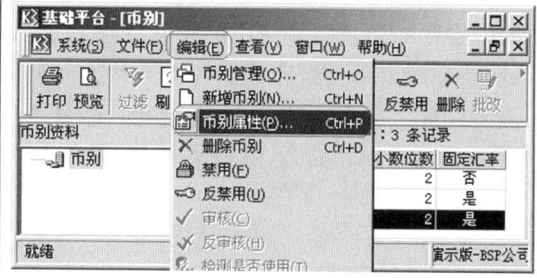

图 3-13　【基础平台-[币别]】窗口(2)　　　图 3-14　执行【币别属性】

(3)弹出【币别-修改】界面,如图 3-15 所示将"记账汇率"文本编辑框中的"1.1"改为"1",再单击 确定(O) 按钮完成港币记账汇率的更正操作。

【例 3-5】　bsp 公司的李主管在检查币别设置时发现币别港币的设置是多余的,该公司现只有一种外币"美元",没有"港币",进行修改。

操作步骤：

(1)在【基础平台-[主界面]】窗口中,执行【系统设置】/【基础资料】/【公共资料】/【币别】并双击,弹出【基础平台-[币别]】窗口。

(2)在【基础平台-[币别]】窗口中,如图 3-16 所示,先在币别记录列表中选择币别"港币",再单击 删除 按钮,或执行【编辑】/【删除币别】。

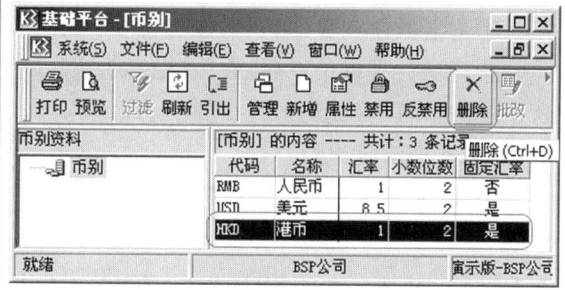

图 3-15　修改港币的记账汇率　　　图 3-16　【基础平台-[币别]】窗口(3)

(3)弹出【金蝶提示:是否删除"HKD"?】界面,单击 是(Y) 按钮,将币别"港币"删除。删除后,【基础平台-[币别]】窗口中的[币别]记录列表中将不再有"港币"币别记录。

3.2.2　设置计量单位

计量单位是指对物料的度量所需使用的单位。有些物料的计量单位可能会有几个,其中必有一个是主要的,即主计量单位,其他起辅助计量作用的即辅助计量单位。为了能体现该物料多种计量单位方法及这些计量单位之间的运算关系,将一种物料的所有计量单位设置成一个计量单位组,则各计量单位的关系就是主计量单位与辅助计量单位的关系(倍数),用系数来进行描述。主计量单位也就是系统默认的计量单位,其系数肯定是1(自己与自己的关系),其他辅助计量单位的系数由它与主计量单位的倍数来决定。如一条烟有10包,若设"包"为烟的主计量单位,则"条"为辅助计量单位,那么"条"的系数就是"10"。

在进行计量单位设置时,必须先设置计量单位组,再设置计量单位。计量单位组的设置由物料的记录所需使用的计量单位而定,如有100种物料只需要20种计量单位,则设置20个计量单位组即可。因为一种物料只能用一种主计量单位进行记录,而一个计量单位组只有一个主计量单位,且只有主计量单位是物料在记录时能获取到的默认计量单位。

【例3-6】 bsp公司根据前期资料的整理结果确定该公司所需使用的计量单位,见表3-1。

表3-1 计量单位(1)

计量单位组	默认计量单位	辅助计量单位	系　数	换算率
数量组	件(010)	箱(011)	10	固定
质量组	千克(020)	吨(021)	1 000	固定

操作步骤:

(1)增加计量单位组

①在【计量单位-基础资料-[主界面]】窗口中,执行【系统设置】/【基础资料】/【公共资料】/【计量单位】并双击,弹出【基础平台-[计量单位]】窗口。

②在【基础平台-[计量单位]】窗口中,执行【编辑】/【新增计量单位组】,弹出【新增计量单位组】对话框。

③在【新增计量单位组】对话框中,按照表3-1的内容,如图3-17所示,在"计量单位组"文本编辑框中输入"数量组",再单击 确定(O) 按钮,新增加一个计量单位组"数量组"。

④重复操作步骤②~③,按照表3-1的内容,新增另一个计量单位组"质量组"。

⑤新增计量单位组后,在【基础平台-[基础资料—计量单位]】窗口中的列表中将显示所新增的计量单位组。

(2)新增计量单位

①在【基础平台-[基础资料—数量组]】窗口中,如图3-18的①~③所示,先单击第①步"数量组",再单击第②步所示的空白处(如不进行此步操作,则弹出的是【新增计量单位组】窗口),再单击第③步 新增 按钮,弹出【计量单位-新增】对话框。

图3-17　新增计量单位组"数量组"　　　　　　图3-18　工具按钮【新增】计量单位组

②在【计量单位-新增】对话框中,按照表 3-1 中的内容,在"代码"文本编辑框中输入"010";在"名称"文本编辑框中输入"件";在"换算率"文本编辑框中输入"1"(件既是默认计量单位也是主计量单位,其倍数为 1。);在"换算方式"中选择"固定换算"。

③重复操作步骤①~②,完成表 3-1 中的其他计量单位的增加操作。

④新增完所有的计量单位后,在【基础平台-[基础资料-质量组]】窗口右边的记录区域将如图 3-19 所示在相应的计量组中显示所有新增的计量单位。

图 3-19 计量单位记录

注意:(1)在进行增加计量单位操作时,一定要先增加计量单位组,后增加计量单位。

(2)在增加计量单位时,一定要先选择其所属的计量单位组,再在【基础平台-基础资料】窗口右边的计量单位显示记录区任意单击一下,才能进行计量单位的新增操作,否则弹出的对话框是【新增计量单位组】而不是【计量单位-新增】。

3.2.3 设置会计科目

按照现行企业会计准则的规定,会计科目是依据企业会计准则中确认、计量和报告规定制定的,它涵盖了各类企业的交易或者事项。企业在不违反会计准则中确认、计量和报告规定的前提下,可以根据本单位的实际情况自行增设、分拆、合并会计科目。企业不存在的交易或者事项,可不设置相关会计科目。对于明细科目,企业可以比照相关规定自行设置。会计科目编号供企业填制会计凭证、登记会计账簿、查阅会计账目、采用会计软件系统时参考,企业可结合实际情况自行确定会计科目编号。在现行企业会计准则中将会计科目分为六大类:1 为资产类;2 为负债类;3 为共同类;4 为所有者权益类;5 为成本类;6 为损益类。

在会计信息系统中最重要的是会计科目编号,即科目代码,它对于提高系统的输入、处理效率以及输出详细、完整的会计核算资料都有着极为重要的意义。科目代码采用群码的编码方式,即将会计科目代码分成若干段,每一段有固定的位数:第一段表示一级科目代码,第二段表示二级明细科目代码,以此类推,每一段按照一定的标准顺序排列,一般一级科目代码是不允许修改的。

在金蝶 K/3 中对于会计科目的管理主要有新增、复制、修改、删除等,并且还提供了从系统模板引入会计科目的功能,以节约企业录入会计科目的时间,提高工作效率。一个会计科目有多项字段属性描述,如科目代码、助记码、科目名称、科目类别、余额方向、外币核算等。

1. 科目代码

科目代码即会计科目的代码。在系统中必须唯一。科目代码必须由上级至下级逐级增加：必须首先增加上级科目代码，只有上级科目代码存在后才能增加下级科目代码。科目代码由"上级科目代码＋本级科目代码"组成，中间用小圆点进行分隔。科目代码是必填项。

2. 助记码

助记码是帮助操作者记忆科目的编码。在录入凭证时，为了提高科目录入的速度，可以用助记码进行科目录入。例如：将"现金"科目的助记码设置为"xj"，则在输入现金科目时输入"xj"，系统将会自动找到"现金"科目。助记码是可选项。

3. 科目名称

科目名称是该科目的文字标志。在命名科目名称时只需命名本级科目名称，不必附带上级科目名称。输入的科目名称一般为汉字和字符。这也是必填项。

4. 科目类别

科目类别是对科目的属性进行定义。现行企业会计准则对科目的属性已做了设定，共分六大类：资产类、负债类、共同类、所有者权益类、成本类、损益类。系统中损益类科目的特殊处理主要体现在两个方面：第一，在执行"结转本期损益"功能时，所有定义为"损益类"的科目的本期实际发生额都将全部自动结转；第二，在自定义报表中设置取数公式时，设定为"损益类"科目，便可取出其实际发生额。这也是必填项。

5. 余额方向

余额方向是指科目余额的默认方向。一般资产类科目的余额方向在借方，负债类科目的余额方向在贷方。科目的这项属性对于账簿或报表输出的数据有直接影响，系统将根据科目的余额方向来反映输出的数值。例如：如果将"现金"科目的余额方向改为"贷方"，则其借方余额在自定义报表中就会反映为负数。这是必填项。

6. 外币核算

外币核算是指设定该科目外币核算的类型。具体核算类型有以下三种：

（1）不核算外币：不进行外币核算，只核算本位币。

（2）核算所有外币：对本账套中设定的所有币别进行核算。

（3）核算单一外币：只对选定的某一种外币进行核算。

系统在处理要求外币核算的会计科目时，会自动默认在"币别"功能中输入的汇率。这是必填项。

7. 期末调汇

期末调汇是指设定该会计科目是否要在期末进行汇率调整。只有当科目设置了外币核算时，此选项才可使用。如对某会计科目设置了"期末调汇"，则在期末执行"期末调汇"功能时才能对此科目进行调汇。如果会计科目设置了"外币核算"，则一定要相应设置"期末调汇"。

8. 往来业务核算

如选择往来业务核算，则在科目核算往来业务中，录入凭证时要求录入往来业务编号，适用于往来核销模块。此项选择将影响到往来对账单和账龄分析表的输出。这是可选项。

9. 数量金额核算

数量金额核算是指设置会计科目是否进行数量金额辅助核算。若进行数量金额辅助核算,则要求选择核算的计量单位。这是可选项。

10. 计量单位

计量单位是指设置会计科目的计量单位组及缺省的计量单位。只有当会计科目进行了数量金额核算时,此项目才可使用。

11. 现金科目

如选择现金科目,则将该会计科目指定为现金科目。在现金日记账和现金流量项目中使用。一般对"库存现金"这一会计科目,要选择此选项。

12. 银行科目

如选择银行科目,则将该科目指定为银行科目。在银行日记账和现金流量项目中使用。一般对"银行存款"这一会计科目,要选择此选项。

13. 日记账

如选择日记账,则在明细分类账中按日统计金额。一般对"库存现金""银行存款"科目要选择此选项。

14. 现金等价物

现金等价物供现金流量表取数使用。在一般情况下,当企业要采用信息系统自动编制现金流量表时,要将"库存现金""银行存款""其他货币资金"设置为"现金等价物"。

15. 科目计息

如选择科目计息,则该科目参与利息的计算。一般只有"银行存款"科目才需要选择此选项。

16. 日利率

日利率是指输入科目的日利率。只有选择了科目计息,日利率才可用。

17. 科目受控系统

科目受控系统是指可以给明细科目指定一个对应的受控系统。如可将"应收账款"科目受控系统设置为"应收款管理";"应付账款"科目受控系统设置为"应付款管理"。则用户在录入应收、应付款模块中的收、付款等单据时,系统将只允许使用那些被指定为受控于应收、应付款系统的科目。

18. 核算项目

核算项目是为了方便企业对信息的不同管理需求设置的。它对会计科目进行多项目核算,可全方位、多角度地反映企业的财务信息,比设置明细科目更直观、更简洁、处理速度更快。例如,一个企业的往来客户单位有1 000个以上,如果将往来客户设置成明细科目,那么,应收账款的二级明细科目也要达到1 000多个,如果将往来客户设置成应收账款的核算项目,则只要设置应收账款一个一级科目就可以了。在金蝶K/3中每一科目最多可实现对1 024个核算项目的管理。

【例3-7】 bsp公司的李主管为了节约时间,从系统模板引入通用的会计科目,并针对公司的实际情况拟增加表3-2中所列的明细科目。

表 3-2　　　　　　　　　　　增加的明细科目资料(1)

代码	科目名称	选项说明	计量单位	代码	科目名称	选项说明	计量单位
1002.01	银行存款-建设银行	银行科目、日记账		1401.01	材料采购-生产用材料采购	数量金额核算	千克
1002.02	银行存款-中国银行	银行科目、日记账、核算美元、期末调汇		1401.02	材料采购-其他材料采购	数量金额核算	千克
1403.01	原材料-生产用原材料	数量金额核算	千克	5001.01	生产成本-直接材料		
1403.02	原材料-其他原材料	数量金额核算	千克	5001.02	生产成本-直接人工		
				5001.03	生产成本-制造费用		

操作步骤：

(1)引入会计科目

①在如图 3-20 所示的窗口中执行【系统设置】/【基础资料】/【公共资料】/【科目】并双击，弹出【基础平台-[基础资料—科目]】窗口。

图 3-20　执行【科目】

②在【基础平台-[基础资料—科目]】窗口中，如图 3-21 所示执行【文件】/【从模板中引入科目】。

③弹出【科目模板】对话框，如图 3-22 所示单击"行业"文本输入框右侧的下拉按钮▼，选择输入"新会计准则科目"，单击 引入 按钮。

④弹出【引入科目】对话框，如图 3-23 所示，单击 全选(A) 按钮，将列表中的所有代码及科目名称全部选中，再单击 确定(O) 按钮，将系统中预置的新会计准则科目引入本账套。

第 3 章　系统设置

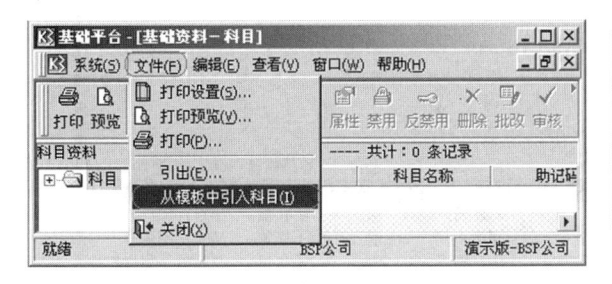

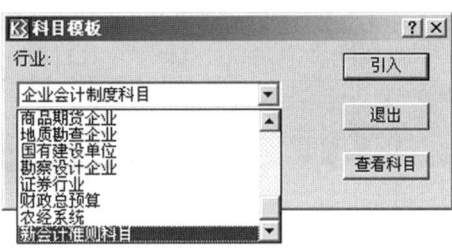

图 3-21　从模板中引入科目　　　　图 3-22　选择新会计准则科目

⑤弹出【正在引入科目..】提示界面,如图 3-24 所示,此时,如不需要引入科目,则可单击 取消 按钮,否则等待一会儿,就可将所有已经选择的科目引入本账套。

图 3-23　选择所有科目引入　　　　图 3-24　正在引入科目

⑥所有科目全部引入完毕后,弹出【金蝶提示】界面,单击 确定 按钮,完成科目引入工作。

⑦科目引入成功后,在【科目】窗口中将显示所引入的科目,如图 3-25 所示。

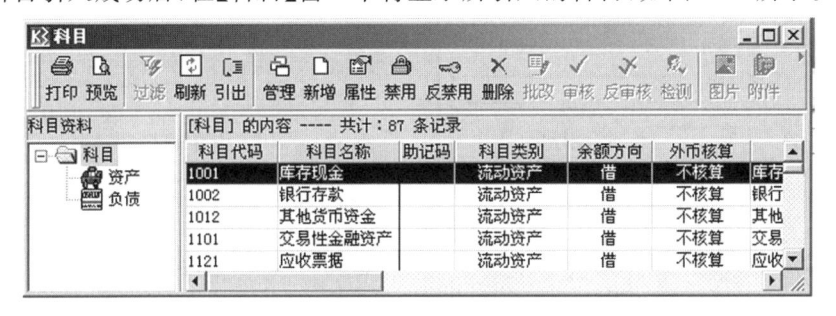

图 3-25　已引入的科目

(2)增加会计科目

①在【基础平台-[科目]】窗口中,执行【编辑】/【新增科目】,或如图 3-26 所示单击 新增 按钮。

②弹出【会计科目-新增】对话框,按表 3-2 中的内容,在"科目代码"文本编辑框中输入"1002.01";在"科目名称"文本编辑框中输入"建设银行",完成后单击 保存 按钮,为"1002,银行存款"增加了一个下级明细科目"1002.01,建设银行"。

图 3-26 执行【新增】科目

③重复操作步骤②,完成"1002,银行存款"的下级明细科目"1002.02,中国银行";"1403,原材料"的下级明细科目"1403.01,生产用原材料""1403.02,其他原材料";"1401,材料采购"的下级明细科目"1401.01,生产用材料采购""1401.02,其他材料采购"等。

注意:在新增会计科目时,一定要勾选其相应的核算选项,如本例中的"1002.02,中国银行"明细科目如图 3-27 所示,在"外币核算"右侧的下拉列表框中选择"美元",并要勾选"期末调汇"。或如本例中的"1403.01,生产用原材料"等则一定要如图 3-28 所示,勾选"数量金额辅助核算",并在"计量单位"下拉列表区选择"单位组"为"质量组",选择"缺省单位"为"千克",再单击 按钮。

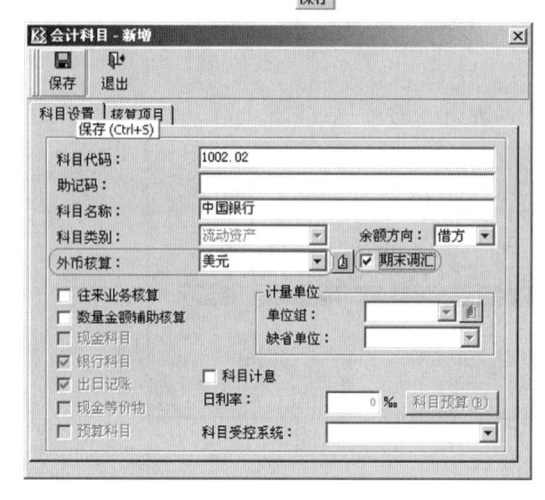

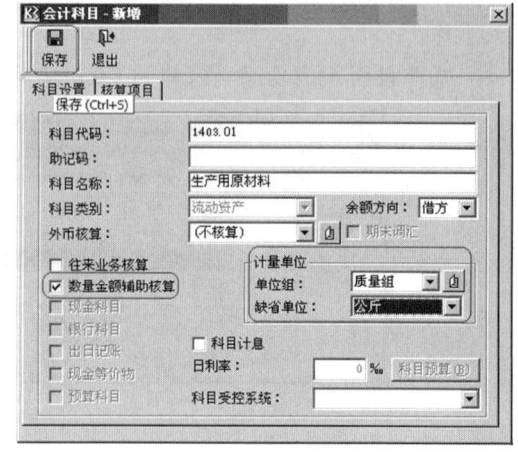

图 3-27 新增 1002.02 科目　　　　图 3-28 新增 1403.01 科目

(3) 修改、复制会计科目

按表 3-2 的要求,在"生产成本"科目下增"直接材料""直接人工""制造费用"三个二级明细科目。

①在【基础平台-[科目]】窗口中,单击【编辑】菜单中的"新增科目"菜单命令,即可弹出【会计科目-新增】对话框,按表 3-2 中的内容,在"科目代码"文本编辑框中输入"5001.01";在"科目名称"文本编辑框中输入"直接材料",完成后单击 按钮,为"5001,生产成

本"增加了一个下级明细科目"5001.01,直接材料"。

②在【会计科目-新增】对话框中,如图 3-29 所示单击 复制 按钮,将当前"5001.01,直接材料"会计科目进行复制。

③将复制下来的会计科目进行修改,如图 3-30 所示将"科目代码"文本编辑框中的"5001.01"改为"5001.02",将"科目名称"文本编辑框中的"直接材料"改为"直接人工",再单击 保存 按钮,将修改结果保存。重复上述操作步骤,完成"5001.03,制造费用"明细科目的复制。

图 3-29　复制会计科目　　　　　　　　图 3-30　修改 5001.01 科目

④"生产成本"下的明细科目全部修改好后,在【基础平台-[基础资料]—4101(生产成本)】窗口的右下方显示区域,将显示"生产成本"科目下所有的明细科目。

提示:在进行科目设置时注意将"应收账款""应付账款""预收账款""预付账款""应付票据""应收票据"科目受控系统设置为受控于"应收应付"。因为在后面进行应收款管理系统/应付款管理系统中的参数设置时,需要用到"应收账款""应付账款""预收账款""预付账款""应付票据""应收票据"科目。

3.2.4　设置凭证字

凭证字即我们平常在会计术语中所说的凭证类别。凭证分类可反映经济业务的范围,以方便对同类经济业务进行有序编号。按照凭证的使用范围不同,凭证可分为通用记账凭证和专用记账凭证两大类。若采用通用记账凭证格式,则凭证字可设为"记",所有经济业务均使用统一格式编制记账凭证;若采用专用记账凭证格式,则可按具体业务范围不同分为三种格式和五种格式两种类型,三种格式的凭证字可分别设为"收""付""转",五种格式的凭证字可分别设为"现收""现付""银收""银付""转讫"。按照现行会计制度规定,一般均采用通用记账凭证格式,即凭证字只要设为"记"就可以了。

在金蝶 K/3 中对凭证字的维护与管理主要有新增、修改、删除凭证字等操作。

1. 新增凭证字

【例3-8】 bsp公司根据日常业务发生的情况,拟将其凭证字设为"收""付""转"三种类别。其中"收"是指所有收款业务所要记录的凭证字;"付"是指所有付款业务所要记录的凭证字;"转"是指所有转账业务所要记录的凭证字。具体设置要求见表3-3。

表 3-3　　　　　　　　　　凭证字列表(1)

凭证字	限制条件	会计科目
收	借方必有	1001、1002
付	贷方必有	1001、1002
转	借和贷必无	1001、1002

操作步骤:

(1)在【凭证字-基础资料-[主界面]】窗口中,执行【系统设置】/【基础资料】/【公共资料】/【凭证字】并双击,弹出【基础平台-[凭证字]】窗口。

(2)在【基础平台-[凭证字]】窗口中,如图3-31所示执行【编辑】/【新增凭证字】。

(3)弹出【凭证字-新增】对话框,按表3-3中的内容,如图3-32所示在"凭证字"文本编辑框中输入"收",在"借方必有"文本编辑框中输入科目代码"1001",不要选择"限制多借多贷凭证",单击 确定(O) 按钮,完成"收"凭证字的新增操作。

图 3-31　执行【新增凭证字】　　　　　　图 3-32　新增凭证字

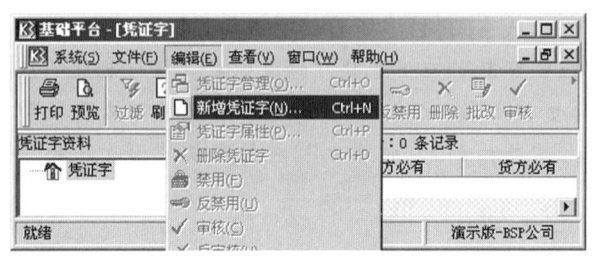

(4)重复操作步骤(2)～(3),完成"付""转"凭证字的新增操作。

(5)全部凭证字新增完成后,如图3-33所示在【基础平台-[凭证字]】窗口的下方列表中将显示出所新增的凭证字。

2. 修改、删除凭证字

【例3-9】 bsp公司的主管为了精简核算,决定将该公司的凭证字重新设置为"记"一种。具体设置要求见表3-4。

第 3 章　系统设置

图 3-33　新增的凭证字列表

表 3-4　凭证字列表(2)

凭证字	限制条件	会计科目
记	无	

操作步骤：

(1)在【基础平台-[凭证字]】窗口中，选择"转"凭证字，执行【编辑】/【删除凭证字】，或如图 3-34 所示，单击 按钮，将"转"凭证字删除。

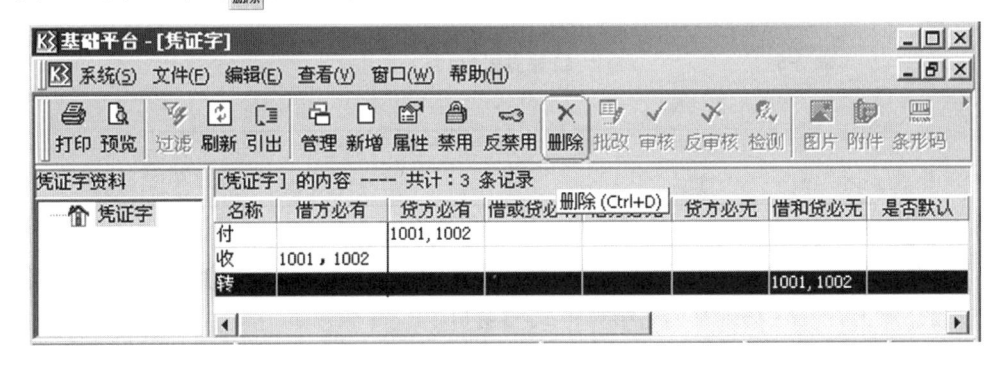

图 3-34　删除"转"凭证字

(2)重复操作步骤(1)，将"收"凭证字删除。

(3)选择"付"凭证字，如图 3-35 所示，单击 按钮，或者如图 3-36 所示执行【编辑】/【凭证字属性】。

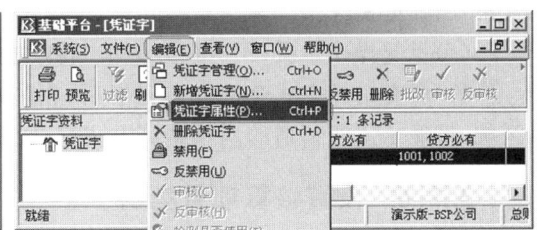

图 3-35　选择"付"凭证字　　　　　图 3-36　执行【凭证字属性】

(4)弹出【凭证字-修改】对话框,按照表 3-4 中的内容,如图 3-37 所示进行修改:将"凭证字"文本编辑框中原来的"付"修改为"记";将"贷方必有"文本编辑框中的"1001,1002"删除。单击 确定(O) 按钮,完成"记"凭证字的设置。

(5)完成凭证字的修改后,在【基础平台-[凭证字]】窗口下方的列表中将显示出已修改好的"记"凭证字记录内容。

3.2.5 设置结算方式

结算方式是企业在往来业务中款项的收付方式,如现金结算、支票结算、商业汇票结算等。在

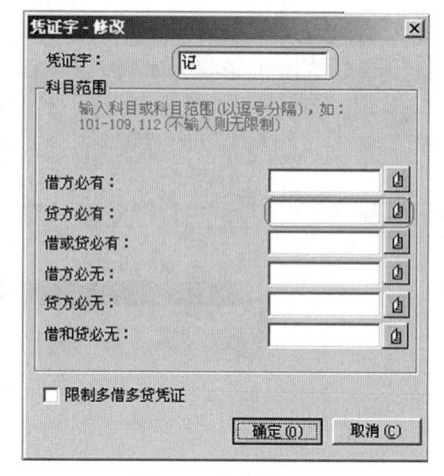

图 3-37 修改凭证字

金蝶 K/3 中,系统已经事先预置的结算方式有现金、电汇、信汇、商业汇票、银行汇票,用户可以对其进行禁用、修改、删除等操作。当然,我们也可以根据企业经营活动的需要自行增加结算方式。

【例 3-10】 bsp 公司为了满足企业经营活动的需要拟增加表 3-5 中所列的两种结算方式。

表 3-5   结算方式(1)

代 码	名 称
JF06	现金支票
JF07	转账支票

操作步骤:

(1)在【基础平台-[主界面]】窗口中,执行【系统设置】/【基础资料】/【公共资料】/【结算方式】并双击,弹出【基础平台-[结算方式]】窗口。

(2)在【基础平台-[结算方式]】窗口中,执行【编辑】/【新增结算方式】或单击 新增 按钮,弹出【结算方式-新增】对话框。

(3)在【结算方式-新增】对话框中,按照表 3-5 中的内容,在"代码"文本编辑框中输入"JF06";在"名称"文本编辑框中输入"现金支票"。然后,单击 确定(O) 按钮,完成"现金支票"的新增操作。

(4)重复操作步骤(2)~(3),完成"转账支票"的新增操作。

(5)所有结算方式全部增加完毕后,在【基础平台-[结算方式]】窗口的下方记录显示区域,将显示出所新增的两条结算方式记录。

3.2.6 设置核算项目类别

在金蝶 K/3 中,可以对某一科目进行延伸核算与管理,以处理从属于该科目某一方面的独立财务资料,每一独立核算可以归纳成一个核算项目类别,每一核算项目类别之下可以设置许多核算项目。其目的是强化会计的管理职能,为管理者提供更多的信息。

例如，在实际业务中，企业经常需要核算某些项目(如课题、工程项目、产品等)的成本、费用、往来情况以及收入等。传统的方法是按具体的项目开设明细账进行核算,这样必然增加明细科目的级次,导致科目体系庞大,同时会给会计核算和资料管理带来极大的困难。此外,按会计科目对项目进行核算只能按会计年度进行,但也有很多项目的期间是跨年度的,企业对项目的核算和管理希望反映项目在整个工期的财务状况。因此,传统的会计核算无法满足项目核算和管理的需求,而金蝶 K/3 借助于计算机处理,利用项目核算功能就可以很方便地对项目进行跨期核算与管理,为这些项目的成本费用及收入情况提供快速、方便的管理手段。

核算项目的管理方法为分级管理,首先建立核算项目类别,再在各核算项目类别下设核算项目。在金蝶 K/3 中已经预设了很多核算项目类别,例如客户、部门、职员、物料、仓库、供应商等。对这些已经预设的核算项目类别不能删除,但可以根据企业的实际需要增加一些核算项目类别。

【例 3-11】 bsp 公司在业务往来过程中产生了一些"其他应收账款",与客户、供应商没有关系,因此需单独设置"其他往来单位"核算项目类别,其代码为"601"。

操作步骤：

(1)在【基础平台-[主界面]】窗口中,执行【系统设置】/【基础资料】/【公共资料】/【核算项目管理】并双击,弹出【基础平台-[全部核算项目]】窗口。

(2)在【基础平台-[全部核算项目]】窗口中,执行【编辑】/【新增核算项目类别】,或单击 [新增] 按钮,弹出【核算项目类别-新增】对话框。

(3)在【核算项目类别-新增】对话框中,按【例 3-11】中的内容,在"代码"文本编辑框中输入"601"；在"名称"文本编辑框中输入"其他应收账款",再单击 [确定(O)] 按钮,完成核算项目类别的新增。

(4)新增一个核算类别后,在【基础平台-[基础资料—核算项目]】窗口中的记录区域显示所新增的核算项目类别,在该窗口中显示出"601 其他应收账款"核算项目类别记录。

3.2.7 设置仓库

仓库是企业保管存货的地方,要对存货进行管理,首先应对仓库进行管理。因此,进行仓库设置是供应链管理的重要基础准备工作之一。在仓库设置功能中可将企业使用的仓库和相关信息输入系统中,也可对仓库档案进行修改和删除。

在金蝶 K/3 中,为了对仓库中存放的一些有特殊用途的物料进行单独管理,还可设置一些虚仓,它们不具有仓库实体形态,但代行仓库的部分功能、代表物料不同的管理方式。因此,金蝶 K/3 中就有了"实仓"与"虚仓"之分,两者之间有一定的区别：第一、实仓要进行数量和金额核算,虚仓只进行数量核算,不进行金额核算；第二、虚仓不能进行仓位管理；第三、虚仓不宜处理物料批次管理、保质期管理。一般来说虚仓的形式有三种：待检仓、代管仓和赠品仓。

待检仓：表明购进材料处于待检验状态,在此状态下,物料尚未入库,准备进行质量检验,只记录数量,不核算金额。

代管仓：表明入库物料不属于企业所有,企业只是受托代行看管或部分处置(如只计算加工费的受托加工业务），其处置权归其他企业或单位。具有这种性质的购进物料也只记录数量，并不考虑成本。

赠品仓：核算赠品收发的虚拟仓库。赠品是指在收货或发货时，除议定的货物外，附带无偿收到或赠予对方一定数量的货物，这种货物处理的方式多、范围广、与日常业务的处理界限不明，但总体来说在货物收入或发出时不具有成本属性，只具有数量属性。

在仓库设置中，有许多字段值需要设置，其中有一些是必需的，如代码、名称和全名、仓库类型和仓库属性。还有一些是可设可不设的。下面针对几个较常用的字段进行说明。

代码：即仓库的编号，一个代码代表一个仓库。

名称和全名：都是仓库名称，前者是本仓库自身的具体名称，由用户手工录入；后者是包括上级仓库名称在内的仓库名称，不需要用户手工输入而由系统自动生成。

仓库类型：在金蝶K/3中事先预置了六种仓库类型：普通仓、待检仓、代管仓、赠品仓、受托代销仓、其他，这六种类型是不允许进行编辑、修改、删除的。输入时，单击相应的文本编辑框，会自动弹出选项内容供用户选择。

仓库属性：表明仓库中所存放货物的属性，在金蝶K/3中将仓库属性分为"良品""不良品"和"在检品"三种，这是系统预设的，不允许修改。在输入时，同样可单击相应的文本编辑框，在弹出的选项内容中选择。

【例3-12】 bsp公司为了生产经营需要设置了两个普通仓库，一个是"原料库"，另一个是"成品库"，并对其进行了审核，其具体资料见表3-6。

表3-6　　　　　　　　　　　　　　仓库设置（1）

代　码	名　　称	仓库属性	仓库类型
1	原料库	良品	普通仓
2	成品库	良品	普通仓

操作步骤：

（1）在【基础平台-[主界面]】窗口中，执行【系统设置】/【基础资料】/【公共资料】/【仓库】并双击，弹出【基础平台-[仓库]】窗口。

（2）在【基础平台-[仓库]】窗口中，执行【编辑】/【新增仓库】，单击 新增 按钮，弹出【仓库-新增】窗口。

（3）在【仓库-新增】窗口中，按表3-6中的内容，如图3-38所示选择【基本资料】选项卡，在"代码"文本编辑框中输入"1"；在"名称"文本编辑框中输入"原料库"；在"仓库属性"文本编辑框中单击，选择输入"良品"；在"仓库类型"文本编辑框中单击，选择输入"普通仓"。然后单击 保存 按钮，完成"原料库"的设置。重复上述步骤以完成"成品库"的设置。

（4）所有的仓库资料均设置完成后，退出【仓库-新增】窗口，返回【基础平台-[仓库]】窗口，会看到所增加的仓库记录。

（5）在【基础平台-[仓库]】窗口中，如图3-39所示选择"原料库"，单击 审核 按钮，对原料库进行审核，在系统弹出【金蝶提示】界面时，如图3-40所示单击 是(Y) 按钮，确认对"原料库"的审核操作，完成对"原料库"的审核。重复上述步骤对"成品库"进行审核。

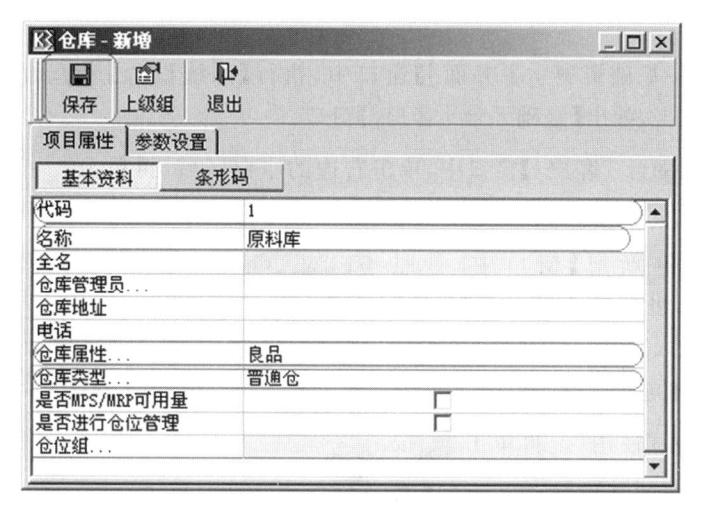

图 3-38 新增"原料库"

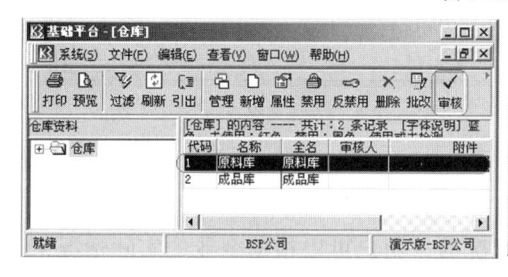

图 3-39 执行【审核】原料库

图 3-40 确认审核仓库

(6)所有审核完成后,在【基础平台-[仓库]】窗口中,将看到所有仓库记录的"审核人"栏均签上了执行审核命令的操作员的姓名,本例中为"李主管"。

3.2.8 设置客户和供应商档案

客户是存货流转环节中的消费者,客户档案即提供管理存货流转的消费者信息的一种功能数据库。客户是企业购销业务流程的终点,也是企业执行生产经营业务的直接外因,设置客户管理不仅是销售管理的重要组成部分,同时也是应收账款管理、信用管理、价格管理所不可或缺的基本要素。

与客户相对应的供应商是存货流转环节中的提供者,供应商档案即提供管理存货流转的供应者信息的一种功能数据库。供应商是企业购销业务流程的起点,也是企业执行生产经营业务的直接外因。供应商管理不仅是销售管理的重要组成部分,同时也是应付款管理、融资管理、成本管理所不可或缺的基本要素。

客户与供应商档案均包括其基本资料、应收应付资料、进出口资料等信息。

【例 3-13】 bsp 公司的客户及供应商的具体资料见表 3-7。

表 3-7　　　　　　　　　　客户及供应商资料(1)

类　别	代　码	名　称	状　态
客户	01	华东电子	使用
供应商	01	广东仪器	使用

操作步骤：

(1)在【客户-基础资料-[主界面]】窗口中,执行【系统设置】/【基础资料】/【公共资料】/【客户】并双击,弹出【基础平台-[客户]】窗口。

(2)在【基础平台-[客户]】窗口中,单击右边的空白区域,再单击 新增 按钮,弹出【客户-新增】窗口。

(3)在【客户-新增】窗口中,参照表 3-7 中的内容,如图 3-41 所示在"代码"文本编辑框中输入"01",在"名称"文本编辑框中输入"华东电子",在"状态"文本编辑框中,选择输入"使用"。再单击 保存 按钮,完成一个客户的新增操作。返回【基础平台-[客户]】窗口,在窗口右边的显示区域会显示所增加的客户信息。

(4)重复操作步骤(1)～(3)完成供应商的增加操作。

图 3-41　新增客户

3.2.9　设置部门档案

部门档案是用来记录企业组织结构的构成情况的。用户可以根据企业的实际情况来决定部门的级次结构,即部门的分级设立情况。设置部门档案即将企业的实际部门构成情况输入金蝶 K/3。

设置部门档案需要设置部门的基本资料及相对应的应收应付资料。应收应付资料是指部门核算所对应的会计科目,在此可不设置。其中部门基本资料中的部门属性用于区分该部门发生的费用是属于生产费用还是期间费用,系统已预置了两个属性,即"车间"与"非车间"。

【例 3-14】　bsp 公司的部门设置资料见表 3-8。

表 3-8　　　　　　　　　　　部门资料(1)

代　码	名　　称	部门属性	成本核算类型
01	管理部	非车间	期间费用部门
02	生产部	车间	基本生产部门
03	供销部	非车间	期间费用部门

操作步骤：

(1)在【部门-基础资料-[主界面]】窗口中,执行【系统设置】/【基础资料】/【公共资料】/【部门】并双击,弹出【基础平台-[部门]】窗口。

(2)在【基础平台-[部门]】窗口中,单击右边的空白区域,再单击 新增 按钮,弹出【部门-新增】窗口。

(3)在【部门-新增】窗口中,参照表 3-8 中的内容,如图 3-42 所示,在"代码"文本编辑框中输入"01",在"名称"文本编辑框中输入"管理部",在"部门属性"文本编辑框中选择输入"非车间",在"成本核算类型"文本编辑框中选择输入"期间费用部门"。再单击 保存 按钮,完成一个部门的新增操作。重复本操作步骤,新增其余两个部门的信息。

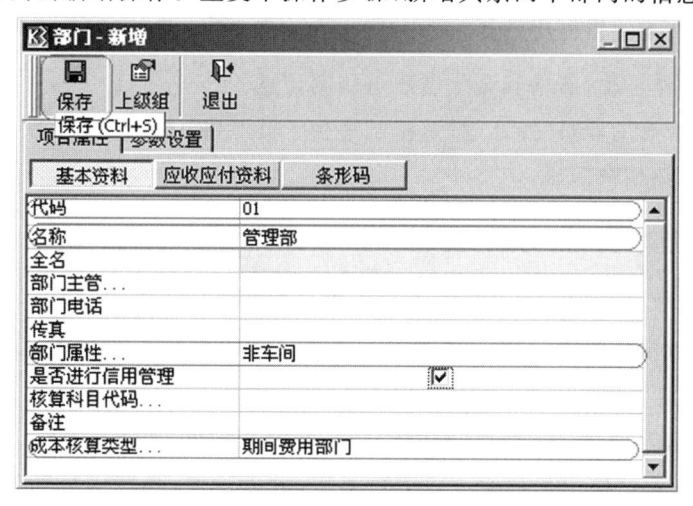

图 3-42　新增部门

(4)新增所有的部门之后,返回【基础平台-[部门]】窗口,在窗口右边的显示区域会显示所增加的客户信息。

3.2.10　设置职员档案

职员档案是一个核算项目,它用来记录一个组织机构内部的所有员工的信息。主要信息包括职员名称与全名、部门名称、入职日期、离职日期、班组、工种、业务组、开户银行与账号及其他辅助信息。其中职员名称是必须手工输入的,是指职员本身的具体名称,而职员全名由职员名称与其上级名称联合组成,是由系统自动给出的,不允许编辑。

【例 3-15】　bsp 公司的职员档案资料见表 3-9。

表 3-9　　　　　　　　　　　　　职员档案资料(1)

代　码	名　称	性　别	所属部门
0101	李主管	男	管理部
0102	张会计	女	管理部
0103	陈主任	女	管理部
0201	赵生产	男	生产部
0301	王业务	男	供销部

操作步骤:

(1)在【基础平台-[主界面]】窗口中,执行【系统设置】/【基础资料】/【公共资料】/【职员】并双击,弹出【基础平台-[职员]】窗口。

(2)在【基础平台-[职员]】窗口中,单击右边的空白区域,再单击 新增 按钮,弹出【职员-

新增】窗口。

(3)在【职员-新增】窗口中,参照表3-9中的内容,在"代码"文本编辑框中输入"0101",在"名称"文本编辑框中输入"李主管",在"部门名称"文本编辑框中选择输入"01",在"性别"文本编辑框中选择输入"男"。再单击 保存 按钮,完成一名职员档案的新增操作。重复本操作步骤,新增其余4名职员档案信息。

(4)新增完所有的职员之后,返回【基础平台-[职员]】窗口,在窗口右边的显示区域会显示所增加的职员档案信息。

3.2.11 新增物料(商品)资料

物料是原材料、半成品、产成品等企业生产经营资料的总称,是企业经营运作、生存获利的物质保障,物料资料的设置已成为设置系统基础业务资料的最基本、也是最重要的内容。

物料设置操作包括增加、修改、删除、复制、自定义属性、查询、引入引出、打印等。在金蝶K/3中对企业所使用物料的资料进行集中、分级管理,其作用是标志和描述每个物料及其详细信息。物料同其他核算项目一样,也可以分级设置,用户可以从第一级到最明细级逐级设置。

物料要设置的内容包括基本资料、物流资料、计划资料、设计资料、标准数据、质量资料和进出口资料。系统设置了不同的选项卡对其分别管理,每一个选项卡分别保存与某一个主题相关的信息。例如,物流资料选项卡用于保存物流管理各系统需要使用的物料资料,计划资料选项卡用于保存生产管理各系统需要使用的物料资料。

【例3-16】 bsp公司的物料资料见表3-10。

表3-10　　　　　　　　　　物料资料(1)

代码	名 称	物料属性	计量单位	计价方法	销售收入科目	销售成本科目	存货科目	默认仓库
01	原材料	外购						
0101	钢材	外购	千克	加权平均法	6051	6402	1403.01	原料库
02	产成品	自制						
0201	机箱	自制	件	加权平均法	6001	6401	1405	成品库

操作步骤:

(1)在【物料-基础资料-[主界面]】窗口中,执行【系统设置】/【基础资料】/【公共资料】/【物料】并双击,弹出【基础平台-[物料]】窗口。

(2)在【基础平台-[物料]】窗口中,单击右边的空白区域,再单击 新增 按钮,弹出【物料-新增】窗口。

(3)在【物料-新增】窗口中,参照表3-10中的内容,在【基本资料】选项卡中,在"代码"文本编辑框中输入"0101";在"名称"文本编辑框中输入"钢材";在"物料属性"文本编辑框中,选择输入"外购";在"计量单位组"文本编辑框中选择输入"质量组",并在"基本计量单位""采购计量单位""销售计量单位""生产计量单位""库存计量单位"文本编辑框中选择输入"千克";在"默认仓库"文本编辑框中选择输入"原料库"。再在【物流资料】选项卡中,如图 3-43 所示在"计价方法"文本编辑框中选择输入"加权平均法";在"存货科目代码"文本编辑框中选择输入"1403.01";在"销售收入科目代码"文本编辑框中选择输入"6051";在"销售成本科目代码"文本编辑框中选择输入"6402"。再单击保存按钮,完成"钢材"物流信息的新增操作。重复本操作步骤,完成"机箱"物流信息的新增操作。

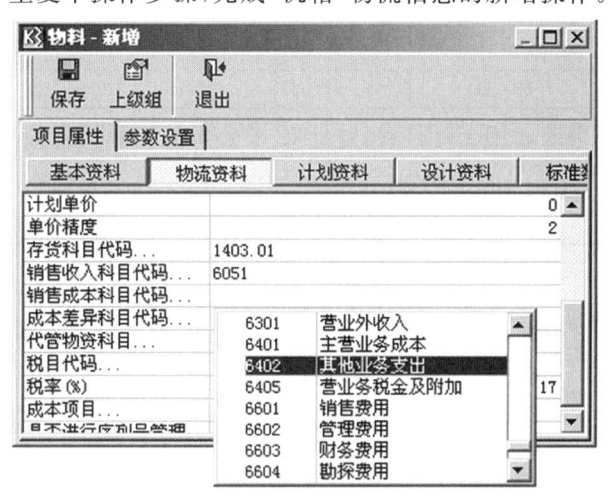

图 3-43 【物流资料】选项卡

（4）新增完所有的物流信息之后,返回【基础平台-[物料]】窗口,在窗口右边的显示区域会显示所有新增的物流资料信息。

3.3 小 结

本章主要以案例形式深入浅出地对金蝶 K/3 的参数设置与基础资料设置进行了阐述。其中系统参数即金蝶 K/3 的核算参数,它是信息化的前提与基础,该部分主要介绍了启用年度和启用期间设置、核算方式设置和库存更新控制。基础资料设置是系统初始化的起点,该部分以业务发生的先后顺序为主线,对基础资料中的相关核算项目进行了说明,以帮助用户逐步掌握金蝶 K/3 的全面操作技巧。

3.4 习 题

请接着第 2 章习题内容完成以下操作,并进行数据备份。

1. 系统参数设置

A 公司的业务系统参数设置要求如下:启用年度为 2018 年 1 月;采用数量、金额核算;单据保存后立即更新;不启用门店管理。专用发票精度为"4";"供应链整体选项"参数维护中要求:"审核人与制单人可为同一人";不选择"若应收应付系统未结束初始化,则业务系统发票不允许保存"选项;"核算系统选项"参数维护中设置"暂估冲回凭证生成方式"采用"月初一次冲回"。

2.基础资料设置

(1)记账本位币为人民币,同时还有一种外币美元,其代码为"USD",外币折算方式采用直接标价法,记账汇率为8.5,发生外币业务时采用固定汇率核算,金额小数位数为2。

(2)计量单位相关资料见表3-11。

表3-11　　　　　　　　　　计量单位(2)

计量单位组	默认计量单位	辅助计量单位	系　数	换算率
数量组	件(010)	箱(011)	10	固定
质量组	千克(020)	吨(021)	1 000	固定

(3)从系统模板引入通用会计科目,并针对A公司的实际情况拟增加表3-12列出的明细科目。

表3-12　　　　　　　　　增加的明细科目资料(2)

代　码	科目名称	选项说明	计量单位	代　码	科目名称	选项说明	计量单位
1002.01	银行存款-建设银行	银行科目、日记账		1401.01	材料采购-生产用材料采购	数量金额核算	千克
1002.02	银行存款-中国银行	银行科目、日记账、核算美元、期末调汇		1401.02	材料采购-其他材料采购	数量金额核算	千克
1403.01	原材料-生产用原材料	数量金额核算	千克	5001.01	生产成本-直接材料		
1403.02	原材料-其他原材料	数量金额核算	千克	5001.02	生产成本-直接人工		
				5001.03	生产成本-制造费用		

4.凭证设置要求见表3-13。

表3-13　　　　　　　　　　凭证字列表(3)

凭证字	限制条件	会计科目
收	借方必有	1001、1002
付	贷方必有	1001、1002
转	借和贷必无	1001、1002

5.结算方式见表3-14。

表3-14　　　　　　　结算方式(2)

代　码	名　称
JE05	现金
JF06	现金支票
JF07	转账支票
JD	汇票

6. 仓库设置见表3-15。

表3-15　　　　　　　　　　　　仓库设置(2)

代码	名称	仓库属性	仓库类型
1	原料库	良品	普通仓
2	半成品库	良品	普通仓
3	成品库	良品	普通仓

7. 客户及供应商资料见表3-16。

表3-16　　　　　　　　　　　客户及供应商资料(2)

类别	代码	名称	状态
客户	01	南方电子	使用
供应商	01	北方仪器	使用

8. 部门设置见表3-17。

表3-17　　　　　　　　　　　　部门资料(2)

代码	名称	部门属性	成本核算类型
01	管理部	非车间	期间费用部门
02	生产部	车间	基本生产部门
03	业务部	非车间	期间费用部门

9. 职员档案资料见表3-18。

表3-18　　　　　　　　　　　职员档案资料(2)

代码	名称	性别	所属部门
0101	zhuguan	男	管理部
0102	kuaiji	女	管理部
0103	ziguan	女	管理部
0201	shengchan	男	生产部
0301	yewu	男	业务部

10. 物料资料见表3-19。

表3-19　　　　　　　　　　　　物料资料(2)

代码	名称	物料属性	计量单位	计价方法	销售收入科目	销售成本科目	存货科目	默认仓库
01	原材料	外购						
0101	塑粒	外购	千克	加权平均法	6051	6402	1403.01	原料库
02	产成品	自制						
0201	塑管	自制	件	加权平均法	6001	6401	1405	成品库

第 4 章

系统初始化

本章要点

本章主要告诉读者如何将一个企业在手工状态下的财务数据输入信息化系统,让企业的信息化系统承接企业前期的财务工作成果,继续为企业的信息化管理服务。

系统初始化即对系统的工作环境进行初始设置,以使系统满足企业会计信息核算与管理的需要,其主要内容是初始参数设置及将在手工状态下的财务数据输入会计信息系统中,即系统初始余额录入。如果企业无初始余额及累计发生额,则不需要进行初始余额录入,否则所有使用会计信息系统的企业都要进行初始余额录入。初始余额录入分两种情况进行处理:一种情况是账套启用期间是会计年度的第一个会计期间,此时只需录入各个会计科目的初始余额;另一种情况是账套启用期间是非会计年度的第一个会计期间,此时需录入截止到账套启用期间的各个会计科目的本年累计借、贷方发生额,损益的实际发生额,各科目的初始余额。

4.1 系统初始化的顺序

企业的业务发生是有一定的先后顺序的,在会计信息系统中各个子模块的初始化设置相对而言也有一定的前后关系,在进行初始余额录入时也应遵循其规律:先财务后业务。具体的系统初始化顺序如图 4-1 所示。

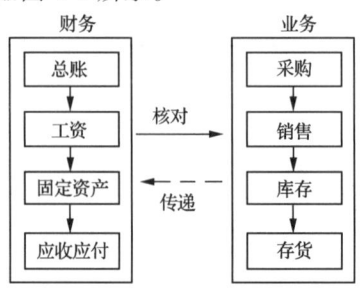

图 4-1 系统初始化顺序

4.2 总账系统初始化

总账系统初始化主要录入科目的期初余额,如果往来业务也在总账系统核算,则还包括录入往来业务的期初余额。在录入余额时,要注意系统的启用日期,若启用日期不是年度的第一期,则需要录入本年累计借方发生额、贷方发生额、损益的实际发生额、各科目的初始余额,并由系统自动计算出本年的年初余额,否则只需要录入年初余额。其计算公式为

借方年初余额＝期初余额＋本年累计贷方发生额－本年累计借方发生额

贷方年初余额＝期初余额＋本年累计借方发生额－本年累计贷方发生额

4.2.1 总账系统简介

总账系统是会计信息系统的核心,是最为重要的部分,它以凭证处理为核心,进行账簿报表的管理,可与各个业务系统无缝链接,实现数据共享,企业所有的核算最终在总账中体现。总账系统的功能主要有凭证管理、账簿处理、往来业务管理、项目核算、部门管理、现金流量表的制作以及期末业务处理。总账系统的业务处理流程如图 4-2 所示。

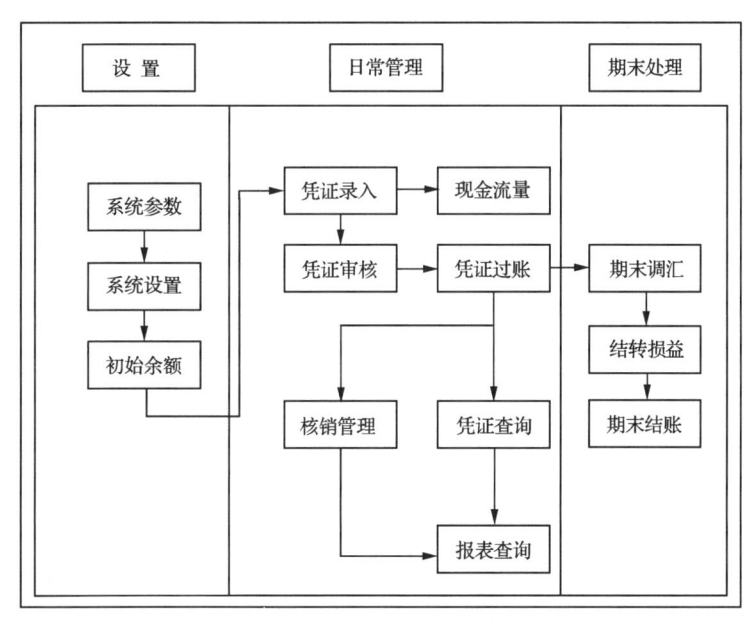

图 4-2 总账系统的业务处理流程

4.2.2 总账系统参数设置

总账系统参数设置即对总账系统的一些基础参数进行设置。这些参数是总账系统的基础,其设置关系到所有财务业务和流程的处理,用户在设置前要慎重考虑。

总账系统参数设置的内容包括四个部分:基本信息设置、凭证设置、预算设置和往来传递设置,其中主要的是基本信息设置与凭证设置。

【例4-1】bsp公司针对其具体情况,提出以下设置总账系统参数要求:

基本信息设置:本年利润科目为4103;利润分配科目为4104;数量单价位数为2;账簿余额方向与科目设置的余额方向相同;凭证/明细账分级显示核算项目名称;明细账(表)摘要自动继承上条分录摘要;结账要求:损益类科目余额为零;不允许进行跨财务年度的反结账。

凭证设置:凭证过账前必须审核;不允许修改/删除业务系统凭证;现金银行存款赤字报警;不允许手工修改凭证号;凭证号按期间统一排序;不控制结账月与日。

操作步骤:

(1)在【系统参数-系统设置-[主界面]】窗口中,执行【系统设置】【系统设置】/【总账】/【系统参数】并双击,弹出【系统参数】对话框。

(2)在【系统参数】对话框中,按照【例4-1】中的要求:在【总账】/【基本信息】选项卡中的"本年利润科目"文本编辑框中选择输入"4103";在"利润分配科目"文本编辑框中选择输入"4104";在"数量单价位数"文本编辑框中调节输入"2";勾选"账簿余额方向与科目设置的余额方向相同""凭证/明细账分级显示核算项目名称""明细账(表)摘要自动继承上条分录摘要""结账要求:损益类科目余额为零""不允许进行跨财务年度的反结账"。再单击【凭证】选项卡,勾选"凭证过账前必须审核""不允许修改/删除业务系统凭证""现金银行存款赤字报警""不允许手工修改凭证号""凭证号按期间统一排序"。最后单击 保存修改 按钮,将总账系统参数设置结果保存下来。

注意:①如果需要进行损益的自动结转,则必须进行"本年利润科目"的设置;如果不进行损益的自动结转,则可以不设置"本年利润科目"。"利润分配科目"的设置要求同"本年利润科目"。

②在"凭证日期处理"中,"凭证录入截止日期"和"月份调整系数"可供月份和截止日期的选择。例如,账套期间为8月,8月的结账日是9月6日,则在9月6日前仍然可以增加、修改8月的凭证,在9月6日后便不再允许对8月的凭证进行新增、修改和删除。可处理为:在"凭证录入截止日期"文本编辑框中输入"6",在"月份调整系数"文本编辑框中输入"1"即可。"月份调整系数"可输入正自然数和负自然数,实际的控制月是"当前账套期间加月份调整系数",当"月份调整系数"为0时,只选择结账日,则默认该结账日为所有月份的结账日。当"结账日"为0时,则月份可以任意输入,不做控制。当结账月和结账日都为0时,则不控制结账月和结账日。而在本例中,bsp公司要求:不"控制结账月与日",因此在"凭证日期处理"中的"凭证结账日期"与"月份调整系数"文本编辑框中均为"0"。

4.2.3 输入期初余额

在系统的各项资料输入完毕后,紧接着就应该录入初始数据了。

【例4-2】bsp公司整理好的2018年1月的相关科目及期初余额见表4-1。

第4章 系统初始化

表 4-1　　　　　　　　　　相关科目及期初余额表(1)

会计科目	借方期初余额	贷方期初余额
库存现金	37 400	
银行存款-建设银行	923 800	
银行存款-中国银行(美元)	35 000(折合人民币 297 500)	
应收账款	40 000	
原材料-生产用原材料	380 000(38 000 千克)	
库存商品	1 050 000	
固定资产	1 423 000	
累计折旧		500 000
短期借款		534 000
应付账款		13 300
实收资本		3 062 400
利润分配-未分配利润		42 000

操作步骤：

(1)在【科目初始数据录入-初始化-[主界面]】窗口中,执行【系统设置】/【初始化】/【总账】/【科目初始数据录入】并双击,弹出【科目初始余额录入】窗口。

(2)在【科目初始余额录入】窗口中,单击"币别"文本编辑框右侧的下拉按钮▼,选择输入"人民币",再单击某科目所对应的"期初余额"栏,参照表 4-1 中的科目余额录入相应科目的本位币期初余额。

(3)在【科目初始余额录入】窗口中,如图 4-3 所示,单击"币别"文本编辑框右侧的下拉按钮▼,选择输入一种外币,本例为"美元"。再单击和会计科目"中国银行"所对应的"期初余额"栏,参照表 4-1 中的"中国银行(美元)"科目的期初余额录入,则在其"本位币"栏系统会根据当前相应的汇率自动计算出其对应的本位币金额。

图 4-3　录入外币的科目期初余额

(4)全部科目的期初余额录入完毕后,单击 按钮,将录入的期初余额保存到系统中。再单击"币别"文本编辑框右侧的下拉按钮▼,如图 4-4 所示,选择输入"(综合本位币)",再单击 按钮,弹出如图 4-5 所示的【试算借贷平衡】对话框,查看其显示结果是否平衡,如已平衡,则单击 按钮,返回【科目初始余额录入】窗口,再单击 按钮退出该窗口;否则,返回【科目初始余额录入】窗口后,进一步检查录入的余额是否有误,并进行更正,直至平衡为止。

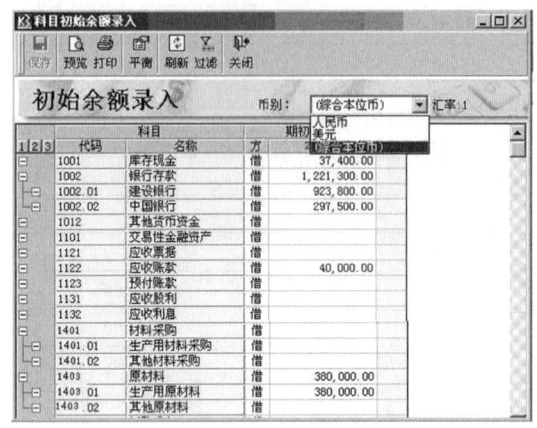

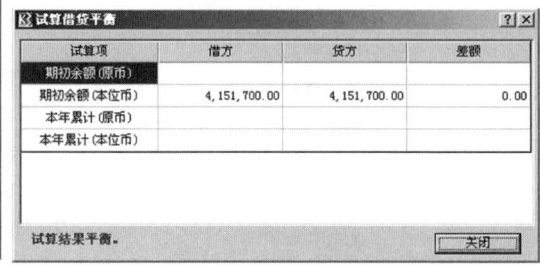

图 4-4 进行试算平衡

图 4-5 试算借贷平衡结果

(5)退出【科目初始余额录入】窗口后,返回【结束初始化-初始化-[主界面]】窗口,执行【系统设置】/【初始化】/【总账】/【结束初始化】并双击,弹出【初始化】界面,选择"结束初始化",再单击 开始(S) 按钮,系统弹出的"成功结束余额初始化工作"提示界面,单击 确定 按钮,结束总账系统初始化工作。

4.3 应收、应付款管理系统的初始化

应收、应付款管理系统实际上是两个系统,即应收款管理系统和应付款管理系统。应收款管理系统通过对销售发票、其他应收单、收款单等单据的管理,达到对企业的往来账款进行综合管理的目的,从而及时、准确地提供客户往来账款余额资料,提供各种分析报表,提高资金的利用效率。应收款管理系统不单只针对应收账款,它针对广义的应收款,包括应收账款、应收票据、其他应收款等。应付款管理系统与应收款管理系统类似,只不过它管理的是应付款,即应付账款、应付票据、其他应付款等。

4.3.1 应收、应付款管理系统简介

应收、应付款管理系统的主要功能有:单据管理、票据管理、结算、凭证处理、坏账处理、报表管理、合同管理、外币核算、期末调汇、系统对账等,其操作流程如图 4-6 所示。

在图 4-6 中,"初始化"中的"启用系统"实际上是由几个步骤合成的,即先对应收、应付款管理系统进行初始化检查;再对应收、应付款管理系统进行初始化对账,将应收、应付款的余额与总账系统的科目余额进行核对;最后结束应收、应付款管理系统的初始化。完成上述步骤之后,就启用了应收、应付款管理系统。

应收、应付款管理系统既可独立运行,又可与销售系统、总账系统、现金管理系统等结合运用,以提供更完整的业务和财务信息,应收、应付款管理系统与其他系统关联运行时的关系如图 4-7 所示。

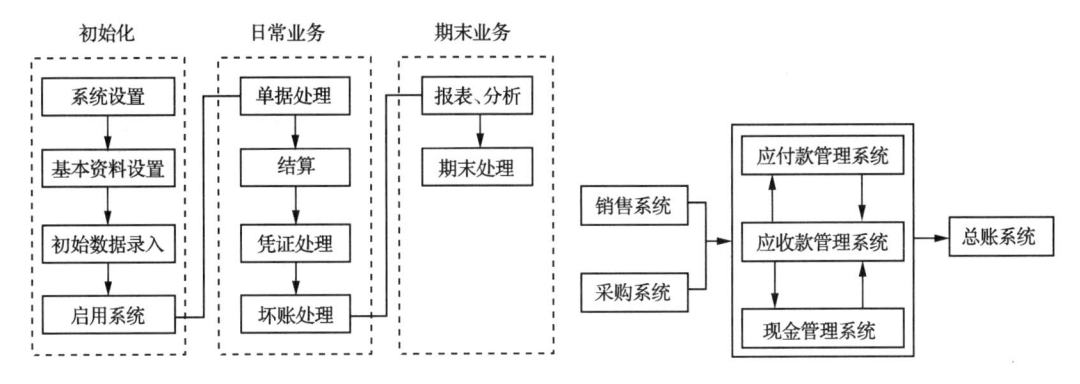

图 4-6 应收、应付款管理系统的操作流程　　图 4-7 应收、应付款管理系统与其他系统的关系

4.3.2 应收、应付款管理系统参数设置

系统参数主要用于设置应收、应付款管理系统的启用期间、用户名称,选择坏账准备的计提方法、需计提坏账准备的会计科目及其他有关信息,是应收、应付款管理系统最基础的参数。本节主要以应收款管理系统为例进行系统参数设置的相关介绍。

【例 4-3】 bsp 公司的应收款管理系统的相关参数要求是:
(1)启用期间是 2018 年 1 月;
(2)坏账准备核算方法是备抵法,坏账准备计提方法是应收账款百分比法;
(3)坏账损失科目是管理费用;
(4)坏账准备科目是坏账准备,计提坏账准备科目是应收账款,计提方向是借方,计提比率为 0.5%;
(5)其他应收单、销售发票、收款单、退款单的科目均设置为应收账款;
(6)预收单的会计科目设置为预收账款;
(7)应收票据业务会计科目为应收票据;
(8)应交税金会计科目为应交税费——应交增值税(销项税额);
(9)核算项目类别为"客户";
(10)选择"只允许修改、删除本人录入的单据";
(11)税率来源为"取产品属性的税率";
(12)选择"审核后自动核销";
(13)选择"预收冲应收需要生成转账凭证";
(14)选择"结账与总账期间同步";
(15)选择"期末处理前凭证处理应该完成";
(16)选择"期末处理前单据必须全部审核";
(17)选择"启用对账与调汇"。

操作步骤:
①在【系统参数-系统设置-[主界面]】窗口中,执行【系统设置】/【系统设置】/【应收款管理】/【系统参数】并双击,弹出【系统参数】对话框。
②在【系统参数】对话框中,单击【基本信息】选项卡,在"会计期间"的"启用年份"文本

编辑框内,参照【例4-3】的内容,输入"2018";单击"启用会计期间"文本编辑框右侧的下拉按钮▼,在弹出的下拉列表框内选择输入"1"。

③在【系统参数】对话框中,单击【坏账计提方法】选项卡,参照【例4-3】的内容,在"计提方法"设置框内选择"备抵法";在"备抵法选项"设置框内选择"应收账款百分比法";在"坏账损失科目代码"文本编辑框右侧,单击 按钮,选择输入"6602";在"坏账准备科目代码"文本编辑框右侧,单击 按钮,选择输入"1231";双击"计提坏账科目"下方的文本编辑框,选择输入"应收账款";单击"借贷方向"下方的文本编辑框右侧的下拉按钮▼,在弹出的下拉列表框内选择输入"借";在"计提比率(%)"下方的文本编辑框内输入"0.50"。

④在【系统参数】对话框中,单击【科目设置】选项卡,如图4-8所示,参照【例4-3】的内容,先在"设置单据类型科目"设置框内,单击"其他应收单"文本编辑框右侧的 按钮,选择输入"1122";单击"收款单"文本编辑框右侧的 按钮,选择输入"1122";单击"预收单"文本编辑框右侧的 按钮,选择输入"2203";单击"销售发票"文本编辑框右侧的 按钮,选择输入"1122";单击"退款单"文本编辑框右侧的 按钮,选择输入"1122"。再单击"应收票据科目代码"文本编辑框右侧的 按钮,选择输入"1121";单击"应交税金科目代码"文本编辑框右侧的 按钮,选择输入"2221.01.05"。最后单击"核算项目类别"文本编辑框右侧的下拉按钮▼,从弹出的下拉列表框内选择输入"客户"。

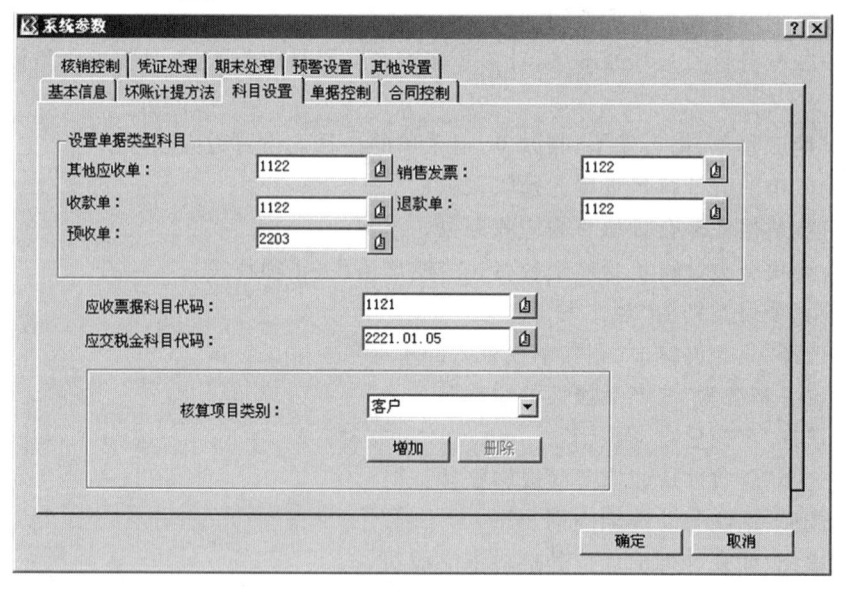

图4-8 【科目设置】选项卡

⑤在【系统参数】对话框中,单击【单据控制】选项卡,参照【例4-3】的内容,勾选"只允许修改、删除本人录入的单据";单击"税率来源"文本编辑框右侧的下拉按钮▼,从弹出的下拉列表框内选择输入"取产品属性的税率";其余各项默认系统设置。

⑥在【系统参数】对话框中,单击【核销控制】选项卡,参照【例4-3】的内容,勾选"审核后自动核销"。

⑦在【系统参数】对话框中,单击【凭证处理】选项卡,参照【例 4-3】的内容,勾选"预收冲应收需要生成转账凭证"。

⑧在【系统参数】对话框中,单击【期末处理】选项卡,参照【例 4-3】的内容,勾选"结账与总账期间同步""期末处理前凭证处理应该完成""期末处理前单据必须全部审核""启用对账与调汇"。

⑨在【系统参数】对话框中将所有参数均设置完成后,单击 确定 按钮,保存所设置好的参数,退出【系统参数】对话框。

提示:在进行应收款管理系统的参数设置时,在【科目设置】选项卡中所用到的科目,除税金科目之外,其他科目均需要在执行【系统设置】/【基础资料】/【公共资料】/【科目】时,将其科目受控系统设置为受控于"应收应付"。

应付款管理系统的参数设置与应收款管理系统的参数设置相比,除了无【坏账计提方法】选项卡的设置外,其余各项的设置均相类似,不再详述,只以一个简单例题说明。

【例 4-4】 bsp 公司的应付款管理系统相关参数要求是:所有单据类型科目均为 2202 应付账款;2201 应付票据;应交税金科目为 2221.01.01 应交税费-应交增值税-进项税额;核算项目类别为供应商。

操作步骤:

(1)在【系统参数-系统设置-[主界面]】窗口中,执行【系统设置】/【系统设置】/【应付款管理】/【系统参数】并双击,弹出【系统参数】对话框。

(2)在【系统参数】对话框中,单击【科目设置】选项卡,按照应收款管理系统参数的设置方法,参照【例 4-4】的内容,先在"设置单据类型科目"设置框内,单击"其他应付单"文本编辑框右侧的 按钮,选择输入"2202";单击"付款单"文本编辑框右侧的 浏览按钮,选择输入"2202";单击"预付单"文本编辑框右侧的 按钮,选择输入"1123";单击"采购发票"文本编辑框右侧的 按钮,选择输入"2202";单击"退款单"文本编辑框右侧的 按钮,选择输入"2202"。再单击"应付票据科目代码"文本编辑框右侧的 按钮,选择输入"2201";单击"应交税金科目代码"文本编辑框右侧的 按钮,选择输入"2221.01.01"。最后单击"核算项目类别"文本编辑框右侧的下拉按钮 ,从弹出的下拉列表框内选择输入"供应商"。

(3)在【系统参数】对话框中将所有参数均设置完成后,单击 确定 按钮,保存所设置好的参数,退出【系统参数】对话框。

提示:在进行应付款管理系统的参数设置时,在【科目设置】选项卡中所用到的科目,除税金科目之外,其余的科目均需要在执行【系统设置】/【基础资料】/【公共资料】/【科目】时,将其科目受控系统设置为受控于"应收应付"。

4.3.3 输入期初余额

在应收、应付款管理系统中完成各项系统参数设置后,要将有关应收、应付款的各项期初余额、未核算金额、坏账数据录入系统,进行初始化检查并完成与总账的核对工作,初始化工作才算完成。

【例 4-5】 bsp 公司的应收款管理系统的相关初始余额,经过整理见表 4-2。录入完成之后,进行初始化检查与对账,并结束应收款管理系统的初始化。

表 4-2　　　　　　　　　　　应收款初始数据(1)

客　户	单据类型	单据日期 财务日期	部　门	业务员	发生额	商品	数量	含税单价	应收日期
华东电子	普通销售发票	2017-09-10	供销部	王业务	40 000	机箱	200	200	2018-03-01

操作步骤:

(1)在【初始销售普通发票-新增-初始化-[主界面]】窗口中,执行【系统设置】/【初始化】/【应收款管理】/【初始销售普通发票-新增】并双击,弹出【初始化_销售普通发票[新增]】窗口。

(2)在【初始化_销售普通发票[新增]】窗口中,参照【例 4-5】的数据,如图 4-9 所示,取消勾选"本年";勾选"录入产品明细";单击"单据日期"文本编辑框,将单据日期修改为"2017-09-10";单击"财务日期"文本编辑框,将财务日期修改为"2017-09-10";单击"核算项目"文本编辑框右侧的 浏览按钮,选择输入"华东电子";单击"应收日期"列表框下方对应的单元格,输入"2018-03-01";单击"收款金额"列表框下方对应的单元格,输入"40000";单击"产品代码"下方对应的单元格,在单元格右侧会弹出 浏览按钮,单击该浏览按钮,选择输入"0201",在"产品名称"下方对应的单元格中会自动显示出对应的产品名称"机箱";单击"数量"下方对应的单元格,在单元格右侧会弹出 浏览按钮,单击该按钮,选择输入"200";单击"单价"下方对应的单元格,在单元格右侧会弹出 浏览按钮,单击该按钮,选择输入"200",在"不含税单价"下方对应的单元格中会自动折算出对应的不含税单价"170.94",在"实际单价"下方对应的单元格中会自动显示出对应产品的实际单价"200.00";输入完所有的项目之后,单击 按钮,保存新增普通销售发票的初始数据。

最后,单击 按钮,退出【初始化_销售普通发票[新增]】窗口。

(3)在【初始化检查-应收款管理-[主界面]】窗口中,执行【财务会计】/【应收款管理】/【初始化】/【初始化检查】并双击,弹出【系统提示】界面。

(4)在【系统提示】界面中,单击 按钮完成初始化检查。

(5)在【初始化对账-应收款管理-[主界面]】窗口中,执行【财务会计】/【应收款管理】/【初始化】/【初始化对账】并双击,弹出【初始化对账-过滤条件】对话框。

(6)在【初始化对账-过滤条件】对话框中,如图 4-10 所示,单击"科目代码"下方的单元格,输入 bsp 公司应收款项目期初余额的科目代码"1122",系统在"科目名称"及"科目方向"下方的单元格中会自动显示默认设置。单击 按钮,再一次进行操作步骤(4)的检查(如已进行过该操作,则本处可省略)。最后单击 按钮,弹出【应收款管理系统-[初始化对账]】窗口。

第 4 章 系统初始化

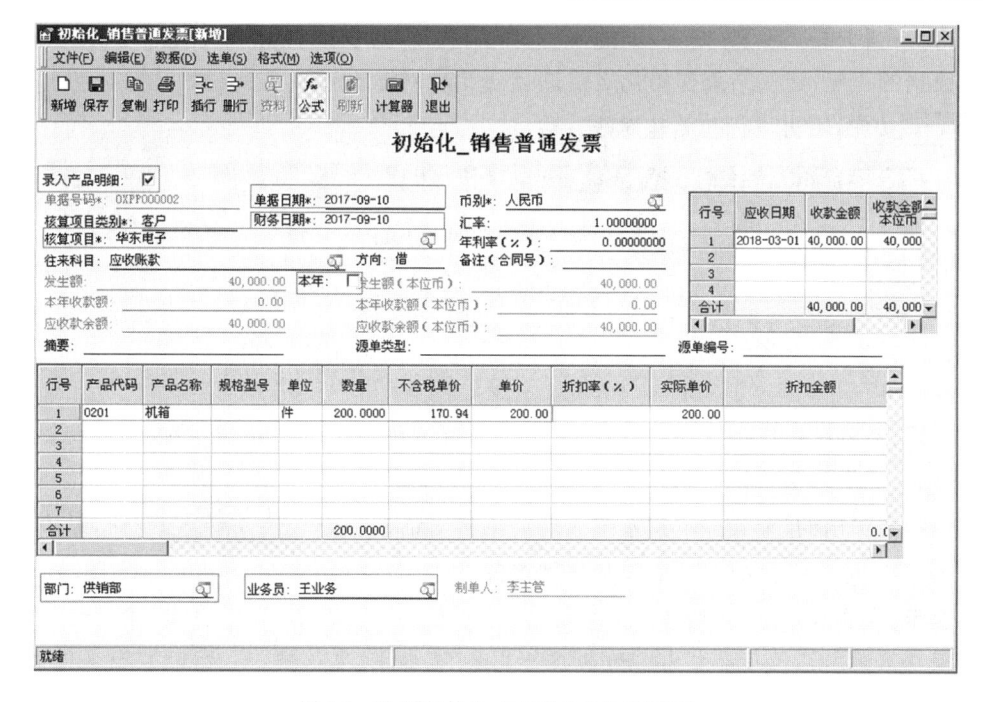

图 4-9 设置【初始化_销售普通发票[新增]】

(7) 在【应收款管理系统-[初始化对账]】窗口中,如图 4-11 所示,在"初始化对账"列表框中会显示出应收款管理系统期初余额与总账系统期初余额的对账结果,在"应收系统余额"栏与"总账余额"栏中的金额相同,表明对账结果正确;否则在"差额"栏会显示出其相差的金额,表明对账结果不正确,需要进行相应的修改。再单击 [退出] 按钮,退出【应收款管理系统-[初始化对账]】窗口。

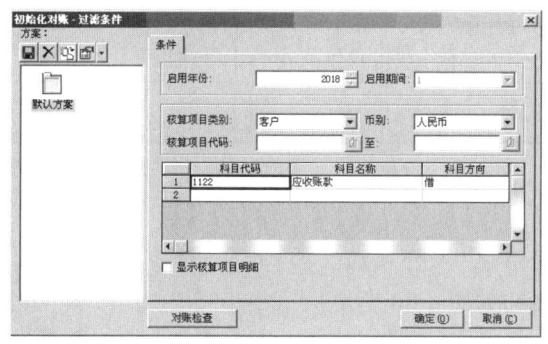

图 4-10 应收款管理系统【初始化对账-过滤条件】　　图 4-11 应收款管理系统初始化对账结果

(8) 在【结束初始化-应收款管理-[主界面]】窗口中,执行【财务会计】/【应收款管理】/【初始化】/【结束初始化】并双击,弹出【金蝶提示】界面。

(9) 在【金蝶提示】界面中,单击 [是(Y)] 按钮,弹出【系统提示】界面。

(10) 在【系统提示】界面中,系统提示"初始化检查已经通过。",单击 [确定] 按钮,系统再次弹出【金蝶提示】界面。

(11)在【金蝶提示】界面中,如图 4-12 所示,提示"您已经启用了调汇和对账。为保障对账数据的正确,建议结束初始化之前进行初始化对账。现在需要初始化对账吗?"单击 否(N) 按钮,不再进行初始化对账。

图 4-12 初始化对账提示

注意:本例在操作步骤(5)~(7)中,已经进行了初始化对账,在此不再进行初始化对账,否则必须进行初始化对账。

(12)在弹出的【金蝶提示】"系统成功启用!"对话框中,单击 确定 按钮,结束应收款管理系统初始化,同时启用应收款管理系统。

提示:在录入"财务日期"时,如果勾选了"本年"复选项,则"财务日期"中所输入的日期必须在启用本系统年度之内。如本例中勾选了"本年"复选项,则输入的"财务日期"就不能是"2017-09-10",因为本系统的启用日期是"2018-01-01",即该日期必须是"2018-01-01"。

应付款管理系统的初始数据录入工作及启用系统的操作与应收款管理系统相同,下面以一个案例简单说明,不再详述。

【**例 4-6**】 bsp 公司的应付款管理系统中应付账款的初始余额见表 4-3,进行相关余额录入及初始化检查、初始化对账,并结束初始化。

表 4-3　　　　　　　　　　应付款初始数据(1)

客户	单据类型	单据日期 财务日期	部门	业务员	发生额	商品	数量	含税单价	应收日期
广东仪器	普通采购发票	2017-08-01	供销部	王业务	13 300	钢材	1 330	10	2018-02-01

操作步骤:

(1)录入初始化余额,在金蝶主界面窗口执行【系统设置】/【初始化】/【应付款管理】/【应付采购普通发票-新增】并双击,弹出【初始化_采购普通发票[新增]】窗口,参照【例 4-6】中表 4-3 的内容录入应付账款的初始余额,如图 4-13 所示。

(2)进行初始化检查,参照【例 4-6】的内容,在金蝶主界面窗口执行【财务会计】/【应付款管理】/【初始化】/【初始化检查】并双击,弹出【系统提示】界面,提示"初始化检查已经通过.",单击 确定 按钮,完成初始化检查。

(3)进行初始化对账,参照【例 4-6】的内容,在金蝶主界面窗口执行【财务会计】/【应付款管理】/【初始化】/【初始化对账】并双击,弹出【初始化对账-过滤条件】对话框,如图 4-14 所示进行设置,再单击 确定 按钮,进行初始化对账。对账完成后,弹出【初始化对账】窗口,如图 4-15 所示,并在"初始化对账"列表框中显示对账结果。

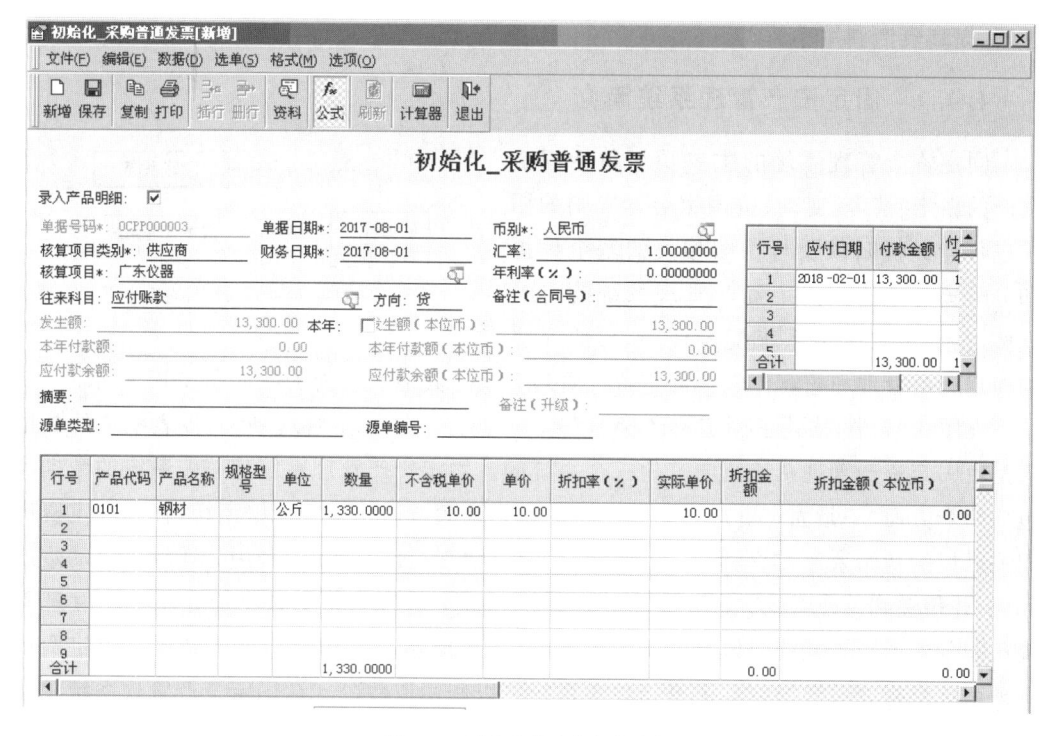

图 4-13　录入应付账款初始余额

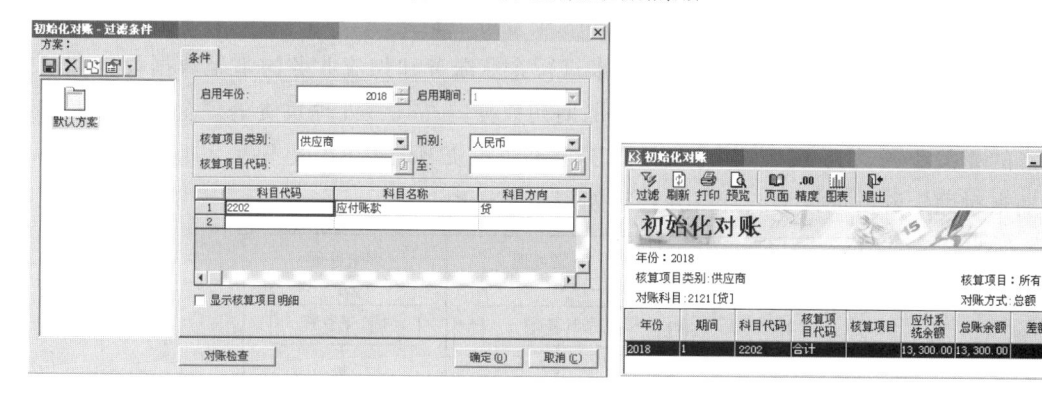

图 4-14　应付款管理系统初始化对账-过滤条件

图 4-15　应付款管理系统对账结果

(4)结束初始化,参照【例 4-6】的内容,在金蝶主界面窗口执行【财务会计】/【应付款管理】/【初始化】/【结束初始化】并双击,在弹出的对话框中,按照提示进行操作,最后系统弹出的【金蝶提示】界面,提示"系统成功启用!",单击 确定 按钮,成功启用应付款管理系统。

4.4　固定资产管理系统的初始化

固定资产管理系统以固定资产卡片管理为基础对固定资产进行全面管理,以便于管理者全面掌握企业当前固定资产的数量与价值,追踪固定资产的使用状况,加强企业资产管理,提高资产利用率。

4.4.1 固定资产管理系统简介

固定资产管理系统的主要功能包括固定资产的新增、清理、变动,按国家会计准则的要求进行计提折旧以及与折旧相关的基金计提和分配核算工作。固定资产管理系统既可独立使用,也可与其他系统配合使用,形成完整的固定资产管理和核算体系。固定资产管理系统与其他系统的关系如图4-16所示。

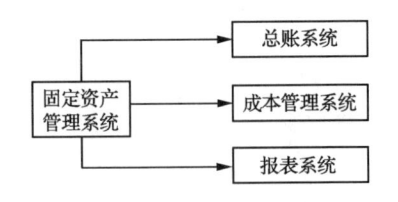

图 4-16 固定资产管理系统与其他系统的关系

在图4-16中,描述了固定资产管理系统与总账系统、成本管理系统、报表系统的数据流是由固定资产管理系统流向其他三个系统的。固定资产管理系统到总账系统的数据流包括两个方面:一是固定资产初始化产生的初始余额可以传递到总账系统,作为固定资产相关科目的初始余额;二是固定资产新增、变动、清理、折旧计提与费用分摊均可自动生成凭证,并传递到总账系统。固定资产管理系统到成本管理系统的数据流是指成本管理系统从固定资产管理系统引入折旧费用的数据,形成成本对象的折旧要素费用。固定资产管理系统到报表系统的数据流是指报表系统可以利用取数公式从固定资产管理系统中取数,编制用户需要的固定资产管理报表。

固定资产管理系统的操作流程主要由三个业务流程组成,即初始化、日常处理和期末处理,如图4-17所示。其中初始化是用来进行企业账务和物流业务的基础数据设置和录入并启用账套会计期间的相关固定资产的期初数据的。日常处理负责处理企业日常固定资产的相关业务,如购买固定资产、接受固定资产投资、固定资产毁损等。期末处理在每期期末对固定资产进行折旧计提并进行期末结账处理。

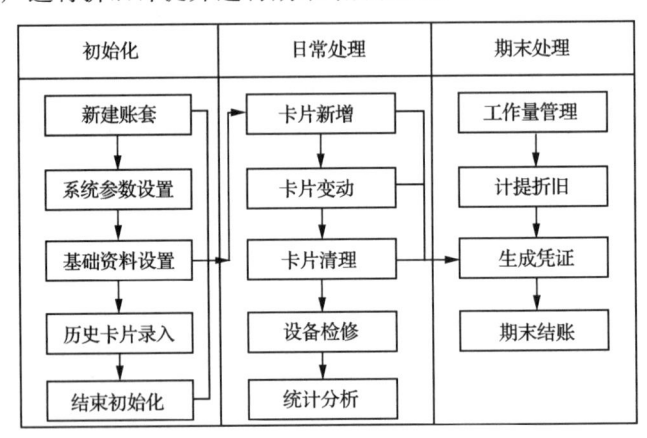

图 4-17 固定资产管理系统的操作流程

提示: 图4-17所示的固定资产管理系统的初始化设置中,第一项是"新建账套",当企业独立使用固定资产管理系统时,在进行初始化时必须先新建账套。例如,本书是与整个金蝶K/3融合使用的,在系统启用时已经创建好了账套,因此在启用固定资产管理系统时无须再新建账套,与系统共用账套即可。

4.4.2 固定资产管理系统参数设置

固定资产管理系统参数设置是指将企业的固定资产管理系统按照企业对固定资产管理的特定需求对系统的个性化设置,它关系到企业后续固定资产管理系统的业务和流程的处理。因此,在进行固定资产管理系统参数设置时,要全面考虑企业的管理制度与需求。

【例4-7】 bsp公司根据其固定资产管理和工作流程的需要,选择系统参数设置如下:

(1)启用期间为2018年1月1日;
(2)与总账系统相连;
(3)不允许改变基础资料编码;
(4)期末结账前先进行自动对账;
(5)变动使用部门时当期折旧按原部门进行归集;
(6)折旧率小数位为2位。

操作步骤:

①在【系统参数-系统设置-[主界面]】窗口中,执行【系统设置】/【系统设置】/【固定资产管理】/【系统参数】并双击,弹出【系统选项】对话框。

②在【系统选项】对话框中,单击【固定资产】选项卡,参照【例4-7】的内容,单击"账套启用会计期间"文本编辑框右侧的调节按钮,将"年"调整为"2018"、"期"调整为"1";勾选"与总账系统相连";勾选"变动使用部门时当期折旧按原部门进行归集";勾选"期末结账前先进行自动对账";单击"折旧率小数位"文本编辑框右侧的调节按钮,将其调整为"2",再单击 确定 按钮,保存设置结果。

4.4.3 基础资料录入

基础资料是系统运行的数据基础,固定资产管理系统需要两类基础资料:一是公共基础资料,即部门资料、科目资料、币别资料等,在总账系统初始化中已经进行了阐述,并进行了相关设置,在此不再需要录入;二是固定资产管理系统特有的基础资料,包括变动方式、使用状态、折旧方法、卡片类别、存放地点等,在系统中一般对这些信息已经做了大致设置。这些特有的基础资料反映了企业根据会计制度并结合自身具体情况,确定固定资产的划分标准和管理要求。

【例4-8】 bsp公司的固定资产管理系统根据企业对固定资产的管理需要,需再增加表4-4所列的固定资产类别,其余默认系统设置。

表 4-4　　　　　　　　　　　固定资产类别(1)

固定资产类别代码	名称	年限	净残值率	单位	单位代码	所属计量单位组	折旧方法	资产科目	折旧科目	减值准备	编码规则	是否计提折旧
001	房屋及建筑物	50	5%	栋	022	房屋组	平均年限法	固定资产	累计折旧	固定资产减值准备	FW-	一直计提
002	办公设备	5	5%	台	033	办公设备组	平均年限法	固定资产	累计折旧		BG-	由使用状态决定是否计提

操作步骤：

(1)根据表 4-4 的内容，需先增加计量单位组及计量单位。在【计量单位-基础资料-[主界面]】窗口中，执行【系统设置】/【基础资料】/【公共资料】/【计量单位】并双击，弹出【基础平台-[基础资料—计量单位]】窗口。

(2)在【基础平台-[基础资料—计量单位]】窗口中，如图 4-18 所示，单击窗口左侧计量单位资料显示区域的"计量单位"，再单击 [新增] 按钮，弹出【新增计量单位组】对话框，在"计量单位组"文本编辑框中输入"房屋组"，最后单击 [确定(O)] 按钮，增加一个新的计量单位组"房屋组"。再依上述操作步骤，新增另一个计量单位组"办公设备组"。

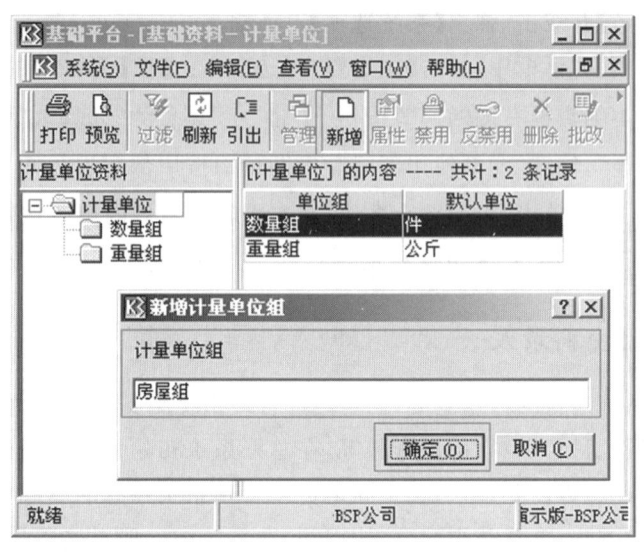

图 4-18　新增"房屋组"计量单位组

(3)在【基础平台-[基础资料—房屋组]】窗口中，单击窗口左侧计量单位资料显示区域的"房屋组"，接着单击窗口右侧显示区域的空白区域，再单击 [新增] 按钮，弹出【计量单位-新增】对话框，在"代码"文本编辑框中输入"022"，在"名称"文本编辑框中输入"栋"，最后单击 [确定(O)] 按钮，增加一个新的计量单位"栋"。再依上述操作步骤，新增另一个计量单位"台"。增加完所有的计量单位之后，单击【基础平台-[基础资料—办公设备组]】窗口

右侧的退出按钮 [X],返回【金蝶 K/3 主界面】窗口。

(4)在【卡片类别管理-固定资产管理-[主界面]】窗口中,执行【财务会计】/【固定资产管理】/【基础资料】/【卡片类别管理】并双击,弹出【固定资产类别】对话框。

(5)在【固定资产类别】对话框中,单击 新增(A) 按钮,弹出【固定资产类别-新增】对话框。

(6)在【固定资产类别-新增】对话框中,参照【例 4-8】中表 4-4 的内容,如图 4-19 所示,在"代码"文本编辑框中输入"001";在"名称"文本编辑框中输入"房屋及建筑物";在"使用年限"文本编辑框中输入"50";在"净残值率"文本编辑框中输入"5";在"计量单位"文本编辑框中输入"栋",或单击"计量单位"文本编辑框右侧的 浏览按钮,选择输入"栋";单击"预设折旧方法"文本编辑框右侧的 浏览按钮,选择输入"平均年限法(基于入账原值和入账预计使用年限)";单击"固定资产科目"文本编辑框右侧的 浏览按钮,选择输入"1601-固定资产";单击"累计折旧科目"文本编辑框右侧的 浏览按钮,选择输入"1602-累计折旧";单击"减值准备科目"文本编辑框右侧的 浏览按钮,选择输入"1603-固定资产减值准备";在"卡片编码规则"文本编辑框中输入"FW-";选择"不管使用状态如何一定提折旧"。设置完所有信息后,单击 新增(A) 按钮,保存录入的信息。重复上述操作步骤,增加"办公设备"固定资产类别。固定资产类别新增完成后,单击【固定资产类别-新增】对话框右侧的 关闭(C) 按钮,返回【固定资产类别】对话框。

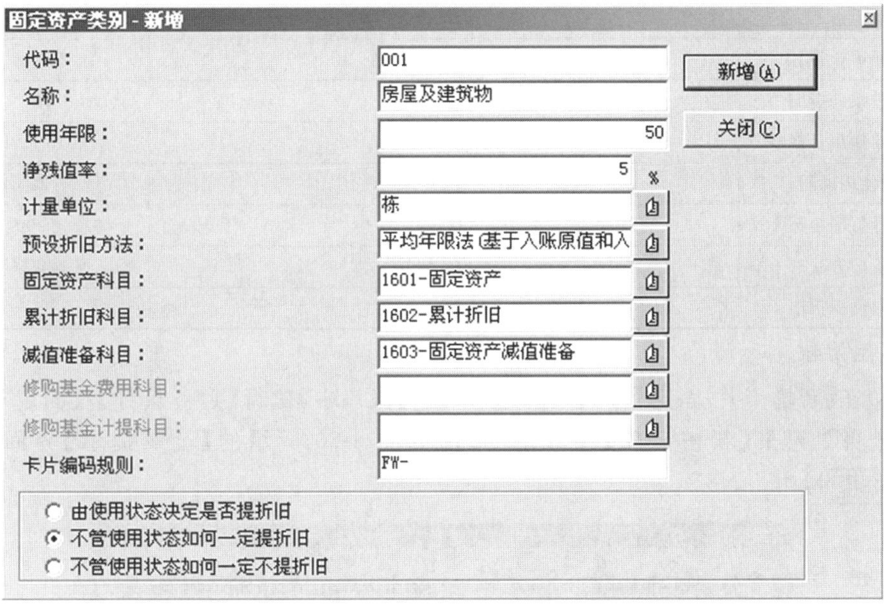

图 4-19 新增"房屋及建筑物"固定资产类别

(7)在【固定资产类别】对话框的显示区域显示出已新增的固定资产类别,单击 确定(Y) 按钮,完成固定资产类别的新增操作,返回【金蝶 K/3 主界面】。

提示:金蝶 K/3 支持固定资产类别多级管理,并可以在生成报表时分级汇总;固定资产类别可以新增、修改和删除，但已使用过的类别不能删除。

4.4.4 输入期初余额

输入期初余额即将企业手工核算状态下的固定资产的相关信息及余额经过整理后，转入金蝶 K/3 的固定资产管理系统中，以保持数据的连续性。

【例 4-9】 bsp 公司在 2017 年 12 月底对其固定资产经过整理得到表 4-5 所列的固定资产期初相关信息，请完成相应的固定资产初始化工作，并结束初始化。

表 4-5　　　　　　　　　　　固定资产期初相关信息(1)

资产编码	FW-1	BG-1
名　称	办公楼	电脑
类　别	房屋及建筑物	办公设备
计量单位	栋	台
数　量	1	5
入账日期	2017-12-31	2017-12-31
经济用途	经营用	经营用
使用状态	正常使用	正常使用
变动方式	自建	购入
使用部门	管理部(50%)、供销部(50%)	管理部
折旧费用科目	管理费用-销售费用	管理费用
币别	人民币	人民币
原币金额	1 400 000	23 000
购进累计折旧	0	0
开始使用日期	1999-06-20	2016-02-10
已使用期间	222	22
累计折旧金额	492 100	7 900
折旧方法	平均年限法	平均年限法
本年已提折旧	0	0

操作步骤：

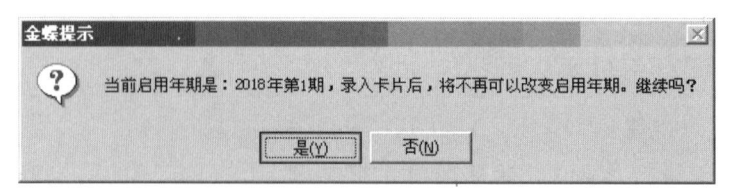

(1)在【新增卡片-固定资产管理-[主界面]】窗口中，执行【财务会计】/【固定资产管理】/【业务处理】/【新增卡片】并双击，弹出如图 4-20 所示的【金蝶提示】界面，单击 【是(Y)】 按钮。

图 4-20　确定"启用年期"

(2)弹出【卡片及变动-新增】对话框，参照【例 4-9】中的"办公楼"的相关信息，先在【基

第4章 系统初始化

本信息】选项卡中,单击"资产类别"文本编辑框右侧的 浏览按钮,选择输入"房屋及建筑物";在"资产名称"文本编辑框中输入"办公楼";单击"经济用途"文本编辑框右侧的 下拉按钮,选择输入"经营用";单击"使用状况"文本编辑框右侧的 浏览按钮,选择输入"正常使用";单击"变动方式"文本编辑框右侧的 浏览按钮,选择输入"001.005"。

再单击【部门及其他】选项卡,如图4-21所示,在"固定资产科目"文本编辑框中输入"固定资产";在"累计折旧科目"文本编辑框中输入"累计折旧";选择"使用部门"选项下的"多个",并单击 浏览按钮,弹出【部门分配情况-编辑】对话框,单击该对话框右侧的 增加(A)... 按钮,增加"管理部"及"供销部"并将其"比例%"各设为"50",再单击 关闭(C) 按钮,返回【卡片及变动-新增】对话框;选择"折旧费用分配"选项下的"多个",并单击 浏览按钮,弹出【折旧费用分配情况-编辑】对话框,单击该对话框下方的 增加(A)... 按钮,增加"供销部6601-销售费用"及"管理部6602-管理费用"并将其"比例%"均设为"100",再单击 关闭(C) 按钮,返回【卡片及变动-新增】对话框。

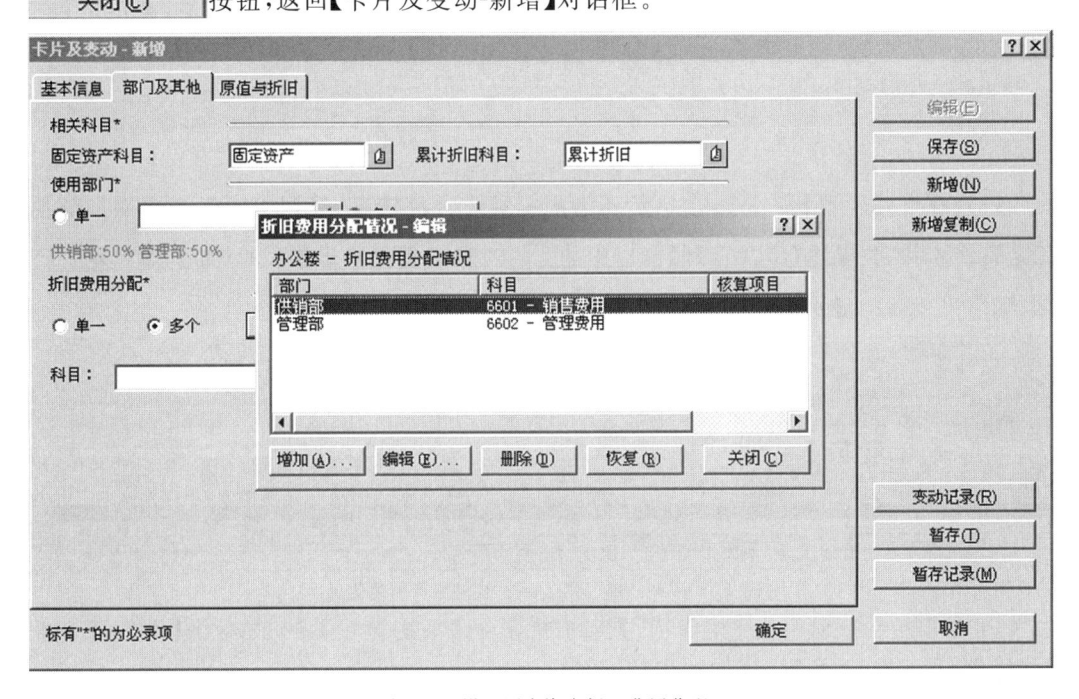

图4-21 设置固定资产折旧费用分配

最后单击【原值与折旧】选项卡,如图4-22所示,选择"单币别";在"原币金额"文本编辑框中输入"1400000";在"已使用期间数"文本编辑框中输入"222";在"累计折旧"文本编辑框中输入"492100"。再单击 保存(S) 按钮,保存所录入的新增固定资产的卡片信息,最后单击 确定 按钮,返回【卡片管理】窗口。

图 4-22 设置新增固定资产的原值与折旧

（3）在【卡片管理】窗口中，会显示新增固定资产卡片信息。【例 4-9】还需要增加其他固定资产卡片，再单击【卡片管理】窗口中的 增加 按钮，重复操作步骤（2）增加其他固定资产"电脑"，完成后的显示结果如图 4-23 所示。

图 4-23 "办公楼"及"电脑"的固定资产卡片信息

（4）在【初始化-初始化-[主界面]】窗口中，执行【系统设置】/【初始化】/【固定资产】/【初始化】并双击，弹出【结束初始化】对话框。

（5）在【结束初始化】对话框中，选择"结束初始化"，并单击 开始 按钮，进行结束初始化操作。

（6）结束初始化过程完毕后，弹出"结束初始化成功！"对话框，单击 确定 按钮，完成结束初始化操作。只有结束初始化之后，固定资产管理系统才能进行日常固定资产的管理工作。

提示：在进行新增固定资产卡片操作时，如一种固定资产是由多部门共同使用的，则在设置使用部门时，应将折旧金额按比例在各部门之间进行分配，分配比例之和为100%。但在进行折旧费用分配时，各个部门对应的折旧费用科目的分配比例则是该部门所有应分摊的折旧费用,因此其分配比例也应是 100%。只有当一个部门的折旧费用需要在多个费用科目之间分配时才分别计算,且其分配比例之和为 100%,但这种情况比较少见。

4.5 现金管理系统的初始化

现金管理系统的初始化主要处理启用本系统的一些初始数据和系统设置,包括科目维护,单位的银行日记账、现金日记账的初始余额录入,银行未达账、企业未达账初始数据的录入,余额调节表的初始设置等。其中科目维护是指从总账系统引入现金、银行科目,增加、修改多币种科目(综合币科目,目的是将不同币种的科目余额折算成本位币以方便进行银行对账及编制银行余额调节表),因为在现金管理系统中没有自己的一套科目,所以必须从总账系统中引入会计科目。现金管理系统的初始化流程如图 4-24 所示。

引入总账会计科目和科目余额 → 录入企业未达账和银行未达账 → 录入初始数据 → 结束初始化

图 4-24　现金管理系统的初始化流程

4.5.1　现金管理系统简介

现金管理系统是金蝶 K/3 的组成部分之一,主要涉及现金管理、银行存款管理和票据管理,该系统既可以同总账系统联合使用,也可单独提供给出纳人员使用,可处理企业中的出纳业务,管理企业的货币资金。现金管理系统与其他系统的关系如图 4-25 所示。

总账系统 ↔ 现金管理系统 ↔ 应收、应付款管理系统
现金管理系统 ↕ 结算中心

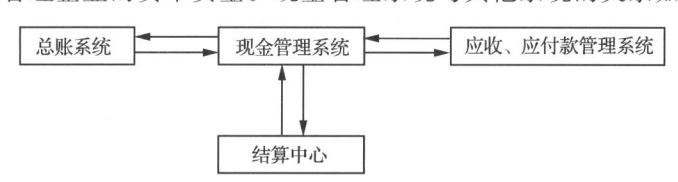

图 4-25　现金管理系统与其他系统的关系

4.5.2　现金管理系统参数设置

现金管理系统参数设置是指设置现金管理系统的相关参数,包括现金日记账汇率录入设置、银行存款日记账汇率录入设置、启用支票密码设置等,现金管理系统参数设置通过系统设置下的现金管理中的系统参数设置功能来进行。

【例 4-10】　bsp 公司根据需要对现金管理系统参数设置的要求是:结账与总账期间同步;自动生成对方科目日记账;允许从总账引入日记账;与总账对账期末余额不等时允许结账;审核后的凭证才可复核记账;日记账所对应总账凭证必须存在。

操作步骤:

(1)在【系统参数-系统设置-[主界面]】窗口中,执行【系统设置】/【系统设置】/【现金管理】/【系统参数】并双击,弹出【系统参数】对话框。

(2)在【系统参数】对话框中,如图 4-26 所示,勾选"结账与总账期间同步";勾选"自动生成对方科目日记账";勾选"允许从总账引入日记账";勾选"审核后的凭证才可复核记

账";勾选"日记账所对应总账凭证必须存在"。最后单击 保存(S) 按钮,将所设置的选项保存。

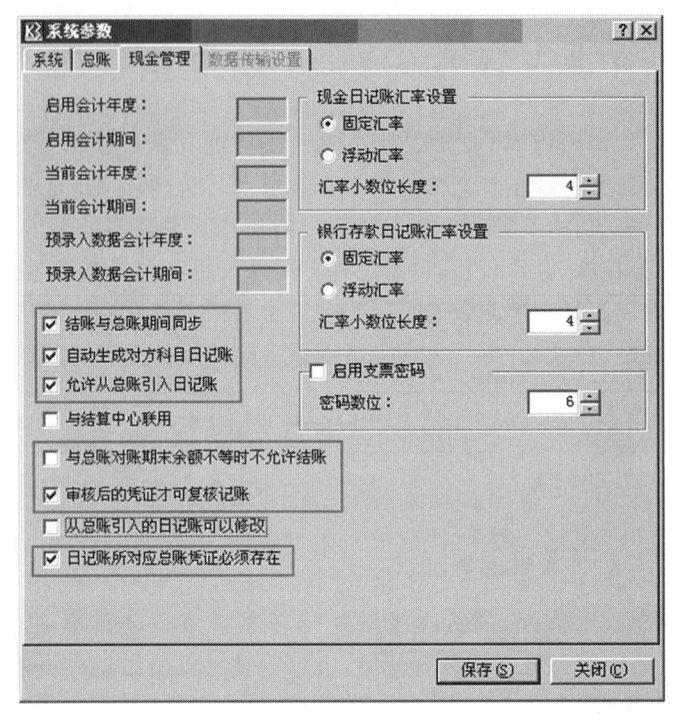

图 4-26 现金管理系统的参数设置

4.5.3 输入期初余额

输入期初余额主要包括输入现金科目、银行存款科目的期初余额、累计发生额,输入银行未达账、企业未达账的初始数据,这些数据既可以录入也可以从总账系统引入。

【例4-11】 bsp 公司从总账系统中引入现金、银行存款科目;增加一个综合币科目"1002,银行存款",设置其账号为4300012018010101;引入库存现金、银行存款科目余额。该公司在银行存款下按开户行设置了明细科目,其建设银行的账号为4300012018010101jh01;中国银行的账号为53000120180101zg01。要求:完成余额引入工作并结束初始化。

操作步骤:

(1)在【现金管理系统-[主界面]】中,执行【系统设置】/【初始化】/【现金管理】/【初始数据录入】并双击,弹出【现金管理系统-[初始数据录入]】窗口。

(2)在【现金管理系统-[初始数据录入]】窗口中,如图4-27所示,单击 引入 按钮,弹出【从总账引入科目】对话框,单击"期间"文本编辑框右侧的 调节按钮,调节输入"2015";单击"期"左侧的 调节按钮,调节输入"1";勾选"从总账引入期初余额和发生额";最后单击 确定(O) 按钮,引入"库存现金""银行存款"会计科目的期初余额。

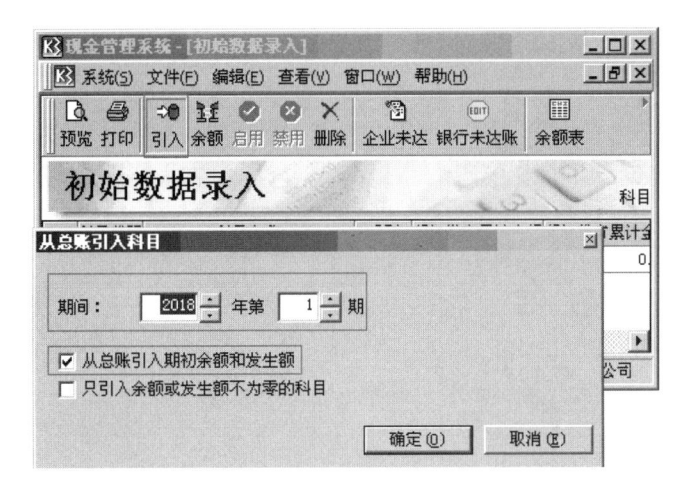

图 4-27　引入总账科目

(3)引入"库存现金""银行存款"会计科目的期初余额之后,如图 4-28 所示,在【初始数据录入】窗口的显示区域显示出相应的期初余额。单击"科目类别"文本编辑框右侧的▼按钮,选择输入"现金",在其下方的显示区域显示出相应的现金科目及科目余额;选择输入"银行存款",在其下方的显示区域显示出相应的银行存款科目及科目余额,如图 4-29 所示。

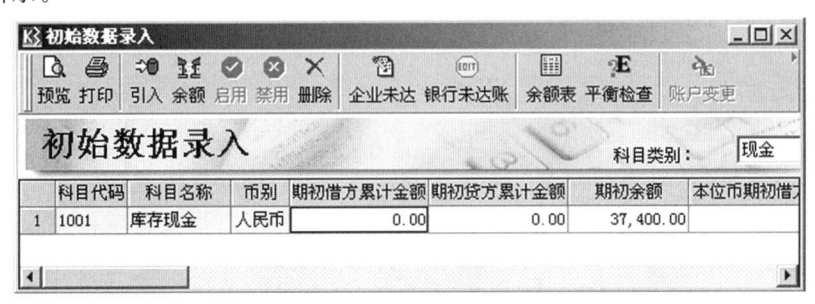

图 4-28　显示"现金"科目余额

图 4-29　显示"银行存款"科目余额

(4)在【现金管理系统-[初始数据录入]】窗口中,如图 4-30 所示,执行【编辑】/【新增综合币科目】,弹出【综合币科目】对话框。

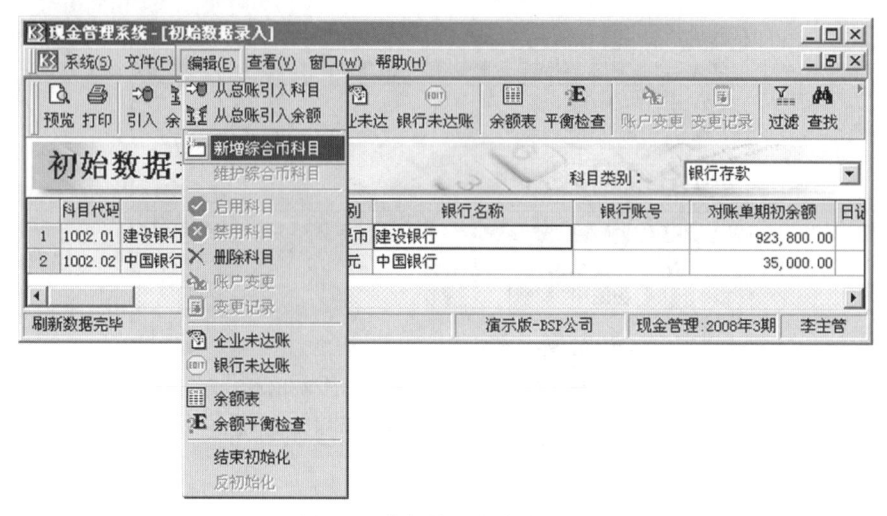

图4-30　执行【新增综合币科目】

（5）在【综合币科目】对话框中，如图4-31所示，在"科目代码"文本编辑框中输入"1002"，在"科目名称"文本编辑框中输入"银行存款"，在对话框下方显示区域单击"建设银行""中国银行"科目前的 ☑ 按钮，选择这两项会计科目，再单击 【确定(O)】 按钮，返回【现金管理系统-[初始数据录入]】窗口。

图4-31　新增"银行存款"综合币科目

（6）在【现金管理系统-[初始数据录入]】窗口中，再重复操作步骤（2），再引入一次科目期初余额，引入后如图4-32所示，在显示区域会显示出"银行存款"会计科目的期初余额。

（7）结束现金管理系统的初始化工作。在【现金管理系统-[初始数据录入]】窗口中，执行【编辑】/【结束初始化】，弹出【启用会计期间-结束初始化】对话框，单击 【确定(O)】 按钮，弹出【金蝶提示】界面。

（8）在【金蝶提示】界面中，提示"结束初始化后，将不能再输入新科目的初始数据！继续吗？"，单击 【确定】 按钮，弹出提示"结束新科目初始化完毕"的界面，单击 【确定】 按钮，完成结束初始化操作，并返回【现金管理系统-[初始数据录入]】窗口。

（9）在【现金管理系统-[初始数据录入]】窗口中，如图4-33所示，在数据显示区域中的"启用"表单元格中的 ☑ 复选按钮全部被勾选，表明此科目已经启用。单击该窗口右侧的 ☒ 关闭按钮，退出该窗口。

图 4-32　显示"银行存款"会计科目的期初余额

图 4-33　显示现金科目全部启用

4.6　工资管理系统的初始化

工资管理系统的初始化是指企业在使用工资管理系统时,对与工资核算及工资发放业务相关的企业基本信息的录入以及有工资核算的基础数据的设置工作。工资管理系统的初始化设置流程如图 4-34 所示,其中"新建账套""系统参数设置"在整个企业的初始设置时已经设置好了,在此不需要再设置。

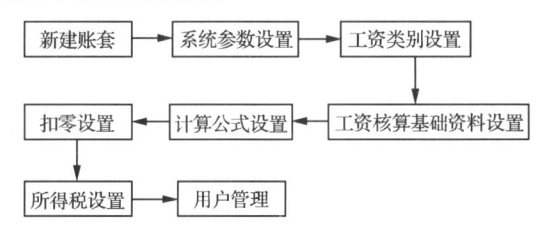

图 4-34　工资管理系统的初始化设置流程

4.6.1　工资管理系统简介

金蝶 K/3 的工资管理系统采用了多类别管理方式,可进行多工资库的处理、工资核算、工资发放、工资费用分配、银行代发等。工资管理系统能及时反映工资动态变化,实现完备而灵活的个人所得税计算与申报功能,并提供丰富、实用的各类管理报表。工资管理系统还可以根据员工工资项目数据和比例计提基金,包括社会保险、医疗保险等,也可对员工的基金转入、转出进行管理。工资管理系统的操作流程如图 4-35 所示。

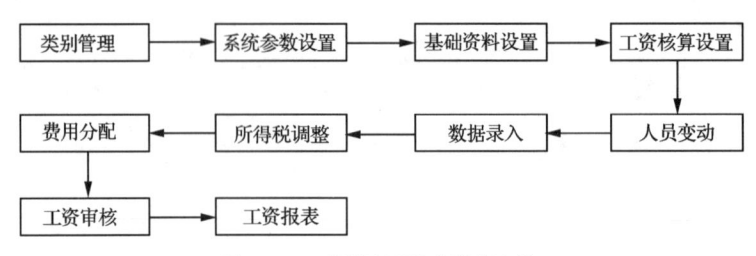

图 4-35 工资管理系统的操作流程

4.6.2 工资类别设置

工资类别是指通过对工资核算数据的分类处理来方便企业对不同部门或不同类别人员进行工资核算及发放业务的处理。企业在进行薪资核算时,会按部门、人员类别等进行分类,设置不同的核算方案进行工资发放。工资管理系统中的工资类别是必须设置的,即使用户只有一套工资核算方案,也要进行工资类别的设置。例如企业对退休职工和在职职工的工资核算方案是不同的,可以将工资类别设置为"退休职工""在职职工"两个工资类别。工资类别设置包括新建类别、选择类别和类别管理。

【例 4-12】 bsp 公司只有一套工资核算方案,只需将工资类别设置为"正式工"一个工资类别。

操作步骤:

(1)在【新建类别-工资管理-[主界面]】窗口中,执行【人力资源】/【工资管理】/【类别管理】/【新建类别】并双击,弹出【打开工资类别】对话框。

(2)在【打开工资类别】对话框中,如图 4-36 所示,单击 类别向导(T) 按钮,弹出【新建工资类别】对话框,在"类别名称"文本编辑框中输入"正式工",再单击 下一步(N) 按钮。

图 4-36 设置工资类别名称

(3)在【新建工资类别】对话框中,单击"币别"文本编辑框右侧的 下拉按钮,选择输入"人民币",再单击 下一步(N) 按钮。

(4)如图 4-37 所示,单击 完成(F) 按钮,完成"正式工"工资类别的设置。

第 4 章　系统初始化

图 4-37　完成工资类别的设置

(5)工资类别新建完成后,在【打开工资类别】对话框中会显示出新建的"正式工"工资类别名称。

4.6.3　部门设置

部门设置主要用于建立企业的组织机构信息,包括下属机构或部门的相关信息,既可建立单级平行部门,也可根据企业组织架构建立多级部门。部门信息也可作为后续工资费用分配的依据之一。工资管理系统中的部门可以在工资管理系统中新建,也可以引入总账系统的部门信息,因为在一个企业中部门的信息是共享的。

【例 4-13】　bsp 公司在工资管理系统中引入总账系统的部门信息。

操作步骤:

(1)在【部门管理-工资管理-[主界面]】窗口中,执行【人力资源】/【工资管理】/【设置】/【部门管理】并双击,弹出【部门】窗口。

(2)在【部门】窗口中,单击 按钮,显示导入部门信息的相关选项。

(3)在【部门】窗口的"导入数据源"选项中,如图 4-38 所示,选择"总账数据",再单击 按钮,将窗口右侧的部门信息全部选中,最后单击 按钮,将总账中的部门信息导入工资管理系统中。

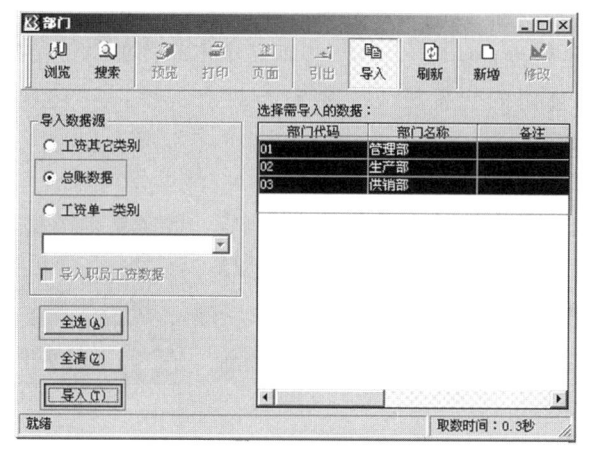

图 4-38　选择部门导入

(4)导入完成之后,在【部门】窗口中,单击 按钮,再单击 按钮,在窗口下方的显示区域,会显示出刚才所导入的部门信息。

4.6.4 职员设置

职员设置用于建立员工基本档案,如身份证号、性别、所属部门、职位、文化程度、类别、入职日期、离职日期、银行账号等信息,是企业后续工资录入时最明细的载体,企业可以根据企业部门情况进行设置。工资管理系统中的职员可以从总账系统中引入,也可在工资管理系统中重新录入,最好使用引入总账中的数据,因为在整个 ERP 系统中职员信息也是共享的。也可以将工资管理系统中的职员信息引出生成外部数据文件。

【例 4-14】 bsp 公司在工资管理系统中引入总账系统的职员信息。

操作步骤:

(1)在【职员管理-工资管理-[主界面]】窗口中,执行【人力资源】/【工资管理】/【设置】/【职员管理】并双击,弹出【职员】窗口。

(2)在【职员】窗口中,单击 [导入] 按钮,显示职员导入信息相关选项,选择"总账数据",单击 [全选(A)] 按钮选择所有的职员信息,最后单击 [导入(T)] 按钮,将总账中已设置好的职员信息导入工资管理系统中。

(3)导入职员信息完成后,在【职员】窗口中,单击 [浏览] 按钮,在窗口右下方的显示区域会显示出从总账系统中导入的职员信息。

4.6.5 银行管理设置

银行管理设置主要用于设置当在工资管理系统中采用银行代发工资方式时,需要用到的相关银行信息,可以设置一个银行,也可以设置多个银行,视企业发放工资的需要而定。设置银行时需要设置"银行代码""银行名称""账号长度"三个主要信息。其中"账号长度"可设可不设,如不设置,则输入银行账号时可以不定长度;而一旦设置,则在输入银行账号时,一定要满足所设置的账号长度,否则系统不允许保存该银行账号。

【例 4-15】 bsp 公司的代发员工工资银行只有一个,是"建设银行",银行代码为"001",账号长度为 18 位。

操作步骤:

(1)在【银行管理-工资管理-[主界面]】窗口中,执行【人力资源】/【工资管理】/【设置】/【银行管理】并双击,弹出【银行】窗口。

(2)在【银行】窗口中,单击 [新增] 按钮,弹出【银行-新增】窗口。

(3)在【银行-新增】窗口中,如图 4-39 所示,单击【项目属性】选项卡,参照【例 4-15】的内容,在"代码"文本编辑框中输入"001";在"名称"文本编辑框中输入"建设银行";在"账号长度"文本编辑框中输入"18"。单击 [保存] 按钮,再单击 [退出] 按钮,返回【银行】窗口。

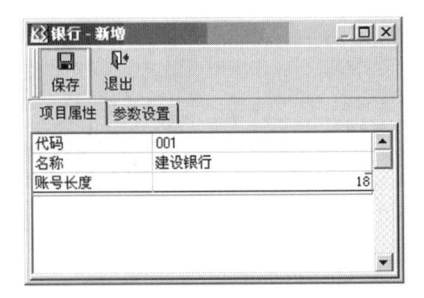

图 4-39 设置银行属性

第4章　系统初始化

（4）在【银行】窗口中，单击 [浏览] 按钮，在窗口的右下方显示区域会显示出刚录入的银行信息。

4.6.6　工资项目设置

工资项目设置是指定义工资核算项目的全部信息，例如职员代码、职员姓名、部门名称、应发合计、实发合计、代扣税金等。在工资管理系统中系统已经预设了一些基本的工资项目，如应发合计、扣款合计、代扣税金、实发合计、职员姓名等。此外，企业还可根据实际情况设置一些工资项目。工资项目设置需要设置项目名称、数据类型、数据长度、小数位数、项目属性五项内容，其中"数据长度"只有当数据类型是"文本"或"实数"时，才是可调的，其他均是系统默认的（不可再调整）；"项目属性"有"固定项目"与"可变项目"之分，固定项目是指一般工资计算所使用的基本要素，不需要进行改变，其内容可以直接代入下一次工资计算，如预设的职员姓名等，并且系统预设的固定项目是不能修改和删除的。可变项目是指可根据需要进行选用或不用的项目，其内容随工资计算而发生改变，如预设的应发合计等。

【例4-16】　bsp 公司根据需要，设置其工资项目，见表4-6。

表 4-6　　　　　　　　　　工资项目表（1）

项目名称	数据类型	数据长度	小数位数	项目属性	系统是否预设
职员代码					是
职员姓名					是
职员部门					是
基本工资					是
奖　金					是
补　贴	货币	15	2	可变项目	否
应发合计					是
代扣税					是
实发合计					是

操作步骤：

（1）在【项目设置-工资管理-［主界面］】窗口中，执行【人力资源】/【工资管理】/【设置】/【项目设置】并双击，弹出【工资核算项目设置】对话框。

（2）由表 4-6 可知，本例只需增加"补贴"工资项目。在【工资核算项目设置】对话框中，单击对话框右侧的 [新增(A)] 按钮，弹出【工资项目-新增】对话框。

企业会计信息化

(3)在【工资项目-新增】对话框中,如图4-40所示,在"项目名称"文本编辑框中输入"补贴";单击"数据类型"文本编辑框右侧的 ▼ 下拉按钮选择输入"货币";单击"小数位数"文本编辑框右侧的 ⬍ 调节按钮,调节输入小数位数为"2";选择"可变项目",再单击对话框右侧的 新增(A) 按钮,将"补贴"工资项目增加到【工资核算项目设置】对话框中。因无须再新增工资项目,故单击对话框右上角的 ✕ 按钮,返回【工资核算项目设置】对话框。

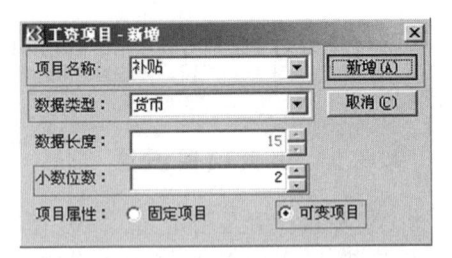

图4-40 新增"补贴"工资项目

(4)新增工资项目后,在【工资核算项目设置】对话框中,可以显示出新增的工资项目。再单击对话框下方的 确定(O) 按钮,关闭该对话框。

提示:在进行工资管理系统相关基础资料设置时,若为多工资类别,则对于"部门"与"职员"等信息应分类别进行设置,即在一个类别中设置好相应的"部门"与"职员"信息,再进入另一个类别重新录入或导入本类别相应的"部门"与"职员"信息。而"工资项目"则是不分类别设置的,在一个工资类别设置好后,其他工资类别可与其共享信息。

4.6.7 工资项目计算公式设置

在工资管理系统中,设置完工资项目后,对于一些需要计算的工资项目,应定义计算公式,以方便系统自动运算出该工资项目的值,如应发合计、实发合计等。计算公式可以通过判断条件或者简单的四则运算来定义,在定义计算公式之前,一定要先设置好工资项目。

【例4-17】 bsp公司对其部分工资项目要求:系统采用计算公式自动求出,其计算公式定义要求如下:

(1)基本工资小于等于900元,补贴为150元,其余补贴为200元;
(2)应发合计=基本工资+奖金+补贴;
(3)实发合计=应发合计-代扣税金。

操作步骤:

①在【公式设置-工资管理-[主界面]】窗口,执行【人力资源】/【工资管理】/【设置】/【公式设置】并双击,弹出【打开工资类别】对话框。

②在【打开工资类别】对话框中,单击选择"正式工"工资类别,再单击 选择(S) 按钮,弹出【工资核算项目设置】对话框。

③在【工资核算项目设置】对话框中,如图4-41所示,在【计算方法】选项卡中,单击 新增(A) 按钮,激活新增公式功能。

④如图4-42所示,参照【例4-17】的内容,在"公式名称"文本编辑框中输入"补贴";单击"条件"中的 如果...否则... 按钮,选择该条件函数并将其加入"计算方法"文本编辑框,并完成该条件表达式;单击"计算方法"文本编辑框下方的 公式检查 按钮,弹出的【金蝶提示】界面,提示"公式检查正确!",再单击 确定 按钮,关闭该提示界面,返回【工资核算项目

图 4-41　新增计算公式

设置】对话框,最后单击 保存(S) 按钮,保存"补贴"计算公式的设置。

图 4-42　设置"补贴"计算公式

⑤重复操作步骤(3)(4),设置"应发合计"的计算公式及"实发合计"的计算公式。

提示：在进行计算公式设置时,在"计算方法"文本编辑框中编辑计算公式时,可以将一个工资类别所有需要设置的计算公式均设置进去,此时计算公式的名称就是一个工资类别的名称,这样设置可以简化后续工资日常业务处理中的工资计算工作。当然,为了层次分明,方便解说,也可以如【例 4-17】所示,分别设置。

4.6.8　个人所得税设置

在一般情况下,企业均需要对个人所得税进行代扣代缴的业务处理。工资管理系统提供了个人所得税的处理功能。在进行所得税计算及扣减的业务处理前,需要在所得税设置中对个人所得税计算进行初始项目设置,例如税率类别、税率项目、所得税计算、基本扣除、所得期间、外币币别(如果企业发放的工资是人民币,则外币币别就是人民币)等。其中税率类别是指按照税法规定的个人所得税九级超额累进税率,分含税级距与不含税级距。

【例 4-18】　bsp 公司员工的个人所得税以"应发合计"减"补贴"作为所得税计算的工资项目,税率以国家规定的超额累进税率为准,采用含税级距,基本扣除数为 2 000。

操作步骤：

(1)在【所得税设置-工资管理-[主界面]】窗口中,执行【人力资源】/【工资管理】/【设置】/【所得税设置】并双击,弹出【个人所得税初始设置】对话框。

(2)在【个人所得税初始设置】对话框中,单击【编辑】选项卡,再单击 新增 按钮。激活一个新的【个人所得税初始设置】对话框,如图4-43所示,在"名称"文本编辑框中输入"个人所得税计算",再单击"税率类别"右侧的设置按钮,弹出【个人所得税税率设置】对话框。

(3)在【个人所得税税率设置】对话框中,如图4-44所示,在【编辑】选项卡中,单击 新增 按钮,弹出【金蝶提示】界面,提示"是否使用'含税级距'？若选择'否'则使用'不含税级距'。"如图4-45所示,单击 是(Y) 按钮,采用含税级距。

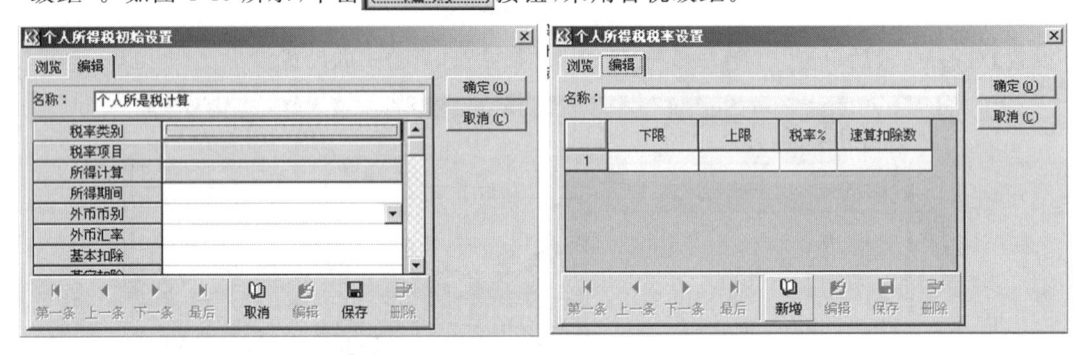

图4-43 设置个人所得税名称

图4-44 新增个人所得税税率类别

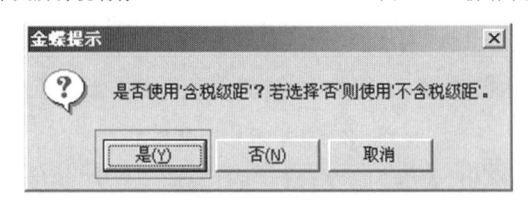

图4-45 【金蝶提示】界面

(4)如图4-46所示,在"名称"文本编辑框中输入"个人所得税率",再单击 保存 按钮,最后单击 确定(O) 按钮。

(5)设置税率项目,如图4-47所示,单击"税率项目"右侧的设置按钮,弹出【所得项目计算】对话框。

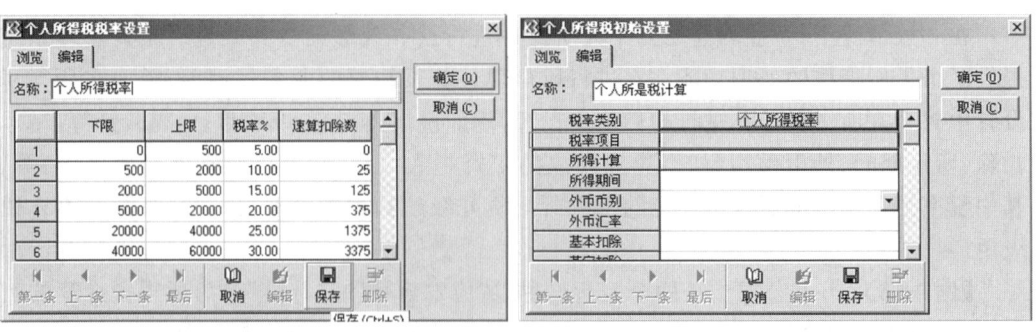

图4-46 设置税率

图4-47 选择"税率项目"

第 4 章 系统初始化

（6）在【所得项目计算】对话框中，如图 4-48 所示，单击 新增 按钮，弹出一个新的【所得项目计算】对话框。在"名称"文本编辑框中输入"应纳税额"；在"所得项目"下方的文本编辑框中单击右侧的 ▼ 下拉按钮，选择输入"应发合计"；在相应的"属性"文本编辑框中单击右侧的 ▼ 下拉按钮，选择输入"增项"；再增加一行，选择输入"所得项目"为"补贴"；选择输入相应的"属性"为"减项"。再单击 保存 按钮，最后单击 确定(0) 按钮，保存所有设置，并返回【个人所得税初始设置】对话框。

（7）在【个人所得税初始设置】窗口中，如图 4-49 所示，在"所得期间"文本编辑框中输入"1"；单击"外币币别"文本编辑框中的 ▼ 按钮，选择输入"人民币"；在"基本扣除"文本编辑框中输入"2000"。再单击对话框右侧的 确定(0) 按钮，完成个人所得税的初始设置，并返回【金蝶 K/3 主界面】。

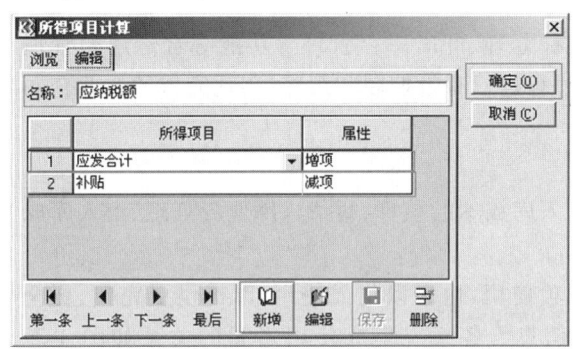

图 4-48 设置所得项目　　　　　　图 4-49 设置所得期间与基本扣除

4.7 供应链管理系统的初始化

供应链管理系统初始化主要是指将涉及企业的采购、销售、仓存业务所需要的基础资料和进行日常业务处理前的一些期初数据输入系统的工作。供应链管理系统初始化的环节主要有核算参数设置、基础资料设置、初始数据录入等，其中基础资料在整个 ERP 系统中是可以共享的，在前面其他模块已经设置过的基础资料在此可不再设置，其流程如图 4-50 所示。

核算参数设置 → 基础资料设置 → 初始数据录入 → 结束初始化

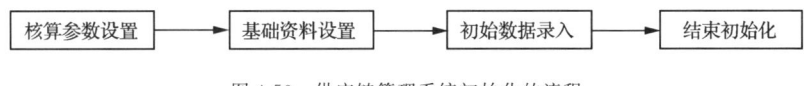

图 4-50 供应链管理系统初始化的流程

4.7.1 供应链管理系统概述

供应链管理系统包括采购管理、销售管理、仓存管理、存货核算四大子系统。

1. 采购管理子系统

采购管理子系统是指通过采购申请、采购订货、进料检验、仓库收料、采购退货、购货发票处理、供应商管理、价格及供货信息管理、订单管理、质量检验管理等功能综合运用的管理系统,对采购物流和资金流的全过程进行有效的双向控制和跟踪,实现完善的企业物资供应信息管理。采购管理子系统主要完成对申购、订货、采购发票、采购结算等采购业务全过程的管理以及提供各种采购明细表、统计表、采购账簿的管理与查询,同时还可完成采购成本分析、供应商价格对比分析、采购类型结构分析、采购资金比重分析、采购费用分析、采购货龄综合分析等。

2. 销售管理子系统

销售管理子系统是指处理销售报价、销售订货、销售发货、销售开票、销售调拨、销售退回、发货折扣、委托代销、零售业务等,并根据审核后的发票或发货单自动生成销售出库单,处理随同货物销售所发生的各种代垫费用以及在货物销售过程中发生的各种销售支出的系统。

3. 仓存管理子系统

仓存管理子系统是指通过入库业务、出库业务、仓存调拨、库存调整、虚仓单据等功能,结合批次管理、物料对应、库存盘点、质检管理、即时库存管理等功能综合运用的管理系统,对仓存业务的物流和成本管理的全过程进行有效控制和跟踪,实现完善的企业仓储信息管理。

4. 存货核算子系统

存货核算子系统的主要功能是存货出入库成本的核算、暂估入库业务处理、出入库成本的调整、存货跌价准备的处理。

供应链管理系统中各子系统既可以单独使用,也可以集成使用,以提供更完整、更全面的企业物流业务管理流程和财务管理信息。各系统集成使用之间的关系如图 4-51 所示。

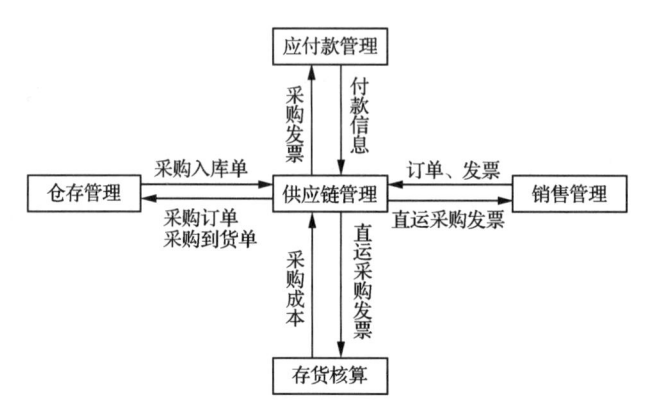

图 4-51 供应链管理系统与其他系统的关系

4.7.2 系统参数设置

供应链管理系统在进行日常业务处理前需要先对其系统参数进行设置,应满足两个前提:供应链系统处于初始化阶段;供应链系统中不存在任何已录入的初始余额和业务单据。系统参数设置包括以下内容:

1. 启用年度和启用期间。系统默认为系统年度和日期,用户可以自主更改,选择业务实际的启用年度和期间。

2.核算方式。有"数量核算"和"数量、金额核算"两种方式,如果选择了"数量核算",则系统只核算数量,不核算金额,所以显示的核算金额不会正确;而"数量、金额核算"是对材料的数量和成本都进行核算。如果账套是与财务各系统相互联系的,则应选择"数量、金额核算"。

3.库存结余控制。主要用于由用户确定是否允许负库存,如果选择不允许负库存,则在库存单据中不允许出现库存即时数量为负数的情况;如果选择允许负库存,则系统单据数量和金额允许出现负数,但系统控制不允许单价为负数的情况。在允许负库存情况下,建议物料的计划方法使用"计划成本法",这样核算的成本准确性高。

4.库存更新控制。主要进行即时库存更新处理,系统有两种选择,如果选择单据审核后才更新,则系统将在库存类单据进行业务审核后才将该单据的库存数量计算到即时库存中,并在反审核该库存单据后进行库存调整;如果选择单据保存后立即更新,则系统将在库存类单据保存成功后就将该单据的库存数量计算到即时库存中,并在修改、复制、删除、作废、反作废该库存单据时进行库存调整。

【例 4-19】 bsp 公司根据自身的工作需要,将整个供应链系统集成运用,其系统参数设置的要求如下:启用日期与整个 ERP 系统的启用日期均为 2018 年 1 月;核算方式采用数量、金额核算;不允许出现负库存;单据审核后才更新库存数据。

操作步骤:

(1)在【系统参数设置-初始化-[主界面]】窗口中,执行【系统设置】/【初始化】/【采购管理】/【系统参数设置】并双击,弹出【核算参数设置向导】对话框。

(2)在【核算参数设置向导】对话框的"业务系统设定"中,在"启用年度"文本编辑框中输入"2018";单击"启用期间"文本编辑框右侧的 ▼ 下拉按钮,选择输入"1",再单击 【(N)下一步>】按钮。

(3)在【核算参数设置向导】对话框中,选择"数量、金额核算";再在"库存更新控制"选项中,选择"单据审核后才更新",单击 【(N)下一步>】按钮。

(4)在【核算参数设置向导】对话框中,如图 4-52 所示,单击 【(F)完成】按钮,完成系统参数设置,并返回【系统参数设置-初始化-[主界面]】窗口。

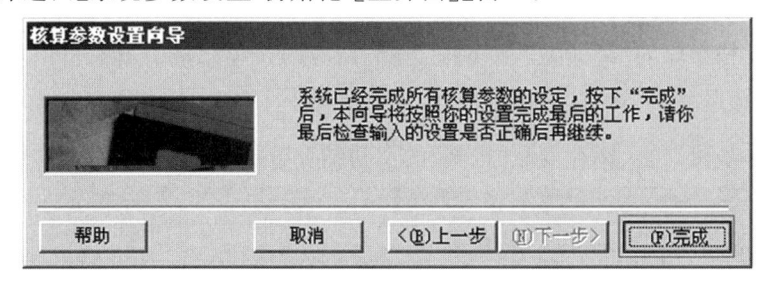

图 4-52 完成系统参数设置

提示:系统参数设置可以在供应链四个子系统的任一子系统中进行,并且在系统参数设置完成后,如果已经进行了结束初始化操作,则不能再修改了,在未结束初始化前是可以修改的。

4.7.3 输入期初余额

输入期初余额即将企业期初各项物料的初始余额录入系统。企业的核算参数及各项资料设置完毕后,需要将物料的期初数据录入系统,该数据是系统启用时仓库物料的结存情况的记录。在金蝶 K/3 中如果整个供应链管理系统是联合使用的,则物料的期初余额录入不需要在供应链管理系统的各个子系统中分别进行,只要在其中的一个子系统进行录入即可,在其他子系统中可以共享数据。

在供应链管理系统中期初数据是分仓库录入物料的库存情况的,并且在不同的存货计价方式下,录入的数据也有所不同。在实际成本法下,录入资料包括物料代码、结存数量、结存金额;在计划成本法下,录入资料包括物料代码、结存数量、结存金额、材料成本差异。

注意:如果系统的启用期间是会计年度的第一期,则只需要录入期初结存数量、期初结存金额;否则,还需要录入本年累计发出数量、本年累计发出金额、本年累计收入数量、本年累计收入金额。

在供应链管理系统中,为保证物料数据与总账系统一致,在物料的期初余额录入完毕后,还必须与总账系统进行核对,即对账。对账是指将供应链管理系统中的物料按所属科目汇总,并将汇总数据与总账数据核对。

【例 4-20】 bsp 公司在 2018 年年初的物料结存情况见表 4-7,录入期初余额并与总账数据核对无误。

表 4-7 物料期初结存资料(1)

物料代码	物料名称	计量单位	期初数量	期初金额	入库日期
0101	钢材	千克	38 000	380 000	2017-12-31
0201	机箱	件	5 250	1 050 000	2017-12-31

操作步骤:

(1)在【采购管理(供应链)系统-[主界面]】窗口中,执行【系统设置】/【初始化】/【采购管理】/【初始数据录入】并双击,弹出【采购管理(供应链)系统-[初始数据录入]】窗口。

(2)在【采购管理(供应链)系统-[初始数据录入]】窗口中,参照【例 4-20】中表 4-7 的资料,如图 4-53 所示,选择"原材料"仓库,再选择物料"钢材"表单记录行,在"期初数量"对应的表单元格中输入"38000",在"期初金额"对应的表单元格中输入"380000",在"入库日期"对应的表单元格中输入"2017-12-31",再单击 ![保存] 按钮,保存该物料期初数据信息。重复上述操作步骤,输入库存商品"机箱"的期初结存数据,如图 4-54 所示。

图 4-53 录入钢材的期初余额

第 4 章　系统初始化

图 4-54　录入机箱的期初余额

（3）录入完全部物料的期初余额后，单击窗口左侧的"全部仓库"目录，如图 4-55 所示，在窗口的右侧可以看到所有物料的初始余额信息。

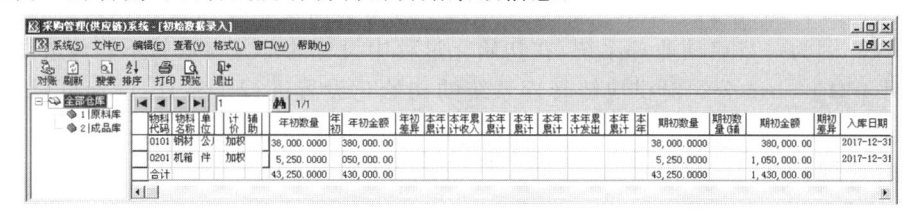

图 4-55　所有物料的期初余额

（4）核对物料的期初余额信息，在【采购管理（供应链）系统-[初始数据录入]】窗口中，如图 4-56 所示，单击 对账 按钮，系统会自动将物料期初数据按所属科目汇总，如图 4-57 所示，在与总账数据核对无误后，单击 退出 按钮，返回系统主界面。

图 4-56　单击【对账】按钮

图 4-57　对账结果

提示：在供应链管理系统中录入期初余额时，年初数量与年初金额以及在计划成本核算法下的年初差异是不需要录入的，系统会自动根据计算公式得出。即

年初数量＝期初数量－本年累计收入数量＋本年累计发出数量

年初金额＝期初金额－本年累计收入金额＋本年累计发出金额

年初差异＝期初差异－本年累计收入差异＋本年累计发出差异

4.7.4 启动业务系统

供应链管理系统的初始化参数设置、基础资料、初始余额等各项信息已全部完成录入之后，要结束初始化工作，以使初始化设置的各项信息能在系统中发挥作用，并能进行日常业务处理，这一过程即启动业务系统。

在启动业务系统时，一定要根据企业的实际情况慎重检查各项参数和数据的正确性及合理性。因为一旦启动业务系统，在初始化过程中设置的部分参数就不能修改了。

【例4-21】 bsp公司对供应链管理系统的初始化设置进行了检查，认为可以启动业务系统。

操作步骤：

(1)在【启动业务系统-初始化-[主界面]】窗口中，执行【系统设置】/【初始化】/【存货核算】/【启动业务系统】并双击，弹出【金蝶提示】界面。

(2)在【金蝶提示】界面中，单击 是(Y) 按钮，完成初始化，启动业务系统，弹出【金蝶K/3系统登录-V10.3】窗口。

(3)在【金蝶K/3系统登录-V10.3】窗口中，可以根据业务处理的需要，选择相应的用户，并单击 确定 按钮，登录系统主控台。

提示：在供应链管理系统中启动业务系统时，可以在采购管理、销售管理、仓存管理、存货核算任一子系统中进行此项操作，其作用效果是一样的。

4.8 小 结

本章主要介绍了金蝶K/3各模块的启用及初始化流程。对各模块的初始化设置进行了详尽的阐述，介绍了各模块的基本功能、初始化流程以及相互关系。企业在进行初始化设置之前，一定要对其管理理念、经营范围、经营规模、长期目标、内控方法、人员配置等相关信息进行详尽的整理，并结合各系统的功能与管理思想设计相应的初始化流程与初始化工作要点，然后再进行初始化设置，以取得事半功倍的效果。

4.9 习 题

引入第3章习题的练习账套，完成以下各项操作，并进行数据备份。

1．总账系统初始化

(1)设置总账系统参数

①基本信息设置 本年利润科目为本年利润；利润分配科目为利润分配；数量单价位数为2；账簿余额方向与科目余额方向相同；凭证/明细账分级显示核算项目名称；明细账(表)摘要自动继承上条分录摘要；结账要求：损益类科目余额为零；不允许进行跨财务年度的反结账。

②凭证设置 凭证过账前必须审核；不允许修改/删除业务系统凭证；现金、银行存款

赤字报警;不允许手工修改凭证号;凭证号按期间统一排序。

(2)设置会计科目并录入科目期初余额

相关科目及期初余额见表 4-8。

表 4-8　　　　　　　　　　相关科目及期初余额表(2)

会计科目	借方期初余额	贷方期初余额
库存现金	100 000	
银行存款-建设银行	14 500 000	
银行存款-中国银行(美元)	400 000(折合人民币 3 400 000)	
应收账款	40 000	
原材料-生产用原材料	500 000(50 000 千克)	
库存商品	400 000	
固定资产	1 600 000	
累计折旧		70 000
短期借款		800 000
应付账款		60 000
实收资本		19 510 000
利润分配-未分配利润		100 000

2.应收、应付款管理系统初始化

(1)应收款管理系统参数设置

①启用期间是 2018 年 1 月。

②坏账准备核算方法是备抵法,坏账计提方法是应收账款百分比法;坏账损失科目是管理费用;坏账准备科目是坏账准备;计提坏账准备科目是应收账款;计提方向是借方;计提比率为 0.5%。

③其他应收单、销售发票、收款单、退款单的科目均设置为应收账款;预收单会计科目设置为预收账款;应收票据业务会计科目为应收票据;应交税金会计科目为应交税费-应交增值税(销项税额)。

④核算项目类别为"客户"。

⑤选择"只允许修改和删除本人录入的单据"。

⑥税率来源为"取产品属性中的税率"。

⑦选择"审核后自动核销";选择"预收冲应收生成凭证";选择"结账与总账期间同步";选择"期末处理前凭证处理应该完成";选择"期末处理前单据必须全部审核";选择"启用对账与调汇"。

(2)应付款管理系统参数设置

所有单据类型科目均为"应付账款";应付票据科目为"应付票据";应交税金科目为"应交税费-应交增值税-进项税额";核算项目类别为"供应商"。

(3)应收款管理系统的相关初始余额(表 4-9)

表 4-9　　　　　　　　　　　　　应收款初始数据(2)

客　户	单据类型	单据日期 财务日期	部门	业务员	发生额	商品	数量	含税单价	应收日期
南方电子	普通销售发票	2017-09-10	业务部	yewu	40 000	塑管	200	200	2018-03-01

(4)应付账款的初始余额(表 4-10)

表 4-10　　　　　　　　　　　　　应付款初始数据(2)

客　户	单据类型	单据日期 财务日期	部门	业务员	发生额	商品	数量	含税单价	应收日期
北方仪器	普通采购发票	2017-08-01	业务部	yewu	60 000	钢材	6 000	10	2018-02-01

3.固定资产管理系统初始化

(1)系统参数设置

①启用期间为 2018 年 1 月 1 日。

②与总账系统相连。

③不允许改变基础资料编码。

④期末结账前先进行自动对账。

⑤变动使用部门时当期折旧按原部门进行归集。

⑥折旧率小数位为 2 位。

(2)固定资产类别(表 4-11)

表 4-11　　　　　　　　　　　　　固定资产类别(2)

固定资产类别代码	名称	年限	净残值率	单位	单位代码	所属计量单位组	折旧方法	资产科目	折旧科目	减值准备	编码规则	是否计提折旧
001	房屋及建筑物	50	0%	栋	022	房屋组	平均年限法	固定资产	累计折旧	固定资产减值准备	FW-	一直计提
002	生产线	10	10%	条	033	生产设备组	平均年限法	固定资产	累计折旧		SC-	由使用状态决定是否计提

(3)固定资产期初相关信息(表 4-12)

表 4-12　　　　　　　　　　　　　固定资产期初相关信息(2)

资产编码	FW-1	SC-1
名　称	办公楼	电脑
类　别	房屋及建筑物	生产线
计量单位	栋	条
数　量	1	2
入账日期	2018-12-31	2018-12-31
经济用途	经营用	经营用
使用状态	正常使用	正常使用
变动方式	自建	购入

续表

资产编码	FW-1	SC-1
使用部门	管理部(50%)、业务部(50%)	生产部
折旧费用科目	管理费用-销售费用	制造费用
币别	人民币	人民币
原币金额	1 200 000	400 000
购进累计折旧	0	0
开始使用日期	2017-04-20	2018-02-10
已使用期间	20	10
累计折旧金额	40 000	30 000
折旧方法	平均年限法	平均年限法
本年已提折旧	0	0

4. 现金管理系统初始化

(1) 参数设置

结账与总账期间同步；自动生成对方科目日记账；允许从总账引入日记账；与总账对账期末不等时允许结账；审核后的凭证才可复核记账；日记账所对应总账凭证必须存在。

(2) 引入期初余额

从总账系统中引入现金、银行存款科目；增加一个综合币科目"1002,银行存款"；引入现金、银行存款科目余额。

5. 工资管理系统初始化

(1) 工资类别设置

只设置一套工资核算方案，工资类别为"在职员工"。

(2) 引入总账的部门设置

(3) 引入总账的职员设置

(4) 设置代发员工工资银行

代发员工工资银行是"中国银行"，银行代码为"001"，账号长度为16位。

(5) 设置工资项目(表4-13)

表4-13　　　　　　　　　　工资项目表(2)

项目名称	数据类型	数据长度	小数位数	项目属性	系统是否预设
职员代码					是
职员姓名					是
职员部门					是
基本工资					是
奖　金					是
补　贴	货币	15	2	可变项目	否
应发合计					是
代扣税					是
代扣水电费	货币	15	2	可变项目	否
扣款合计					是
实发合计					是

(6)设置计算公式

①基本工资小于等于900元,补贴为150元,其余补贴为200元。

②应发合计=基本工资+奖金+补贴。

③扣款合计=代扣税金+代扣水电费。

④实发合计=应发合计-扣款合计。

(7)个人所得税设置

个人所得税以"应发合计"减"补贴"作为个人所得税计算的工资项目,税率以国家规定的超额累进税率为准,采用含税级距,基本扣除数为2 000。

6.供应链管理系统初始化

(1)参数设置

启用日期与整个ERP系统的启用日期均为2018年1月;核算方式采用数量、金额核算;不允许出现负库存;单据审核后才更新库存数据。

(2)录入期初余额,并与总账数据核对(表4-14)

表4-14　　　　　　　　　　物料期初结存资料(2)

物料代码	物料名称	计量单位	期初数量	期初金额	入库日期
0101	塑粒	千克	50 000	500 000	2018-12-31
0201	塑管	件	400	400 000	2018-12-31

(3)启动业务系统

第 5 章

日常账务处理的一般程序

本章要点

日常账务处理方式可分为两类:一类是所有的会计核算均在总账中完成;另一类是在建立了业务管理系统的前提下,与业务管理相关的单据和凭证先在各业务管理系统中产生,再传递到总账系统,由总账系统完成后续凭证审核等工作。本章介绍日常账务处理的一般程序,即在总账系统中进行凭证输入、审核、记账及账簿管理等相关操作。

企业无论采用何种方式进行日常账务处理,其账务处理工作始终应以总账系统为核心,总账系统不仅承担着日常账务处理的大部分工作,并且在日常账务处理中的大多数会计科目也是在总账系统中进行设置的。因此,我们以总账为平台,对日常账务的处理流程、处理过程进行阐述。

总账账务处理

5.1 日常账务处理概述

日常账务处理的主要任务是根据业务发生过程中所形成的单据,准确、完整、及时地以会计凭证和账表的形式将日常经营业务记录下来,以便对日常业务活动进行监督、核算和分析。

在总账系统中进行日常账务处理时,其起点是填制会计凭证,再经过会计信息系统对已输入凭证进行处理,将有关数据自动记入各种账簿。其主要内容包括凭证处理、记账、账簿管理等,其基本流程如图 5-1 所示。

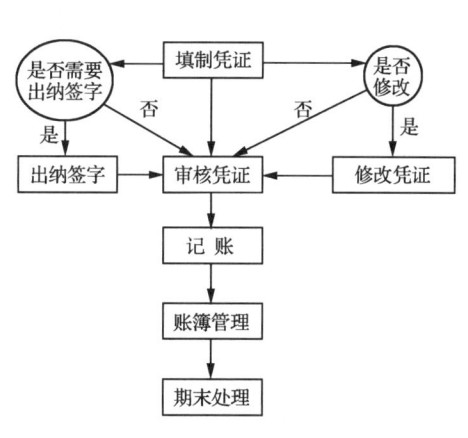

图 5-1 日常账务处理的基本流程

5.2 凭证处理

凭证分为原始凭证和记账凭证两种,在业务发生时应首先根据原始凭证和其他有关业务资料手工填制凭证,或者根据原始凭证直接在电脑上制作记账凭证。凭证处理是进行日常账务处理的起点,是整个会计信息系统的主要数据来源,是整个会计信息系统的基础,会计凭证的正确性将直接影响到整个会计信息系统的真实性、可靠性。只有输入正确的凭证,才能保证总账系统中所记录的会计数据的准确性,才能保证经会计信息系统处理后输出的会计信息的准确性与可靠性。

凭证处理环节包括凭证录入、凭证查询、凭证审核、出纳复核、主管核准、凭证过账、凭证汇总,如果已录入的记账凭证有错要进行修改,则还要经过凭证冲销环节。凭证处理的流程如图 5-2 所示。

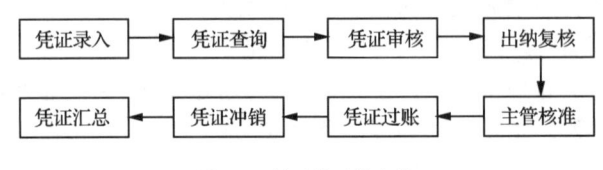

图 5-2 凭证处理的流程

5.2.1 凭证录入

凭证录入即通过金蝶 K/3 中仿真的凭证录入环境,将记账凭证录入系统,或者根据原始凭证编制记账凭证。

【例 5-1】 bsp 公司在 2018 年 1 月有下列业务通过总账将凭证录入系统:

1 月 3 日,提取现金 10 000 元备用,现金支票号为 xj0103;1 月 5 日,管理部购买办公用品,用现金支付 1 000 元。

操作步骤:

(1)在【凭证录入-总账-[主界面]】窗口中,执行【财务会计】/【总账】/【凭证处理】/【凭证录入】并双击,弹出【总账系统-[记账凭证-新增]】窗口。

(2)在【总账系统-[记账凭证-新增]】窗口中,单击 新增 按钮,激活凭证录入单。如图 5-3 所示,在"业务日期"文本编辑框中输入业务发生日期"2018-01-03";在"日期"文本编辑框中输入填制凭证的日期"2018-01-03";在第 1 条分录对应的"摘要"文本编辑框中输入"提现备用";在"科目"文本编辑框中直接输入"1001-库存现金",或单击 F7 键调用会计科目,选择输入"1001-库存现金";在"借方"金额编辑框中输入"1000000";同样输入第 2 条分录之后,再在凭证下部的"结算方式"文本编辑框中直接输入"现金支票",或单击 F7 键调用结算方式,选择输入"现金支票";在"结算号"文本编辑框中输入"xj0103"。再单击 保存 按钮,保存该凭证。

(3)重复操作步骤(2),输入 1 月 5 日管理部购买办公用品的记账凭证。所有记账凭

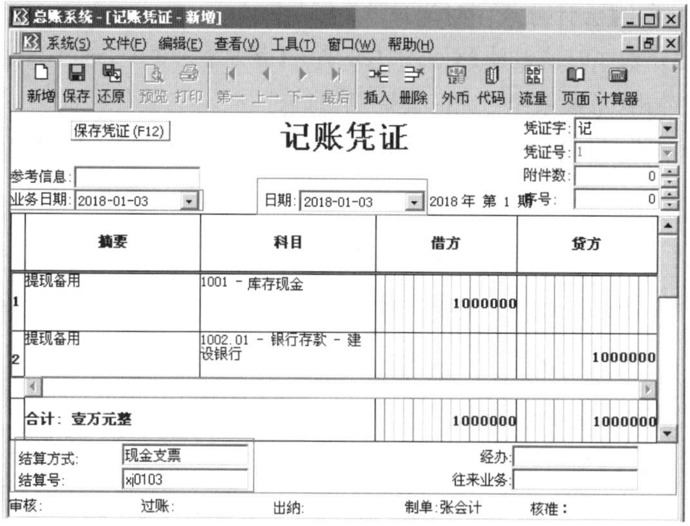

第 5 章 日常账务处理的一般程序

图 5-3 录入"提现备用"记账凭证

证录入完毕后,单击【总账系统-[记账凭证-新增]】窗口右上方的 ✕ 退出按钮,返回【凭证录入-总账-[主界面]】窗口。

提示:在进行记账凭证录入时,当需要查询"摘要""科目"等资料时,可按 F7 键或双击鼠标左键;如想模糊查询,即只要输入查询内容的某一个字即可找到相似内容,则按 F9 键。

在录入凭证时,如需要在金额栏取借贷金额自平衡数,则可按 = (等号)键,或按 Ctrl + F7 组合键。如需要切换借贷金额的方向,则可按空格键。

在录入摘要时,如需要复制上一条分录的摘要,可按 · 键两下;如需要复制第一条分录的摘要,则按 / 键两下。

5.2.2 凭证修改

已经录入总账系统的未过账且未审核和未复核的记账凭证可以进行修改。凭证修改必须在凭证查询界面中进行。将光标定位于要修改的记账凭证中,执行【编辑】/【修改】或单击 修改 按钮,系统会弹出【记账凭证-修改】界面,可以在该界面中对需要修改的记账凭证进行修改,其操作方法与凭证录入相似。

在金蝶 K/3 中还可以按凭证日期重新进行排序,或在凭证存在断号、需要系统自动按凭证连续排序以修正凭证断号的情况下对凭证进行整理。已审核、已核准、已过账、已结账期间的凭证不参与凭证整理。执行【编辑】/【凭证整理】即可实现凭证整理功能。

【**例 5-2**】 bsp 公司 2018 年 1 月 5 日购入的办公用品是供销部使用的,而不是管理部使用的。

操作步骤:

(1)在【凭证查询-总账-[主界面]】窗口中,执行【财务会计】/【总账】/【凭证处理】/【凭证查询】并双击,弹出【会计分录序时簿过滤】对话框。

(2)在【会计分录序时簿过滤】对话框中,单击【条件】选项卡,选择"未过账"。再单击 确定 按钮,弹出【总账系统-[凭证查询]】窗口。

(3)在【总账系统-[凭证查询]】窗口中,如图 5-4 所示,选择需要修改的购买办公用品的凭证,单击 修改 按钮。

(4)在【总账系统-[记账凭证-修改(2/2)]】窗口中,如图 5-5 所示,将"科目"下的"5502"修改为"5501",再单击 保存 按钮,将已修改完成的凭证进行保存,最后单击窗口右上角的 X 关闭按钮,退出该窗口,返回【总账系统-[凭证查询]】窗口。

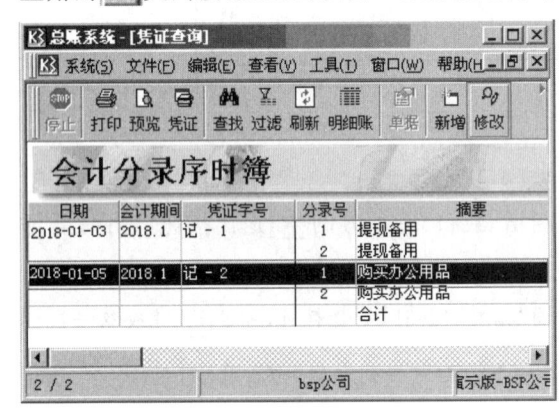

图 5-4 选择需要修改的凭证　　　　　　图 5-5 修改凭证

5.2.3 凭证删除

已经录入总账系统的未过账、未审核和未复核的凭证可以进行删除。凭证的删除也必须在凭证查询界面中进行。将光标定位于要删除的凭证中,执行【编辑】/【删除凭证】或【成批删除凭证】,或单击 删除 按钮,可以将选择的凭证删除。

【例 5-3】 bsp 公司供销部于 2018 年 1 月 5 日购买办公用品的凭证并未收到原始凭证,需要从系统中删除。

操作步骤:

(1)在【总账系统-[主界面]】窗口中,执行【财务会计】/【总账】/【凭证处理】/【凭证查询】并双击,弹出【会计分录序时簿过滤】对话框。

(2)在【会计分录序时簿过滤】对话框中,单击【条件】选项卡,在"字段"文本编辑框中选择输入"日期";在"比较"运算符编辑框中输入"=";在"比较值"文本编辑框中输入"2018-01-05",再选择"未过账"。最后单击 确定 按钮,弹出【总账系统-[凭证查询]】窗口。

(3)在【总账系统-[凭证查询]】窗口的显示区域显示出按条件查询到的凭证,如图5-6 所示,选择"2018-01-05 购买办公用品"凭证,单击 删除 按钮,弹出【金蝶提示】界面,提示

"是否删除当前凭证?",单击 是(Y) 按钮,确认将当前选择的凭证删除。

(4)在【总账系统-[凭证查询]】窗口中,单击 刷新 按钮,如图5-7所示,在窗口下方的显示区域,将会发现显示的凭证发生了变化,即少了一张凭证记录。

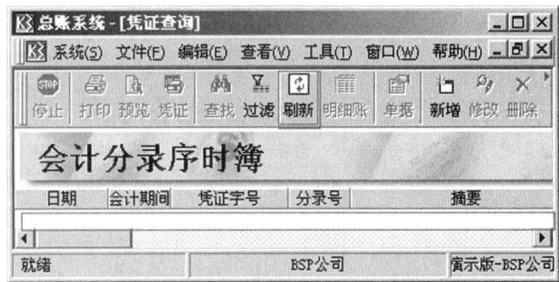

图 5-6 删除凭证　　　　　　　　　图 5-7 刷新凭证记录

提示:有时已录入系统的凭证出现了错误,或者需要作废,也可以不通过【删除】功能将其从系统中删除,而是通过执行【编辑】/【作废】将凭证作废。凭证只能在可修改状态下执行作废功能,凭证已复核、已审核、已核准、已过账、已结账、已核销后不允许作废;由业务系统生成的机制凭证、已经预算扣减的凭证不允许作废(包括总账期末调汇、结转损益、自动转账生成的凭证)。作废凭证仍保留在系统中,但不参与会计记账。有作废标志的凭证允许删除,但不允许修改、过账、复核、审核、核准、指定现金流量、发送内部往来信息等。

5.2.4 凭证审核

凭证审核是对凭证的正确性进行审查,如果确认凭证正确无误,审核人将在凭证上签名确认。凭证审核人与凭证录入人一定要是不同的两个操作员,以达到内部控制的目的。凭证审核只能在凭证查询界面进行,如果发现凭证有错,可在"批注"文本编辑框中注明凭证出错之处,以便凭证制单人修改。录入批注即表明凭证有错,此时不允许审核,除非清空批注或凭证完成修改并保存。凭证修改后,批注内容自动清空。当查看凭证并确认正确无误后,单击 审核 按钮或按 F3 键,对凭证进行审核,并在凭证"审核"签章处显示该用户名。审核记账凭证后,可以再单击 审核 按钮进行反审核,消除原审核签章,该凭证变为未经审核状态。凭证审核可以单张审核,也可以成批审核。建议采取单张审核方式,以确保凭证的正确性。

【例 5-4】 bsp公司由李主管对所有凭证进行审核。

操作步骤:

(1)在【总账系统-[主界面]】窗口中,执行【财务会计】/【总账】/【凭证处理】/【凭证查询】并双击,弹出【会计分录序时簿过滤】对话框。

(2)在【会计分录序时簿过滤】对话框中,单击【条件】选项卡,选择"未审核",再单击 确定 按钮,弹出【总账系统-[凭证查询]】窗口。

(3)在【总账系统-[凭证查询]】窗口中,如图5-8所示,选择需要审核的凭证,单击 [审核] 按钮,弹出【总账系统-[记账凭证-审核(1/1)]】窗口。

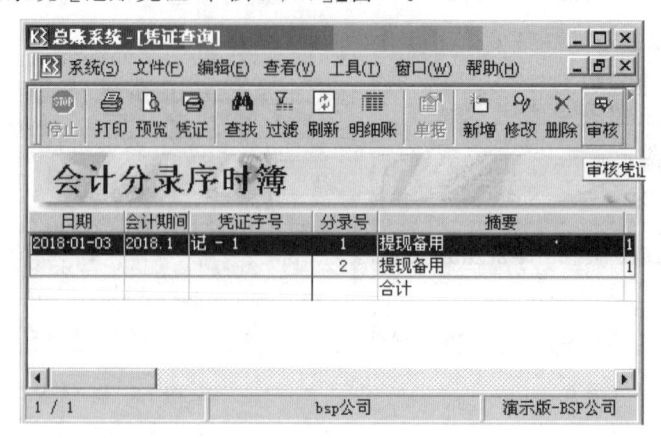

图 5-8 选择待审核凭证

(4)在【总账系统-[记账凭证-审核(1/1)]】窗口中,查看凭证正确无误后,单击 [审核] 按钮,在凭证下部的"审核"签章处输入"李主管",完成该凭证的审核工作。如需继续审核,可单击 按钮,重复上述操作步骤,对其他凭证进行审核。

5.2.5 凭证汇总

凭证汇总即将记账凭证按照指定的范围和条件汇总到相应指定级别会计科目的借、贷方发生额。按不同条件对会计凭证进行汇总,可以获得满足各种不同要求的会计信息。

【例5-5】 bsp公司对2018年1月的所有记账凭证按一级科目进行汇总。

操作步骤:

(1)在【总账系统-[主界面]】窗口中,执行【财务会计】/【总账】/【凭证处理】/【凭证汇总】并双击,弹出【过滤条件】对话框。

(2)在【过滤条件】对话框中,在"日期"文本编辑框中输入"2018-01-01";在"至"文本编辑框中输入"2018-01-31";在"科目级别"文本编辑框中输入"1";在"至"文本编辑框中输入"1";在"选择凭证字范围"的条件项中单击"凭证字"下方的 多选按钮,选择输入"记",再单击 [确定] 按钮,弹出【凭证汇总表】窗口。

(3)在【凭证汇总表】窗口的显示区域,显示出所有凭证按条件汇总的信息。

5.3 记 账

记账即凭证过账,是指系统将已录入的记账凭证根据其会计科目登记到相关的明细账簿中的过程。经过记账的凭证不能修改,只能采取补充凭证法或红字冲销凭证法对凭证进行更正。为此,在过账前应对记账凭证的内容仔细审核,系统只能检验记账凭证中的数据关系错误,而无法检查业务逻辑关系,业务逻辑关系只能由会计人员自行检查。

第 5 章　日常账务处理的一般程序

【例 5-6】 bsp 公司由李主管对所有未过账的凭证进行过账操作,要求:凭证有断号时停止过账、过账发生错误时停止过账。

操作步骤:

(1)在【凭证过账-总账-[主界面]】窗口中,执行【财务会计】/【总账】/【凭证处理】/【凭证过账】并双击,弹出【凭证过账】对话框。

(2)在【凭证过账】对话框中的"请选择凭证过账参数"区域,如图 5-9 所示,选择"凭证号不连续时"参数选项下方的"停止过账";选择"过账发生错误时"参数选项下方的"停止过账";选择"凭证范围"参数选项下方的"全部未过账凭证"。再单击 开始过账(B) 按钮,弹出【凭证过账】对话框。

(3)在【凭证过账】对话框中,如图 5-10 所示,系统会提示"正在过账...(1/1)待过账凭证 1 张",此时如想中止过账,可单击对话框右下方的 中止 按钮,否则过账完毕后,弹出【凭证过账】对话框。

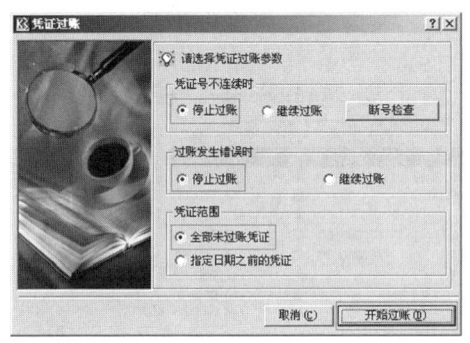

图 5-9　选择凭证过账参数　　　　　　图 5-10　正在过账

(4)在【凭证过账】对话框中,会显示过账情况报告单。如需要将该报告单保存到磁盘文件,可单击对话框下方的 保存 按钮;如需要将该报告打印输出,可单击对话框下方的 打印 按钮,否则单击 关闭 按钮关闭【凭证过账】对话框。

提示:凭证已过账后,如发现有问题需要取消过账操作,可执行【凭证查询】/【编辑】/【反过账】或【全部反过账】,取消过账并还原到未过账状态。

5.4　账簿管理

账簿即会计账簿,是指由以会计凭证为依据,对全部经济业务进行全面、系统、连续、分类的记录和核算,并按照专门格式以一定的形式连接在一起的账页所组成的簿籍。常用的账簿主要有总分类账、明细分类账、数量金额账、核算项目账等,在此主要介绍总分类账与明细分类账。

5.4.1　总分类账

总分类账对所有的账务数据按总账科目进行汇总记录。总分类账管理可以对总分类账簿进行页面设置和查询。

【例 5-7】 bsp 公司根据需要设置总分类账的显示内容包括:科目代码并锁定、科目名称、期间、摘要、借方、贷方、余额(指定借贷方向),其余全部默认系统设置,并查询本期所有总分类账信息。

操作步骤:

(1)在【总账系统-[主界面]】窗口中,执行【财务会计】/【总账】/【账簿】/【总分类账】并双击,弹出【过滤条件】对话框。

(2)在【过滤条件】对话框中,在"会计期间"文本编辑框中输入"2018"年"1"期至"2018"年"1"期;在"科目级别"文本编辑框中输入"1"至"1",再单击 确定 按钮,弹出【总账系统-[总分类账]】窗口。

(3)在【总账系统-[总分类账]】窗口中,如图 5-11 所示,执行【查看】/【页面设置】,弹出【页面设置】对话框。

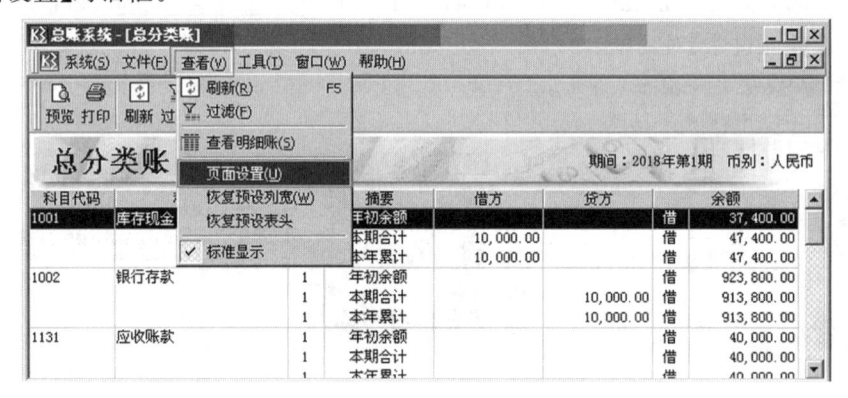

图 5-11 执行【页面设置】

(4)在【页面设置】对话框中,单击"科目代码""科目名称""期间""摘要""借方""贷方""余额"所对应的"显示"项下的 多选按钮选择这些项目,并单击"科目代码"的"锁定"项下的 多选按钮,再单击 确定 按钮,完成页面设置,并返回【总分类账】窗口。

(5)在【总分类账】窗口中,如图 5-12 所示,显示区域会按页面设置的要求显示出总分类账信息,其中只有"科目代码"的列宽是不可调整的。

图 5-12 显示总分账信息

5.4.2 明细分类账

明细分类账用于查询各科目的明细分类账账务明细数据,可以输出现金日记账、银行存款日记账和其他各科目的三栏式明细账的账务明细数据;还可以按照各种币别输出某一币别的明细账;同时还提供了按非明细科目输出明细分类账的功能。

【例 5-8】 bsp 公司需要查询本期现金日记账信息,并以"201801 现金日记账.xls"为文件名输出到磁盘文件。

操作步骤:

(1)在【总账系统-[主界面]】窗口中,执行【财务会计】/【总账】/【账簿】/【明细分类账】并双击,弹出【过滤条件】对话框。

(2)在【过滤条件】对话框中,在"会计期间"文本编辑框中输入"2018"年"1"期至"2018"年"1"期;单击"科目代码"文本编辑框右侧的 浏览按钮,选择输入"1001",再单击 确定 按钮,弹出【总账系统-[明细分类账--[1001]现金]】窗口。

(3)在【总账系统-[明细分类账--[1001]现金]】窗口中,如图 5-13 所示,执行【文件】/【引出】,弹出【引出'明细分类账'】对话框。

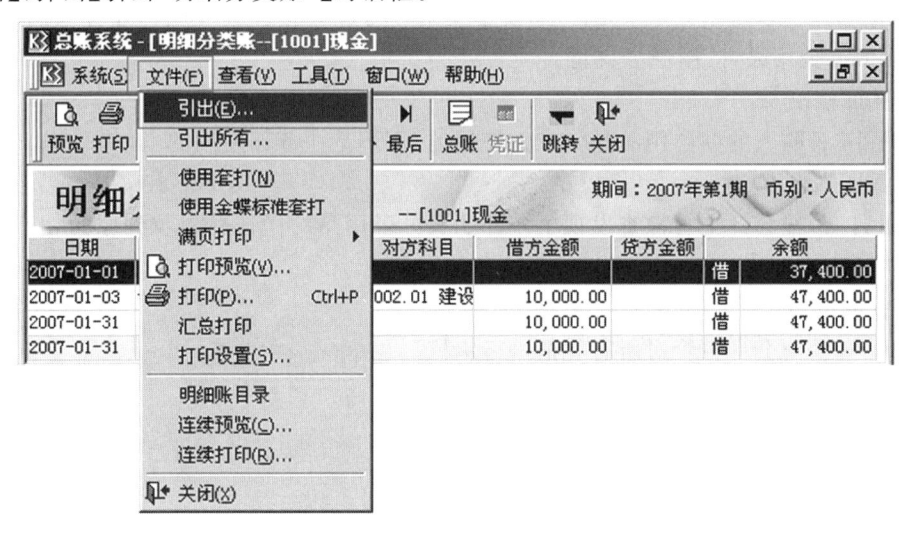

图 5-13 执行【引出】

(4)在【引出'明细分类账'】对话框中,在"数据类型"列表框中,选择"MS Excel 97-2002(*.xls)",再单击对话框右侧的 确定 按钮,弹出【选择 EXCEL 文件】对话框。

(5)在【选择 EXCEL 文件】对话框中,选择保存路径为"D:\kingdee",并在"文件名"文本编辑框中输入"201801 现金日记账",再单击 保存(S) 按钮。

(6)弹出【数据引出】对话框,在"表名"文本编辑框中,系统会默认显示"明细分类账"电子表名(在此可以更改表名),再单击 确定(O) 按钮。

(7)弹出【金蝶提示】界面,提示"成功引出'明细分类账'",单击 确定 按钮,完成现金日记账数据的引出。

(8)文件引出成功后,在保存路径"D:\kingdee"下可以找到所引出的文件"201801现金日记账"。

5.5 小 结

本章主要以企业进行日常账务处理的一般流程为线索,对日常账务处理的几个主要环节(凭证的录入、修改、审核、汇总、记账及账簿管理)进行了阐述,并以案例进行操作分析。本章相对简单、易学、易操作,但在实际运用中要注意结合企业的内部控制要求进行操作,例如,在凭证录入时要序时,凭证的录入员与凭证的审核员不能是同一人等。

5.6 习 题

引入第4章习题的练习账套,完成以下各项操作,并进行数据备份。

1. 凭证录入

由凭证录入员将以下业务通过总账将凭证录入系统:

1月8日,提取现金8 000元备用,现金支票号为xj0108;1月16日,业务部购买价值2 500元的办公用品,已用现金支付。

2. 凭证修改

1月16日购入的办公用品是生产部使用的,而不是业务部使用的。

3. 凭证删除

1月月底,经会计主管检查发现生产部购买办公用品的凭证并未收到原始凭证,需要从系统中删除。

4. 凭证审核

1月月底,由会计主管对所有凭证进行审核。

5. 记账

对本月所有凭证进行记账。

6. 账簿管理

查询1月的现金日记账及支票登记簿,并将其以电子表格文件格式引出到磁盘文件进行保存。

第 6 章

日常业务处理的具体方法

本章要点

本章是本书的核心部分,也是难点部分。本章主要基于实现各业务管理子系统的功能需要,对各业务管理子系统的业务处理方法和方式进行阐述。具体包括采购业务、销售业务、仓存管理业务、存货业务、应收款业务、应付款业务、固定资产业务、现金业务、工资核算业务九大业务管理子系统。

在金蝶 K/3 中,各业务管理子系统的分工是十分明确的,不同的业务管理子系统处理业务的方法和方式是不同的。它们在完成各自业务处理的同时,生成相应的记账凭证并传递到总账系统,由总账系统进行审核、记账等后续核算工作。

6.1 采购业务日常处理

采购业务是一个生产型企业日常业务中物流的起点,其主要业务有采购订单、采购入库、采购结算、采购发票、采购退料等,采购业务的流程如图 6-1 所示。在对这些业务进行处理的过程中,可对采购物流和资金流的全过程进行有效的双向控制和跟踪,实现完善的企业物资供应信息管理。

企业采购业务处理

```
采购申请单 → 采购订单 → 收料通知单
付款单 ← 采购发票 ← 外购入库单
```

图 6-1 采购业务的流程

如图 6-1 所示,除付款单不在采购管理系统中处理外,其他单据均在采购管理系统中处理。其中采购订单、外购入库单、采购发票是采购业务中最主要、最基本的业务流程。

6.1.1 采购订单处理

采购订单是指由企业采购部门根据各种采购申请单制定,并交给供应商作为订货依据的单据。它是采购业务中非常重要的一个信息,通过采购订单可以直接向供应商订货,并可查询采购订单的收料情况和订单执行状况。采购订单可以通过关联采购申请单、采购合同以及销售订单生成,也可以不借助于其他单据或其他系统信息,由用户根据双方的交易信息手工录入。采购订单不管是由哪种方式生成的,都必须由主管人员对其进行审核。

【例 6-1】 bsp 公司供销部的王业务于 2018 年 1 月 1 日向广东仪器公司发出采购订单,要求:订购钢材 2 000 千克,双方协商价格为 10 元/千克,验货后付款,到货日期为 2018 年 1 月 3 日。王业务进行订单录入,李主管进行订单审核。

操作步骤:

(1)在【金蝶 K/3 系统登录-V10.3】窗口中,在"用户名"文本编辑框中输入"王业务",单击 确定 按钮,以王业务身份登录金蝶 K/3 主控台。

(2)在【采购订单—录入-采购管理-[主界面]】窗口中,执行【供应链】/【采购管理】/【订单处理】/【采购订单-录入】并双击,弹出【录入单据】窗口。

(3)在【录入单据】窗口中,如图 6-2 所示,参照【例 6-1】的资料,单击"供应商"文本编辑框,按 F7 键,调出"核算项目-供应商"资料,选择输入"广东仪器";单击"日期"文本编辑框,输入"2018-01-01";单击"物料代码"对应的表单元格,按 F7 键,调出"核算项目-物料"资料,选择输入"0101";单击"数量"对应的表单元格,输入"2000";单击"单价"对应的表单元格,输入"10";单击"部门"文本编辑框,按 F7 键,调出"核算项目-部门"资料,选择输入"供销部";单击"业务员"文本编辑框,按 F7 键,调出"核算项目-职员"资料,选择输入"王业务"。最后单击 保存 按钮,将录入的采购订单保存,再单击 ✕ 按钮,返回【采购订单—录入-采购管理-[主界面]】窗口。

图 6-2 录入采购订单

(4)在【采购订单—审核/反审核-采购管理-[主界面]】窗口中,执行【系统】/【更换操作员】,弹出【金蝶 K/3 系统登录-V10.3】窗口中,在"用户名"文本编辑框中输入"李主管",再单击 确定 按钮。

第 6 章　日常业务处理的具体方法

（5）在【采购订单—审核/反审核-采购管理-[主界面]】窗口中，执行【供应链】/【采购管理】/【订单处理】/【采购订单-审核】并双击，弹出【条件过滤】对话框。

（6）在【条件过滤】对话框中，选择"默认方案"，单击 确定(O) 按钮，弹出【采购管理（供应链）系统-[采购订单序时簿]】窗口。

（7）在【采购管理（供应链）系统-[采购订单序时簿]】窗口中，如图 6-3 所示，选择上述录入订单，单击 审核 按钮，弹出【金蝶提示】界面，提示"编号为 POORD000001 的单据审核成功！"。再单击 确定 按钮，返回【采购管理（供应链）系统-[采购订单序时簿]】窗口。

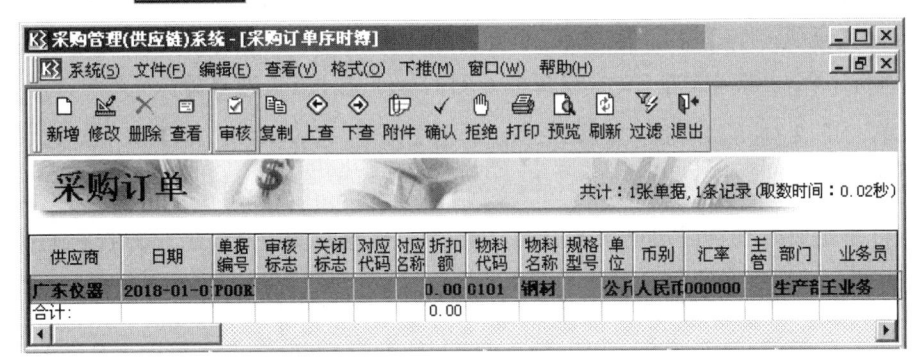

图 6-3　进行审核

（8）审核成功后，在【采购管理（供应链）系统-[采购订单序时簿]】窗口中，在显示列表框中"审核标志"对应的表单元格中会显示"Y"，表示已审核。再单击 退出 按钮，退出该窗口。

技巧：在录入采购订单时，可以按 F7 键调出相关核算资料选择输入，也可以双击调出相关核算资料选择输入，还可以直接从键盘输入，但要注意，从键盘输入时，输入的信息与原已保存的信息必须一致，否则会弹出【金蝶提示】界面，提示输入信息不正确。

6.1.2　采购入库处理

采购入库处理一般包括对两个环节的处理：一是生成收料通知单；二是根据收料通知单或直接录入生成外购入库单。

收料通知单是指采购部门在物料到达企业后，登记由谁验收、由哪个仓库入库等情况的详细单据，以便于物料的跟踪与查询。收料通知单可以通过手工录入、从收料通知单中的"采购订单号"接口引入数据生成、从收料通知单中"采购发票号"接口引入数据生成等多种途径生成，收料通知单生成后必须进行审核。

外购入库单又称收货单、验收入库单，是确认货物入库的书面证明，它标志着货物的转移，同时也是所有权实际转移的重要标志。它一方面表现了实物流入形成储备资金，另一方面预示着货币资金的流出或债务的产生，是财务人员据以记账、核算成本的重要原始凭证。外购入库单有两种生成方式：一是直接录入；二是从收料通知单引入数据生成。外购入库单是与存货核算系统中外购入库的核算接口。外购入库单可以在采购管理系统中生成，也可以在仓存管理系统中生成，在此以采购管理系统中生成为例加以介绍。

【例 6-2】 bsp 公司供销部的王业务于 2018 年 1 月 1 日向广东仪器公司发出采购订单,在 2018 年 1 月 3 日到货并由赵生产进行验货、入库及保管。要求:王业务进行收料通知单及外购入库单的生成,李主管进行相关审核工作。

操作步骤:

(1)在【金蝶 K/3 系统登录-V10.3】窗口中,在"用户名"文本编辑框中输入"王业务",再单击 确定 按钮,以王业务身份登录金蝶 K/3 主控台。

(2)在【收料通知单—录入-采购管理-[主界面]】窗口中,执行【供应链】/【采购管理】/【收料通知】/【收料通知单-录入】并双击,弹出【录入单据】窗口。

(3)在【录入单据】窗口中,参照本例资料,可通过采购订单号接口引入数据。如图 6-4 所示,单击"源单类型"文本编辑框右侧的下拉按钮,选择输入"采购订单";再单击"选单号"文本编辑框,按 F7 键,弹出【采购订单序时簿】窗口,选择输入"POORD000001";修改日期为"2018-01-03"。在窗口下方的显示区域,会显示出根据所选择的订单生成的收料通知单相关信息。最后单击 保存 按钮,保存生成的收料通知单,并单击 退出 按钮,返回【收料通知单—录入-采购管理-[主界面]】窗口。

图 6-4 录入收料通知单

(4)在【收料通知单—录入-采购管理-[主界面]】窗口中,执行【系统】/【更换操作员】,弹出【金蝶 K/3 系统登录-V10.3】窗口。

(5)在【金蝶 K/3 系统登录-V10.3】窗口中,在"用户名"文本编辑框中输入"李主管",单击 确定 按钮,弹出【收料通知单—审核/反审核-采购管理-[主界面]】窗口。

(6)在【收料通知单—审核/反审核-采购管理-[主界面]】窗口中,执行【供应链】/【采购管理】/【收料通知】/【收料通知单-审核/反审核】并双击,弹出【条件过滤】对话框。

(7)在【条件过滤】对话框中,选择"默认方案",单击 确定(O) 按钮,弹出【采购管理(供应链)系统-[收货单据序时簿]】窗口。

第 6 章　日常业务处理的具体方法

(8) 在【采购管理(供应链)系统-[收货单据序时簿]】窗口中,选择单据号为"DD000001"的收料通知单,单击 审核 按钮,弹出【金蝶提示】界面,提示"编号为 DD000001 的单据审核成功!"。再单击 确定 按钮,返回【采购管理(供应链)系统-[收货单据序时簿]】窗口,在收料通知单的"审核标志"对应表单元格中会显示出已审核标志"Y",最后单击 退出 按钮,返回【采购管理(供应链)系统-[主界面]】窗口。

(9) 在【采购管理(供应链)系统-[主界面]】窗口中,执行【系统】/【更换操作员】,弹出【金蝶 K/3 系统登录-V10.3】窗口。

(10) 在【金蝶 K/3 系统登录-V10.3】窗口中,在"用户名"文本编辑框中输入"王业务",再单击 确定 按钮,以王业务身份登录【外购入库单—录入-采购管理-[主界面]】窗口。

(11) 在【外购入库单—录入-采购管理-[主界面]】窗口中,执行【供应链】/【采购管理】/【入库】/【外购入库单-录入】并双击,弹出【录入单据】窗口。

(12) 在【录入单据】窗口中,如图 6-5 所示,单击"源单类型"文本编辑框,按 F7 键选择输入"收料通知单"。单击"选单号"文本编辑框,按 F7 键,弹出【收料通知单序时簿】窗口,选择输入外购入库单单号"DD000001"。单击"日期"文本编辑框,修改日期为"2018-01-03"。单击"保管"文本编辑框,按 F7 键,弹出【核算项目-职员】窗口,选择输入"赵生产"。单击"验收"文本编辑框,按 F7 键,弹出【核算项目-职员】窗口,选择输入"赵生产"。单击 保存 按钮,保存通过收料通知单引入数据生成的外购入库单,再单击窗口右上方的 X 按钮,关闭该窗口,返回【外购入库单—录入-采购管理-[主界面]】窗口。

图 6-5　录入外购入库单

(13) 在【外购入库单—录入-采购管理-[主界面]】窗口中,执行【系统】/【更换操作员】,弹出【金蝶 K/3 系统登录-V10.3】窗口。

(14) 在【金蝶 K/3 系统登录-V10.3】窗口中,在"用户名"文本编辑框中输入"李主管",单击 确定 按钮,登录【外购入库单—审核/反审核-采购管理-[主界面]】窗口。

(15)在【外购入库单—审核/反审核-采购管理-[主界面]】窗口中,执行【供应链】/【采购管理】/【入库】/【外购入库单-审核/反审核】并双击,弹出【条件过滤】对话框。

(16)在【条件过滤】对话框中,选择"默认方案",单击 确定(O) 按钮,弹出【采购管理(供应链)系统-[外购入库序时簿]】窗口。

(17)在【采购管理(供应链)系统-[外购入库序时簿]】窗口中,如图6-6所示,选择单据号为"WIN000001"的外购入库单,单击 审核 按钮。弹出【金蝶提示】界面,提示"编号为WIN000001的单据审核成功!"。再单击 确定 按钮,返回【采购管理(供应链)系统-[外购入库序时簿]】窗口,在外购入库单的"审核标志"对应表单元格中会显示出已审核标志"Y",最后单击 退出 按钮,返回【采购管理(供应链)系统-[主界面]】窗口。

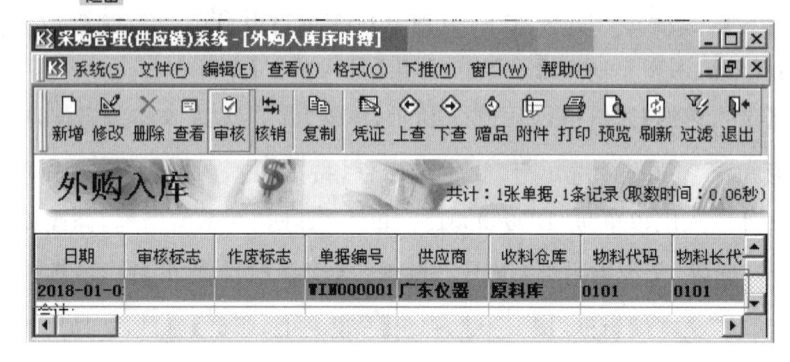

图6-6 审核外购入库单

技巧:在本例中录入收料通知单及外购入库单时,均通过引入数据的形式生成相应单据,也可以按照资料所示内容直接由键盘输入生成。

6.1.3 采购发票处理

采购发票是供应商开给购货单位,据以付款、记账、纳税的依据。采购发票具有业务和财务双重性质,是金蝶K/3供应链管理系统的核心单据之一,它涉及付款和确定采购成本,是采购系统与应付款系统和存货核算系统的接口。发票以有形的单据流代替企业生产经营活动中无形的资金流轨迹,并与反映物流的外购入库单一起相互钩稽,将整个采购业务流程构成一个有机整体。

采购发票包括采购专用发票和采购普通发票,其中采购专用发票是指增值税专用发票,是一般纳税人销售货物或者提供应税劳务所开具的发票,其上记载了销售货物的售价、税率以及税额等,购货方以增值税专用发票上记载的购入货物已支付的税额作为扣税和记账的依据。采购普通发票是指除了采购专用发票之外的发票或其他收购价凭证。采购发票可以通过手工录入、合同确认、采购订单、外购入库单关联等多种途径生成。

【例6-3】 bsp公司供销部的王业务于2018年1月1日向广东仪器公司发出采购订单,在2018年1月3日收到供货商提供的增值税专用发票。要求:王业务根据外购入库单生成采购发票,李主管进行相关审核工作。

第6章　日常业务处理的具体方法

操作步骤：

(1)在【金蝶 K/3 系统登录-V10.3】窗口中,在"用户名"文本编辑框中输入"王业务",再单击 确定 按钮,以王业务身份登录金蝶 K/3 主控台。

(2)在【采购发票—录入-采购管理-[主界面]】窗口中,执行【供应链】/【采购管理】/【结算】/【采购发票-录入】并双击,弹出【录入单据】窗口。

(3)在【录入单据】窗口中,如图 6-7 所示,单击"往来科目"文本编辑框,按 F7 键,弹出【会计科目】对话框,选择输入"2202";单击"源单类型"文本编辑框,按 F7 选择输入"外购入库";单击"选单号"文本编辑框,按 F7 键,弹出【外购入库序时簿】窗口,选择输入"WIN000001";单击"日期"文本编辑框,修改日期为"2018-01-03"。单击 保存 按钮,保存生成的采购发票,再单击 × 按钮,返回【采购发票—录入-采购管理-[主界面]】窗口。

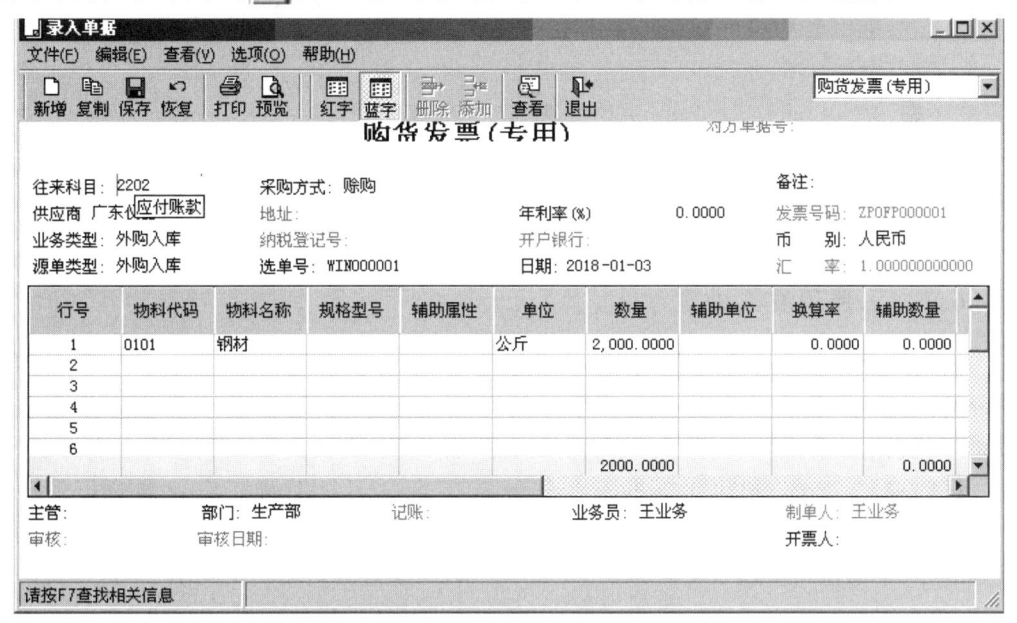

图 6-7　生成专用采购发票

(4)在【采购发票—录入-采购管理-[主界面]】窗口中,执行【系统】/【更换操作员】,弹出【金蝶 K/3 系统登录-V10.3】窗口。

(5)在【金蝶 K/3 系统登录-V10.3】窗口中,在"用户名"文本编辑框中输入"李主管",单击 确定 按钮,弹出【采购发票—审核/反审核-采购管理-[主界面]】窗口。

(6)在【采购发票—审核/反审核-采购管理-[主界面]】窗口中,执行【供应链】/【采购管理】/【结算】/【采购发票-审核/反审核】并双击,弹出【条件过滤】对话框。

(7)在【条件过滤】对话框中,选择"默认方案",单击 确定(O) 按钮,弹出【采购管理(供应链)系统-[采购发票序时簿]】窗口。

(8)在【采购管理(供应链)系统-[采购发票序时簿]】窗口中,如图 6-8 所示,选择发票号码为"ZPOFP000001"的购货发票(专用),单击 审核 按钮。弹出【金蝶提示】界面,提示"编号为 ZPOFP000001 的单据审核成功!"。再单击 [确定] 按钮,返回【采购管理(供应链)系统-[采购发票序时簿]】窗口,在该发票的"审核标志"对应的表单元格中会显示出已审核标志"Y",最后单击 [退出] 按钮,返回【采购管理(供应链)系统-[主界面]】窗口。

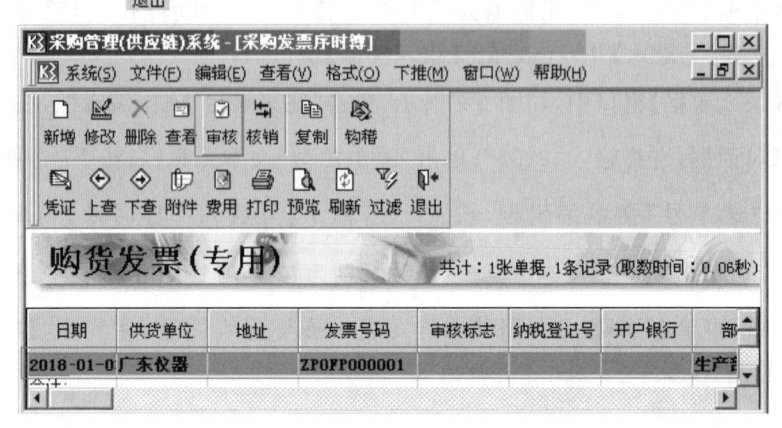

图 6-8 审核购货发票(专用)

技巧:在录入采购发票时,如果已经启用了对账与调汇功能,则必须输入"往来科目",否则在对采购发票进行审核时,会提示错误信息"单据审核不成功,启用对账与调汇后,必须录入往来科目才能审核!"。

6.1.4 费用发票处理

费用发票是运输单位开给购货单位或加工单位开给来料单位等,并据以付款、记账、纳税的依据。在金蝶 K/3 中,费用发票一般均可以通过手工直接录入,也可以根据采购发票等关联生成。

【例 6-4】 bsp 公司供销部的王业务于 2018 年 1 月 1 日向广东仪器公司采购了 2 000 公斤钢材,在 2018 年 1 月 3 日收到供货商提供的增值税专用发票,并同时收到运费发票一张(不考虑增值税),金额为 2 000 元,要求:由王业务新增费用类别"运费",代码为"01";再根据采购发票关联生成费用发票,李主管进行相关审核工作。

操作步骤:

(1)在【金蝶 K/3 系统登录-V10.3】窗口中,在"用户名"文本编辑框中输入"王业务",再单击 [确定] 按钮,以王业务身份登录金蝶 K/3 主控台。

(2)在【基础平台-[主界面]】窗口中,执行【系统设置】/【基础资料】/【公共资料】/【费用】并双击,弹出【基础平台-[费用]】窗口。

(3)在【基础平台-[费用]】窗口中,如图 6-9 所示,单击窗口右侧的空白显示区域,再单击 [新增] 按钮,弹出【费用-新增】窗口,单击【基本资料】选项卡,在"代码"文本编辑框中输入"01";在"名称"文本编辑框中输入"运费";在"费用类型"文本编辑框中输入"运费",再单击 [保存] 按钮,保存新增的费用类型。操作完后,再单击 [退出] 按钮,退出【费用-新增】窗口,返回【基础平台-[费用]】窗口,在该窗口的显示区域会显示出所新增的费用类型,最后单

第6章 日常业务处理的具体方法

击窗口右上方的退出按钮 ⊠，返回【基础平台-[主界面]】窗口。

(4) 在【采购发票—查询-采购管理-[主界面]】窗口中，执行【供应链】/【采购管理】/【结算】/【采购发票-[查询]】并双击，弹出【条件过滤】对话框。

(5) 在【条件过滤】对话框中，选择"默认方案"，单击 确定(O) 按钮，弹出【采购管理（供应链）系统-[采购发票序时簿]】窗口。

(6) 在【采购管理（供应链）系统-[采购发票序时簿]】窗口中，如图 6-10 所示，执行【查看】/【费用发票】，弹出【金蝶提示】界面，提示"没有相关的费用发票，是否需要新增？"，单击 是(Y) 按钮。

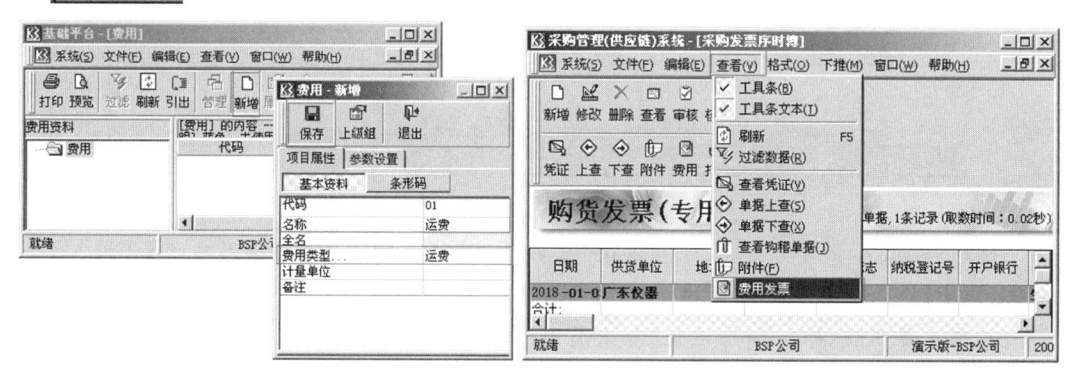

图 6-9　新增费用类别"运费"　　　　　　　图 6-10　执行【费用发票】

(7) 弹出【录入单据】窗口，新增一张空白的费用发票，如图 6-11 所示，在"往来科目"文本编辑框处双击（或单击并按 F7 键），弹出【会计科目】对话框，选择输入"应付账款"；单击"日期"文本编辑框，输入"2018-01-03"；单击"费用名称"对应的表单元格并按 F7 键，弹出【核算项目-费用】窗口，选择输入"运费"；单击"金额"对应的表单元格输入"2000"。全部信息录入完毕后单击 保存 按钮，保存录入的费用发票信息并单击 退出 按钮。

(8) 由李主管对费用发票进行审核。在【金蝶 K/3 系统登录-V10.3】窗口中，在"用户名"文本编辑框中输入"李主管"，单击 确定 按钮，弹出【采购管理（供应链）系统-[主界面]】窗口。

(9) 在【采购管理（供应链）系统-[主界面]】窗口中，执行【供应链】/【采购管理】/【费用发票】/【费用发票-审核/反审核】并双击，弹出【条件过滤】对话框。在【条件过滤】对话框中选择"默认方案"，单击 确定(Q) 按钮，弹出【采购管理（供应链）系统-[费用发票序时簿]】窗口。

(10) 在【采购管理（供应链）系统-[费用发票序时簿]】窗口中，选择待审核的费用发票，单击 审核 按钮，弹出【金蝶提示】界面，提示"编号为 EXPENSE000001 的单据审核成功！"单击 确定 按钮，返回【采购管理（供应链）系统-[费用发票序时簿]】窗口。在该窗口的显示区域，费用发票的"审核标志"对应的表单元格中将显示"Y"，表示该费用发票已审核。

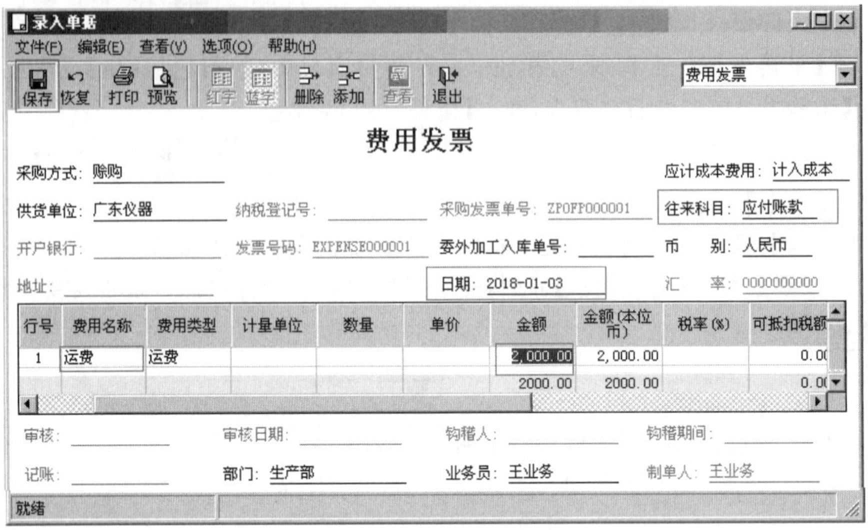

图 6-11 录入费用发票

技巧：在录入费用发票时，也可以执行【供应链】/【采购管理】/【费用发票】/【录入】并双击，弹出【录入单据】窗口，新增一张空白费用发票，直接录入。

在录入费用发票时，如果运费"费用类型"在系统初始化输入基础资料时已经录入，在此则不需要再录入。

6.1.5 采购发票钩稽

采购发票钩稽即将采购发票和外购入库单进行核对，以保证外购物资实际成本的匹配及确认。通过外购入库核算，可使外购入库单的成本与采购发票保持一致。需要注意的是无论是本期还是以前期间的发票，钩稽后都将作为钩稽当期的发票来计算成本。

采购发票钩稽通过供应链管理系统结算功能中的明细功能"采购发票钩稽/补充钩稽"来完成。

【例 6-5】 bsp 公司供销部的王业务于 2018 年 1 月 1 日向广东仪器公司采购了 2 000 公斤钢材，在 2018 年 1 月 3 日货物与发票均已到达，由王业务进行采购发票与货物入库单的确认钩稽。

操作步骤：

(1)由王业务登录【采购发票—钩稽/补充钩稽-采购管理-[主界面]】窗口，执行【供应链】/【采购管理】/【结算】/【采购发票-钩稽/补充钩稽】并双击，弹出【条件过滤】对话框，选择"默认方案"，单击 确定(O) 按钮，弹出【采购管理(供应链)系统-[采购发票序时簿]】窗口。

(2)在【采购管理(供应链)系统-[采购发票序时簿]】窗口中，如图 6-12 所示，在"购货发票(专用)"显示区域，选择待钩稽的发票，再单击 钩稽 按钮。在第一次执行【钩稽】时，弹出如图 6-13 所示的【金蝶提示】界面，单击 确定 按钮。弹出【采购发票显示/隐藏列设置】对话框，如图 6-14 所示，设置相应要显示的列，再单击 确定(O) 按钮，弹出【采购发票

第 6 章　日常业务处理的具体方法

钩稽】窗口。

图 6-12　选择待钩稽的发票　　　　　图 6-13　【金蝶提示】界面

(3)在【采购发票钩稽】窗口中,如图 6-15 所示,选择相关联的"采购发票""费用发票""外购入库单",单击 [钩稽] 按钮,系统弹出【金蝶提示】对话框,提示"钩稽成功。",如图 6-16 所示,单击 [确定] 按钮,返回【采购发票钩稽】窗口。

图 6-14　设置显示列　　　　　图 6-15　进行采刚发票钩稽

(4)钩稽成功后,在【采购发票钩稽】窗口的显示区域,将不会显示已钩稽成功的发票信息。单击 [退出] 按钮,返回【采购管理(供应链)系统-[采购发票序时簿]】窗口。

(5)钩稽成功后在【采购管理(供应链)系统-[采购发票序时簿]】窗口中,如图 6-17 所示,在"钩稽状态"对应的

图 6-16　钩稽成功

表单元格中将会显示"Y";在"已钩稽数量"对应的表单元格中将会显示出已钩稽的数量"2000"。

(6)钩稽成功后,如需要查询相关钩稽信息,可在【采购发票—钩稽日志-采购管理-[主界面]】窗口中,执行【供应链】/【采购管理】/【结算】/【采购发票-钩稽日志】并双击,弹出【条件过滤】窗口,选择"默认方案"并单击 [确定(O)] 按钮,弹出【采购管理(供应链)系统-[钩稽日志]】窗口。

(7)在【采购管理(供应链)系统-[钩稽日志]】窗口的显示区域,会显示已钩稽的采购

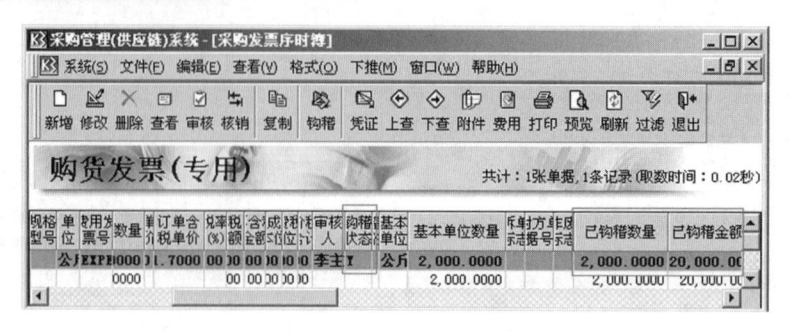

图 6-17 钩稽成功后购货发票信息

发票、费用发票、外购入库单的钩稽信息。

技巧：当只收到部分外购物资，而发票金额已开具时，发票数量大于外购入库单数量，在钩稽前应对采购发票进行拆分处理。同样，当外购物资全部入库，而只收到部分物资的采购发票时，发票数量小于外购入库单数量，在钩稽前应对外购入库单进行拆分处理。

如果已钩稽的发票有误，想进行修改，可以执行【反钩稽】，取消钩稽操作。

6.1.6 采购退料处理

在正常采购环节，有时也会由于所采购的物资质量不合格、价格不正确等因素，或与采购订单或合同的相关条款不相符等原因而导致需要将已采购的物资退回供货单位。此时在会计信息系统中，需要在采购管理系统中录入一张"退料通知单"，再由此关联生成"红字外购入库单"和"红字采购发票"并进行钩稽处理。如果需要进行退料处理的物资已经付款，则还需再进行相关的退款处理，其流程如图 6-18 所示。

图 6-18 采购退料处理的流程

【例 6-6】 bsp 公司供销部的王业务于 2018 年 1 月 1 日向广东仪器公司采购 2 000 公斤钢材，其中有 100 千克质量不合格，王业务决定在 2018 年 1 月 8 日从原料库退货，由赵生产进行保管和验货。1 月 9 日收到对方开出的红字增值税专用发票。要求：由王业务生成退料通知单、红字外购入库单、红字采购发票，李主管对上述单据进行审核，同时对本笔业务的入库单与红字采购发票进行确认钩稽。

操作步骤：

(1) 由王业务录入退料通知单。在【退料通知单—录入-采购管理-[主界面]】窗口中，执行【供应链】/【采购管理】/【退料】/【退料通知单-录入】并双击，弹出【录入单据】窗口。

第6章　日常业务处理的具体方法

(2) 在【录入单据】窗口中，系统会自动新增一张空白退料通知单，如图 6-19 所示，双击"供应商"文本编辑框（或单击后按 F7 键），弹出【核算项目-供应商】窗口，选择输入"广东仪器"；双击"采购方式"文本编辑框（或单击后按 F7 键），弹出【辅助资料】对话框，选择输入"赊购"；双击"采购范围"文本编辑框（或单击后按 F7 键），弹出【辅助资料】对话框，选择输入"购销"；在"退料原因"文本编辑框处单击并输入"质量不合格"；双击"退料仓库"文本编辑框（或单击后按 F7 键），弹出【核算项目-仓库】窗口，选择输入"原料库"；单击"日期"文本编辑框，修改录入日期为"2018-01-08"；单击"源单类型"文本编辑框，在下拉式选项框中选择输入"收料通知单"；双击"选单号"文本编辑框（或单击后按 F7 键），弹出【收料通知单序时簿】窗口，选择输入"DD000001"，在退料通知单的下方对应表单元格中会自动显示"物料代码""物料名称""数量""单价""金额"等信息，将"数量"对应的表单元格中的"2000"更改为"100"。再单击 保存 按钮，保存录入的退料通知单信息，最后单击 退出 按钮，退出该窗口，返回【退料通知单—录入-采购管理-[主界面]】窗口。

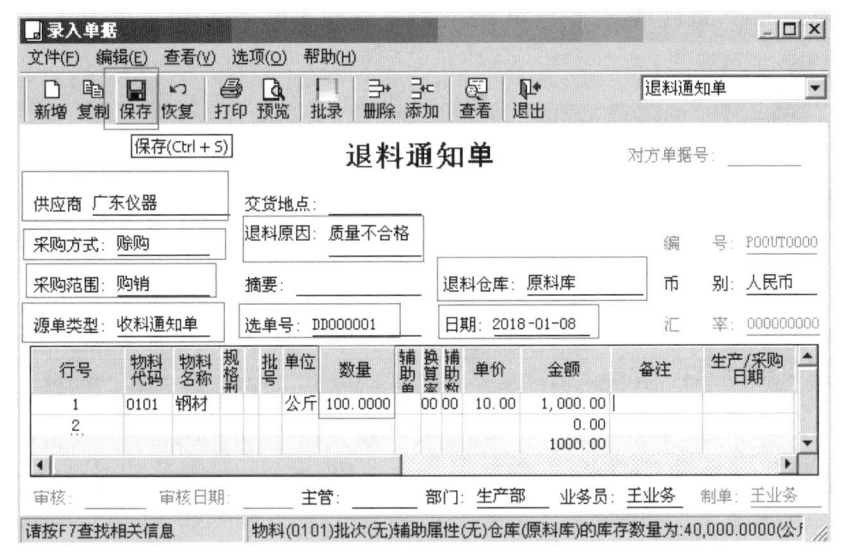

图 6-19　录入退料通知单

(3) 由李主管对退料通知单进行审核。在【金蝶 K/3 系统登录-V10.3】窗口中，在"用户名"文本编辑框中输入"李主管"，单击 确定 按钮，登录【退料通知单—审核/反审核-采购管理-[主界面]】窗口。

(4) 在【退料通知单-审核/反审核-采购管理-[主界面]】窗口中，执行【供应链】/【采购管理】/【退料】/【退料通知单-审核/反审核】并双击，弹出【条件过滤】对话框，选择"默认方案"，单击 确定(O) 按钮，弹出【采购管理(供应链)系统-[采购退货序时簿]】窗口。

(5) 在【采购管理(供应链)系统-[采购退货序时簿]】窗口中，选择待审核单据，单击 审核 按钮，弹出【金蝶提示】界面，提示"编号为 POOUT000001 的单据审核成功！"，单击

【确定】按钮,返回【采购管理(供应链)系统-[采购退货序时簿]】窗口,再单击【退出】按钮,退出该窗口。

(6)由王业务录入红字外购入库单。在【外购入库单—录入-采购管理-[主界面]】窗口中,执行【供应链】/【采购管理】/【入库】/【外购入库单-录入】并双击,弹出【录入单据】窗口。

(7)在【录入单据】窗口中,如图6-20所示,单击【红字】按钮,新增一张红字外购入库单。如图6-20所示,在"摘要"文本编辑框中输入"质量不合格退料";双击"往来科目"文本编辑框(或单击后按F7键),弹出【会计科目】窗口,选择录入"应付账款";单击修改"日期"为"2018-01-08";单击"源单类型"文本编辑框,弹出下拉选项框,选择输入"退料通知单";双击"选单号"文本编辑框(或单击后按F7键),弹出【退料通知单序时簿】窗口,选择输入"POOUT000001",系统会自动调出与其相关的各项信息。再在单据尾,单击"验收"文本编辑框,输入"赵生产";单击"负责人"文本编辑框,输入"李主管";单击"保管"文本编辑框,输入"赵生产"。最后单击【保存】按钮,保存红字外购入库单信息,再单击【退出】按钮,退出【录入单据】窗口。

图6-20 录入外购入库单

(8)由李主管审核红字外购入库单。在【金蝶K/3系统登录-V10.3】窗口中,在"用户名"文本编辑框中输入"李主管",单击【确定】按钮,登录【外购入库单—审核/反审核-采购管理-[主界面]】窗口。

(9)在【外购入库单—审核/反审核-采购管理-[主界面]】窗口中,执行【供应链】/【采购管理】/【入库】/【外购入库单-审核/反审核】并双击,弹出【条件过滤】对话框,如图6-21所示,单击"红蓝字"文本编辑框右侧的下拉按钮,选择输入"红字",再单击【确定(O)】按钮,弹出【采购管理(供应链)系统-[外购入库序时簿]】窗口。

(10)在【采购管理(供应链)系统-[外购入库序时簿]】窗口中,选择待审核的外购入库

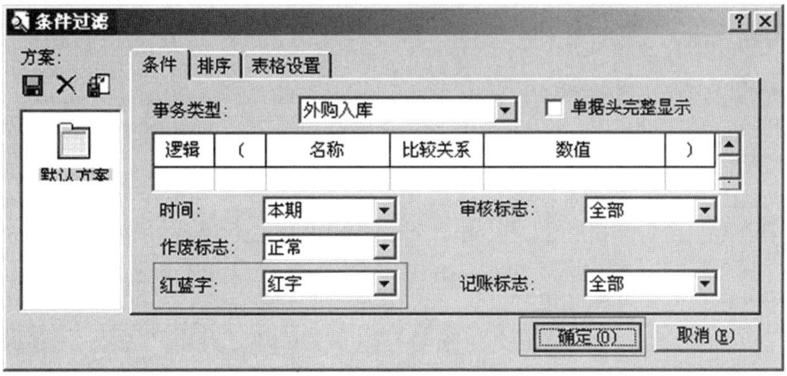

第 6 章 日常业务处理的具体方法

图 6-21 进行条件过滤

单,单击 按钮,弹出【金蝶提示】界面,提示"编号为 WIN000003 的单据审核成功!",单击 按钮,完成单据的审核,并返回【采购管理(供应链)系统-[外购入库序时簿]】窗口。在该窗口的显示区域,"审核标志"所对应的表单元格将会显示"Y",表明该单据已审核。最后单击 按钮,退出该窗口。

(11)由王业务录入红字采购发票。王业务登录【金蝶 K/3 系统登录-V10.3】后,在【采购发票—录入-采购管理-[主界面]】窗口中,执行【供应链】/【采购管理】/【结算】/【采购发票-录入】并双击,弹出【录入单据】窗口。

(12)在【录入单据】窗口中,如图 6-22 所示,单击 按钮,新增一张红字购货发票,双击"选单号"文本编辑框(或单击后按 F7 键),弹出【外购入库单序时簿】窗口,选择输入"WIN000003",系统会通过关联单据的方法填制红字购货发票中的各项信息。单击 按钮,保存红字购货发票。再单击 按钮,退出该窗口。

(13)由李主管审核红字购货发票。李主管登录【金蝶 K/3 系统登录-V10.3】后,在【采购发票—审核/反审核-采购管理-[主界面]】窗口中,执行【供应链】/【采购管理】/【结算】/【采购发票-审核/反审核】并双击,弹出【条件过滤】对话框。

(14)在【条件过滤】对话框中,单击"红蓝标志"文本编辑框右侧的 下拉按钮,选择输入"红字",再单击 按钮,弹出【采购管理(供应链)系统-[采购发票序时簿]】窗口。

(15)在【采购管理(供应链)系统-[采购发票序时簿]】窗口中,选择待审核的购货发票,单击 按钮,弹出【金蝶提示】界面,提示"编号为 ZPOFP000002 的单据审核成功!",再单击 按钮,完成单据审核并返回【采购管理(供应链)系统-[采购发票序时簿]】窗口。

(16)由李主管进行发票与入库单的钩稽。在【采购管理(供应链)系统-[采购发票序时簿]】窗口中,选择待钩稽的购货发票,再单击 按钮,弹出【采购发票钩稽】窗口。

图 6-22 录入红字采购发票

(17) 在【采购发票钩稽】窗口中,如图 6-23 所示,单击 钩稽 按钮,弹出【金蝶提示】界面,提示"钩稽成功。"。单击 确定 按钮,返回【采购发票钩稽】窗口,不再显示钩稽成功的发票。

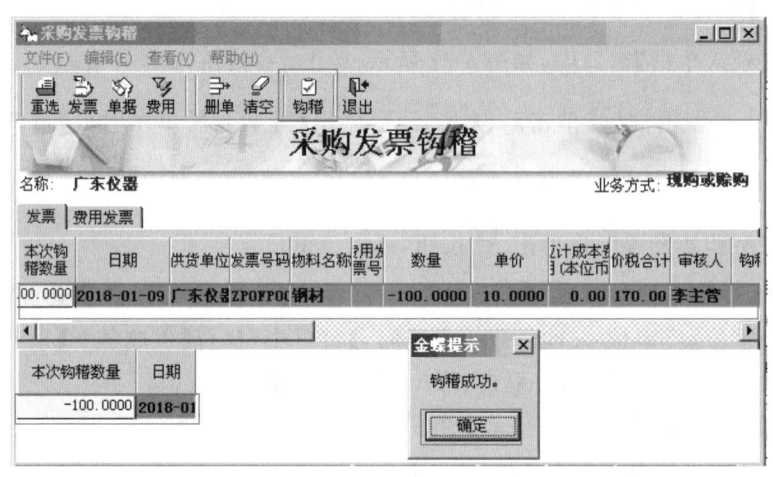

图 6-23 进行钩稽

6.2 销售业务日常处理

企业销售业务处理

销售业务是企业实现收入的主要途径,对企业的销售业务进行行之有效的管理与控制,能实现企业的销售收入最大化。在金蝶 K/3 中,销售系统对企业销售全过程进行有效的控制与跟踪。当然,不同企业的销售业务处理过程不尽相同,本节对销售业务的主流流程进行介绍,如图6-24所示。

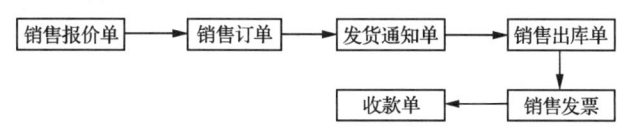

图6-24 销售业务的主流流程

图6-89中的"收款单"不在"销售系统"中处理,而在"应收系统"中处理。其中"销售订单""销售出库单""销售发票"是销售业务最基本的业务流程,而"销售报价单""发货通知单"则可以根据企业需要进行选择。"销售出库单"可以在"销售系统"中完成,也可以在"仓存系统"中完成。

6.2.1 销售订单处理

销售订单是指客户根据销售报价单编制并提交给销售部门的订货单,是由购销双方共同签署的,并据以确认购销活动的标志。

销售订单所反映的业务资料是企业正式确认的、具有合法地位的文件,通过它可以直接向客户销货并可查询销售订单的发货情况和订单执行状况,是销售业务中非常重要的管理方式,它在销售系统中处于核心地位,在整个供应链管理系统中也处于非常重要的地位。具体表现在:

(1) 销售订单是物资在销售业务中流动的起点,是详细记录企业物资的循环流动轨迹、累计企业管理决策所需要的经营运作信息的关键。无论是销售订单自身的确认,还是其业务顺序流动及被下游单据精确执行,都能反映在销售订单上,通过销售订单,销售业务的处理过程可以一目了然。

(2) 销售订单不仅是销售业务的起点,更是供应链整体的业务处理源。由于供应链管理系统可以实现以销定产、以销售定计划、以销定购等多种业务处理,因而在所有业务单据中,销售订单的传递途径最多、涵盖的业务范围最广。它不仅针对销售系统,对采购系统、仓存系统、计划系统、生产系统、分销管理系统都是重要的起源单据和最终目标。

(3) 销售订单是供应链的重要信息中心之一。销售订单涵盖业务的广泛性决定了它不仅能显示销售业务自身信息,还能通过传递、接收获取来自采购、生产、库存、应收款等多个系统的信息,将供应链整体的信息全面、有机地联系起来,综合企业生产经营活动,是提高整个系统的综合运作水平和效率的决定性因素。

(4) 销售订单是联系销售系统和其他系统的纽带。企业的经营运作是通过物资在各个业务部门的流动、伴随资金在货币、生产、储备等形态的循环周转的双重作用实现的。销售订单可以链接应收款系统的销售合同、又可以将合同信息传递到销售发票;此外,它可以获取集团内部其他机构的采购订单信息、再通过业务流程将销货信息传递到该机构。

上述多项功能使销售订单不但将物流和资金流结合起来,担负起资金流和业务流的双重任务,而且更将不同系统的信息过滤、综合、转换,形成内部信息并予以消化、综合处理,显示了销售订单巨大的信息吞吐能力和业务纽带作用。

一般来说,销售订单可以通过手工录入、合同确认、销售报价单关联、购货分支机构的采购订单转换(分销管理业务)等多种途径生成。

【例 6-7】 bsp 公司供销部的王业务在 2018 年 1 月 10 日接到华东电子的一份订单：要求：订购机箱 100 件，单价为 200 元（不含税），于 2018 年 1 月 12 日发货。由供销部王业务录入销售订单，李主管进行单据审核。

操作步骤：

(1)由王业务登录【金蝶 K/3 系统登录-V10.3】窗口，在"用户名"文本编辑框中输入"王业务"，单击 [确定] 按钮，登录【销售订单—录入-销售管理-[主界面]】窗口。

(2)在【销售订单—录入-销售管理-[主界面]】窗口中，执行【供应链】/【销售管理】/【订单处理】/【销售订单-录入】并双击，弹出【录入单据】窗口。

(3)在【录入单据】窗口中，系统会自动新增一张销售订单。参照【例 6-7】资料，如图 6-25 所示，单击"购货单位"文本编辑框，按 F7 键，弹出【项目核算-客户】对话框，选择输入"华东电子"；单击"产品名称"对应的表单元格，按 F7 键，弹出【项目核算-物料】对话框，选择输入"机箱"；单击"数量"对应的表单元格，输入"100"；单击"单价"对应的表单元格，输入"200"；单击"部门"文本编辑框，按 F7 键，弹出【项目核算-部门】对话框，选择输入"供销部"；单击"业务员"文本编辑框，按 F7 键，弹出【项目核算-职员】对话框，选择输入"王业务"。所有信息录入完毕后，单击 [保存] 按钮，保存销售订单信息，并单击该窗口的 [×] 按钮，退出销售订单的录入窗口。

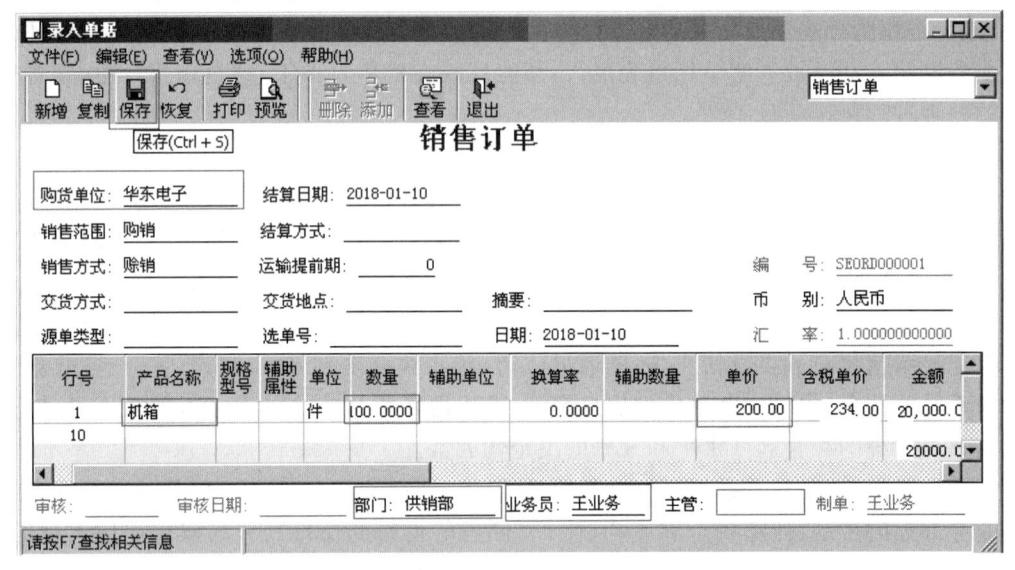

图 6-25 录入销售订单

(4)由李主管对销售订单进行审核。在【金蝶 K/3 系统登录-V10.3】窗口登录，在"用户名"文本编辑框中输入"李主管"，单击 [确定] 按钮，登录【销售订单—审核/反审核-销售管理-[主界面]】窗口。

(5)在【销售订单—审核/反审核-销售管理-[主界面]】窗口中，执行【供应链】/【销售管理】/【订单处理】/【销售订单-审核/反审核】并双击，弹出【条件过滤】对话框。选择"默认方案",单击 确定(O) 按钮,弹出【销售管理(供应链)系统-[销售订单序时簿]】窗口。

(6)在【销售管理(供应链)系统-[销售订单序时簿]】窗口中,选择待审核的销售订单,单击 审核 按钮,弹出【金蝶提示】界面,提示"编号为 SEORD000001 的单据审核成功!"。再单击 确定 按钮,返回【销售管理(供应链)系统-[销售订单序时簿]】窗口。在该窗口下方的表单显示区域,在"审核标志"对应的表单元格中会显示"Y",表示该单据已审核成功。最后单击窗口右上方的 ✕ 按钮,退出该窗口。

6.2.2 销售出库业务

销售出库业务即根据销售订单或销售发票由仓库发出货物的行为,在本环节产生的单据是销售出库单。销售出库单又称发货出库单,是确认产品出库的书面证明,是处理包括日常销售、委托代销、分期收款等各种形式的销售出库业务的单据,具有非常重要的意义。

首先,它是体现库存业务的重要单据,供应链管理系统的最大特色是以独立于企业物流的有形的单据流转代替业务中无形的存货流转轨迹,从而将整个物流业务流程统一为一个有机整体。销售出库单不仅表现了货物转移,同时也是所有权实际转移的重要标志。

其次,销售出库单是储备资金转为货币资金的标志。销售出库单一方面表现了实物的流出,另一方面则表现了货币资金的流入或债权的产生,销售出库单和销售发票的钩稽联系控制了这一处理过程。

第三,销售出库单也是财务人员据以记账、核算成本的重要原始凭证。在金蝶 K/3 供应链管理系统中,销售出库单确认后,需要继续处理销售发票与销售出库单的核销、或销售出库单的拆单、自动生成记账凭证、出库成本的计算,从而为正确进行成本核算和结账打下基础。这一连串的业务处理说明销售出库单是重要的核算单据。

销售出库单有两种生成方式:一是直接录入;二是从其他单据关联生成。销售出库单与销售系统有两个接口:一个是从销售订单或发货通知单或销售发票引入数据生成销售出库单(或直接手工录入);另一个是销售出库单作为生成销售发票的数据来源。

【例 6-8】 华东电子于 2018 年 1 月 10 日提出的订单要求:bsp 公司供销部的王业务于 2018 年 1 月 12 日发货。但是由于成本较高,加之市场紧俏,故王业务通知对方销售价格上扬到 400 元。华东电子表示同意。由供销部的王业务生成销售出库单,李主管进行单据审核。

操作步骤:

(1)由王业务登录【金蝶 K/3 系统登录-V10.3】窗口,在"用户名"文本编辑框中输入"王业务",单击 确定 按钮,登录【销售出库单——录入-销售管理-[主界面]】窗口。

(2)在【销售出库单——录入-销售管理-[主界面]】窗口中,执行【供应链】/【销售管理】/【出库】/【销售出库单-录入】并双击,弹出【录入单据】窗口。

(3)在【录入单据】窗口中,系统会自动增加一张空白的销售出库单。如图 6-26 所示,双击"购货单位"文本编辑框(或单击后按 F7 键),弹出【核算项目-客户】对话框,选择输入

"华东电子";单击"源单类型"文本编辑框右侧的 ▼ 下拉按钮,选择输入"销售订单",双击"选单号"文本编辑框(或单击后按 F7 键),弹出【销售订单序时簿】窗口,选择输入"SEORD000001";双击"发货仓库"文本编辑框(或单击后按 F7 键),弹出【核算项目-仓库】对话框,选择输入"成品库"。在销售出库单的下方表格中会显示出相应的销售出库产品信息,检查其是否正确,如不正确可重新选择源单类型,生成销售出库单信息。确定销售出库单信息正确之后,再双击"发货"文本编辑框(或单击后按 F7 键),弹出【核算项目-职员】对话框,选择输入"王业务";双击"保管"文本编辑框(或单击后按 F7 键),弹出【核算项目-职员】对话框,选择输入"王业务"。信息全部录入完毕后,单击 保存 按钮,保存销售出库单信息,再单击 退出 按钮,退出该窗口。

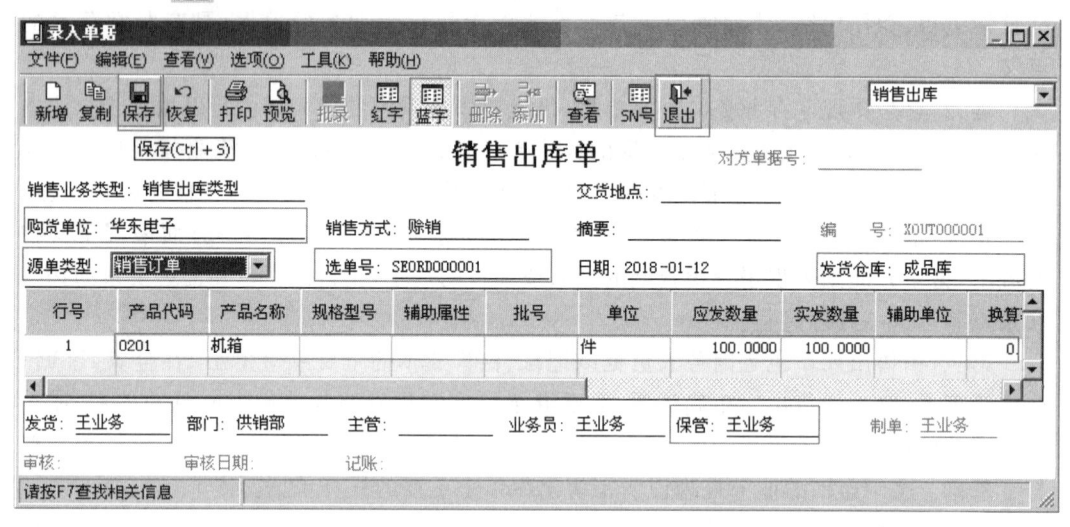

图 6-26 录入销售出库单

(4)由李主管对销售出库单进行审核。登录【金蝶 K/3 系统登录-V10.3】窗口,在"用户名"文本编辑框中输入"李主管",单击 确定 按钮,弹出【销售出库单-审核/反审核-销售管理-[主界面]】窗口。

(5)在【销售出库单—审核/反审核-销售管理-[主界面]】窗口中,执行【供应链】/【销售管理】/【出库】/【销售出库单-审核/反审核】并双击,弹出【条件过滤】对话框。选择"默认方案",单击 确定(O) 按钮,弹出【销售管理(供应链)系统-[销售出库序时簿]】窗口。

(6)在【销售管理(供应链)系统-[销售出库序时簿]】窗口中,选择待审核的销售出库单,单击 审核 按钮,弹出【金蝶提示】界面,提示"编号为 XOUT000001 的单据审核成功!"。单击 确定 按钮,返回【销售管理(供应链)系统-[销售出库序时簿]】窗口,在该窗口的下方表格中,在"审核标志"对应的表单元格中会显示"Y",表示该单据已审核。单击 退出 按钮,返回【销售管理(供应链)系统-[主界面]】窗口。

6.2.3 销售发票处理

销售发票是企业销售产品时销售部门开具给购货单位的发票,是财务上非常重要的一种原始单据,是据以付款、记账、纳税的依据,是企业收入的确认标志,是实现企业经营目标的基本保障。

销售发票包括销售专用发票和销售普通发票。其中销售专用发票是指增值税专用发票,是一般纳税人销售货物或者提供应税劳务所开具的发票,发票上记载了销售货物的售价、税率以及税额等,在销售专用发票上记载所收取的销项税额,抵扣采购增值税专用发票上记载的购入货物已支付的税额,作为报告增值税的依据。销售普通发票是指除了销售专用发票之外的发票,不涉及增值税。

一般来说销售发票的生成方式有两种:一种是直接输入保存生成;另一种是通过其他数据关联生成。关联生成的要审核,并同步进行发票钩稽操作。

【例 6-9】 bsp 公司供销部的王业务在 2018 年 1 月 12 日向华东电子发出 100 件机箱时,开具了增值税专用发票,要求:由李主管进行审核。

操作步骤:

(1)由王业务登录【金蝶 K/3 系统登录-V10.3】窗口,在"用户名"文本编辑框中输入"王业务",单击 确定 按钮,登录【销售发票—录入-销售管理-[主界面]】窗口。

(2)在【销售发票—录入-销售管理-[主界面]】窗口中,执行【供应链】/【销售管理】/【结算】/【销售发票-录入】并双击,弹出【录入单据】窗口。

(3)在【录入单据】窗口中,系统自动增加一张蓝字空白专用销售发票。如图 6-27 所示,双击"购货单位"文本编辑框(或单击后按 F7 键),弹出【核算项目-客户】对话框,选择输入"华东电子";单击"源单类型"文本编辑框右侧的 下拉按钮,选择输入"销售出库";双击"选单号"文本编辑框(或单击后按 F7 键),弹出【销售出库单序时簿】窗口,选择输入"XOUT000001";双击"往来科目"文本编辑框(或单击后按 F7 键),弹出【会计科目】对话框,选择输入"应收账款"。录入完毕后,在销售发票下方的表格中会显示出所开具的销售发票的信息。注意将"单价"改为"400",并检查信息是否正确,如信息正确则单击 保存 按钮,保存所开具的发票信息,再单击 退出 按钮,退出【录入单据】窗口。

(4)由李主管对销售发票进行审核。登录【金蝶 K/3 系统登录-V10.3】窗口,在"用户名"文本编辑框中输入"李主管",单击 确定 按钮,登录【销售发票—审核/反审核-销售管理-[主界面]】窗口。

(5)在【销售发票—审核/反审核-销售管理-[主界面]】窗口中,执行【供应链】/【销售管理】/【结算】/【销售发票-审核/反审核】并双击,弹出【条件过滤】对话框。选择"默认方案",单击 确定(O) 按钮,弹出【销售管理(供应链)系统-[销售发票序时簿]】窗口。

(6)在【销售管理(供应链)系统-[销售发票序时簿]】窗口中,选择待审核的销售发票,单击 审核 按钮,弹出【金蝶提示】界面,提示"编号为 ZSEFP000001 的单据审核成功!"。单

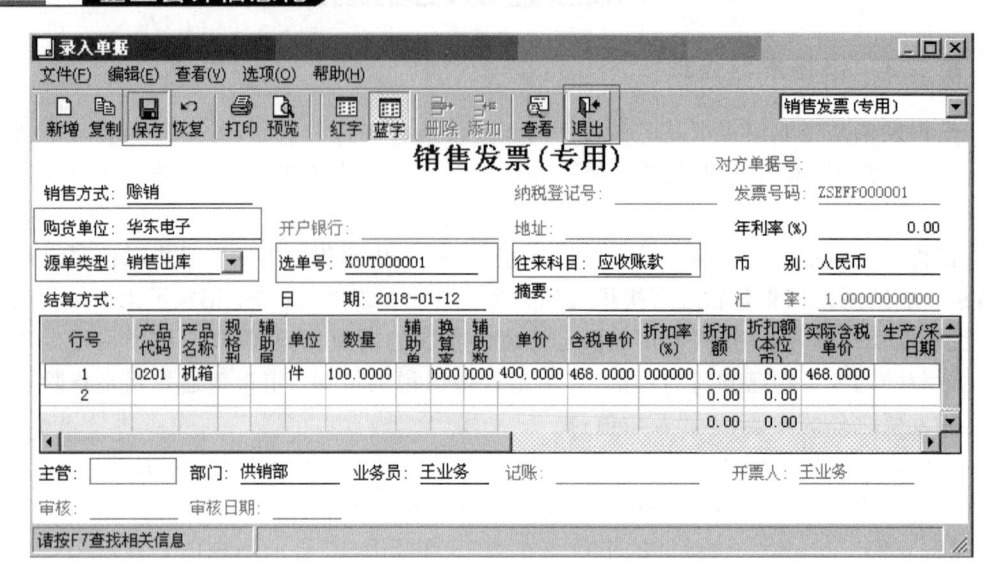

图 6-27　生成销售发票

击 [确定] 按钮,返回【销售管理(供应链)系统-[销售发票序时簿]】窗口。在该窗口的下方表格"审核标志"所对应的单元格中会显示"Y",表示该发票已审核成功。再单击 [退出] 按钮退出该窗口。

6.2.4　销售费用发票处理

销售费用发票主要用来处理销售过程中发生的或者代垫的费用,如运输费用等。销售费用发票包括应付费用发票和应收费用发票,其中应付费用发票用于处理销售时由销售方支付销售费用的情况,应收费用发票用于处理由销售方代垫运费或由销售方提供运输或服务的情况。

发票类型为应付费用发票、销售方式为赊销的销售费用发票保存时直接传递到应付系统的其他应付单,现销的采购费用发票不传递到应付系统;发票类型为应收费用发票、销售方式为赊销的销售费用发票保存时直接传递到应收系统的其他应收单,现销的销售费用发票不传递到应收系统。

销售费用发票有两种开具方式:一是采用手工方式直接录入;二是通过销售发票关联生成。

【例 6-10】bsp 公司供销部的王业务在 2018 年 1 月 12 日向华东电子发出 100 件机箱的同时替对方垫付了运费 500 元,以现金支票支付,支票号为 03。要求:由王业务开具销售费用发票,李主管进行审核。

操作步骤:

(1)由王业务登录【金蝶 K/3 系统登录-V10.3】窗口,在"用户名"文本编辑框中输入"王业务",单击 [确定] 按钮,登录【费用发票—录入-销售管理-[主界面]】窗口。

(2)在【费用发票—录入-销售管理-[主界面]】窗口中,执行【供应链】/【销售管理】/【费用发票】/【费用发票-录入】并双击,弹出【录入单据】窗口。

第6章　日常业务处理的具体方法

(3)在【录入单据】窗口中,系统自动增加一张蓝字空白销售费用发票。双击"购货单位"文本编辑框(或单击后按 F7 键),弹出【核算项目-客户】对话框,选择输入"华东电子";双击"发票类型"文本编辑框,弹出【辅助资料】对话框,选择输入"应收费用发票";双击"销售发票号"文本编辑框(或单击后按 F7 键),弹出【销售发票序时簿】窗口,选择输入"ZSEFP000001";双击"往来科目"文本编辑框(或单击后按 F7 键),弹出【会计科目】对话框,选择输入"应收账款"。单击"费用代码"所对应的表单元格,按 F7 键,弹出【核算项目-费用】窗口,选择输入"01";单击"金额"所对应的表单元格,输入"500"。再单击 保存 按钮,保存所开具的发票信息,最后单击 退出 按钮,退出【录入单据】窗口。

(4)由李主管对销售发票进行审核。登录【金蝶 K/3 系统登录-V10.3】窗口,在"用户名"文本编辑框中输入"李主管",单击 确定 按钮,登录【费用发票—审核/反审核-销售管理-[主界面]】窗口。

(5)在【费用发票—审核/反审核-销售管理-[主界面]】窗口中,执行【供应链】/【销售管理】/【费用发票】/【费用发票-审核/反审核】并双击,弹出【条件过滤】对话框。选择"默认方案",单击 确定(O) 按钮,弹出【销售管理(供应链)系统-[销售费用发票序时簿]】窗口。

(6)在【销售管理(供应链)系统-[销售费用发票序时簿]】窗口中,如图 6-28 所示,选择待审核的费用发票,单击 审核 按钮,弹出【金蝶提示】界面,提示"编号为XEXPENSE000001 的单据审核成功!"。单击 确定 按钮,返回【销售管理(供应链)系统-[销售费用发票序时簿]】窗口。在该窗口的下方表格"审核标志"所对应的单元格中会显示"Y",表示该发票已审核成功。再单击 退出 按钮退出该窗口。

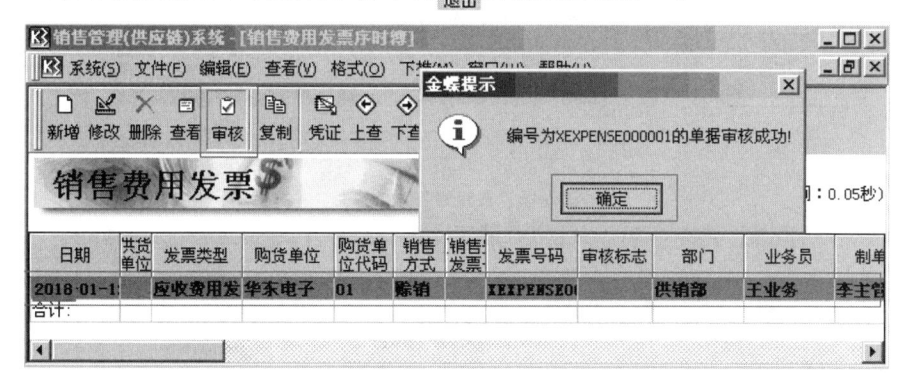

图 6-28　审核销售费用发票

6.2.5　销售发票钩稽

销售发票钩稽是指企业发生销售业务之后,将反映财务信息的销售发票、费用发票与反映仓存信息的销售出库单进行核对与钩稽,表明该笔业务已完整并核对无误了,实际上也就是电子数据的账实核对。

【例 6-11】 bsp 公司供销部的王业务对 2018 年 1 月 12 日销售给华东电子的一批机箱所产生的销售发票、费用发票与销售出库单进行钩稽。

操作步骤：

(1)由王业务登录【金蝶 K/3 系统登录-V10.3】窗口,在"用户名"文本编辑框中输入"王业务",单击 确定 按钮,登录【销售发票—钩稽/补充钩稽-销售管理-[主界面]】窗口。

(2)在【销售发票—钩稽/补充钩稽-销售管理-[主界面]】窗口中,执行【供应链】/【销售管理】/【结算】/【销售发票-钩稽/补充钩稽】并双击,弹出【条件过滤】对话框,选择"默认方案",单击 确定(O) 按钮,弹出【销售管理(供应链)系统-[销售发票序时簿]】窗口。

(3)在【销售管理(供应链)系统-[销售发票序时簿]】窗口中,选择待钩稽的销售发票,单击 钩稽 按钮,弹出【销售发票钩稽】窗口。

(4)在【销售发票钩稽】窗口中,如图 6-29 所示,单击【发票】选项卡,检查销售发票的相关信息是否正确,再如图 6-30 所示,单击【费用发票】选项卡,检查费用发票的相关信息是否正确。如完全正确,再单击 钩稽 按钮,弹出【金蝶提示】界面,提示"钩稽成功。",单击 确定 按钮,完成钩稽,并返回【销售发票钩稽】窗口。

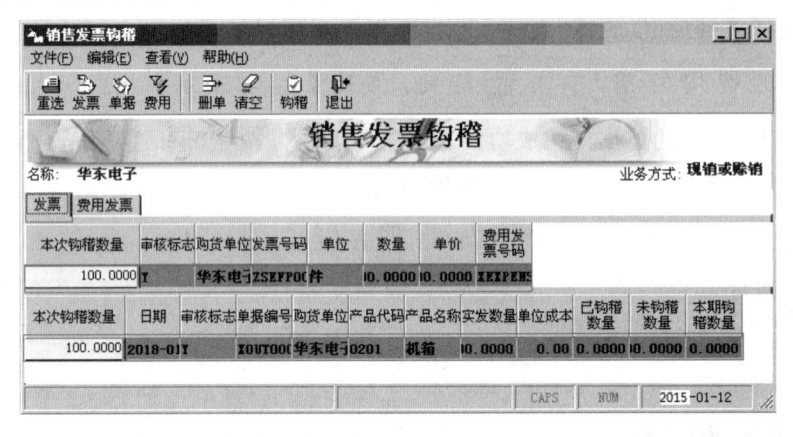

图 6-29　检查销售发票信息

图 6-30　检查费用发票信息并进行钩稽

(5)在【销售发票钩稽】窗口中,在窗口的显示区域,已钩稽成功的发票信息将不再显示。此时单击 退出 按钮,返回【销售管理(供应链)系统-[销售发票序时簿]】窗口,在该窗口"钩稽状态"所对应的表单元格中,会显示"Y",表明该销售发票已钩稽成功。操作完成后,单击 退出 按钮,退出该窗口。

6.2.6 销售退货处理

销售退货是指处理由于质量不合格、价格不正确等因素,或与销售订单或合同的相关条款不相符等原因,供货单位将销售货物退回的业务。销售退货业务处理一般有两种情况:一是未开出销售发票的销售退货业务处理,这种退货业务不需要开出红字销售发票,业务较简单;二是已开出销售发票的销售退货业务处理,此时的退货业务处理流程较完整,其处理流程如图6-31所示。此处主要以第二种情况为例进行详述。

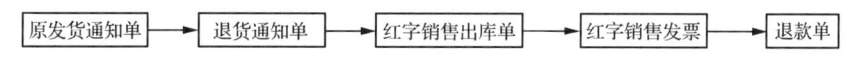

原发货通知单 → 退货通知单 → 红字销售出库单 → 红字销售发票 → 退款单

图6-31 销售退货业务流程

【例6-12】 bsp公司供销部2018年1月12日销售给华东电子的机箱中有10件机箱因有质量问题,华东电子要求退货。bsp公司答应其退货要求,于2018年1月15日收到华东电子退回的10件机箱,同时开具红字销售发票给对方。要求:王业务生成红字销售出库单及红字销售发票;李主管对所有单据进行审核;同时王业务对红字销售发票进行钩稽。

操作步骤:

(1)由王业务生成红字销售出库单。登录【金蝶K/3系统登录-V10.3】窗口,在"用户名"文本编辑框中输入"王业务",单击 确定 按钮,登录【销售出库单—录入-销售管理-[主界面]】窗口。

(2)在【销售出库单—录入-销售管理-[主界面]】窗口中,执行【供应链】/【销售管理】/【出库】/【销售出库单-录入】并双击,弹出【录入单据】窗口。

(3)在【录入单据】窗口中,系统会自动增加一张蓝字销售出库单。如图6-32所示,单击 红字 按钮,切换成一张红字销售出库单。再双击"购货单位"文本编辑框(或单击后按 F7 键),弹出【核算项目-客户】对话框,选择输入"华东电子";单击"源单类型"文本编辑框右侧的 ▼ 下拉按钮,选择输入"销售出库";双击"选单号"文本编辑框(或单击后按 F7 键),弹出【销售出库单序时簿】窗口,选择输入"XOUT000001";单击"日期"文本编辑框,修改日期为"2018-01-15";双击"发货仓库"文本编辑框(或单击后按 F7 键),弹出【核算项目-仓库】对话框,选择输入"成品库"。此时,在红字销售出库单的下方表格中会自动调出相关产品的信息,只需要单击"实发数量"所对应的表单元格,将实发数量修改为实际收到客户退回的货物数量"10"即可。信息修改正确后,再单击 保存 按钮,保存所开具的发票信息,最后单击 退出 按钮,退出该窗口。

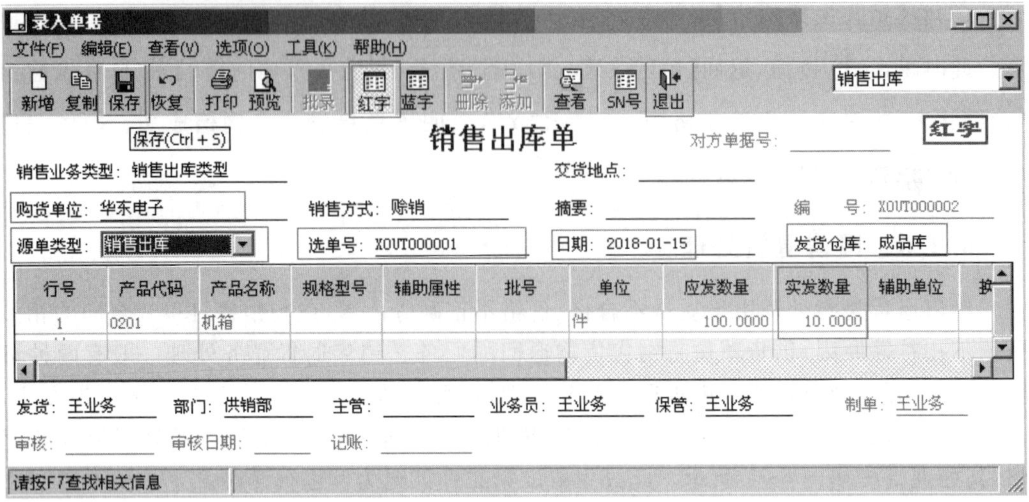

图 6-32 生成红字销售出库单

(4) 由李主管审核红字销售出库单。登录【金蝶 K/3 系统登录-V10.3】窗口,在"用户名"文本编辑框中输入"李主管",单击 [确定] 按钮,登录【销售出库单—审核/反审核-销售管理-[主界面]】窗口。

(5) 在【销售出库单—审核/反审核-销售管理-[主界面]】窗口中,执行【供应链】/【销售管理】/【出库】/【销售出库单-审核/反审核】并双击,弹出【条件过滤】对话框。单击"红蓝字"文本编辑框右侧的▼下拉按钮,选择输入"红字",再单击 [确定(O)] 按钮,弹出【销售管理(供应链)系统-[销售出库序时簿]】窗口。

(6) 在【销售管理(供应链)系统-[销售出库序时簿]】窗口中,选择待审核红字销售出库,单击 [审核] 按钮,弹出【金蝶提示】界面,提示"编号为 XOUT000002 的单据审核成功!"。单击 [确定] 按钮,返回【销售管理(供应链)系统-[销售出库序时簿]】窗口,并在该窗口的"审核标志"所对应的表单元格中会显示"Y",表明单据已审核。完成上述操作后,单击 [退出] 按钮,退出该窗口。

(7) 由王业务生成红字销售发票。登录【金蝶 K/3 系统登录-V10.3】窗口,在"用户名"文本编辑框中输入"王业务",单击 [确定] 按钮,登录【销售发票—录入-销售管理-[主界面]】窗口。

(8) 在【销售发票—录入-销售管理-[主界面]】窗口中,执行【供应链】/【销售管理】/【结算】/【销售发票-录入】并双击,弹出【录入单据】窗口。

(9) 在【录入单据】窗口中,系统会自动增加一张蓝字销售发票。如图 6-33 所示,单击 [红字] 按钮,切换成一张红字销售出库单。再双击"购货单位"文本编辑框(或单击后按 F7 键),弹出【核算项目-客户】对话框,选择输入"华东电子";单击"源单类型"文本编辑框右侧的▼下拉按钮,选择输入"销售发票专用";双击"选单号"文本编辑框(或单击后按 F7 键),弹出【销售出库单序时簿】窗口,选择输入"ZSEFP000001";单击"日期"文本编辑框,

第6章　日常业务处理的具体方法

修改日期为"2018-01-15";双击"往来科目"文本编辑框(或单击后按 F7 键),弹出【会计科目】对话框,选择输入"应收账款"。此时,在红字销售出库单的下方表格中会自动调出相关产品的信息。将"数量"对应的表单元格数据修改为"10",单击【保存】按钮,保存所开具的发票信息,最后单击【退出】按钮,退出该窗口。

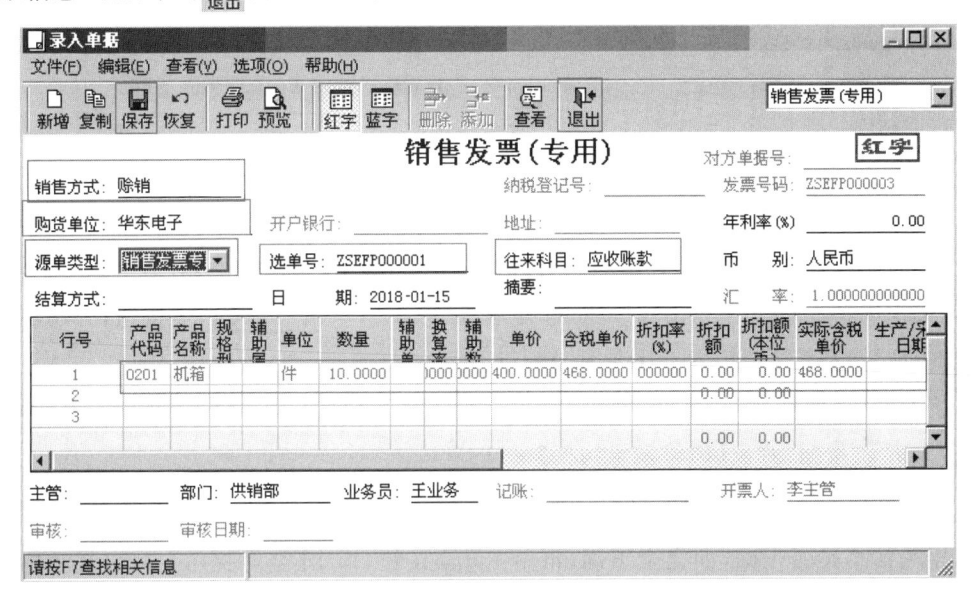

图 6-33　生成红字销售发票

(10)由李主管审核红字销售发票。登录【金蝶 K/3 系统登录-V10.3】窗口,在"用户名"文本编辑框中输入"李主管",单击【确定】按钮,登录【销售发票—审核/反审核-销售管理-[主界面]】窗口。

(11)在【销售发票—审核/反审核-销售管理-[主界面]】窗口中,执行【供应链】/【销售管理】/【结算】/【销售发票-审核/反审核】并双击,弹出【条件过滤】对话框。单击"红蓝标志"文本编辑框右侧的下拉按钮,选择输入"红字",再单击【确定(Q)】按钮,弹出【销售管理(供应链)系统-[销售发票序时簿]】窗口。

(12)在【销售管理(供应链)系统-[销售发票序时簿]】窗口中,如图 6-34 所示,选择待审核红字销售发票,单击【审核】按钮,弹出【金蝶提示】界面,提示"编号为 ZSEFP000002 的单据审核成功!"。单击【确定】按钮,返回【销售管理(供应链)系统-[销售发票序时簿]】窗口,并在该窗口的"审核标志"所对应的表单元格中会显示"Y",表明单据已审核。完成操作之后,单击【退出】按钮,退出该窗口。

(13)由王业务进行红字销售发票钩稽。登录【金蝶 K/3 系统登录-V10.3】窗口,在"用户名"文本编辑框中输入"王业务",单击【确定】按钮,登录【销售发票—钩稽/补充钩稽-销售管理-[主界面]】窗口。

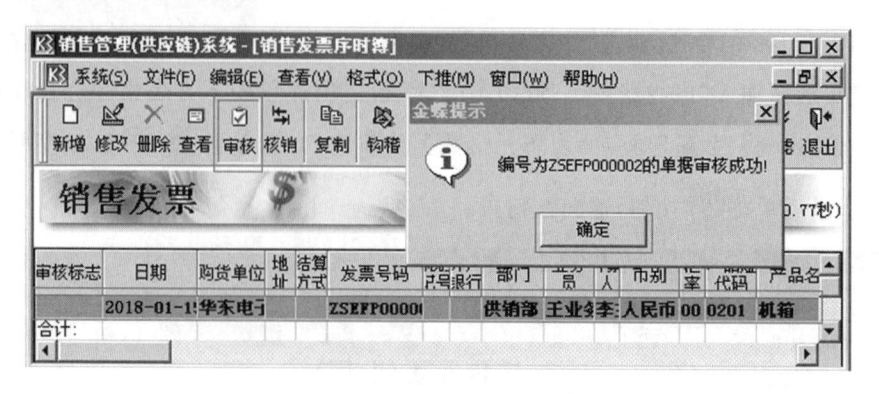

图 6-34 审核红字销售发票

(14)在【销售发票—钩稽/补充钩稽-销售管理-[主界面]】窗口中,执行【供应链】/【销售管理】/【结算】/【销售发票-钩稽/补充钩稽】并双击,弹出【条件过滤】对话框,单击"红蓝标志"文本编辑框右侧的▼下拉按钮,选择输入"红字",单击 确定(O) 按钮,弹出【销售管理(供应链)系统-[销售发票序时簿]】窗口。

(15)在【销售管理(供应链)系统-[销售发票序时簿]】窗口中,选择待钩稽的红字销售发票,单击 钩稽 按钮,弹出【销售发票钩稽】窗口。

(16)在【销售发票钩稽】窗口中,如图 6-35 所示,单击【发票】选项卡,检查红字销售发票的相关信息是否正确,如完全正确,再单击 钩稽 按钮,弹出【金蝶提示】界面,提示"钩稽成功。",单击 确定 按钮,完成钩稽并返回【销售发票钩稽】窗口。

图 6-35 检查销售发票信息

(17)在【销售发票钩稽】窗口中,在该窗口的显示区域,已钩稽成功的发票信息将不再显示。此时单击 退出 按钮,返回【销售管理(供应链)系统-[销售发票序时簿]】窗口,在该窗口"钩稽状态"所对应的表单元格中会显示"Y",表明该销售发票已钩稽成功。操作完成后,单击 退出 按钮,退出该窗口。

6.3 仓储管理业务日常处理

仓存管理主要通过入库业务(包括外购入库、产品入库、委外加工入库、其他入库)、出库业务(包括销售出库、领料单、委外加工出库、其他出库、受托加工领料)、仓存调拨、库存调整(包括盘盈入库、盘亏毁损)、虚仓单据(包括虚仓入库、虚仓出库、虚仓调拨、受托加工产品入库)等功能,结合批次管理、物料对应、库存盘点、质检管理、即时库存管理等功能的综合运用,对仓存业务的物流和成本管理全过程进行有效控制和跟踪,实现完善的企业仓存信息管理。仓存管理系统可以独立执行库存操作,也可与采购管理系统、销售管理系统、存货核算系统、成本管理系统的单据和凭证等有效地结合使用,能提供订单跟踪管理、供应商供货信息管理、销售价格管理、信用管理、集团分销中的分支机构出入库管理、代管业务管理、赠品管理等,可向企业高管层提供更完整、更全面的企业物流业务流程管理和财务管理信息。

6.3.1 领料发货业务处理

一般情况下,物料的出库按去向不同可分为销售出库、生产领料、盘亏毁损、其他出库、委外加工出库等多种方式,本节主要介绍生产领料发货业务的处理。在 6.2.2 中已对销售出库业务进行了阐述。

【例 6-13】 bsp 公司生产部的赵生产于 2018 年 1 月 18 日领用了 600 千克钢材用于生产机箱,每千克钢材成本为 10 元,准备生产 200 个机箱。要求:由王业务生成生产领料单;李主管进行审核。

操作步骤:

(1)由王业务录入生产领料单。登录【金蝶 K/3 系统登录-V10.3】窗口,在"用户名"文本编辑框中输入"王业务",单击 确定 按钮,登录【生产领料—录入-仓存管理-[主界面]】窗口。

(2)在【生产领料—录入-仓存管理-[主界面]】窗口中,执行【供应链】/【仓存管理】/【领料发货】/【生产领料-录入】并双击,弹出【录入单据】窗口。

(3)在【录入单据】窗口中,系统会自动增加一张空白领料单。如图 6-36 所示,在单据表头位置,双击"领料部门"文本编辑框(或单击后按 F7 键),弹出【核算项目-部门】对话框,选择输入"生产部";双击"对方科目"文本编辑框(或单击后按 F7 键),弹出【会计科目】对话框,选择输入"生产成本_直接材料";单击"领料用途"文本编辑框,直接输入"生产产品";双击"发料仓库"文本编辑框(或单击后按 F7 键),弹出【核算项目-仓库】对话框,选择输入"原料库"。在单据表格位置,单击"物料代码"所对应的表单元格,按 F7 键,弹出【核算项目-物料】窗口,选择输入"0101";单击"实发数量"所对应的表单元格,直接输入"600";单击"单价"所对应的表单元格,直接输入"10"。在单据表尾位置,双击"领料"文本编辑框(或单击后按 F7 键),弹出【核算项目-职员】对话框,选择输入"赵生产";双击"发料"文本编辑框(或单击后按 F7 键),弹出【核算项目-职员】对话框,选择输入"王业务"。所有信息录入完毕后,单击 保存 按钮,保存所开具的单据信息,最后单击 退出 按钮,退出该窗口。

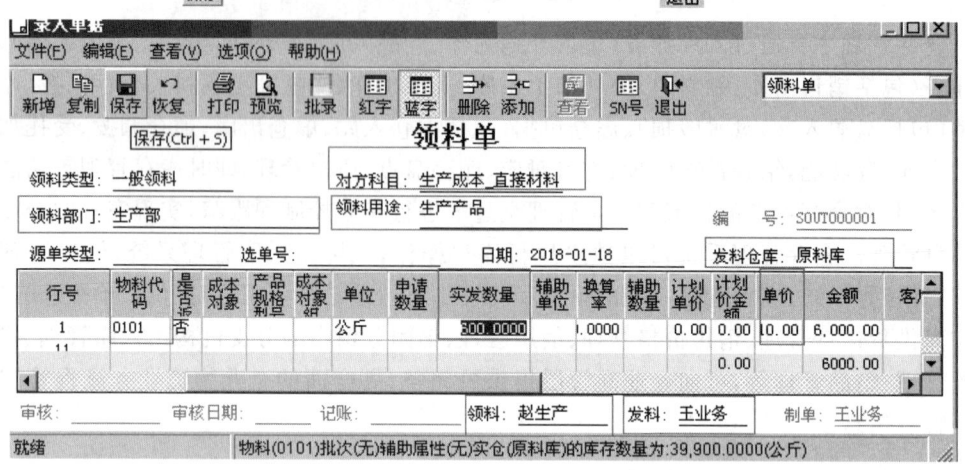

图 6-36 录入领料单

(4)由李主管对领料单进行审核。登录【金蝶 K/3 系统登录-V10.3】窗口,在"用户名"文本编辑框中输入"李主管",单击 确定 按钮,登录【生产领料—审核/反审核-仓存管理-[主界面]】窗口。

(5)在【生产领料—审核/反审核-仓存管理-[主界面]】窗口中,执行【供应链】/【仓存管理】/【领料发货】/【生产领料-审核/反审核】并双击,弹出【条件过滤】对话框。选择"默认方案",再单击 确定(O) 按钮,弹出【仓存管理(供应链)系统-[生产领料序时簿]】窗口。

(6)在【仓存管理(供应链)系统-[生产领料序时簿]】窗口中,选择待审核的生产领料单,单击 审核 按钮,弹出【金蝶提示】界面,提示"编号为 SOUT000001 的单据审核成功!"。单击 确定 按钮,返回【仓存管理(供应链)系统-[生产领料序时簿]】窗口,并在该窗口的"审核标志"所对应的表单元格中会显示"Y",表明单据已审核。完成操作之后,单击 退出 按钮,退出该窗口。

6.3.2 验收入库业务处理

一般情况下,物料的入库按来源渠道的不同可分为外购入库、产品入库、委外加工入库、盘盈入库、其他入库等,本节主要介绍外购入库业务的处理。在 6.1.2 中已对采购入库业务进行了阐述。

【例 6-14】 bsp 公司生产部的赵生产于 2018 年 1 月 28 日送至仓库 200 件完工产品(机箱),每件机箱成本为 50 元,由王业务接收。要求:由王业务生成产品入库单;李主管进行审核。

操作步骤:

(1)由王业务录入产品入库单。登录【金蝶 K/3 系统登录-V10.3】窗口,在"用户名"

第6章 日常业务处理的具体方法

文本编辑框中输入"王业务",单击【确定】按钮,登录【产品入库—录入-仓存管理-[主界面]】窗口。

(2)在【产品入库—录入-仓存管理-[主界面]】窗口中,执行【供应链】/【仓存管理】/【验收入库】/【产品入库-录入】并双击,弹出【录入单据】窗口。

(3)在【录入单据】窗口中,系统会自动增加一张空白产品入库单。如图6-37所示,在单据表头位置,双击"交货单位"文本编辑框(或单击后按 F7 键),弹出【核算项目-部门】对话框,选择输入"生产部";双击"收货仓库"文本编辑框(或单击后按 F7 键),弹出【核算项目-仓库】对话框,选择输入"成品库"。在单据表格位置,单击"物料编码"所对应的表单元格,按 F7 键,弹出【核算项目-物料】窗口,选择输入"0201";单击"实收数量"所对应的表单元格,直接输入"200";单击"单价"所对应的表单元格,直接输入"50"。在单据表尾位置,双击"验收"文本编辑框(或单击后按 F7 键),弹出【核算项目-职员】对话框,选择输入"王业务";双击"保管"文本编辑框(或单击后按 F7 键),弹出【核算项目-职员】对话框,选择输入"0301"。所有信息录入完毕后,单击【保存】按钮,保存所开具的发票信息,最后单击【退出】按钮,退出该窗口。

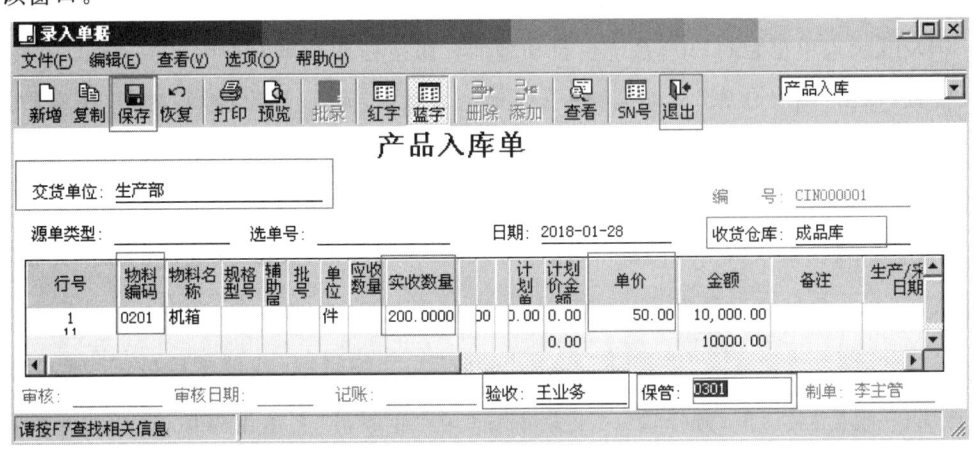

图6-37 录入领料单

(4)由李主管对领料单进行审核。登录【金蝶K/3系统登录-V10.3】窗口,在"用户名"文本编辑框中输入"李主管",单击【确定】按钮,登录【产品入库—审核/反审核-仓存管理-[主界面]】窗口。

(5)在【产品入库—审核/反审核-仓存管理-[主界面]】窗口中,执行【供应链】/【仓存管理】/【验收入库】/【产品入库-审核/反审核】并双击,弹出【条件过滤】对话框。选择"默认方案",再单击【确定(O)】按钮,弹出【仓存管理(供应链)系统-[产品入库序时簿]】窗口。

(6)在【仓存管理(供应链)系统-[产品入库序时簿]】窗口中,选择待审核的生产领料单,单击【审核】按钮,弹出【金蝶提示】界面,提示"编号为CIN000001的单据审核成功!"。单击【确定】按钮,返回【仓存管理(供应链)系统-[产品入库序时簿]】窗口,并在该窗口的

"审核标志"所对应的表单元格中会显示"Y",表明单据已审核。完成操作之后,单击 [退出] 按钮,退出该窗口。

6.3.3 仓库调拨业务处理

仓库调拨业务是指将物料从一个仓库转移到另一个仓库的业务。在仓库调拨业务中产生的主要单据是仓库调拨单,它是确认货物在仓库之间流动的书面证明,是财务人员据以记账、核算成本的重要原始凭证。仓库调拨单的生成方式也有两种:一是通过关联发货通知单、生产任务单、退货通知单、外购入库单生成;二是手工直接输入。

【例6-15】 2018年1月28日,bsp公司由于生产的需要,有8个机箱需要再进行加工,要求:供销部的王业务将其从成品库调拨到原料库,李主管进行审核。

操作步骤:

(1)由王业务录入调拨单。登录【金蝶K/3系统登录-V10.3】窗口,在"用户名"文本编辑框中输入"王业务",单击 [确定] 按钮,登录【调拨单—录入-仓存管理-[主界面]】窗口。

(2)在【调拨单—录入-仓存管理-[主界面]】窗口中,执行【供应链】/【仓存管理】/【仓库调拨】/【调拨单-录入】并双击,弹出【录入单据】窗口。

(3)在【录入单据】窗口中,系统会自动增加一张空白调拨单。如图6-38所示,在单据表头位置,双击"调出仓库"文本编辑框(或单击后按 F7 键),弹出【核算项目-仓库】对话框,选择输入"成品库";双击"调入仓库"文本编辑框(或单击后按 F7 键),弹出【核算项目-仓库】对话框,选择输入"原料库"。在单据表格位置,单击"物料代码"所对应的表单元格,按 F7 键,弹出【核算项目-物料】窗口,选择输入"0201";单击"数量"所对应的表单元格,直接输入"8"。在单据表尾位置,双击"部门"文本编辑框(或单击后按 F7 键),弹出【核算项目-部门】对话框,选择输入"供销部";双击"验收"文本编辑框(或单击后按 F7 键),弹出【核算项目-职员】对话框,选择输入"王业务";双击"业务员"文本编辑框(或单击后按 F7 键),弹出【核算项目-职员】对话框,选择输入"王业务";双击"保管"文本编辑框(或单击后按 F7 键),弹出【核算项目-职员】对话框,选择输入"0301"。所有信息录入完毕后,单击 [保存] 按钮,保存所开具的发票信息,最后单击 [退出] 按钮,退出该窗口。

(4)由李主管对调拨单进行审核。登录【金蝶K/3系统登录-V10.3】窗口,在"用户名"文本编辑框中输入"李主管",单击 [确定] 按钮,登录【调拨单—审核/反审核-仓存管理-[主界面]】窗口。

(5)在【调拨单—审核/反审核-仓存管理-[主界面]】窗口中,执行【供应链】/【仓存管理】/【仓库调拨】/【调拨单-审核/反审核】并双击,弹出【条件过滤】对话框。选择"默认方案",再单击 [确定(O)] 按钮,弹出【仓存管理(供应链)系统-[仓库调拨序时簿]】窗口。

(6)在【仓存管理(供应链)系统-[仓库调拨序时簿]】窗口中,选择待审核的调拨单,单

第6章　日常业务处理的具体方法

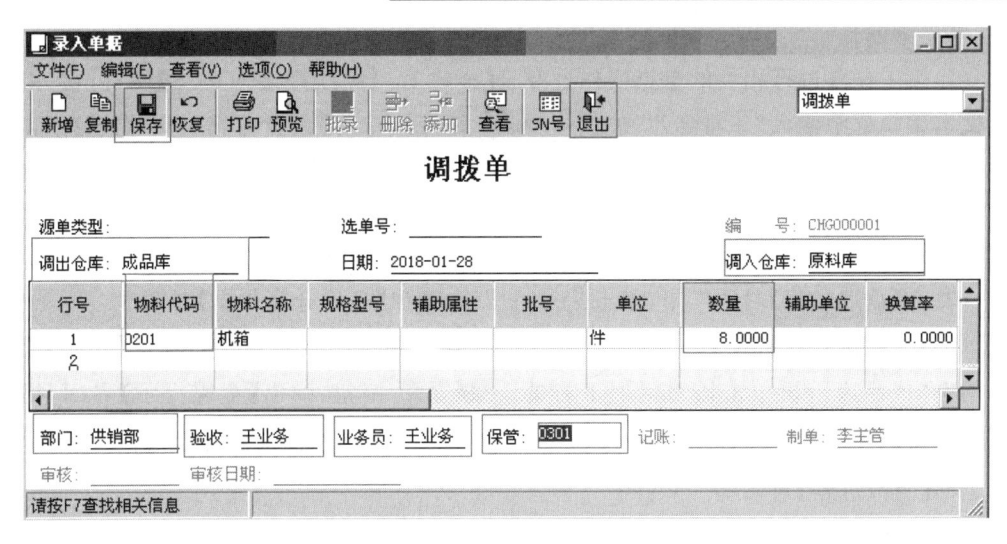

图 6-38　录入调拨单

击 [审核] 按钮，弹出【金蝶提示】界面，提示"编号为 CHG000001 的单据审核成功！"。单击 [确定] 按钮，返回【仓存管理（供应链）系统-[仓库调拨序时簿]】窗口，并在该窗口"审核标志"所对应的表单元格中会显示"Y"，表明单据已审核。完成操作之后，单击 [退出] 按钮，退出该窗口。

6.3.4　盘点业务处理

盘点业务是指利用仓存系统与实际库存进行库存盘点并生成盘盈/盘亏单的相关业务处理。盘点业务主要包括备份盘点数据、打印盘点表、输入盘点数据、编制盘点报表等，可实现对盘点数据的备份、打印、输出、录入、生成盘盈/盘亏单等，它是对账存数据和实际库存数据进行核对的重要工具，是保证企业账实相符的重要手段。盘点业务的流程如图 6-39 所示。

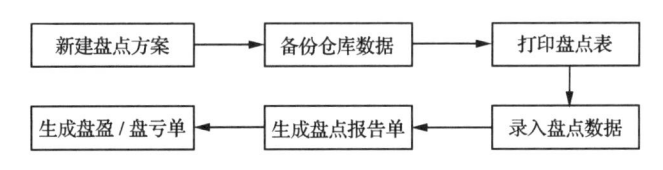

图 6-39　盘点业务的流程

在备份仓库数据时要注意：如果该仓库还有与出、入库单相关的单据未审核，则不能备份；如果该仓库已经备份，且未输出盘点单，也不能备份。在图 6-39 所示流程中，"打印盘点表"是为了便于仓管人员核实实际库存数与记录实际库存数据，可以跳过之。

【例 6-16】　bsp 公司供销部的王业务于 2018 年 1 月 28 日对成品库进行盘点，发现机箱数比账存数少了一个（账存数量为 5 352 件，实际库存数量为 5 351 件），进行盘亏处理，同时生成盘亏单，并由李主管进行审核。

操作步骤：

(1)由王业务进行相关的盘点操作。登录【金蝶 K/3 系统登录-V10.3】窗口，在"用户名"文本编辑框中输入"王业务"，单击 确定 按钮，登录【盘点方案—新建-仓存管理-[主界面]】窗口。

(2)在【盘点方案—新建-仓库管理-[主界面]】窗口中，执行【供应链】/【仓存管理】/【盘点作业】/【盘点方案-新建】并双击，弹出【盘点进程】对话框。

(3)在【盘点进程】对话框中，单击 新建 按钮，弹出【备份仓库数据】对话框。

(4)在【备份仓库数据】对话框中，如图 6-40 所示，选择"截止日期"；单击【仓库】选项卡，勾选"成品库"；再单击该对话框下方的 确定(O) 按钮，弹出【金蝶提示】界面，提示"仓库备份已经完成！请按"确定"返回！"。此时再单击【金蝶提示】界面中的 确定 按钮，返回【盘点进程】对话框。

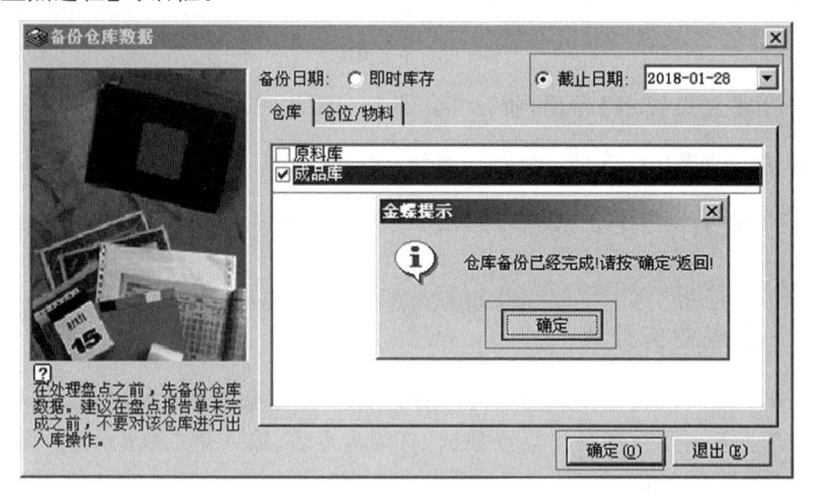

图 6-40　备份仓库数据

(5)在【盘点进程】对话框中，在其下方的显示区域，显示出已建立的盘点作业方案，单击 退出 按钮，退出该对话框。

(6)录入盘点数据。登录【录入盘点数据-仓存管理-[主界面]】窗口，执行【供应链】/【仓存管理】/【盘点作业】/【录入盘点数据】并双击，弹出【录入盘点数据】窗口。

(7)在【录入盘点数据】窗口中，如图 6-41 所示，单击"盘点数量"所对应的表单元格，修改数据为"5351"，输入完毕后单击 保存 按钮，保存修改信息，再单击 退出 按钮，退出该窗口。

(8)编制盘点报告单。在【编制盘点报告表-仓存管理-[主界面]】窗口中，执行【供应链】/【仓存管理】/【盘点作业】/【编制盘点报告表】并双击，弹出【物料盘点报告单】窗口。

(9)在【物料盘点报告单】窗口中，如图 6-42 所示，单击 盘亏单 按钮，弹出【金蝶提示】界面，提示"成功生成盘亏单，单号：KADJ000001"。单击 确定 按钮，弹出【编辑单据】窗口。

(10)在【编辑单据】窗口中，如图 6-43 所示，双击"仓库名称"文本编辑框（或单击后按

第6章 日常业务处理的具体方法

图 6-41 录入盘点数据

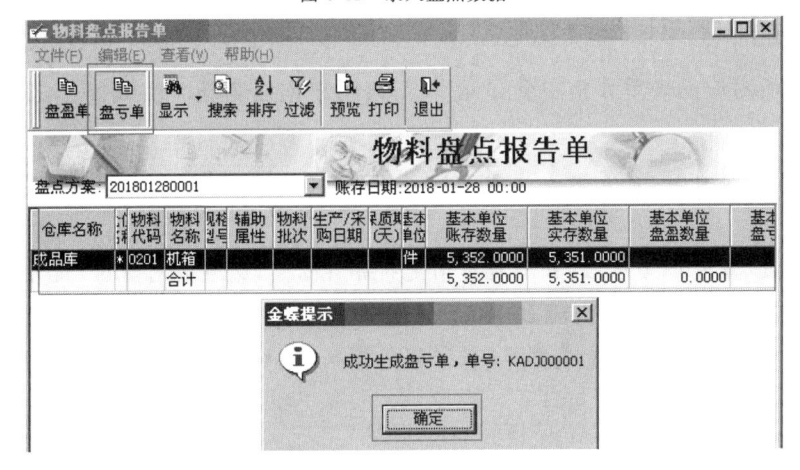

图 6-42 编制物料盘点报告单

F7键),弹出【核算项目-仓库】对话框,选择输入"成品库";双击"保管"文本编辑框(或单击后按 F7 键),弹出【核算项目-职员】对话框,选择输入"王业务";双击"负责人"文本编辑框(或单击后按 F7 键),弹出【核算项目-职员】对话框,选择输入"0101";双击"经办人"文本编辑框(或单击后按 F7 键),弹出【核算项目-职员】对话框,选择输入"王业务"。所有信息录入完毕后,单击 保存 按钮,保存盘点报告单信息,再单击 退出 按钮,退出该窗口。

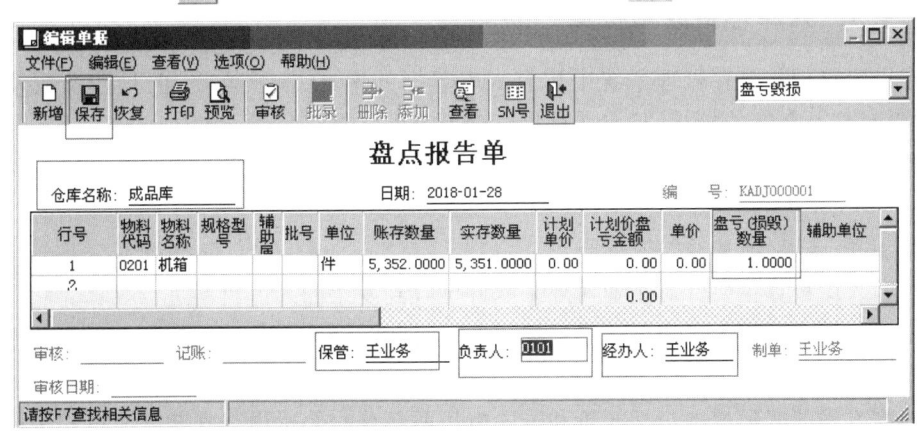

图 6-43 编辑盘点报告单

(11) 由李主管对盘点报告单进行审核。在【盘亏毁损-审核/反审核-仓存管理-[主界面]】窗口中,执行【供应链】/【仓存管理】/【库存调整】/【盘亏毁损-审核/反审核】并双击,弹出【条件过滤】对话框。

(12) 在【条件过滤】对话框中,选择"默认方案",单击 [确定(O)] 按钮,弹出【仓存管理(供应链)系统-[库存调整序时簿]】窗口。

(13) 在【仓存管理(供应链)系统-[库存调整序时簿]】窗口中,选择待审核的盘亏报告单,单击 [审核] 按钮,弹出【金蝶提示】界面,提示"编号为 KADJ000001 的单据审核成功!"。单击 [确定] 按钮,返回【仓存管理(供应链)系统-[库存调整序时簿]】窗口,并在该窗口"审核标志"所对应的表单元格中会显示"Y",表明单据已审核。完成操作之后,单击 [退出] 按钮,退出该窗口。

技巧:在生成盘盈/盘亏报告单时,有些信息是不完整的,必须由操作员手工将相关信息补录完整。

生成盘盈/盘亏报告单后,并不能自动更新库存信息,必须要对盘盈/盘亏报告单进行保存或审核后才能更新库存信息。

当生成的盘盈/盘亏报告单有误,想要重新生成时,必须先将原已生成的盘盈/盘亏报告单删除,才能重新生成。

6.4 存货业务日常处理

存货业务日常处理主要对供应链管理系统中产生的各种单据进行处理,即由财务人员为每一张业务单据确定一个正确的成本金额,完成成本确认。存货业务日常处理是在存货管理系统中完成的,是总账和供应链系统的接口,为实现企业财务、业务一体化管理提供可能。存货业务日常处理的主要工作包括外购入库成本核算、自制入库成本核算、暂估入库成本核算、材料出库核算、产品出库核算、相关业务凭证处理等。

6.4.1 入库存货成本核算

在采购管理与仓存管理系统中均有入库单据的生成、审核操作,但只涉及数量的核算,并没有涉及金额的核算,只有在存货管理系统中才对存货的金额进行核算。

入库存货成本核算包括外购入库、自制入库及其他入库,在此主要以前两种为例进行阐述。

1. 外购入库核算

外购入库核算主要针对企业对外采购并已收到发票的入库材料进行核算。它以采购发票上的金额和对应的入库单中的数据为准,保证核算的正确性。因此,在外购入库核算中显示的是采购发票,没有发票的入库是暂估入库。

外购入库的实际成本包括买价和采购费用两部分。买价由与外购入库单相钩稽的发票确定,采购费用由用户录入后,可按数量、金额或手工先分配到发票上每一种物料的金额栏,再通过核算功能,将买价与采购费用之和根据钩稽关系分配到对应的入库单,作为外购入库的实际成本。

【例 6-17】 bsp 公司在每月月末对本期所有外购入库进行成本核算,确定采购入库成本。要求:由供销部的王业务将采购费用在采购材料的采购成本中进行分配,确定外购入库材料的成本。

操作步骤:

(1)登录【金蝶 K/3 系统登录-V10.3】窗口,在"用户名"文本编辑框中输入"王业务",单击 [确定] 按钮,登录【外购入库核算-存货核算-[主界面]】窗口。

(2)在【外购入库核算-存货核算-[主界面]】窗口中,执行【供应链】/【存货核算】/【入库核算】/【外购入库核算】并双击,弹出【条件过滤】对话框。

(3)在【条件过滤】对话框中,单击"红蓝字"文本编辑框右侧的 ▼ 下拉按钮,选择输入"全部";单击"记账标志"文本编辑框右侧的 ▼ 下拉按钮,选择输入"全部"。再单击 [确定(O)] 按钮,弹出【存货核算(供应链)系统-[外购入库核算]】窗口。

(4)选择费用分配方式。在【存货核算(供应链)系统-[外购入库核算]】窗口中,如图 6-44 所示,选择待进行费用分配的发票(如有多条发票记录需要选择,可按 Ctrl 键进行多选),执行【核算】/【费用分配方式】/【按数量分配】(在此只有一条发票记录,按数量分配与按金额分配均可,其结果是一样的)。

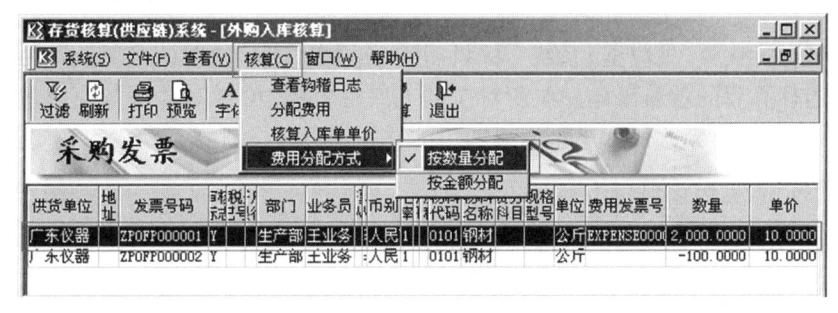

图 6-44 选择费用分配方式

(5)进行费用分配。如图 6-45 所示,单击 按钮,弹出【金蝶提示】界面,提示"费用分配结束"。单击 [确定] 按钮,返回【存货核算(供应链)系统-[外购入库核算]】窗口。

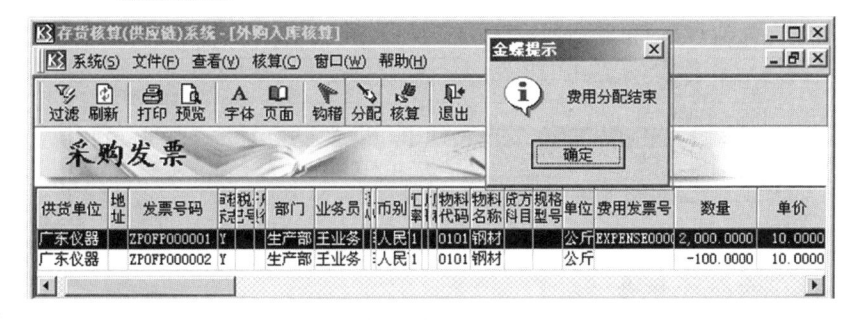

图 6-45 费用分配

(6)进行采购成本核算。在【存货核算(供应链)系统-[外购入库核算]】窗口中,如图 6-46 所示,单击 核算 按钮,弹出【金蝶提示】界面,提示"核算成功,总耗时:1.84秒"(具体时间根据实际情况变化)。单击 确定 按钮,返回【存货核算(供应链)系统-[外购入库核算]】窗口,再单击 退出 按钮,退出该窗口。

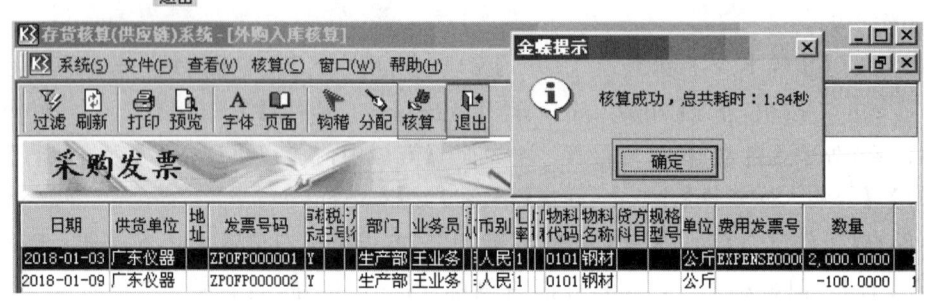

图 6-46 采购成本核算

(7)检查核算后的材料采购成本。在【存货核算(供应链)系统-[主界面]】窗口中,执行【供应链】/【存货核算】/【报表分析】/【材料明细账】并双击,弹出【过滤】对话框。

(8)在【过滤】对话框中,选择"默认方案",单击"单据状态"文本编辑框右侧的 ▼ 下拉按钮,选择输入"全部",再单击 确定(O) 按钮,弹出【存货核算(供应链)系统-[材料明细账]】窗口。

(9)在【存货核算(供应链)系统-[材料明细账]】窗口中,如图 6-47 所示,在材料明细账所记录的核算后的材料采购发票所对应的入库材料的"单价"为"11",说明将相关采购费用分配之后,材料采购成本已由原来的"10"修正为"11"。材料采购成本核实无误之后,再单击 退出 按钮,退出该窗口。

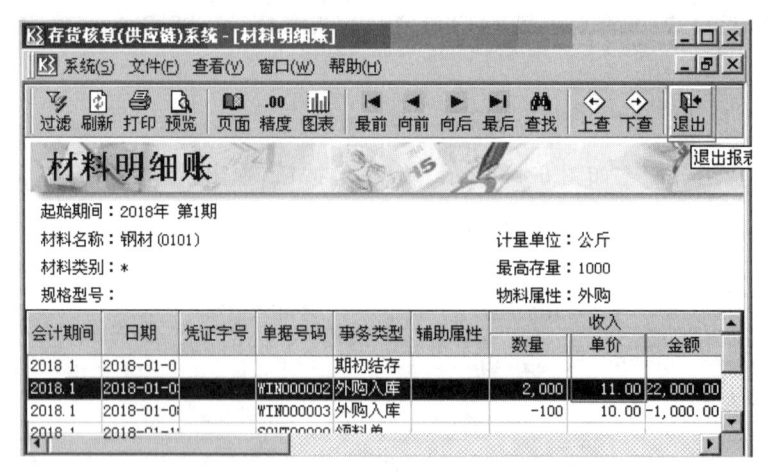

图 6-47 查看核算后的材料采购成本

2. 自制产品入库核算

企业存在生产自制产品入库业务时,需要根据计算出的材料、人工、制造费用归集产品成本或手工维护产品成本,并生成会计凭证。而在存货管理系统中设置了自制产品入库核算模块,为生产自制产品入库的成本归集、维护和凭证处理提供了便利。

自制产品入库核算的主要功能有录入或引入产品入库成本、盘盈入库成本。

【例 6-18】 bsp 公司在月末对本期所有自制产品入库业务进行成本核算,经过核算确定自制机箱的入库成本为 50 元。要求:由供销部的王业务进行修改。

操作步骤:

(1)登录【金蝶 K/3 系统登录-V10.3】窗口,在"用户名"文本编辑框中输入"王业务",单击 确定 按钮,登录【自制入库核算-存货核算-[主界面]】窗口。

(2)在【自制入库核算-存货核算-[主界面]】窗口中,执行【供应链】/【存货核算】/【入库核算】/【自制入库核算】并双击,弹出【过滤】对话框。

(3)在【过滤】对话框中,单击"事务类型"文本编辑框右侧的 ▼ 下拉按钮,选择输入"产品入库",再单击 确定(O) 按钮,弹出【存货核算(供应链)系统-[自制入库核算]】窗口。

(4)产品入库成本核算。在【存货核算(供应链)系统-[自制入库核算]】窗口中,如图 6-48 所示,单击"单价"所对应的表单元格,将金额修改为"50"(如原来已经正确录入成本,则不需要修改);单击 核算 按钮,弹出【金蝶提示】界面,提示"核算成功!",再单击 确定 按钮。返回【存货核算(供应链)系统-[自制入库核算]】窗口,单击 退出 按钮,退出该窗口。

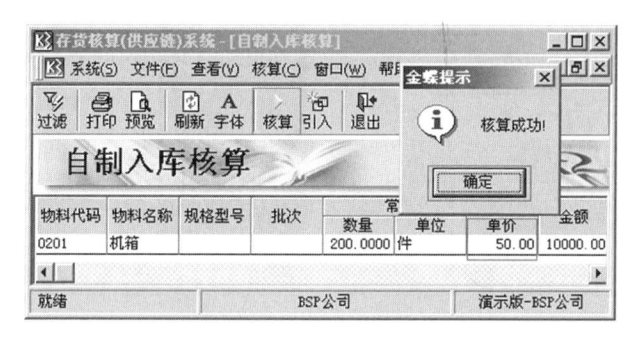

图 6-48 录入产品入库成本并核算

6.4.2 出库存货成本核算

出库存货成本核算主要用于核算存货的出库成本,可分为材料出库核算和产成品出库核算。它可选择总仓、分仓或分仓库组核算,能为企业管理层提供核算向导、计算报告和出错报告,反映出库核算的处理过程。在前面销售管理系统中所述的销售出库及仓存管理系统只涉及数量,而没有金额,在此主要介绍各种物料出库金额的核算。

1. 产成品出库核算

产成品出库核算主要是指销售产品所产生的存货出库成本核算,其目的是为了能计算出销售产品成本。

【例 6-19】 bsp 公司在月末对本期所有发出产品的成本进行核算,确定发出产品的销售成本。要求:由供销部的王业务结转本期发出产品的出库成本。

操作步骤：

(1)登录【金蝶 K/3 系统登录-V10.3】窗口，在"用户名"文本编辑框中输入"王业务"，单击 确定 按钮，登录【产成品出库核算-存货核算-[主界面]】窗口。

(2)在【产成品出库核算-存货核算-[主界面]】窗口中，执行【供应链】/【存货核算】/【出库核算】/【产成品出库核算】并双击，弹出【结转存货成本-介绍(产成品出库核算)】界面。

(3)在【结转存货成本-介绍(产成品出库核算)】界面中，单击 下一步(N) 按钮，弹出【结转存货成本-第一步(产成品出库核算)】界面。

(4)在【结转存货成本-第一步(产成品出库核算)】界面中，如图 6-49 所示，选择"结转本期所有物料"，再单击 下一步(N) 按钮，弹出【结转存货成本-第二步(产成品出库核算)】界面。

(5)在【结转存货成本-第二步(产成品出库核算)】界面中，如图 6-50 所示，在"写结转报告选项"下面勾选"写成本计算表"及"写错误日志"；单击"输出路径"文本编辑框右侧的 浏览按钮，选择要存放结转报告的路径，再单击 下一步(N) 按钮，弹出【结转存货成本-完成(产成品出库核算)】界面。

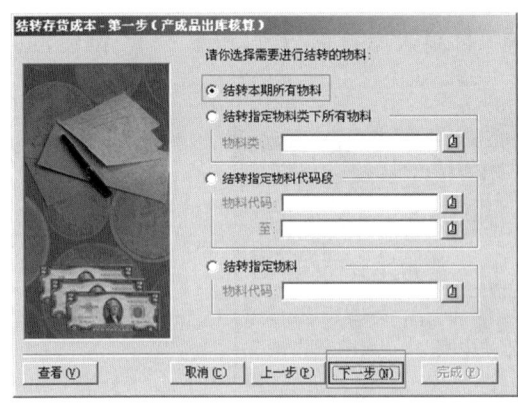

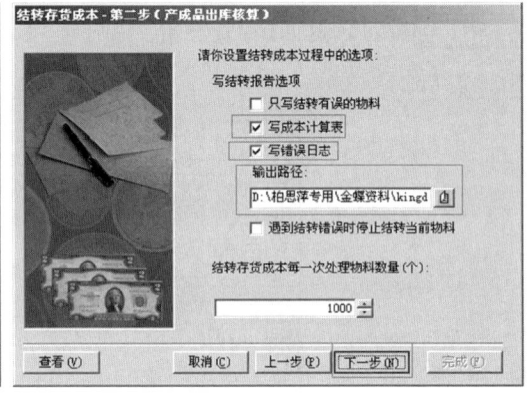

图 6-49 【结转存货成本-第一步(产成品出库核算)】界面　　图 6-50 【结转存货成本-第二步(产成品出库核算)】界面

(6)在【结转存货成本-完成(产成品出库核算)】界面中，如图 6-51 所示，勾选"保存当前的设置"，单击 完成(F) 按钮，完成产成品出库成本核算，并返回【产成品出库核算-存货核算-[主界面]】窗口。

(7)查看结转存货成本报告及成本计算表。按图 6-51 所示的保存路径，打开"结转存货成本报告"。单击该报告中"附件"所对应的表单元格中的"成本计算表"，会链接打开如图 6-52 所示的"成本计算表"。

2.红字出库核算

红字出库核算是指车间退料或销售退货时，成本较难确定，即不确定单价的单据的出库核算。在处理时，直接打开属于此类的单据录入成本数据即可。对于有原单的红字出库单，系统在核算时自动取原单的单价，不需要在此核算，如本书前述销售退货就不需要在此再进行红字出库核算，因而此处不再用案例阐述。

第6章 日常业务处理的具体方法

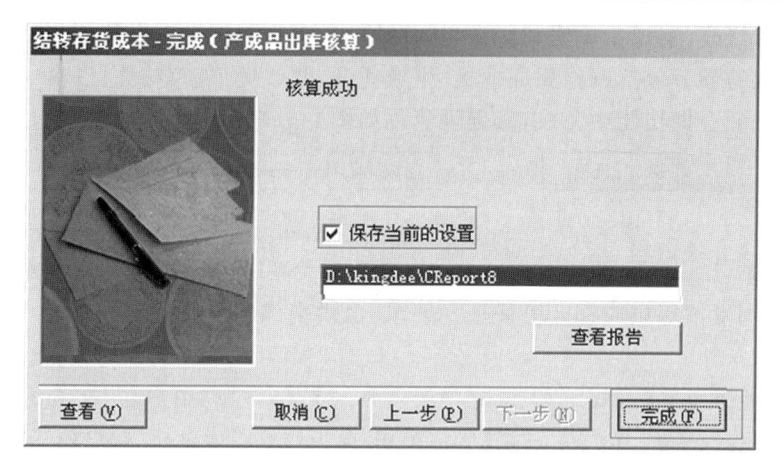

图 6-51 【结转存货成本-完成（产成品出库核算）】界面

图 6-52 成本计算表

6.4.3 凭证处理

生成凭证是存货核算的最终目的，是将供应链与账务相结合的过程，是供应链管理系统与总账系统的接口。在存货核算系统生成的凭证，可以立刻传输到总账系统中去。供应链发生的大多数业务均在存货核算系统中生成凭证，如采购发票、采购费用、采购入库、产品入库、盘盈/盘亏、销售发票、销售费用、销售出库、产品领料等。

在金蝶 K/3 中的记账凭证管理模块中，可将各种业务单据按凭证模板生成凭证，并可根据凭证模板上选定的科目属性生成不同的凭证，如数量金额凭证、外币凭证等，单据上的核算项目（包括自定义的核算项目类型字段）信息也可传递到凭证。还可对生成的凭证进行查询和修改,实现了单据和凭证之间的联查,可将物流和资金流同步呈现。

凭证处理的环节包括制作凭证模板、生成凭证、修改凭证、审核凭证,其中修改凭证与审核凭证在凭证查询功能中完成,其处理流程如图 6-53 所示。

制作凭证模板 → 生成凭证 → 凭证查询

图 6-53　凭证处理的流程

【例 6-20】　bsp 公司在月末生成本期所有采购发票、采购费用发票、出库、入库、销售发票、销售费用发票等供应链业务凭证。要求:由供销部的王业务完成。

操作步骤:

(1)由王业务登录【金蝶 K/3 系统登录-V10.7】窗口,在"用户名"文本编辑框中输入"王业务",单击 确定 按钮,登录【凭证模板-存货核算-[主界面]】窗口。

(2)在【凭证模板-存货核算-[主界面]】窗口中,执行【供应链】/【存货核算】/【凭证管理】/【凭证模板】并双击,弹出【凭证模板设置】窗口。

(3)设置外购入库单凭证模板。在【凭证模板设置】窗口中,如图 6-54 所示,双击"事务类型"项目下的"外购入库单",在"凭证模板"显示区域,双击"外购入库单"凭证模板,弹出【凭证模板】对话框,单击"凭证字"文本编辑框右侧的 ▼ 按钮,选择输入"记";单击"科目"所对应的凭证模板单元格,按 F7 键,弹出【会计科目】对话框,选择输入"生产用物资采购"。设置完成后,单击 保存 按钮,弹出【金蝶提示】界面,提示"模板保存成功!",单击 确定 按钮,返回【凭证模板】对话框,再单击 退出 按钮,返回【凭证模板设置】窗口。

(4)设置采购发票凭证模板。按照操作步骤(3)设置采购发票凭证模板,设置结果如图 6-55 所示。

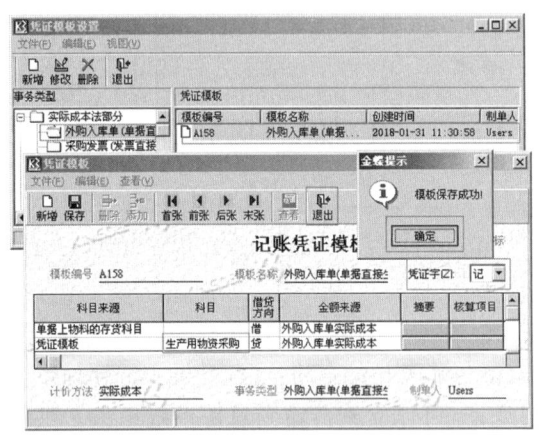

图 6-54　设置外购入库单凭证模板　　　　图 6-55　设置采购发票凭证模板

(5)设置采购费用发票凭证模板。按照操作步骤(3)设置采购费用发票凭证模板,设置结果如图 6-56 所示。

(6)设置产品入库凭证模板。按照操作步骤(3)设置产品入库凭证模板,设置结果如图 6-57 所示。

第6章 日常业务处理的具体方法

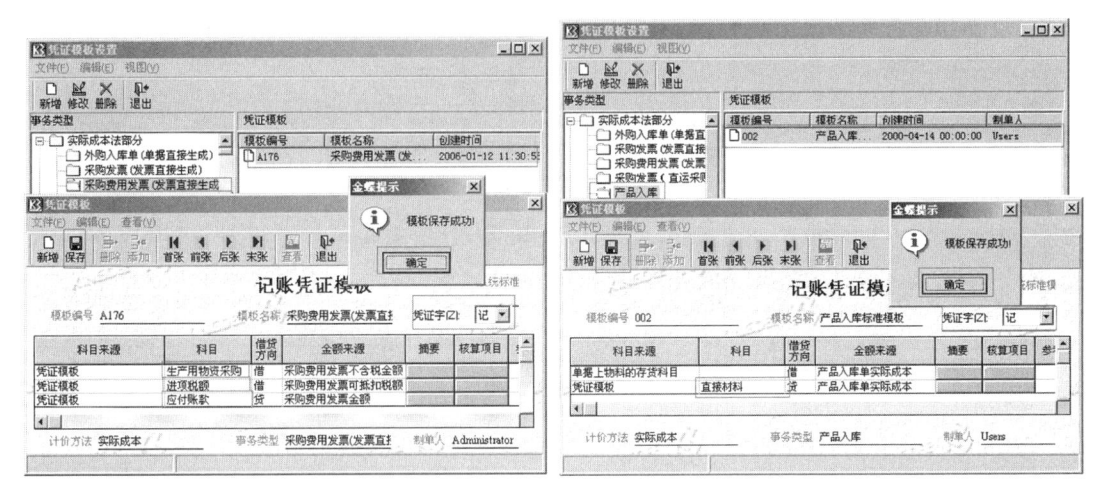

图 6-56　设置采购费用发票凭证模板

图 6-57　设置产品入库凭证模板

(7) 设置销售出库凭证模板。按照操作步骤(3)设置销售出库凭证模板，设置结果如图 6-58 所示。

注意：记账凭证模板表单元格若是黄色的，则表明系统已经进行了预设置，不能修改，如不符合企业的要求，可在生成凭证后，执行【凭证查询】进行修改。

(8) 设置生产领料出库凭证模板。按照操作步骤(3)设置生产领料出库凭证模板，设置结果如图 6-59 所示。

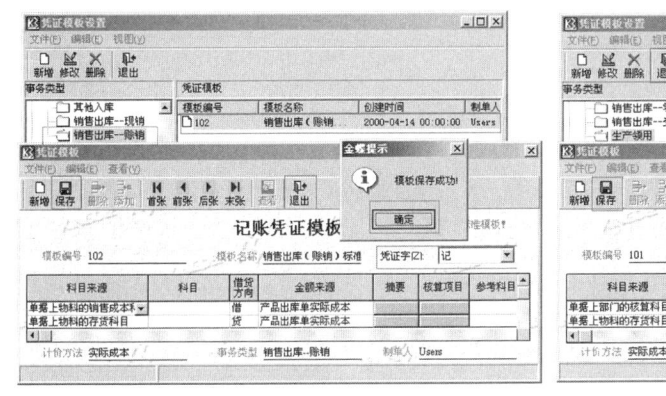

图 6-58　设置销售出库凭证模板

图 6-59　设置生产领料出库凭证模板

(9) 设置盘亏/毁损凭证模板。按照操作步骤(3)设置盘亏/毁损凭证模板，设置结果如图 6-60 所示。

(10) 设置销售收入--赊销凭证模板。按照操作步骤(3)设置销售收入--赊销凭证模板，设置结果如图 6-61 所示。

(11) 设置销售费用发票(应收费用)凭证模板。按照操作步骤(3)设置销售费用发票(应收费用)凭证模板，设置结果如图 6-62 所示。

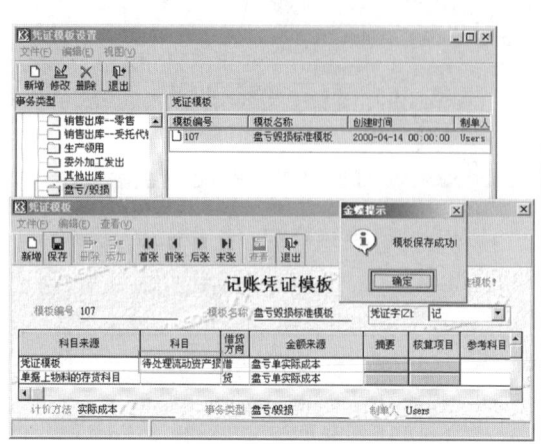

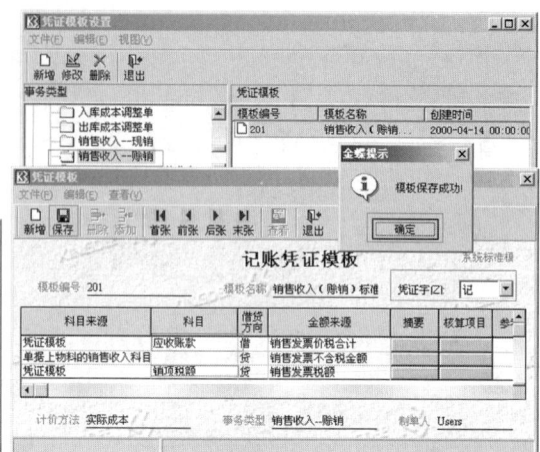

图 6-60　设置盘亏/毁损凭证模板　　　　　　图 6-61　设置销售收入--赊销凭证模板

（12）生成外购入库凭证。在【生成凭证-存货核算-[主界面]】窗口中，执行【供应链】/【存货核算】/【凭证管理】/【生成凭证】并双击，弹出【生成凭证】窗口。

（13）在【生成凭证】窗口中，如图 6-63 所示，勾选"外购入库单（单据直接生成）"，再单击 过滤 按钮，弹出【条件过滤】对话框。

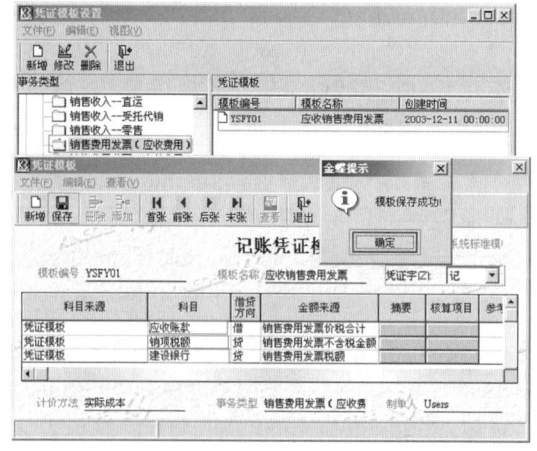

图 6-62　设置销售费用发票（应收费用）凭证模板　　图 6-63　选择"外购入库单"事务类型

（14）在【条件过滤】对话框中，如图 6-64 所示，单击"红蓝字"文本编辑框右侧的 ▼ 下拉按钮，选择输入"全部"；单击"记账标志"文本编辑框右侧的 ▼ 下拉按钮，选择输入"全部"。再单击 确定(O) 按钮，返回【生成凭证】窗口。

（15）在【生成凭证】窗口中，如图 6-65 所示，在该窗口右侧的显示区域，在【外购入库单（单据直接生成）】选项卡中会显示未合成凭证的两条外购入库单的单据记录，勾选"选择标志"，将两条单据均选上；再单击"计划价凭证模板"所对应的表单元格中的 ▼ 下拉按钮，选择空白模板，留下实际价凭证模板。再单击 生成凭证 按钮，弹出如图 6-66 所示的提示界面，提示"生成凭证成功！"，单击 确定(C) 按钮，返回【生成凭证】窗口。

第 6 章　日常业务处理的具体方法

图 6-64　进行条件过滤(25)

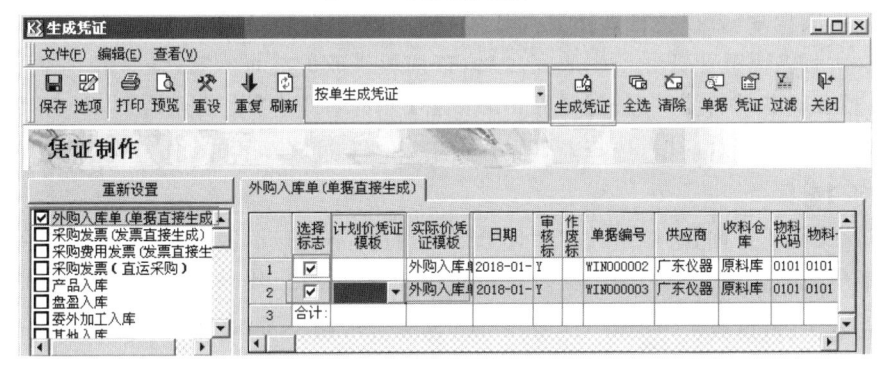

图 6-65　生成外购入库凭证

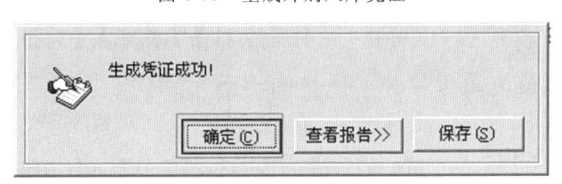

图 6-66　生成外购入库凭证成功

(16)生成采购发票凭证。重复操作步骤(13)～(15)生成采购发票凭证,其操作过程如图 6-67 所示。

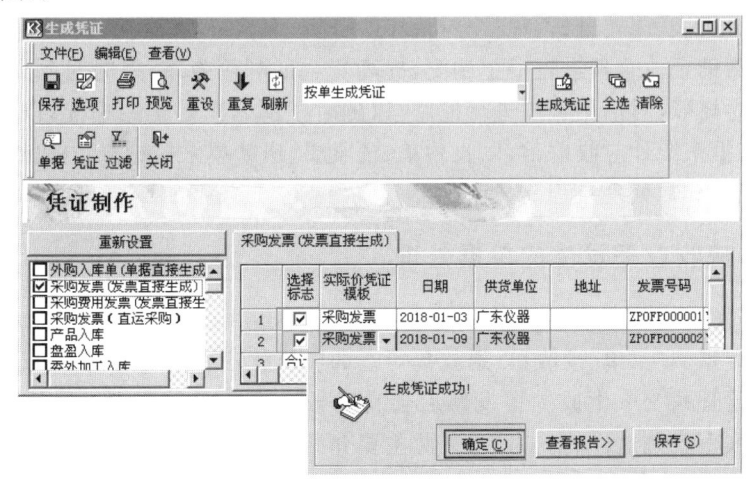

图 6-67　生成采购发票凭证

(17)生成采购费用发票凭证。重复操作步骤(13)~(15)生成采购费用发票凭证。

(18)生成产品入库凭证。重复操作步骤(13)~(15)生成产品入库凭证。

(19)生成销售出库--赊销凭证。重复上述操作步骤(13)~(15)生成销售出库--赊销凭证。

(20)生成销售收入--赊销凭证。重复操作步骤(13)~(15)生成销售收入--赊销凭证。

(21)生成销售费用发票(应收费用)凭证。重复操作步骤(13)~(15)生成销售费用发票(应收费用)凭证。

(22)生成生产领用凭证。重复操作步骤(13)~(15)生成生产领用凭证。

(23)生成盘亏/毁损凭证。重复操作步骤(13)~(15)生成盘亏/毁损凭证。

(24)所有供应链业务凭证生成完之后,查询所生成的凭证。在【凭证查询-存货核算-[主界面]】窗口中,执行【供应链】/【存货核算】/【凭证管理】/【凭证查询】并双击,弹出【会计分录序时簿过滤】对话框,选择左侧的"全部"和"未过账",再单击 确定 按钮,弹出【凭证查询】窗口。

(25)在【凭证查询】窗口中,在"会计分录序时簿"下的显示区域,会显示所有在存货核算系统中生成的凭证。在该窗口检查所有凭证的摘要、科目代码、科目名称及金额等是否正确。如不正确,可单击 修改 按钮,进行修改;如要进行删除,可单击 删除 按钮,将其删除,再重新执行【供应链】/【存货核算】/【凭证管理】/【生成凭证】重新生成凭证;如要对已生成的凭证进行审核,可单击 审核 按钮,也可执行【财务会计】/【总账】/【凭证处理】/【凭证查询】进行审核。但要注意,制单人与审核人不能是同一个人。

6.5 应收款业务日常处理

应收款业务日常处理主要通过销售发票、其他应收单、收款单等单据的录入,对企业的往来账款进行综合管理,及时,准确地提供给客户往来账款余额资料以及各种分析报表,例如账龄分析表、周转分析、欠款分析、坏账分析、回款分析、合同收款分析等。通过各种分析报表,帮助企业合理进行资金调配,提高资金的利用效率;及时对到期账款进行催收,以防止发生坏账;对信用额度进行控制,以随时了解客户的信用情况;以销售发票、其他应收单为依据来统计应收账款,以收款单、预收单、退款单来核销应收账款。

应收款业务日常处理流程前文已述。

6.5.1 应收业务发生的单据处理

应收业务发生的单据处理主要包括应收款管理系统中各种单据的录入,如销售发票、应收单、应收票据、收款单、预收单、退款单等。如应收款管理系统与销售管理系统联合使用,则在销售管理系统中生成销售发票后会自动传递到应收款管理系统中,即不需要录入,本书中的案例就是这样的。为此,在此主要介绍收款单的处理。

【例6-21】 bsp公司于2018年1月31日收到华东电子的建设银行转账支票一张:2018013101ZZ01,用于偿付该月12日购买机箱的货款计42 120元及代垫的运费500元。

要求：bsp公司的王业务制作一张收款单，并进行审核。

操作步骤：

(1)由王业务登录【收款单—新增-应收款管理-[主界面]】窗口，执行【财务会计】/【应收款管理】/【收款】/【收款单-新增】并双击，弹出【收款单[修改]】窗口。

(2)在【收款单[修改]】窗口制作收款单。如图6-68所示，在单据头区域，单击"结算方式"文本编辑框右侧的浏览按钮，选择输入"转账支票"；在"结算号"文本编辑框中直接输入"2018013101ZZ01"；在"摘要"文本编辑框中直接输入"收到销售款"；单击"现金类科目"文本编辑框右侧的浏览按钮，选择输入"建设银行"；单击"源单类型"文本编辑框右侧的下拉按钮，选择输入"销售发票"；双击"源单编号"文本编辑框，弹出【销售发票】窗口，选择输入"ZSEFP000001"。在单据表格中会相应显示出相关信息，将"结算数量"对应的表单元格中的数据修改为"90"；将"结算实收金额"对应的表单元格中的数据修改为"42620"。信息录入完毕后，单击保存按钮，将收款单信息保存，再单击审核按钮，审核该收款单。

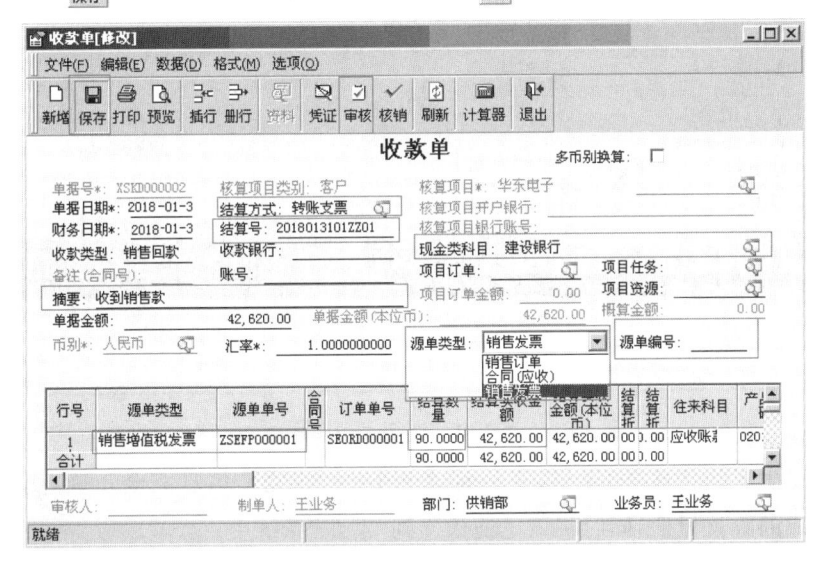

图6-68 填制收款单

(3)审核成功后，单击退出按钮，退出【收款单】窗口。

注意：本例中，结算金额为42 620元。销售机箱100件价税合计46 800元，后退货10件，价税合计4 680元，共应收货款42 120元，再加上收回的代垫运费500元，因此共收到的货款为42 620元。

6.5.2 凭证处理

为保证应收款管理系统与总账系统的数据保持一致，在应收款管理系统新增单据之后，必须通过凭证处理把单据生成凭证传入总账系统。在"凭证处理"模块中主要针对收款单、预收单、退款单、应收票据等单据生成凭证，而涉及坏账处理业务的相关凭证则要到"坏账处理"模块中生成。

应收款管理系统提供了三种生成凭证的方式:一是在新增单据时,在单据序时簿或单据新增界面即时生成凭证;二是采用凭证模板,在凭证处理时直接根据模板生成凭证;三是以在凭证处理时随机定义凭证科目的方式生成凭证。下面主要以第二种生成凭证的方式为例进行介绍。

【例6-22】 bsp公司于2018年1月31日由王业务生成当月相关的应收单据凭证。

操作步骤:

(1)由王业务登录【凭证—生成-应收款管理-[主界面]】窗口。执行【财务会计】/【应收款管理】/【凭证处理】/【凭证-生成】并双击,弹出【凭证处理】窗口。

(2)生成凭证。在【凭证处理】窗口中,如图6-69所示,单击"借方科目"文本编辑框右侧的 浏览按钮,弹出"会计科目"窗口,选择输入"建设银行",再单击 按钮,系统会自动生成该单据业务的凭证。

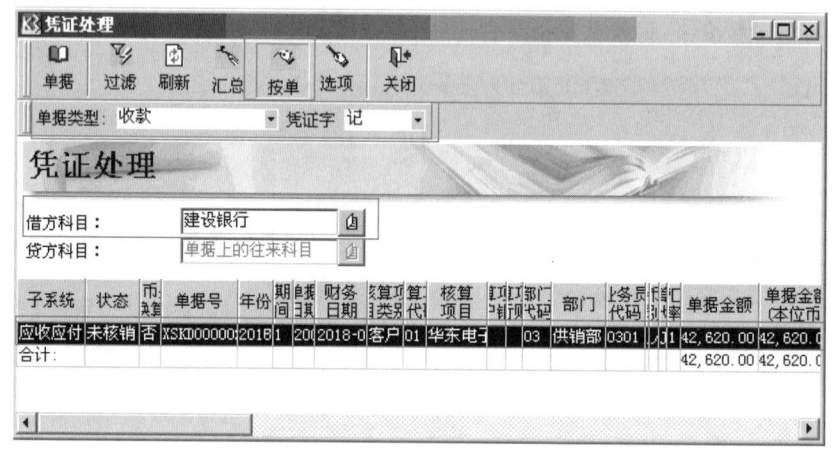

图6-69 按单生成凭证

(3)保存生成的记账凭证。检查凭证是否有误,如凭证信息完全正确,则单击 按钮,保存生成的收款凭证,同时将该凭证传递到"总账"系统中。

6.5.3 核销处理

核销处理主要是指对往来账款进行各种形式的核销处理。虽然通过单据的录入可以及时获悉往来款项的余额资料,如应收款汇总表、应收款明细表,但由于收款到账的时间有差异,所以要正确计算账龄分析表、到期债权列表、应收计息表等,不能简单地按时间先后顺序以收款日期为基础来进行计算,必须通过核销进行处理。只有经过核销的应收单据才能真正作为收款单处理,同时核销日期也是计算账龄分析表的重要依据。

核销处理可以执行【应收款管理】/【结算】进行手工核销处理;也可以在系统设置中设置"单据审核后自动核销",这样只要填制的收款单审核后,系统就会自动将与之关联的单据进行核销。

建议:最好不要进行单据审核后自动核销处理。因为它要求单据的对应关系是一对一的关系,可在实际工作中,会有很多单据对应一张收款单,如【例6-21】中即三张单据对

第 6 章　日常业务处理的具体方法

应一张收款单,这会导致核销不完全,使得核算结果不准确。为此,本书介绍手工核算处理的操作方法。

【例 6-23】　bsp 公司由王业务对本月的应收款进行到款结算核销。

操作步骤:

(1)登录【应收款核销—到款结算-应收款管理-[主界面]】窗口,执行【财务会计】/【应收款管理】/【结算】/【应收款核销-到款结算】并双击,弹出【单据核销】窗口。

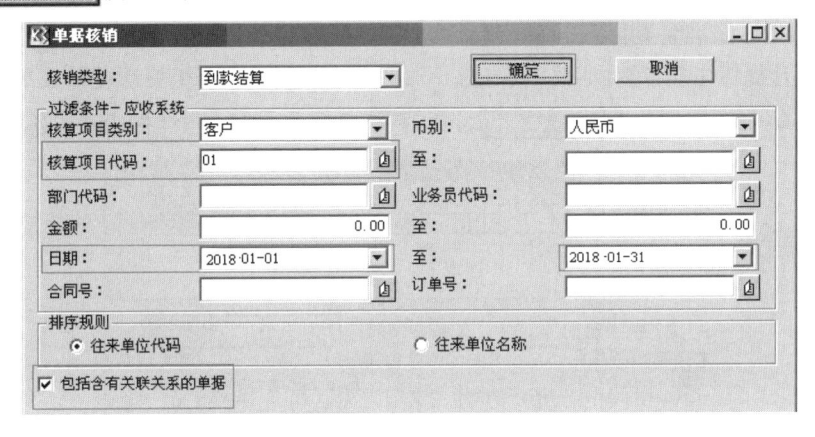

(2)在【单据核销】窗口中,如图 6-70 所示,单击"核算项目代码"文本编辑框右侧的浏览按钮,弹出【核算项目-客户】窗口,选择输入"01";在"日期"文本编辑框中将日期直接修改为"2018-01-01"至"2018-01-31";勾选"包括含有关联关系的单据"。设置完成之后,单击 确定 按钮,弹出【应收款管理系统-[核销(应收)]】窗口。

图 6-70　设置核销条件

(3)在【应收款管理系统-[核销(应收)]】窗口中,如图 6-71 所示,单击待核销单据前"选择"所对应的表单元格中的 按钮,选择待核销单据,再单击 核销 按钮,系统将已选择的单据进行核销。

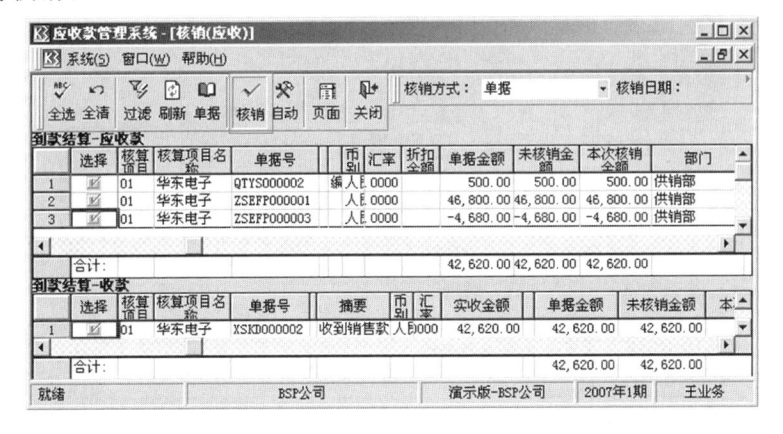

图 6-71　核销收款单

(4)核销后,在【应收款管理系统-[核销(应收)]】窗口中,将不再显示已核销的所有单据,单击 按钮返回【应收款核销—到款结算-应收款管理-[主界面]】窗口。

6.5.4 坏账处理

坏账处理主要包括坏账损失、坏账收回、计提坏账准备及生成坏账等相关凭证的处理。最好先对本期发生的各种应收款进行结算核销之后再进行坏账处理,这样才能保证应收账款余额的正确性。

【例 6-24】 bsp 公司于 2018 年 1 月 31 日由王业务计提本月坏账准备。要求:按应收账款余额的 0.5% 计提。

操作步骤:

(1)登录【坏账准备-应收款管理-[主界面]】窗口,执行【财务会计】/【应收款管理】/【坏账处理】/【坏账准备】并双击,弹出【计提坏账准备】对话框。

(2)在【计提坏账准备】对话框中,如图 6-72 所示,将会显示出相关计提坏账准备的信息,检查是否正确,如正确则单击 凭证 按钮,系统会自动生成一张计提坏账准备的凭证。

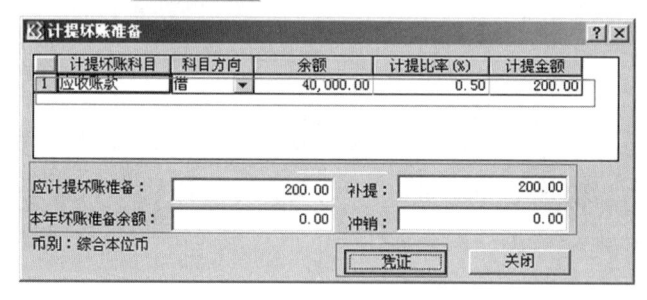

图 6-72 计提坏账准备

(3)在【记账凭证-新增】窗口中,检查凭证是否正确,如信息完全正确,则如图 6-73 所示,单击 按钮,保存生成的计提坏账准备凭证,并单击 按钮返回【坏账准备-应收款管理-[主界面]】窗口。

图 6-73 保存坏账准备凭证

6.6 应付款业务日常处理

应付款业务日常处理主要通过发票、其他应付单、付款单等单据的录入,对企业的往来账款进行综合管理,从而及时、准确地提供供应商的往来账款余额资料以及各种分析报表,如账龄分析表、付款分析、合同付款情况等。通过各种分析报表帮助企业合理进行资金调配,提高资金的利用效率;同时,还提供各种预警、控制功能,如到期债务列表的列示、合同到期款项列表以及时支付到期账款,以保证良好的企业信誉;以采购发票、其他应付单为依据来统计应付账款,以付款单、退款单来核销应付账款。

6.6.1 应付业务发生的单据处理

应付业务发生的单据处理主要提供各种单据的录入,如采购发票、其他应付单、应付票据、付款单、退款单等。如应付款管理系统与采购管理系统联合使用,则在采购管理系统中生成采购发票后会自动传递到应付款管理系统中,在此不需要重新录入,如本书中的案例。为此,在此主要介绍付款单的处理。

【例 6-25】 bsp 公司于 2018 年 1 月 31 日支付向广东仪器公司采购的钢材款总计 22 230 元,同时支付运费 2 000 元。开出建设银行的转账支票一张:2018013102ZZ01,要求:由王业务生成两张付款单,并进行审核。

操作步骤:

(1)在【付款单—新增-应付款管理-[主界面]】窗口中,执行【财务会计】/【应付款管理】/【付款】/【付款单-新增】并双击,弹出【付款单[新增]】窗口。

(2)在【付款单[新增]】窗口中,如图 6-74 所示,在单据头区域,单击"结算方式"文本编辑框右侧的 浏览按钮,选择输入"转账支票";在"结算号"文本编辑框中直接输入"2018013102ZZ01";在"摘要"文本编辑框中直接输入"支付采购货款";单击"现金类科目"文本编辑框右侧的 浏览按钮,选择输入"建设银行";单击"源单类型"文本编辑框右侧的 下拉按钮,选择输入"采购发票";双击"源单编号"文本编辑框,弹出【采购发票】窗口,选择输入"ZPOFP000001"。在单据表格中会相应显示出相关信息,将"结算数量"所对应的表单元格中的数据修改为"1900";将"结算实付金额"所对应的表单元格中的数据修改为"22230"。信息录入完毕后,单击 按钮,将收款单信息保存,再单击 按钮,审核该付款单。重复上述操作步骤再生成一张支付运费 2 000 元的付款单,如图 6-75 所示。

(3)审核成功后,单击 按钮,退出【付款单】窗口。

6.6.2 凭证处理

为保证应付款管理系统与总账系统的数据保持一致,在应付款管理系统新增单据之后,必须通过凭证处理把单据生成凭证并传入总账系统。凭证处理针对在应付款管理系统生成的单据生成凭证,在采购管理系统中产生的相关采购发票及运费发票等在存货核

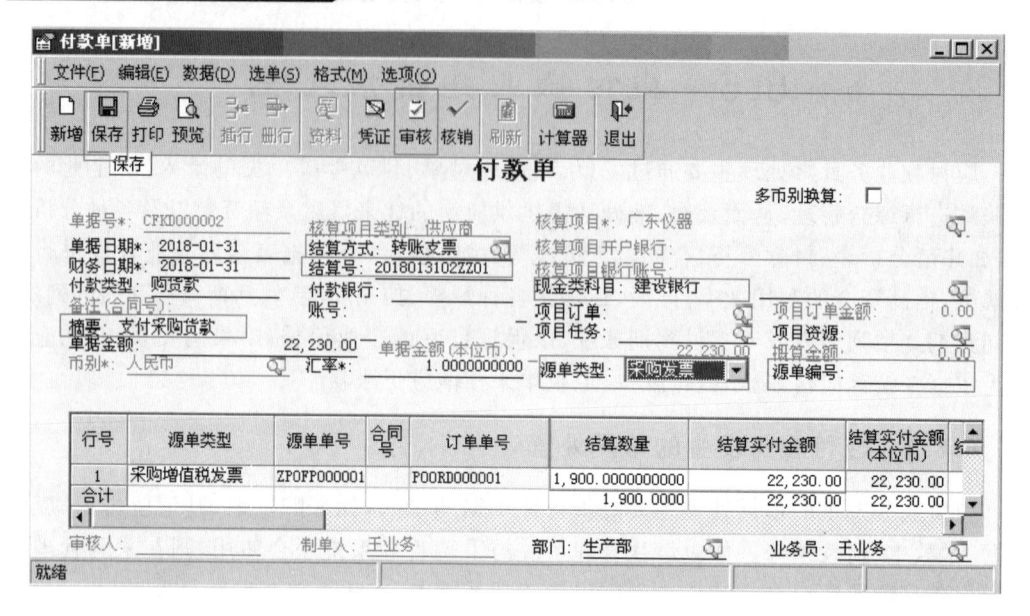

图 6-74 填制付款单（支付钢材款）

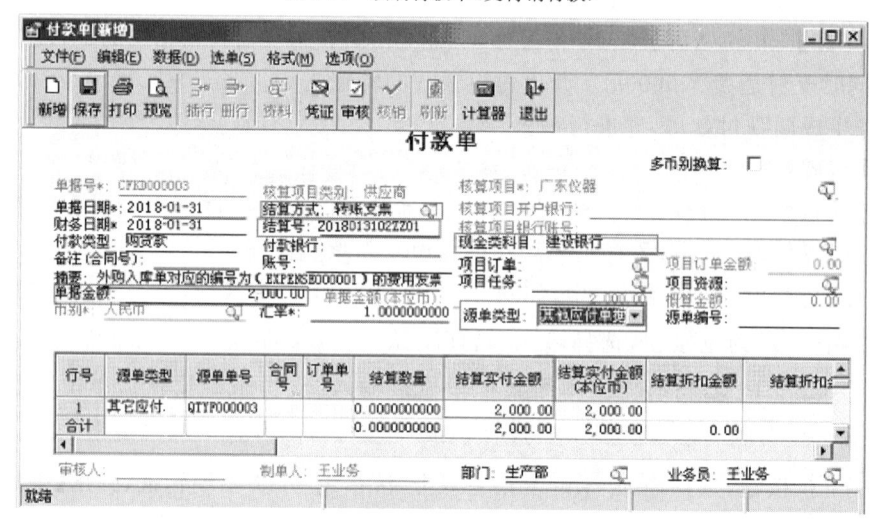

图 6-75 填制付款单（支付运费）

算系统中生成凭证。

应付款管理系统的集中凭证处理可分为采用凭证模板的处理方式与不采用凭证模板的处理方式两种。本书中的案例在进行系统设置时已对应付款管理系统中的凭证模板进行过设置，在此对采用凭证模板的处理方式进行介绍。

【例 6-26】 bsp 公司于 2018 年 1 月 31 日由王业务生成本月相关的应付单据凭证。

操作步骤：

(1)由王业务登录【凭证—生成-应付款管理-[主界面]】窗口，执行【财务会计】/【应付款管理】/【凭证处理】/【凭证-生成】并双击，弹出【凭证处理】窗口。

(2)在【凭证处理】窗口中，如图 6-76 所示，单击"贷方科目"文本编辑框右侧的 浏览按钮,弹出【会计科目】窗口,选择输入"建设银行";在按 Ctrl 键的同时单击付款单,选择两条付款单记录。再单击 汇总 按钮,系统会自动将这两条付款单记录汇总生成一张记账凭证。

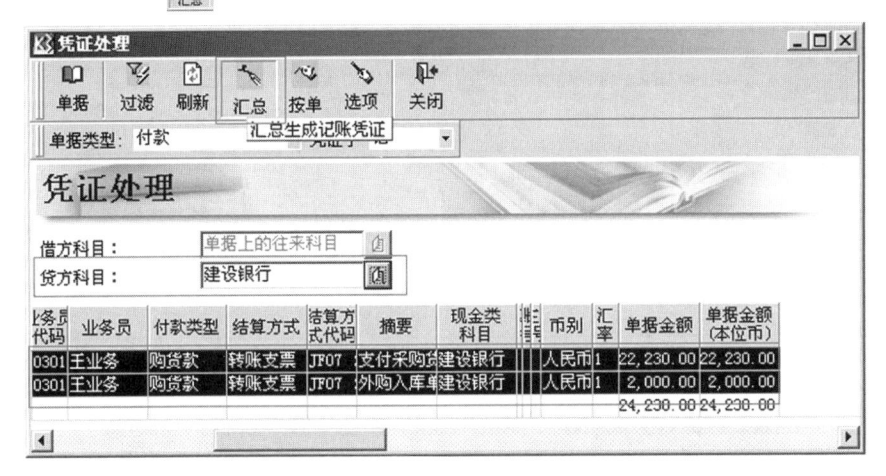

图 6-76 汇总生成凭证

(3)保存生成的记账凭证。检查凭证是否有误,如凭证信息完全正确,则单击 ■ 按钮,保存生成的付款凭证,同时将该凭证传递到总账系统中,再单击 ▶ 按钮,退出【记账凭证-新增】窗口。

6.6.3 核销处理

核销处理主要用于对往来账款进行各种形式的核销,虽然通过单据的录入可以及时获悉往来账款的余额资料,如应付款汇总表、应付款明细表,但由于付款到账具有时间差异性,所以要正确计算账龄分析表、到期债务列表、应付计息表等,不能简单地按时间先后顺序以付款日期为基础来进行计算,必须通过核销进行处理。只有经过核销的应付单据才能真正作为付款处理,同时核销日期也是计算账龄分析的重要依据。

【例 6-27】 bsp 公司由王业务对本月的付款单进行付款结算核销。
操作步骤:

(1)在【应付款核销—付款结算-应付款管理-[主界面]】窗口中,执行【财务会计】/【应付款管理】/【结算】/【应付款核销-付款结算】并双击,弹出【单据核销】窗口。

(2)在【单据核销】窗口中,如图 6-77 所示,单击"核算项目代码"文本编辑框右侧的 浏览按钮,弹出【核算项目-供应商】窗口,选择输入"01";在"日期"文本编辑框中将日期直接修改为"2018-01-01"至"2018-01-31";勾选"包括含有关联关系的单据"。设置完成之后,单击 确定 按钮,弹出【应付款管理系统-[核销(应付)]】窗口。

(3)在【应付款管理系统-[核销(应付)]】窗口中,如图 6-78 所示,单击待核销单据前"选择"所对应的表单元格中的 ☑ 按钮,选择待核销单据,再单击 核销 按钮,系统将已选择的单据进行核销。

(4)核销后,在【应付款管理系统-[核销(应付)]】窗口中,将不再显示已核销的所有单据,

图 6-77 设置单据核销条件

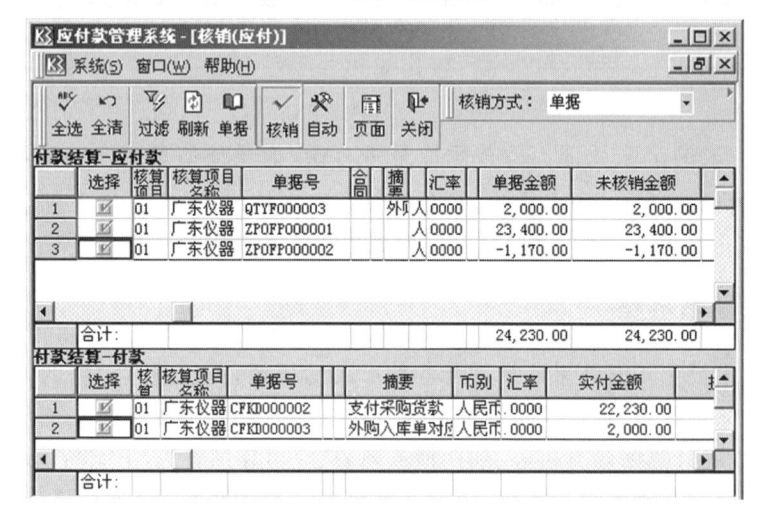

图 6-78 核销付款单

单击 按钮,返回【应付款核销—付款结算-应付款管理-[主界面]】窗口。

6.7 固定资产业务日常处理

企业固定资产业务处理

固定资产业务日常处理是指对固定资产发生的各种业务进行日常管理和核算,主要包括固定资产增加、固定资产减少、固定资产其他变动(如价值变动、折旧方法改变等)、计提折旧、生成凭证等。

6.7.1 固定资产增加核算

固定资产增加是指企业取得固定资产。按其取得来源的不同,固定资产可分为购置、自建、租入、接受捐赠和盘盈固定资产。不论企业取得固定资产的来源如何,固定资产到达既定地点或完成建造安装后,资产管理部门或财务部门均应将固定资产的各项资料准

第 6 章 日常业务处理的具体方法

备充分,在固定资产管理系统中录入新增固定资产的卡片资料,并进行相应的账务处理。

【例 6-28】 bsp 公司于 2018 年 1 月 31 日购入一台生产用仪器,总金额为 5 000 元,已开出建设银行的现金支票支付,支票号为 2018013101XJ01。具体资料见表 6-1。要求:由陈主任录入新增固定资产信息。

表 6-1　　　　　　　　　　新增固定资产卡片信息(1)

资产编码	YQ-1	变动方式	购入
名　　称	仪器	使用部门	生产部
类　　别	办公设备	折旧费用科目	制造费用
计量单位	台	币　别	人民币
数　　量	1	原币金额	5 000
经济用途	经营用	开始使用日期	2018-01-31
使用状态	正常使用	折旧方法	平均年限法(基于入账原账)

操作步骤:

(1)登录【金蝶 K/3 系统登录-V10.3】窗口,在"用户名"文本编辑框中输入"陈主任",再单击 确定 按钮,登录金蝶 K/3 主控台主界面。

(2)在【新增卡片-固定资产管理-[主界面]】窗口中,执行【财务会计】/【固定资产管理】/【业务处理】/【新增卡片】并双击,弹出【卡片及变动-新增】对话框。

(3)在【卡片及变动-新增】对话框中,在【基本信息】选项卡中,单击"资产类别"文本编辑框右侧的 浏览按钮,弹出【资产类别】对话框,选择输入"办公设备";在"资产编码"文本编辑框中直接输入"YQ-1";在"资产名称"文本编辑框中直接输入"仪器";在"计量单位"文本编辑框中直接输入"台";在"数量"文本编辑框中直接输入"1";在"入账日期"文本编辑框中直接输入"2018-01-31";单击"经济用途"文本编辑框右侧的 下拉按钮,选择输入"经营用";单击"使用状态"文本编辑框右侧的 浏览按钮,弹出【使用状态类别】对话框,选择输入"正常使用";单击"变动方式"文本编辑框右侧的 浏览按钮,弹出【变动方式类别】对话框,选择输入"购入"。

(4)单击【部门及其他】选项卡,如图 6-79 所示,在"相关科目"项中,单击"固定资产科目"文本编辑框右侧的 浏览按钮,弹出【会计科目】窗口,选择输入"固定资产"(或直接输入"固定资产");单击"累计折旧科目"文本编辑框右侧的 浏览按钮,弹出【会计科目】窗口,选择输入"累计折旧"(或直接输入"累计折旧")。在"使用部门"项中,选择"单一",并在其右侧的文本编辑框中输入"生产部"(或单击该文本编辑框右侧的 浏览按钮,弹出【核算项目-部门】窗口,选择输入"生产部")。在"折旧费用分配"项中,选择"单一",并在其下方的"科目"文本编辑框中输入"5101"(或"制造费用")(或单击"科目"文本编辑框右侧的 浏览按钮,弹出【会计科目】窗口,选择输入"5101")。

(5)单击【原值与折旧】选项卡,如图 6-80 所示,选择"单币别";在"原币金额"文本编辑框中输入"5000",其余各项保持系统默认设置即可。信息设置全部正确之后,单击对话框右侧的 保存(S) 按钮,保存新增卡片信息,再单击 确定 按钮,返回【固定资产

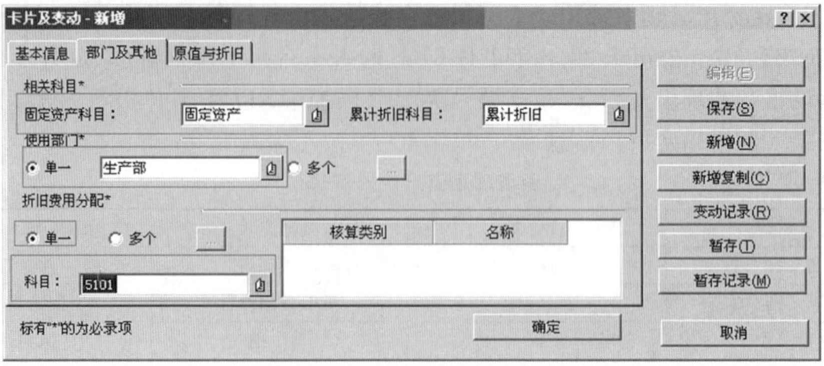

图 6-79 录入部门及其他信息

系统-[卡片管理]】窗口。

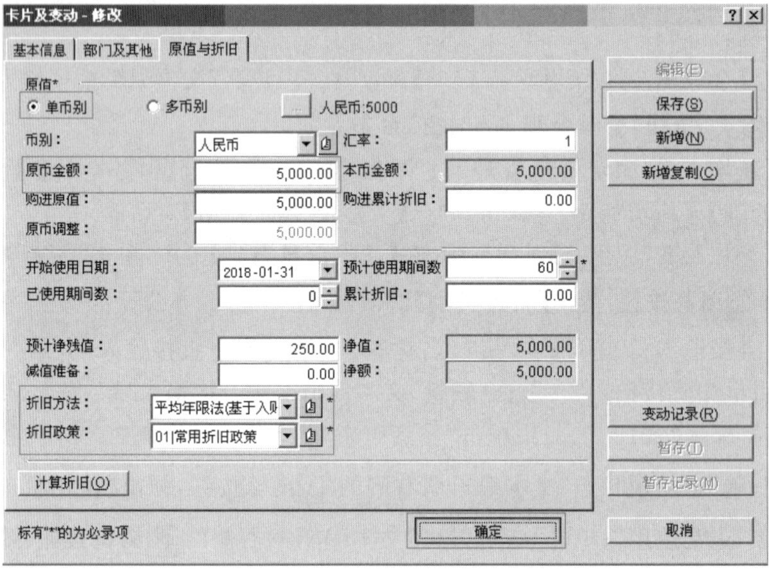

图 6-80 设置原值与折旧信息

（6）在【固定资产系统-[卡片管理]】窗口的显示区域，会显示出新增的固定资产卡片信息。再单击 退出 按钮，退出该窗口。

6.7.2 固定资产减少核算

企业发生固定资产减少业务时一般均要进行固定资产清理，发生固定资产减少的原因主要有：固定资产投资转出、盘亏、报废等。在固定资产管理系统中进行固定资产减少核算时，主要生成一张固定资产清理记录单，并将原固定资产卡片删除，如果要同时清理多个固定资产，则在【固定资产系统-[卡片管理]】窗口中，按 Shift 或 Ctrl 键选择多条需要清理的资产即可。同时要注意：当期已进行变动的固定资产不能清理；当期新增加的固定资产当期可以清理，但只适用于单个固定资产，不能进行批量清理。

第6章　日常业务处理的具体方法

【例6-29】　bsp公司于2018年1月31日报废一台办公设备(电脑)，清理残值收入100元，收到现金，未发生清理费用。要求：由陈主任进行相关固定资产减少业务处理。

操作步骤：

(1)在【金蝶K/3系统登录-V10.3】窗口中，在"用户名"文本编辑框中输入"陈主任"，再单击 确定 按钮，登录金蝶K/3主控台主界面。

(2)在【变动处理-固定资产管理-[主界面]】窗口中，执行【财务会计】/【固定资产管理】/【业务处理】/【变动处理】并双击，弹出【固定资产系统-[卡片管理]】窗口。

(3)在【固定资产系统-[卡片管理]】窗口中，如图6-81所示，选择待清理的固定资产卡片记录，单击 清理 按钮，弹出【固定资产清理-新增】对话框。

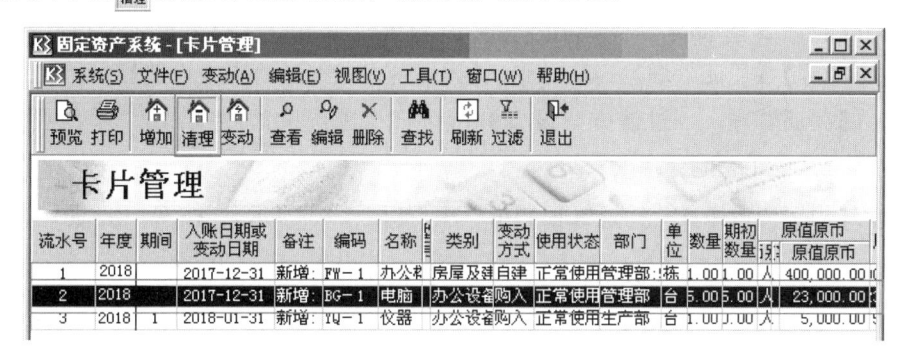

图6-81　进行固定资产清理

(4)在【固定资产清理-新增】对话框中，如图6-82所示，在"清理日期"文本编辑框中输入"2018-01-31"；在"清理数量"文本编辑框中输入"1"；在"清理费用"文本编辑框中输入"0"；在"残值收入"文本编辑框中输入"100"；单击"变动方式"文本编辑框右侧的 浏览按钮，弹出【增减变动方式】对话框，选择输入"其他减少"；在"摘要"文本编辑框中输入"报废电脑一台"。固定资产清理信息输入完毕之后，单击对话框右侧的 保存(S) 按钮，弹出【金蝶提示】界面，提示"保存清理数据前必须生成一条变动记录，确认要生成吗？"，单击 确定 按钮，系统自动生成一条变动记录，并返回如图6-82所示的【固定资产清理-新增】对话框，单击其右侧的 关闭(C) 按钮，返回【固定资产系统-[卡片管理]】窗口。

图6-82　录入固定资产清理信息

(5)在【固定资产系统-[卡片管理]】窗口中,在该窗口的显示区域,会增加一条变动记录,从该记录中可看出,电脑由原来的5台变为4台,原值由23 000变为18 400。最后单击 退出 按钮退出该窗口,完成固定资产减少业务的处理。

6.7.3 凭证管理

固定资产的凭证管理功能是指依据会计制度和会计准则的规定,完成对固定资产的新增、减少和变动业务的会计核算处理,即生成相应的记账凭证,并将生成的记账凭证传递到总账系统,实现财务业务的一体化管理,保证固定资产管理系统和总账系统的数据吻合。

【例6-30】 bsp公司在月末由陈主任生成本月相关固定资产业务凭证。

(1)在【凭证管理-固定资产管理-[主界面]】窗口中,执行【财务会计】/【固定资产管理】/【业务处理】/【凭证管理】并双击,弹出【凭证管理——过滤方案设置】对话框。

(2)在【凭证管理——过滤方案设置】对话框中,进行设置,并单击 确定 按钮,弹出【固定资产系统-[凭证管理]】窗口。

(3)在【固定资产系统-[凭证管理]】窗口中,如图6-83所示,在按 Ctrl 键的同时,选择本月发生的固定资产业务记录,再单击 按单 按钮,则按单据生成固定资产凭证,弹出【凭证管理——按单生成凭证】对话框。

图6-83 按单据生成固定资产凭证

(4)在【凭证管理——按单生成凭证】对话框中,单击 开始 按钮,系统准备生成凭证,并提示操作过程。如本例,由于凭证模板设置不完整,所以弹出【金蝶提示】界面,提示"凭证保存出错!是否手工调整?",如图6-84所示,单击 是(Y) 按钮,弹出【记账凭证-修改(1/1)】窗口。

图6-84 【金蝶提示】界面(4)

(5)在【记账凭证-修改(1/1)】窗口中,将生成的记账凭证修改完善。如图6-85所示,在第二条记录的"科目"所对应的单元格中输入"1002.01-银行存款-建设银行",并单击 按钮,保存修改正确的凭证信息。再单击 按钮,返回【凭证管理——按单生成凭证】对话框中继续生成新的凭证。系统在生成凭证过程中如发现生成的凭证信息不完整,将再次弹出如图6-84所示的提示界面,同样单击 是(Y) 按钮,又会弹出【记账凭证-修改(1/1)】窗口。如图6-86所示,将凭证科目补充完整,再单击 按钮,保存修改好的凭证信息。最后单击 按钮，再次返回【凭证管理——按单生成凭证】对话框。

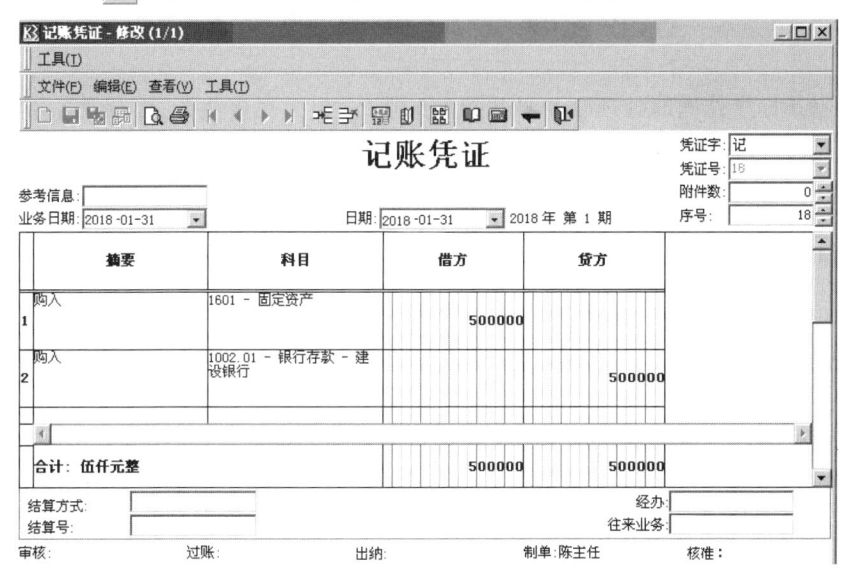

图 6-85 生成的本期购入固定资产凭证

图 6-86 生成的本期报废固定资产凭证

（6）在【凭证管理——按单生成凭证】对话框中，如系统判断所选定的固定资产业务凭证已全部生成，就会在该对话框中提示，如本例提示"完毕。共生成 2 张凭证"，单击 退出 按钮，返回【固定资产系统-[凭证管理]】窗口。

6.8 现金业务日常处理

现金业务日常处理即处理企业日常的出纳业务,包括现金业务、银行业务、票据管理、相关报表、系统维护等。会计人员能在该系统中根据出纳录入的收、付款信息生成相关的记账凭证并传递到总账系统。

6.8.1 日记账录入

日记账录入包括现金日记账录入和银行存款日记账录入。现金日记账的登记依据是经过复核无误的收款记账凭证和付款记账凭证。银行存款日记账的登记依据是收款凭证和付款凭证。具体地讲,就是银行存款收款凭证、银行存款付款凭证和部分现金付款凭证。这里所说的部分现金付款凭证是指将现金存入银行的业务,只填现金付款凭证,不填银行存款收款凭证。在这种情况下,银行存款增加只能依据其相关的现金付款凭证进行登记。

日记账录入有三种方法:一是直接从总账引入现金类凭证记录,可按日或按期间登记日记账,或按对方科目或现金类科目进行登记;二是通过复核记账的方式逐笔或选择批量登记日记账;三是直接逐笔登记日记账,或录入日期、凭证字号后自动获取凭证摘要、金额等信息登记日记账。在通常情况下,这三种方法只使用其中的一种,不混合使用,以免增加对账的难度。

为了保证出纳人员记账的连续性、每笔业务的清晰度及账务的准确性和可比性,建议企业采用以直接逐笔录入发生业务记录的方式。尽管从总账引入和采用复核记账方式录入日记账的方法较为快捷,但是它失去了现金管理的意义。在本书中以第一种方式为例进行介绍。

【例 6-31】 bsp 公司由张会计录入本月的日记账,张会计采取的方式是直接从总账引入数据。

操作步骤:

(1)在【金蝶 K/3 系统登录-V10.3】窗口中,在"用户名"文本编辑框中录入"张会计",单击 确定 按钮,弹出【引入日记账-现金管理-[主界面]】窗口。

(2)在【引入日记账-现金管理-[主界面]】窗口中,执行【财务会计】/【现金管理】/【总账数据】/【引入日记账】并双击,弹出【引入日记账】对话框。

(3)在【引入日记账】对话框中,单击【现金日记账】选项卡,进行条件设置,在"引入方式"项中选择"按现金科目";在"日期"项中选择"使用凭证日期";在"期间模式"项中选择"引入本期所有凭证";在"凭证字"文本编辑框中选择输入"(所有凭证)";在"制单人"文本编辑框中选择输入"(全部)";在"审核状态"项中选择"全部";在"过账状态"项中选择"全部"。条件设置好后,单击 引入(I) 按钮,弹出【金蝶提示】界面,提示"引入现金日记账完毕!",单击 确定 按钮,返回【引入日记账】对话框。

(4)重复上述操作步骤,在【引入日记账】对话框中,单击【银行存款日记账】选项卡,进行条件设置：在“引入方式”项中选择“按银行存款科目”；在“日期”项中选择“使用凭证日期”；在“期间模式”项中选择“引入本期所有凭证”；在“凭证字”文本编辑框中选择输入“(所有凭证)”；在“制单人”文本编辑框中选择输入“(全部)”；在“审核状态”项中选择“全部”；在“过账状态”项中选择“全部”。条件设置好后，单击 引入(I) 按钮，弹出【金蝶提示】界面，提示“引入银行存款日记账完毕!”，单击 确定 按钮，返回【引入日记账】对话框，单击 关闭(C) 按钮，退出该对话框，返回【引入日记账-现金管理-[主界面]】窗口。

6.8.2 日记账查询

日记账查询包括现金日记账查询和银行存款日记账查询。现金日记账是指用于逐日、逐笔反映库存现金的收入、支出和结存情况，以便于对现金的保管、使用及现金管理制度的执行情况进行严格日常监督及核算的账簿。银行存款日记账是指用于逐日、逐笔反映银行存款增减变化和结余情况的账簿。通常情况下，银行存款日记账由出纳人员进行登记。银行存款日记账可以及时、详尽地提供每一笔银行存款收付的具体信息，全面反映银行存款的增减变化与结存情况。

【例6-32】 bsp公司的张会计在月末需要查询该公司的现金日记账与银行存款日记账。

操作步骤：

(1)查询现金日记账

①由张会计在【现金日记账-现金管理-[主界面]】窗口中，执行【财务会计】/【现金管理】/【现金】/【现金日记账】并双击，弹出【现金日记账】对话框。

②在【现金日记账】对话框中，进行设置，再单击 确定(O) 按钮，弹出【现金管理系统-[现金日记账]】窗口。

③在【现金管理系统-[现金日记账]】窗口的显示区域，如图6-87所示，会显示出本期有关现金日记账的详细记录，查询完毕后，单击 关闭 按钮，返回【现金日记账-现金管理-[主界面]】窗口。

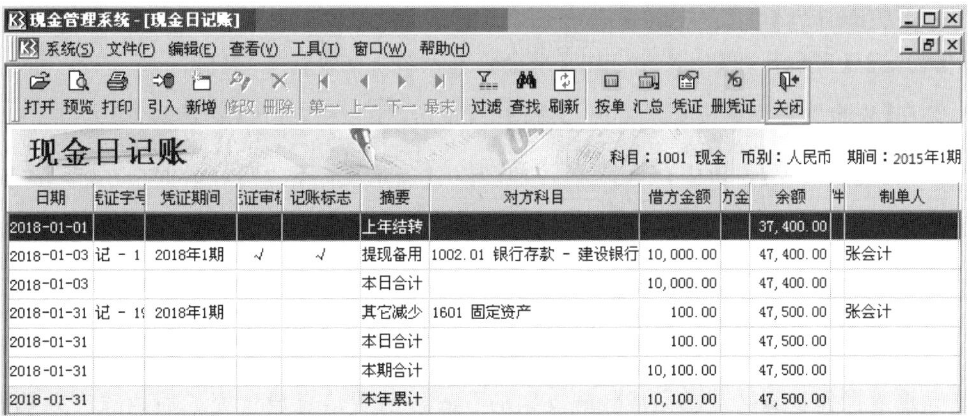

日期	证字号	凭证期间	证审核	记账标志	摘要	对方科目	借方金额	方金	余额		制单人
2018-01-01					上年结转				37,400.00		
2018-01-03	记 - 1	2018年1期	√	√	提现备用	1002.01 银行存款 - 建设银行	10,000.00		47,400.00		张会计
2018-01-03					本日合计		10,000.00		47,400.00		
2018-01-31	记 - 1	2018年1期			其它减少	1601 固定资产	100.00		47,500.00		张会计
2018-01-31					本日合计		100.00		47,500.00		
2018-01-31					本期合计		10,100.00		47,500.00		
2018-01-31					本年累计		10,100.00		47,500.00		

图6-87　查询现金日记账结果

(2)查询银行存款日记账

①由张会计在【银行存款日记账-现金管理-[主界面]】窗口中,执行【财务会计】/【现金管理】/【银行存款】/【银行存款日记账】并双击,弹出【银行存款日记账】对话框。

②在【银行存款日记账】对话框中,进行设置后,单击 确定(0) 按钮,弹出【银行存款日记账】窗口。

③在【银行存款日记账】窗口的显示区域,会显示出本期有关银行存款日记账的详细记录,查询完毕后,单击 关闭 按钮,返回【银行存款日记账-现金管理-[主界面]】窗口。

6.8.3 支票管理

企业出纳人员经常要购置大量的空白支票进行资金支付业务,为了加强对购置的现金支票、转账支票、普通支票的管理,在金蝶 K/3 现金管理系统中设置了"支票管理"功能模块,以实现对空白支票的监管使用,以防止和杜绝出纳人员和业务人员责任不明确以及票据遗漏、丢失等现象的发生。支票管理的主要内容包括支票购置、支票领用、支票报销、支票审核、支票核销等。

空白支票购置并领用后就可自动在票据备查簿中查阅显示,但对付款支票内容的维护则只能在票据管理中进行。

【例 6-33】 bsp 公司的张会计因业务需要于 2018 年 1 月 1 日从建设银行购置了现金支票与转账支票各一本。并在 2018 年 1 月 3 日领用了一张现金支票用于从银行提现,该现金支票的限额为 10 000 元,支票号为 01;2018 年 1 月 31 日,张会计又领用了一张现金支票用于购买固定资产,其限额为 5 000 元,支票号为 02;2018 年 1 月 31 日,王业务领用了一张现金支票代垫运费,其限额为 500 元,支票号为 03,领用了两张转账支票用于支付材料款(限额为 22 230 元)及运费(限额为 2 000 元),支票号分别为 01 和 02,并且相关付款业务已全部完成。要求:由张会计完成支票购置、支票领用、支票报销操作,由李主管进行支票审核及核销。

操作步骤:

(1)支票购置

①由张会计在【支票管理-现金管理-[主界面]】窗口中,执行【财务会计】/【现金管理】/【票据】/【支票管理】并双击,弹出【现金管理系统-[支票管理]】窗口。

②在【现金管理系统-[支票管理]】窗口中,单击 购置 按钮,弹出【支票购置】窗口。

③在【支票购置】窗口中,单击 新增 按钮,弹出【新增支票购置】对话框。在【新增支票购置】对话框中,如图 6-88 所示进行设置,完成后单击 确定(0) 按钮,返回【支票购置】窗口。

④新增支票购置设置完成后,在【支票购置】窗口的显示区域,将显示出新购置的支票信息。

⑤重复操作步骤②~③完成转账支票的购置。购置信息设置完成后,在【支票购置】窗口的显示区域,将显示出新购置的支票信息。若不需再新增购置信息,则可单击 关闭 按

第 6 章 日常业务处理的具体方法

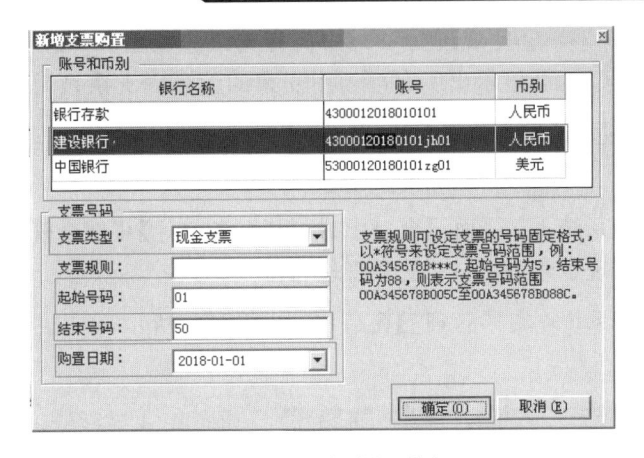

图 6-88 新增支票购置信息

钮,返回【现金管理系统-[支票管理]】窗口。

(2)支票领用

①在【现金管理系统-[支票管理]】窗口中,如图 6-89 所示,单击 按钮,弹出【支票领用】窗口。

图 6-89 单击【领用】按钮

②在【支票领用】窗口中,参照【例 6-33】的资料,如图 6-90 所示设置领用支票信息,设置完成后,单击 按钮,返回【现金管理系统-[支票管理]】窗口。

图 6-90 设置支票领用信息

③重复操作步骤①~②完成【例 6-33】中所有支票的领用。在【现金管理系统-[支票管理]】窗口的显示区域,会显示出所有已领用支票的信息。支票领用信息已全部登记完毕后,单击 [关闭] 按钮,返回【现金管理系统-主界面】窗口。

(3) 支票报销

①在【现金管理系统-[主界面]】窗口中,执行【财务会计】/【现金管理】/【票据】/【支票管理】并双击,弹出【现金管理系统-[支票管理]】窗口。

②在【现金管理系统-[支票管理]】窗口中,如图 6-91 所示,单击 [修改] 按钮,弹出【支票-修改】对话框。

图 6-91 进行支票报销

③在【支票-修改】对话框中,如图 6-92 所示,输入相关的支票报销信息,再单击 [保存] 按钮,完成该条支票记录的报销操作。

④将支票报销信息保存之后,对话框即相应更改为【支票-查看】,单击 [下一] 按钮,再单击 [修改] 按钮,录入下一条支票记录的相关报销信息,录入完毕后再单击 [保存] 按钮,保存所录入的信息。重复上述操作步骤,直至将所要报销的支票全部完成报销操作之后,再单击 [关闭] 按钮,返回【现金管理系统-[支票管理]】窗口。

⑤在【现金管理系统-[支票管理]】窗口的显示区域,会显示出已报销支票的信息。

(4) 支票审核及核销

①更换操作员,由李主管登录【金蝶 K/3 系统登录-V10.3】窗口。在"用户名"文本编辑框中输入"李主管",单击 [确定] 按钮,弹出【现金管理系统-[主界面]】窗口。

②在【现金管理系统-[主界面]】窗口中,执行【财务会计】/【现金管理】/【票据】/【支票管理】并双击,弹出【现金管理系统-[支票管理]】窗口。

③在【现金管理系统-[支票管理]】窗口中,单击 [查看] 按钮,弹出【支票-查看】对话框。

第 6 章　日常业务处理的具体方法

图 6-92　输入支票报销信息

④在【支票-查看】对话框中，如图 6-93 所示，单击审核按钮，对支票信息的正确性进行审核，如完全正确，则可确认其需要核销，再单击核销按钮，将该支票进行核销。如还需要对其他支票进行审核及核销操作，可单击下一按钮，再重复上述操作步骤即可。所有需要审核及核销的支票全部完成之后，单击关闭按钮，返回【现金管理系统-［支票管理］】窗口。

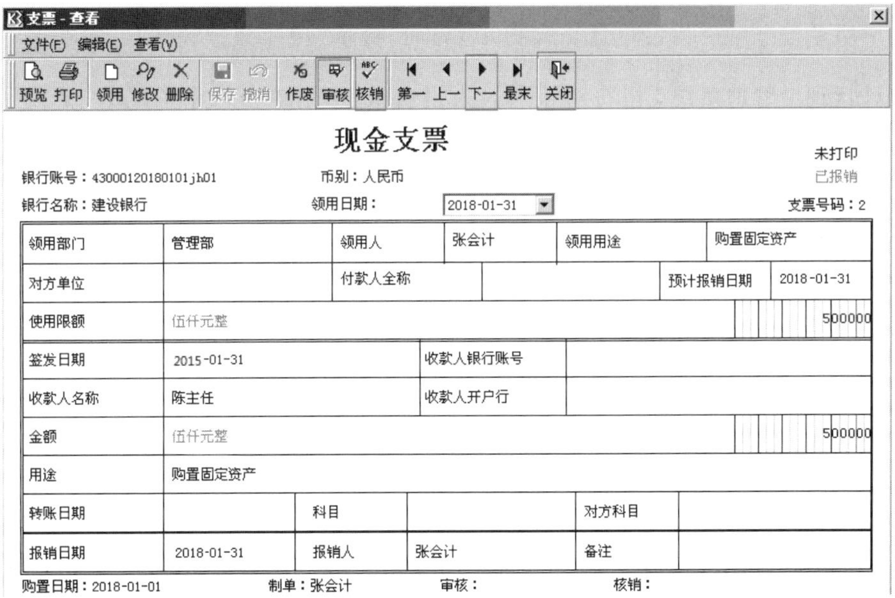

图 6-93　进行审核及核销

⑤在【现金管理系统-[支票管理]】窗口的显示区域将不再显示已核销的支票信息(因为核销对支票终结)。单击 [关闭] 按钮退出该窗口。

6.8.4 银行对账单录入

银行对账单录入即将银行出具的对账单录入金蝶 K/3 中。银行对账单可以逐笔登记,也可以从银行取得对账单文档(要求:必须转化成文本文件,即扩展名为.txt 的文件),直接引入。

【例 6-34】 bsp 公司的张会计于 2018 年 1 月 31 日从建设银行取回本月的银行存款对账单,其信息见表 6-2,要求:由张会计录入银行存款对账单。

表 6-2 银行存款对账单

日　　期	摘　　要	结算方式	支票号	借　方	贷　方
2018-01-03	提现备用	现金支票	Xj0103	10 000	
2018-01-12	代垫运费	现金支票	Xj0112	500	

操作步骤:

(1)由张会计在【银行对账单-现金管理-[主界面]】窗口中,执行【财务会计】/【现金管理】/【银行存款】/【银行对账单】并双击,弹出【银行对账单】对话框。

(2)在【银行对账单】对话框中,进行设置后,单击 [确定(O)] 按钮,弹出【现金管理系统-[银行对账单]】窗口。

(3)在【现金管理系统-[银行对账单]】窗口中,单击 [新增] 按钮,弹出【现金管理系统-[银行对账单录入]】窗口。

(4)在【现金管理系统-[银行对账单录入]】窗口中,如图 6-94 所示录入对账单信息,录入完毕后单击 [保存] 按钮。弹出【金蝶提示】界面,提示"保存数据完毕!",单击 [确定] 按钮,返回【现金管理系统-[银行对账单录入]】窗口,单击该窗口中的 [关闭] 按钮,完成银行对账单的录入操作。

6.8.5 银行对账

银行对账是指将企业的银行存款日记账与银行出具的银行对账单进行核对的过程。银行对账是企业及银行出纳员最基本的工作之一,企业的结算业务大部分要通过银行进行结算,但企业与银行的账务处理和入账时间不一致,往往会发生双方账面不一致的情况。为了防止记账发生差错,准确掌握银行存款的实际金额,企业必须定期将企业银行存款日记账与银行出具的对账单进行核对。在与银行进行对账时要注意,银行对账单的金额方向与企业银行存款日记账的金额方向是相反的。

【例 6-35】 bsp 公司的张会计于 2018 年 1 月 31 日录入银行对账单后,与建设银行存款日记账进行对账,并编制银行存款余额调节表,核实银行存款情况。

操作步骤:

(1)在【银行存款对账-现金管理-[主界面]】窗口中,执行【财务会计】/【现金管理】/

第 6 章　日常业务处理的具体方法

【银行存款】/【银行存款对账】并双击,弹出【银行存款对账】对话框。

（2）在【银行存款对账】对话框中,单击"科目"文本编辑框右侧的 ▼ 下拉按钮,选择输入"1002.01 建设银行";勾选"包含已勾对记录"。再单击 确定(O) 按钮,弹出【现金管理系统-[银行对账]】窗口。

（3）在【现金管理系统-[银行对账]】窗口中,单击 自动 按钮进行自动对账,弹出【银行存款对账设置】对话框。

（4）在【银行存款对账设置】对话框中,如图 6-95 所示,勾选"结算方式相同"（一般来说,企业在进行银行存款对账时的基本条件是金额相同、结算方式相同、结算号相同。也可以自行设定,进行自动对账,金额相同是系统默认的）。单击 确定(O) 按钮,系统开始进行自动对账,对账不完整的可以用手工对账来进行补充对账。

图 6-94　录入银行对账单　　　　图 6-95　设置自动对账条件

（5）自动对账完成后,在【银行对账】窗口中,如图 6-96 所示高亮度显示的两条记录,因不符合自动对账条件而未能对账。此时可以选择这两条记录,单击 手工 按钮,进行手工对账来进行补充核对。

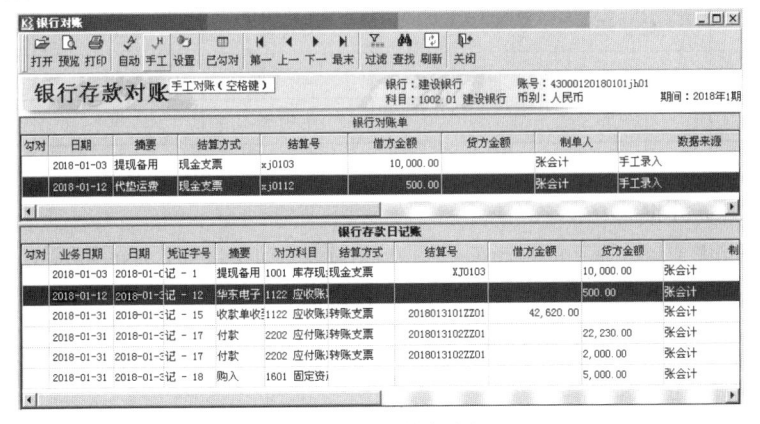

图 6-96　手工补充对账

（6）完成手工对账补充核对后,原来尚未对上的两条记录现已经勾对成功,单击 关闭 按钮,退出该窗口。

6.9 工资核算业务日常处理

工资核算业务日常处理主要包括工资数据录入、工资计算及审核、工资发放、工资费用分摊及相应的凭证管理工作、员工的个人所得税计算以及人员变动调整等。在企业中工资核算是一项工作量大、准确性要求高、涉及面广的工作,如果系统设置得完善、日常处理流程合理,将大大减轻相关人员的工作量并提高工作效率,在此为大家提供一个较为优化的工资日常业务处理流程,如图 6-97 所示。

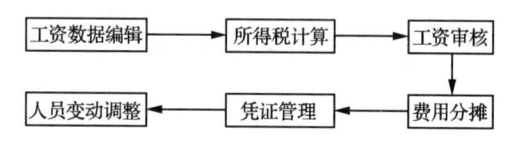

图 6-97 工资日常业务处理流程

6.9.1 工资数据编辑

工资数据编辑主要是指将企业员工每月的原始工资数据录入系统中,并计算出一些需要计算的项目,如应发合计、实发合计等。在录入工资数据时,可以直接手工录入,也可以由各下级单位统一报送之后引入系统。

【例 6-36】 bsp 公司的张会计在月末收齐了本月各部门员工的工资数据单之后,将其录入工资管理系统,并计算出各计算项、合计项。工资数据单见表 6-3。

表 6-3　　　　　　　　　2018 年 1 月工资数据单

职员代码	职员姓名	部门代码	部门名称	基本工资	奖　金
0101	李主管	01	管理部	1 800	800
0102	张会计	01	管理部	900	450
0103	陈主任	01	管理部	1 500	600
0201	赵生产	02	生产部	1 000	650
0301	王业务	03	供销部	1 600	550

操作步骤:

(1)录入工资数据

①张会计在【工资录入-工资管理-[主界面]】窗口中,执行【人力资源】/【工资管理】/【工资业务】/【工资录入】并双击,弹出【过滤器】对话框。

②在【过滤器】对话框中,选择默认方案("本月"),单击 确定(O) 按钮,弹出【工资数据录入-[本月]】窗口。

③在【工资数据录入-[本月]】窗口中,参照表 6-3 的资料,将基本工资与奖金正确录入后,单击 保存 按钮,保存新录入的工资数据。

第 6 章　日常业务处理的具体方法

(2) 工资计算

①对已定义好计算公式的工资项目进行工资计算,如本例中的补贴、应发合计、实发合计。在【工资计算-工资管理-[主界面]】窗口中,执行【人力资源】/【工资管理】/【工资业务】/【工资计算】并双击,弹出【工资计算向导】对话框。

②在【工资计算向导】对话框中,如图 6-98 所示,勾选"方案名称"项目中的"本月",再单击 编辑(E) 按钮。弹出如图 6-99 所示的【定义过滤条件】对话框,单击"计算公式"文本编辑框右侧的 ▼ 下拉按钮,选择输入"补贴"。单击 确定(O) 按钮,返回如图 6-98 所示的【工资计算向导】对话框中,单击 下一步(N) 按钮,准备进行工资计算。

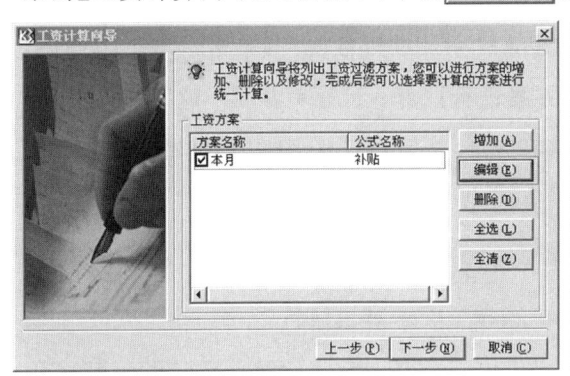

图 6-98　编辑方案　　　　　　　　　图 6-99　选择计算公式"补贴"

③在【工资计算向导】对话框中,单击 计算(S) 按钮,系统按选择的计算公式对相应的工资项目进行计算,计算完成后,弹出【工资计算向导】对话框,单击 完成(F) 按钮,完成整个工资计算过程。

④重复操作步骤①~③,依次完成"应发合计""实发合计"工资项目的计算。计算完成后,返回【工资数据录入-[本月]】窗口,如图 6-100 所示,可以看到原已定义计算公式并经过计算的工资项目已经被刷新。

图 6-100　查看计算结果

6.9.2　所得税计算

所得税计算即按照税法规定,对公司员工的个人收入进行所得税计算,企业可根据需要设置多种计税方案,以满足核算需要。

【例 6-37】 bsp 公司的张会计在月末录入并计算完本月所有的工资数据之后,对员工的工资进行个人所得税的扣除计算。

操作步骤:

(1)在【所得税计算-工资管理-[主界面]】窗口中,执行【人力资源】/【工资管理】/【工资业务】/【所得税计算】并双击,弹出【过滤器】对话框。选择默认方案("标准格式"),单击 确定(0) 按钮,弹出【个人所得税数据录入-[标准格式][方法-本期]】窗口。

(2)在【个人所得税数据录入-[标准格式][方法-本期]】窗口中,如图 6-101 所示,先单击 方法 按钮,选择计税方法"按期间进行计算",再单击 设置 按钮,进行计税设置,最后单击 计税 按钮,弹出【金蝶提示】界面,提示"重新计算税率及纳税额吗?",单击 确定 按钮,系统会自动按照企业已设置的所得税计算方案进行计算。计算完成后,返回【个人所得税数据录入-[标准格式][方法-本期]】窗口,单击 保存 按钮,弹出【金蝶提示】界面,提示"确定要保存当前数据变动吗?",单击 确定 按钮,保存当前计算结果。

图 6-101 进行个人所得税计税

(3)将计算的所得税结果引入工资数据中。返回【工资数据录入-[本月]】窗口。如图 6-102 所示,先将光标移入"代扣税"所对应的单元格中,再执行【编辑】/【引入所得税】,弹出【金蝶提示】界面,提示"确定要在当前项目[代扣税]导入扣缴个人所得税数据吗?",单击 确定 按钮,弹出【引入所得税】对话框,选择"引入方式"项中的"引入本期所得税",再单击 确定(0) 按钮,成功引入所得税。

(4)引入所得税之后,如图 6-103 所示,在【工资数据录入-[本月]】窗口的"代扣税"所对应的单元格中会显示出已引入的所得税金额。检查数据是否正确,如果正确则单击 保存 按钮,将数据进行保存。

技巧: 在引入所得税时,"引入方式"要与所得税计算时所选择的"计算方法"一致。如本例中,所得税计算时选择的是"按期间进行计算",则在引入时也要选择"引入本期所得税",否则不能正确引入计算的所得税。

第 6 章　日常业务处理的具体方法

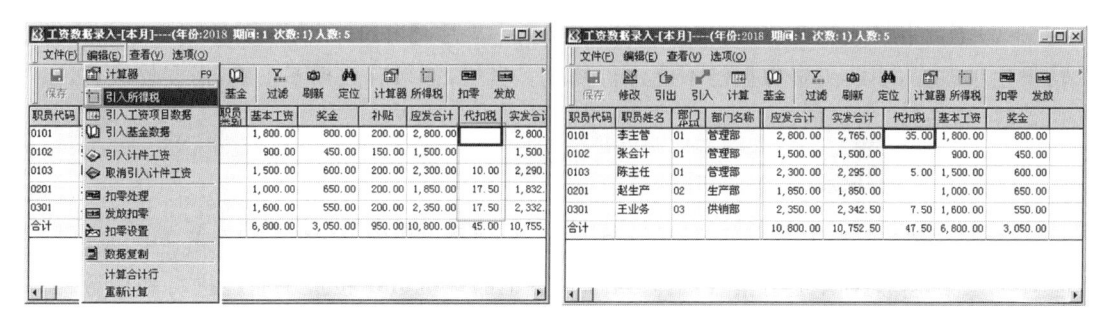

图 6-102　执行【引入所得税】

图 6-103　保存引入的所得税

6.9.3　工资审核

工资审核可对工资数据的修改权限进行控制,确保已进行审核的工资数据不被修改,保证了工资数据的保密性。同时,系统还提供了工资复审功能,将工资系统数据的审核控制增加了一层,可以通过人为控制保证工资数据的私密性。

【**例 6-38**】　bsp 公司的张会计在月末计算好所有员工工资数据之后,为防止工资数据被意外修改,由李主管对本企业所有员工的工资数据进行审核。

操作步骤：

(1)由李主管进行系统登录。在【金蝶 K/3 系统登录-V10.3】窗口中,在"用户名"文本编辑框中输入"李主管",单击 确定 按钮,登录【工资审核-工资管理-[主界面]】窗口。

(2)在【工资审核-工资管理-[主界面]】窗口中,执行【人力资源】/【工资管理】/【工资业务】/【工资审核】并双击,弹出【打开工资类别】对话框。

(3)在【打开工资类别】对话框中,选择"正式工"工资类别,单击 选择(S) 按钮,弹出【工资审核】对话框。

(4)在【工资审核】对话框中,如图 6-104 所示,勾选所有部门；选择"审核"；勾选"按部门处理",系统自动进行工资审核并弹出【金蝶提示】界面,提示"是否保存当前数据变动?",单击 是(Y) 按钮,便完成了工资审核操作,单击 X 按钮,退出该对话框。

图 6-104　工资审核

(5)工资审核成功之后,返回【工资数据录入-[本月]】窗口,所有工资数据记录的底色均发生了改变,表明工资数据已不能进行修改。当然,如果有数据不正确,需要修改,可以执行【反审核】取消审核。

6.9.4 费用分摊

完成工资数据录入、个人所得税计算之后,为了将企业的工资业务记录下来,反映到会计记录中,并能对外进行报告,需要对本月员工的工资数据按员工职能进行费用分摊。即按部门汇总、生成相应的工资费用凭证并传递到总账系统中。在工资管理系统中的工资费用分配模块是工资管理系统与总账系统的接口。

【例6-39】 bsp公司要求:张会计在月末按部门对员工的应发工资费用进行汇总及分配。

操作步骤:

(1)由张会计在【费用分配-工资管理-[主界面]】窗口中,执行【人力资源】/【工资管理】/【工资业务】/【费用分配】并双击,弹出【打开工资类别】对话框。

(2)在【打开工资类别】对话框中,选择"正式工"工资类别,单击 选择(S) 按钮,弹出【费用分配】对话框。

(3)在【费用分配】对话框中,单击【编辑】选项卡,再单击其下方的 新增 按钮,激活【费用分配】对话框。

(4)在【费用分配】对话框中,如图6-105所示进行设置,再单击 保存 按钮,保存"分配应发工资"费用分配凭证模板。

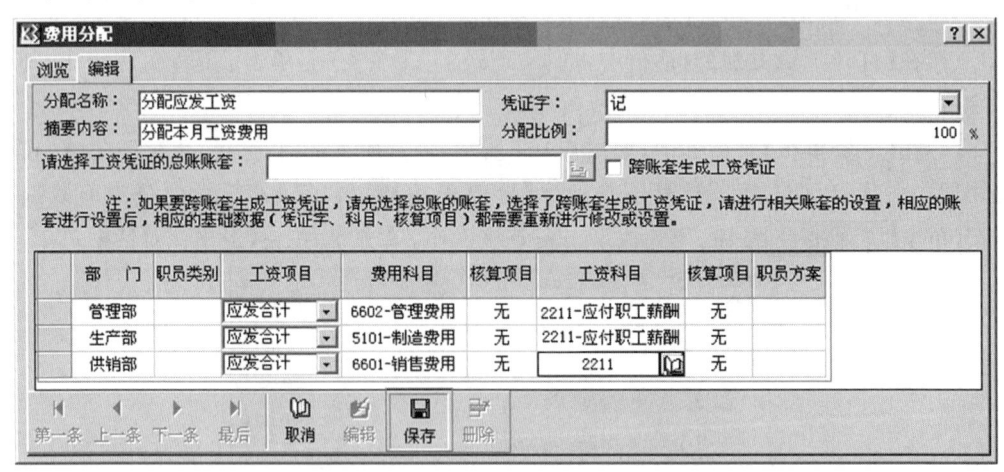

图6-105 编辑费用分配凭证模板

(5)在【费用分配】对话框中,单击【浏览】选项卡,如图6-106所示进行设置,设置完后,单击对话框右下方的 生成凭证 按钮,弹出【金蝶提示】界面,提示"立即建立凭证吗?"单击 确定 按钮,生成凭证,同时弹出【费用分配】对话框,单击 关闭 按钮,退出该对话框,返回图6-106所示的对话框中,单击其下方的 退出(Q) 按钮,完成工资费用分配凭证的生成操作。

图 6-106　生成凭证

6.9.5　凭证管理

工资凭证管理主要是指对工资管理系统生成的凭证进行相关处理,如查看、打印、删除等操作。

【例 6-40】　bsp 公司的张会计生成本月工资费用分配凭证之后,需要检查凭证的正确性。

操作步骤:

(1)在【工资凭证管理-工资管理-[主界面]】窗口中,执行【人力资源】/【工资管理】/【工资业务】/【工资凭证管理】并双击,弹出【打开工资类别】对话框。

(2)在【打开工资类别】对话框中,选择"正式工"工资类别,单击 选择(S) 按钮,弹出【凭证查询】窗口。

(3)在【凭证查询】窗口中,查看分配工资费用凭证,如完全正确,则单击 关闭 按钮,返回【工资凭证管理-工资管理-[主界面]】窗口。如凭证不正确,可单击 删除 按钮,删除该凭证后,再重新设置生成凭证。

6.9.6　人员变动调整

人员变动是指企业员工在部门间流动、员工职称发生变化、职位变动、员工离职等人事变动。人员变动会影响工资的计算,因此在进行人员变动时要注意,当该人员在原人事状态下获得相应的工资报酬时,需要先计算工资数据,生成相应的工资凭证后,再进行人员变动处理;当该人员在变动后的人事状态下获得相应的工资报酬时,需要先进行人员变动处理后,再计算工资数据,生成相应的工资凭证。

【例 6-41】　bsp 公司管理部的陈主任从 2018 年 2 月 1 日起到生产部工作。由张会计对其变动进行处理。

操作步骤：

(1)由张会计在【人员变动处理-工资管理-[主界面]】窗口中,执行【人力资源】/【工资管理】/【人员变动】/【人员变动处理】并双击,弹出【打开工资类别】对话框。

(2)在【打开工资类别】对话框中,选择"正式工"工资类别,单击 选择(S) 按钮,弹出【职员变动】对话框。

(3)在【职员变动】对话框中,如图6-107所示,单击 新增(A) 按钮,弹出【职员】窗口。

图 6-107　新增职员变动

(4)在【职员】窗口中,如图6-108所示,双击"0103 陈主任",将其选入如图6-109所示的【职员变动】对话框,单击 下一步(N) 按钮,进行职员变动项目设置。

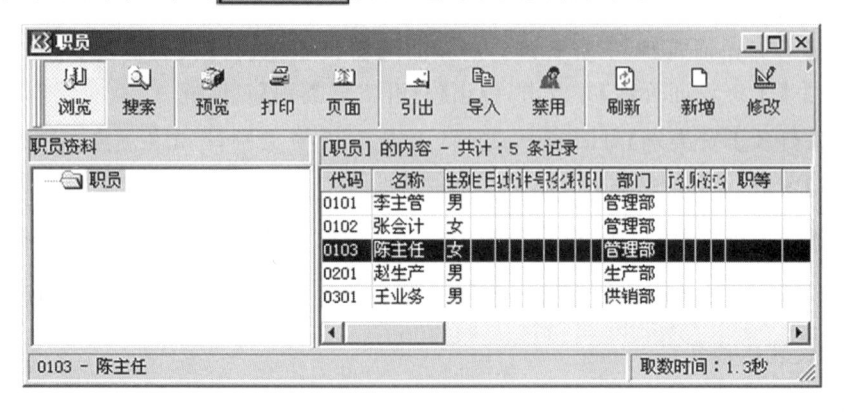

图 6-108　选择"陈主任"

(5)在【职员变动】对话框中,如图6-110所示,将"变动日期"修改为"2018-02-01";单击"职员项目"文本编辑框的 ▼ 下拉按钮,选择输入"部门";在"变动参数"文本编辑框中输入"生产部"。所有变动参数设置完成之后,单击 完成(F) 按钮,弹出【金蝶提示】界面,提示"职员变动成功完成!"。单击 确定 按钮,返回【人员变动处理-工资管理-[主界面]】窗口。

第 6 章　日常业务处理的具体方法

图 6-109　选入【职员变动】对话框

图 6-110　完成职员变动

6.10　各业务系统传递到总账系统中凭证的处理

前文所述的业务系统在进行日常业务处理时均有相关的业务凭证生成,并已由系统自动传递到总账系统。这些凭证在总账系统中进行集合,由总账系统进行统一管理,进行审核、汇总与记账,最后再流向报表管理系统,按照一定的格式对外报告。

1.凭证审核

凭证审核功能与操作步骤与 5.2.4 中所述内容完全一样,在此不再详述。

【例 6-42】　由李主管在总账系统中对所有的凭证进行审核。

操作步骤参照【例 5-4】。

2.凭证汇总与记账

凭证汇总功能与操作步骤在 5.2.5 中已进行了详述,在此不再阐述;凭证记账功能与操作步骤在 5.3 中进行了阐述,在此不再复述。

【例 6-43】　由李主管在总账系统中对所有凭证按一级科目进行汇总。

操作步骤参照【例 5-5】。

【例 6-44】　由李主管在总账系统中对所有凭证进行记账。

操作步骤参照【例 5-6】。

6.11 小　结

本章作为本书的核心部分，同时也是重点与难点部分，是企业管理日常经营业务所必需的。在本章，笔者以案例形式对金蝶 K/3 的各大主要功能模块，如采购管理、销售管理、仓存管理、存货核算、应收款管理、应付款管理、固定资产管理、现金管理、工资管理等日常处理进行了较为详细的阐述。以企业日常业务的发生顺序为主线贯穿整个处理流程，同时又兼顾了各职能模块处理的先后顺序与完整性。

6.12 习　题

引入第 5 章习题的练习账套，完成以下操作，并进行数据备份。

A 公司在 2018 年 1 月发生如下业务，要求其相关人员按照公司要求，完成各自的工作任务。

(1) 2018 年 1 月 1 日，向北方仪器公司发出采购订单，订购塑粒 2 000 千克，双方协商价格为 10 元/千克，验货后付款，要求：到货日期为 2018 年 1 月 3 日。在 2018 年 1 月 3 日已经到货，并进行验货入库、保管。同时已经收到供货方提供的增值税专用发票及运费发票一张，金额为 2 000 元。在 2018 年 1 月 3 日进行采购发票与货物入库单的确认钩稽。

(2) 向北方仪器公司采购的 2 000 千克塑粒中有 100 千克质量不合格，决定 2018 年 1 月 8 日从原料库退货。1 月 9 日收到对方开出的红字增值税专用发票。

(3) 2018 年 1 月 10 日，接到南方电子的订单一份，要求：订购塑管 100 件，单价为 1 600 元/件(不含税)，于 2018 年 1 月 12 日发货。开具了增值税专用发票，同时替对方垫付了运费 500 元。要求：对所产生的销售发票、费用发票与销售出库单进行勾稽。

(4) 2018 年 1 月 12 日，销售给南方电子的塑管中有 10 件因有质量问题，南方电子要求退货。A 公司答应其退货要求，于 2018 年 1 月 15 日收到南方电子退回的 10 件塑管，同时开具红字销售发票给对方。

(5) 2018 年 1 月 12 日，生产部为进行生产领用了 600 千克塑粒。

(6) 2018 年 1 月 28 日，生产部生产完工入库 200 件塑管，成本为 1 000 元/件。

(7) 2018 年 1 月 28 日，由于生产的需要，有 8 件塑管需要再进行加工，从成品库调拨到原料库。

(8) 2018 年 1 月 30 日，对成品库进行盘点，发现塑管比账存数少了一件，作盘亏处理，同时生成盘亏单。

(9) 在月末对本期所有外购入库进行成本核算，确定采购入库成本。

(10) 在月末对本期所有自制产品入库进行成本核算，确定自制产品入库成本为 1 000 元/件。

(11) 在月末对本期所有发出产品的成本进行核算，确定发出产品的销售成本。

(12) 在月末生成本期所有采购发票、采购费用发票、出库、入库、销售发票、销售费用发票等供应链业务的凭证。

(13)2018年1月31日,收到南方电子的建设银行转账支票一张:ZZS01,用于偿付1月12日购买塑管的货款及代垫的运费。

(14)2018年1月31日,生成本月相关的应收单据凭证。同时对本月的应收款进行到款结算核销。

(15)2018年1月31日,计提本月坏账准备,按应收账款余额的0.5%计提。

(16)2018年1月31日,支付向北方仪器公司采购材料款,同时支付运费。开出建设银行转账支票一张:ZZF01。

(17)2018年1月31日,生成本月相关的应付单据凭证,对本月的付款单进行付款结算核销。

(18)2018年1月31日,购入一台生产用设备,总金额为5 000元,已开出建设银行的现金支票支付,支票号为XJF01。

具体资料见表6-4。

表6-4　　　　　　　　　新增固定资产卡片信息(2)

资产编码	YQ-1	变动方式	购入
名　称	设备	使用部门	生产部
类　别	生产线	折旧费用科目	制造费用
计量单位	台	币　别	人民币
数　量	1	原币金额	5 000
经济用途	经营用	开始使用日期	2018-01-31
使用状态	正常使用	折旧方法	平均年限法(基于入账原账)

(19) 2018年1月31日,报废一台电脑,清理残值收入100元,收到现金,未发生清理费用。

(20)月末生成本月相关固定资产业务凭证。

(21)直接从总账引入本月的日记账数据。

(22)月末因业务需要,查询本公司的现金日记账与银行存款日记账。

(23)2018年1月1日,从建设银行购置了现金支票与转账支票各一本,并对本月相关支票的领用及核销进行管理。

(24)月末对本公司的员工工资数据进行统计,见表6-5,要求:分摊相关工资费用、计提养老保险金、住房公积金、医疗保险金并代扣代缴个人所得税。

表6-5　　　　　　　　　bsp公司2008年1月工资数据表

员工姓名	所属部门	基本工资	奖　金	补　帖	代扣水电费
zhuguan	管理部	1 800	800		120
kuaiji	管理部	1 600	700		110
ziguan	管理部	1 750	800		80
shengchan	生产部	1 850	900		60
yewu	业务部	1 600	800		120

(25)在总账系统中对生成的各项业务凭证进行审核与记账。

第 7 章

期末业务处理

本章要点

本章所述的期末业务处理既是第 6 章日常业务处理的结束,也是为下一个周期业务处理的开始做准备。本章遵循金蝶 K/3 各模块之间的数据流程关系,对各业务管理子系统的期末业务处理流程及处理要点进行阐述。主要包括存货核算、应收款管理、应付款管理、固定资产管理、工资管理、现金管理、总账七个管理子系统的期末业务处理操作。

在金蝶 K/3 系统中,各业务管理子系统的数据流是相通的,在进行期末业务处理时一定要遵循其产品设计流程,保证各业务处理的完整性与一致性。在企业的各业务模块对日常业务进行管理时,为了能满足"会计分期"的核算需求,一般在每一个会计期间的期末(一般为月末)对所有日常业务进行相关的月末费用计提与分摊、月末结转、对账与结账等各种期末处理。

7.1 期末业务处理概述

期末业务处理是指财务人员为了及时总结企业的经营活动,满足会计核算及会计报告的需求,人为地进行"会计分期"核算,在每个会计期末进行的相关结转、期末对账与结账工作。

7.1.1 期末处理的功能

在金蝶 K/3 中,各业务管理子系统的期末处理功能各有不同,主要包括期末结转、期末对账、期末结账等。

期末结转是指根据会计制度的规定和成本计算的要求,在每期期末进行计提、分摊当期发生的各种费用,结转各收入成果账户和成本费用账户的工作,并在此基础上准确核算本期的经营成果。

期末对账是指为了保证账簿记录的真实可靠,对账簿和账户所记录的有关数据加以检查和核对的工作。账簿记录是否准确与真实可靠,不仅取决于账簿本身,还涉及账簿与凭证的关系以及账簿记录与实际情况是否相符等。

期末结账是指在将一定时期内发生的经济业务全部登记入账的基础上,将各账簿记录结出本期发生额和期末余额的工作。结账以后,不能再处理已结账月份的业务。

7.1.2 期末结账的顺序

期末结账的顺序要结合系统模块的配置情况而定。在运用供应链管理系统进行各业务管理时,首先要对各业务管理系统进行期末处理工作,在此基础上总账系统再对各业务管理系统传递的数据进一步进行损益结转和结算。如本书是采用财务业务一体化流程进行阐述的,其期末结账业务的具体流程如图7-1所示。

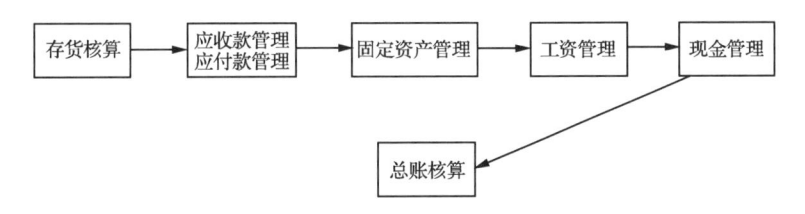

图 7-1 期末结账业务的具体流程

7.2 存货业务期末处理

期初、期末余额是进行存货核算以及仓存管理的重要依据,因此,在存货核算系统中一定要进行期末结账处理,将本期所有数据结转到下一期,包括结转数量与金额。同时要注意,在金蝶 K/3 供应链管理系统中,只在存货核算系统中进行期末处理,在其他各模块不需要进行。存货业务期末处理一般要经过三个环节,即期末对账、关账与结账。其中关账操作可根据企业实际情况选用,是否关账并不影响期末结账。

7.2.1 期末对账与关账

供应链管理系统在期末结账前,往往需要对本期的出/入库单据进行后续处理,如出/入库核算、生成凭证、与财务系统对账等,但此时本期核算单据录入尚未截止,可能会造成对账结果的不精确,而通过关账功能可停止本期出/入库单据的录入和其他处理,有利于为期末结账前的核算处理创造稳定的数据环境。

【例 7-1】 bsp 公司在月末由王业务对存货核算系统进行期末对账与关账。

操作步骤:

(1)由王业务进行系统登录。在【金蝶 K/3 系统登录-V10.3】窗口中,在"用户名"文本编辑框中,输入"王业务",单击 确定 按钮,弹出【期末关账-存货核算-[主界面]】窗口。

(2)在【期末关账-存货核算-[主界面]】窗口中,执行【供应链】/【存货核算】/【期末处理】/【期末关账】并双击,弹出【期末关账】对话框。

(3)在【期末关账】对话框中,单击 对账(V) 按钮。弹出【过滤】对话框,选择"默认方案",单击 确定(O) 按钮,弹出【仓存与总账对账单】窗口。

(4)在【仓存与总账对账单】窗口的显示区域,如图7-2所示,查看所有的存货在总账系统中的期初余额、本期收入额、本期发出额、期末余额各项,并与仓存系统中的期初余额、本期收入额、本期发出额、期末余额各项一一对应。若无差额,则说明对账正确,可以结账,否则要检查本期是否还有仓存单据未生成凭证或在总账系统中还有凭证未记账等。但是要注意,如在系统参数设置中选择"调拨单生成凭证"选项,则在对账时业务数据会包括调拨单的数据,否则不包括,如本书中的案例是选择了该选项的,所以调拨单也要生成凭证,不然会导致对账不平。对账正确之后,单击 [退出] 按钮,退出窗口。

图 7-2　显示对账结果

(5)重复操作步骤(2),弹出【期末关账】对话框,单击 [关账(S)] 按钮,弹出【金蝶提示】界面,提示"关账成功!"单击 [确定] 按钮,返回【期末关账-存货核算-[主界面]】窗口。

7.2.2　期末结账

期末结账是指停止本期所有核算单据处理,计算本期存货余额,并将存货余额转入下一期,同时系统将当前期间下置一个期间的过程。在期末结账前,系统会自动对本期核算单据进行检查,从而判断物流业务是否已处理完整,若不完整,则给出相应的提示。

【例 7-2】　bsp 公司在月末由王业务对存货核算系统进行期末结账处理。

操作步骤:

(1)在【期末结账-存货核算-[主界面]】窗口中,执行【供应链】/【存货核算】/【期末处理】/【期末结账】并双击,弹出【期末结账-介绍】对话框。

(2)在【期末结账-介绍】对话框中,如图7-3所示,选择待结账期间;勾选"核对即时库存",再单击 [下一步(N)] 按钮。弹出【金蝶提示】界面,提示"是否确定结账?",单击 [确定] 按钮,系统开始结账,若结账未出现任何报错信息,则弹出【期末结账-完成】对话框。

(3)在【期末结账-完成】对话框中,单击 [完成(F)] 按钮,完成结账,返回系统登录窗口。在【金蝶 K/3 系统登录-V10.3】窗口中,"用户名"文本编辑框中输入"王业务",单击 [确定] 按钮,重新登录系统主控台窗口。

图 7-3　开始结账

7.3 应收、应付款业务期末处理

应收、应付款业务期末处理是指在该系统中所有的单据已进行审核、核销处理,相关单据均已生成凭证的前提下,要将该系统与物流系统、总账系统进行对账环境检查,以保证对账正确。其内容主要包括对账检查、对账及期末结账。

7.3.1 对账检查与对账

对账检查是指对应收、应付款业务系统当期的单据、凭证以及核销、票据等操作进行检查。检查当前期间是否存在未审核的单据;是否有未进行凭证处理的单据以及核销、票据处理;物流系统录入发票的期间与应收、应付款业务的是否一致。

对账是应收、应付款业务系统与总账系统进行对账,其对账方式有两种:总额对账和会计科目对账。总额对账是指选择应收、应付款业务系统的余额与总账系统指定科目的合计进行对账;会计科目对账是指定会计科目选择应收、应付款业务系统和总账系统的数据进行对账。

【例 7-3】 bsp 公司在月末由张会计对应收款管理系统及应付款管理系统进行期末对账检查及对账处理,要求:选择对账方式为会计科目对账。

操作步骤:

(1)应收款管理系统的期末对账检查及对账

①由张会计在【期末对账检查-应收款管理-[主界面]】窗口中,执行【财务会计】/【应收款管理】/【期末处理】/【期末对账检查】并双击,弹出【应收系统对账检查】对话框。

②在【应收系统对账检查】对话框中,如图 7-4 所示进行设置,再单击 确定(O) 按钮。弹出【金蝶提示】界面,提示"对账检查已经通过",单击 确定 按钮,完成对账检查并弹出【期末科目对账-应收款管理-[主界面]】窗口。

③在【期末科目对账-应收款管理-[主界面]】窗口中,执行【财务会计】/【应收款管理】/【期末处理】/【期末科目对账】并双击,弹出【受控科目对账-过滤条件】对话框。

④在【受控科目对账-过滤条件】对话框中,如图 7-5 所示进行设置,再单击 确定(O) 按钮,弹出【期末科目对账】窗口。

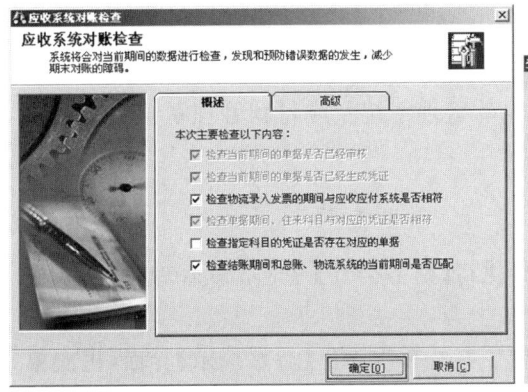

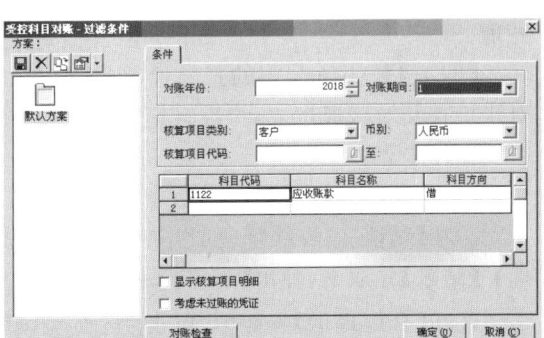

图 7-4 设置期末对账检查条件　　　　图 7-5 设置科目对账条件

⑤在【期末科目对账】窗口的显示区域,如图7-6所示,将显示出对账情况,如果在"差额"所对应的表单元格中出现金额,则表明对账不正确,需要进行相关检查,如在"差额"所对应的表单元格中无金额,则表明对账正确,单击 退出 按钮,退出该窗口,即可进行期末结账处理了。

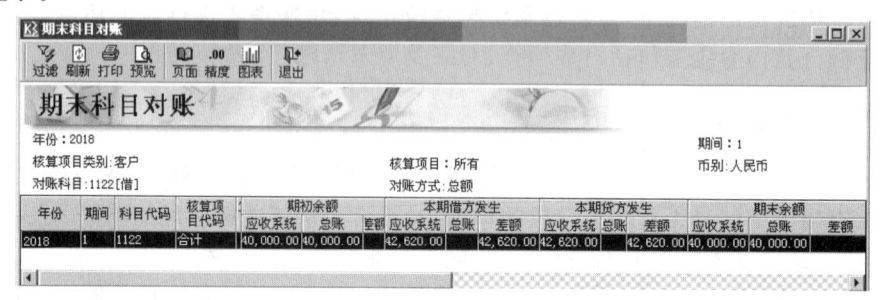

图7-6 应收款管理系统对账结果

(2)应付款管理系统的期末对账检查及对账

参照操作步骤(1)中的①～⑤,在应付款管理系统中进行期末对账检查与期末科目对账,对账完成后,在【期末科目对账】窗口中,如图7-7所示,将显示出对账结果。确认对账结果正确之后,单击 退出 按钮,退出该窗口。

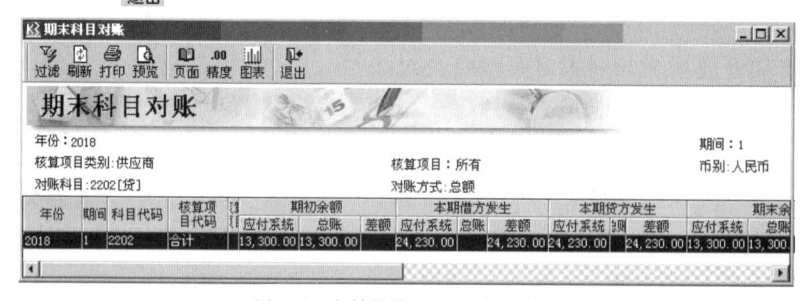

图7-7 应付款管理系统对账结果

7.3.2 结 账

当本期所有操作完成之后,若所有单据已进行了审核、核销处理,相关单据已生成了凭证,与总账等系统的数据资料已核对完毕,则可进行期末结账。期末结账完成之后,系统将进入下一个会计期间,不可对本期相关业务再进行处理,如需要处理可进行反结账处理。

【例7-4】 bsp公司的张会计在月末对应收款管理系统及应付款管理系统进行期末对账检查及对账通过之后,进行期末结账。

操作步骤:

(1)应收款管理系统期末结账

①在【结账-应收款管理-[主界面]】窗口中,执行【财务会计】/【应收款管理】/【期末处理】/【结账】并双击,弹出【金蝶提示】界面。

②在【金蝶提示】界面中,单击 否(N) 按钮。系统再次弹出【金蝶提示】界面,再次单击 否(N) 按钮,系统准备进行期末结账。

注意：因为本例在【例 7-3】中已进行了期末对账检查与期末科目对账，并且其结果是正确的，所以在此不需要再进行了。如果没有进行过上述操作，在此一定要单击 是(Y) 按钮，进行期末对账检查与期末科目对账。

③在【期末处理】对话框中，如图 7-8 所示，选择"结账"，单击 继续 按钮，进行期末结账。结账完成之后，弹出如图 7-9 所示的【系统提示】界面，提示"期末结账完毕！"，单击 确定 按钮，返回的【期末处理】对话框，单击 关闭 按钮，完成期末结账，返回【结账-应收款管理-[主界面]】窗口。如果在结账以后发现本期业务处理有误，需要取消结账，可在【期末处理】对话框中，选择"反结账"取消本次结账操作。

图 7-8　进行期末结账　　　　图 7-9　期末结账完成

(2)应付款管理系统期末结账

参照操作步骤(1)中的①～③，完成应付款管理系统的期末结账处理。

7.4　固定资产业务期末处理

固定资产管理系统的期末处理主要包括折旧管理、期末对账与结账。如果在启用固定资产管理系统时未选择"在对账不平的情况下允许固定资产月末结账"，则必须在实现总账与固定资产管理系统对账平衡的基础上才能对固定资产管理系统进行结账。在此还需要注意，尽管系统中有这一选项，但在实际工作中是不允许选择的。

7.4.1　折旧管理

固定资产折旧是指在固定资产使用寿命内，按照确定的方法对应计折旧额进行的系统分摊。对固定资产计提折旧和分摊，就是要将前期发生的资产投资支出，在资产投入使用后的有效使用期内，以折旧的形式在产品销售收入中得到补偿，这从权责发生制或收入与费用配比的原则上讲，都是必要的。不提折旧或计提折旧不正确，都将导致企业的产品成本、营业成本或损益计算不正确。

在金蝶 K/3 中，计算固定资产的折旧分为两步：计提折旧与折旧管理。计提折旧即按照系统提供的计提折旧和费用分摊向导，在各项数据设置的基础上，自动计提本期各项固定资产的折旧，并将折旧费用根据使用部门的情况分别计入有关的费用科目，自动生成计提折旧的记账凭证并传送到总账系统中。而折旧管理是指在完成计提折旧后，即对已计提折旧进行查看和修正，并且关联修改已生成的折旧记账凭证。

【例 7-5】　bsp 公司的陈主任在本月末计提固定资产折旧，并查看相关折旧数据是否正确。张会计对生成的折旧凭证进行审核与记账。

操作步骤：

（1）由陈主任在【计提折旧-固定资产管理-［主界面］】窗口中，执行【财务会计】/【固定资产管理】/【期末处理】/【计提折旧】并双击，弹出【计提折旧】对话框。

（2）在【计提折旧】对话框中，单击 下一步(N) 按钮，系统自动进入计提折旧向导第二步。

（3）在【计提折旧】对话框中，如图 7-10 所示进行设置，再单击 下一步(N) 按钮，系统进入计提折旧向导第三步。

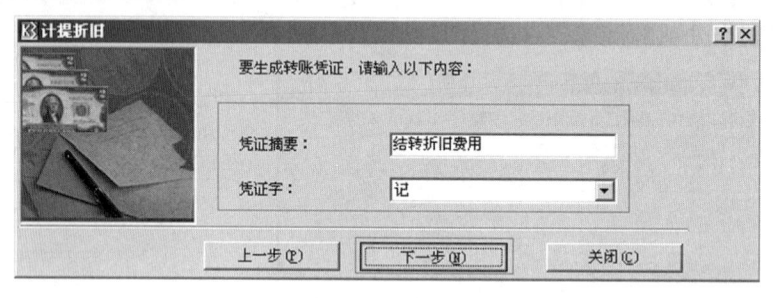

图 7-10　设置折旧凭证字及摘要

（4）在【计提折旧】对话框中，单击 计提折旧(D) 按钮。系统开始计提折旧，并弹出如图 7-11 所示的【计提折旧】对话框，显示相关已计提折旧信息。单击 完成(F) 按钮，完成计提折旧操作。

（5）陈主任查看相关计提折旧信息是否正确。由陈主任在【折旧管理-固定资产管理-［主界面］】窗口中，执行【财务会计】/【固定资产管理】/【期末处理】/【折旧管理】并双击，弹出【折旧管理过滤】对话框。

（6）在【折旧管理过滤】对话框中，无须设置方案，直接单击 确定 按钮，弹出【固定资产系统-［折旧管理］】窗口。

（7）在【固定资产系统-［折旧管理］】窗口中，如图 7-12 所示，查看相关折旧信息，如果本期折旧额需要调整，可在"本期折旧额"所对应的表单元格中直接修改，并保存修改信息即可，如折旧信息正确，可单击 关闭 按钮，退出该窗口。

图 7-11　完成计提折旧　　　　　　　图 7-12　查看折旧信息

（8）由张会计在总账系统中对生成凭证进行审核与过账。凭证审核过账成功之后，显示凭证过账信息，单击 关闭 按钮，完成凭证过账。

7.4.2 期末对账与结账

尽管在金蝶 K/3 的固定资产管理系统中实现了固定资产业务处理和总账核算处理的无缝链接,但为了防止用户不通过固定资产管理系统直接在总账系统录入固定资产凭证,导致业务与财务数据核对不上,还必须将固定资产管理系统的业务数据与总账系统的财务数据进行核对,以便及时发现错误。

期末结账是指在完成当前会计期间的业务处理后,将当期固定资产的有关账务处理如折旧或变动等信息转入已结账状态,即不允许再进行修改和删除,同时进入下一期间,开始新业务的处理。

【例 7-6】 bsp 公司的陈主任确定本月相关固定资产业务已处理完毕,进行期末对账与结账处理。

操作步骤:

(1) 自动对账

①陈主任在【自动对账-固定资产管理-[主界面]】窗口中,执行【财务会计】/【固定资产管理】/【期末处理】/【自动对账】并双击,弹出【对账方案】对话框。

②在【对账方案】对话框中,单击 [增加] 按钮。弹出【固定资产对账】对话框,如图 7-13 所示,在"方案名称"文本编辑框中输入"月末对账";单击【固定资产原值科目】选项卡,单击 [增加] 按钮,选择输入"1601-固定资产";单击【累计折旧科目】选项卡,以同样方式选择输入"1602-累计折旧";单击【减值准备科目】选项卡,以同样方式选择输入"1603-固定资产减值准备"。单击 [确定] 按钮,完成设置。

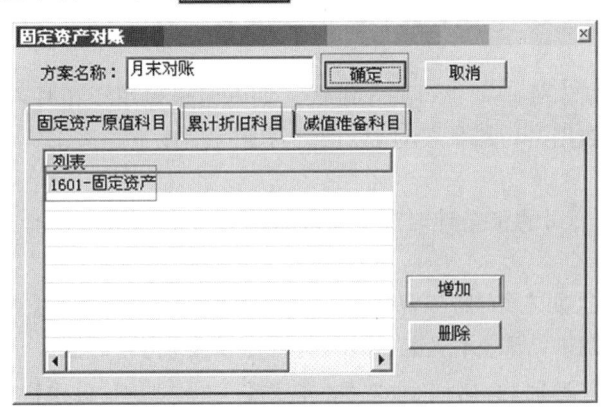

图 7-13 固定资产对账设置

③完成固定资产对账方案设置之后,系统弹出【金蝶提示】界面,提示"确定要新增方案[月末对账]数据吗?",单击 [确定] 按钮,返回【对账方案】对话框。在"科目方案名称"显示区域显示出"月末对账",单击 [确定] 按钮,弹出【固定资产系统-[自动对账]】窗口。

④在【固定资产系统-[自动对账]】窗口中,如图 7-14 所示,将显示出对账报告,如果需要对账的科目在总账系统中的金额与在固定资产系统中的金额一致,则说明对账正确。单击 [关闭] 按钮,退出该窗口。

⑤对账成功之后,返回【对账方案】对话框,如图 7-15 所示,选择"月末对账[默认]",单击 默认设置 按钮,弹出【金蝶提示】界面,提示"确定要设置过滤条件[月末对账[默认]]为默认方案吗?",单击 确定 按钮,设置成功。

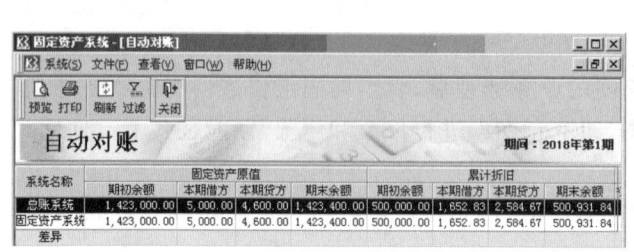

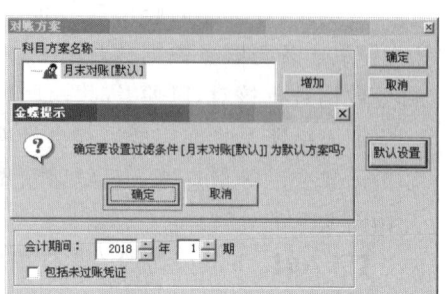

图 7-14　对账报告　　　　　　　　图 7-15　设置对账默认方案

注意:一定要进行上述设置,否则不能正常进行期末结账处理。

(2)期末结账

①在【期末结账-固定资产管理-[主界面]】窗口中,执行【财务会计】/【固定资产管理】/【期末处理】/【期末结账】并双击,弹出【期末结账】对话框。

②在【期末结账】对话框中,选择"结账",单击 开始 按钮,系统开始自动进行期末结账。结账完成之后,弹出【金蝶提示】界面,提示"结账成功!",单击 确定 按钮,完成期末结账,并返回【期末结账-固定资产管理-[主界面]】窗口。

7.5　工资核算业务期末处理

工资核算业务期末处理即进行期末结账。期末结账是用于在月末或在一次工资发放完成之后对相应的数据进行结账处理,以便进行下一期或下一次工资发放工作,开始新的工资业务处理。

【**例 7-7**】　bsp 公司的张会计对工资管理系统进行期末结账处理。

操作步骤:

(1)由张会计在【期末结账-工资管理-[主界面]】窗口中,执行【人力资源】/【工资管理】/【工资业务】/【期末结账】并双击,弹出【打开工资类别】对话框。

(2)在【打开工资类别】对话框中,选择"正式工"工资类别,单击 选择(S) 按钮,弹出【期末结账】对话框。

(3)在【期末结账】对话框中,如图 7-16 所示,选择"本期"和"结账",再单击 开始(S) 按钮,进行期末结账处理。结账完成之后,系统弹出【金蝶提示】界面,提示"你已成功结账到 2018 年第 2 期第 1 次工资发放和工资基金结转。"单击 确定 按钮,完成期末结账处理,返回【期末结账-工资管理-[主界面]】窗口。

第 7 章　期末业务处理

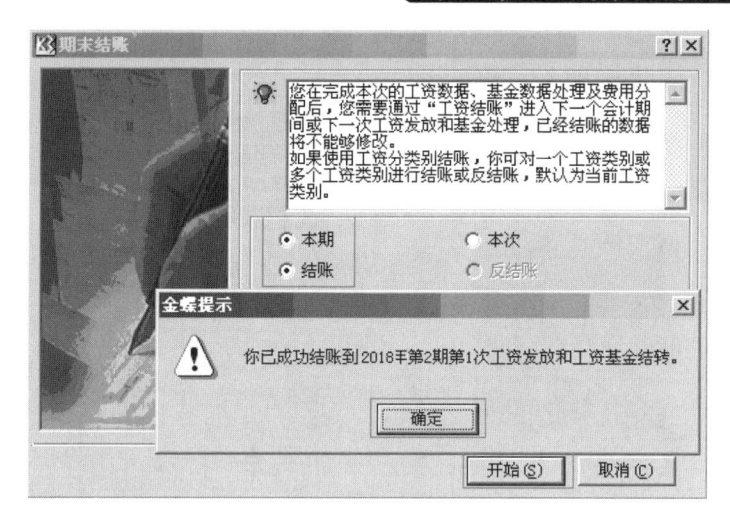

图 7-16　完成工资期末结账

7.6　现金管理业务期末处理

现金管理业务期末处理即进行期末结账。在企业完成一个经营期间的现金业务之后,为了总结该会计期间(如月度和年度)的资金经营活动情况,必须定期进行结账。

期末结账是指结出本会计期间借、贷方发生额和期末余额,并将其结转到下一个会计期间的业务。在金蝶 K/3 中同时提供反结账功能,如果在已结账期间需要修改相关业务,可以进行反结账,但只有系统管理员组的成员才有权力进行该操作。

【例 7-8】　bsp 公司的张会计完成了整个现金管理系统的业务处理之后,进行期末结账。

操作步骤:

(1)由张会计在【期末结账-现金管理-[主界面]】窗口中,执行【财务会计】/【现金管理】/【期末处理】/【期末结账】并双击,弹出【期末结账】对话框。

(2)在【期末结账】对话框中,如图 7-17 所示进行设置,单击 开始(S) 按钮,弹出【金蝶提示】界面,提示"确定要开始期末结账吗?",单击 确定 按钮,期末结账完成,返回【期末结账】对话框。

(3)在【期末结账】对话框中,会显示期末结账报告信息,单击 关闭(C) 按钮,结束期末结账操作,退出该对话框,返回【期末结账-现金管理-[主界面]】窗口。

7.7　总账系统业务期末处理

总账系统业务期末处理是在其他各业务管理子系统完成期末处理的基础上进行的,其主要内容有期末调汇、结转损益、自动转账、期末结账。在一个会计期间结束时,对所有凭证进行记账处理之后,进行程序性的对账和结账工作,完成本期期末业务处理。

图 7-17　期末结账(2)

7.7.1　期末调汇

期末调汇主要用于对外币核算的账户在期末自动计算汇兑损益,生成汇兑损益记账凭证及期末汇率调整表。在期末调汇时要注意:只有在"会计科目"中设定为"期末调汇"的科目才能进行期末调汇处理;本期所有涉及外币业务的凭证和要调汇的会计科目需要全部录入完毕并审核过账。

【例 7-9】　bsp 公司的张会计从市场外汇牌价得知在本期期末美元的汇率为 8.0。张会计进行本期期末调汇。由李主管对汇兑损益凭证进行审核、过账。

(1)由张会计在【期末调汇-总账-[主界面]】窗口中,执行【财务会计】/【总账】/【结账】/【期末调汇】并双击,弹出【期末调汇】对话框。

(2)在【期末调汇】对话框中,如图 7-18 所示,在"调整汇率"所对应的表单元格中输入"8.0",单击 下一步 按钮,进行汇兑损益凭证设置。

图 7-18　设置期末调整汇率

(3)在【期末调汇】对话框中,如图 7-19 所示进行相关汇兑损益凭证要素设置,单击 完成 按钮,系统完成期末调汇操作,并弹出【金蝶提示】界面,提示"已经生成一张调汇转账凭证,凭证字号为:记-22",单击 确定 按钮,完成当前操作。

(4)查看汇兑损益凭证。由张会计在【凭证查询】窗口中,查看系统生成的汇兑损益凭

第 7 章　期末业务处理

图 7-19　生成期末调汇凭证

证,如果有误,可以在此进行修改或删除。查询完毕后单击 [关闭] 按钮,退出【凭证查询】窗口。

(5)由李主管对汇兑损益凭证进行审核、过账。由李主管登录系统主控台,执行【财务会计】/【总账】/【结账】/【凭证处理】,对汇兑损益凭证进行审核与记账。记账完成后,系统弹出的【凭证过账】对话框,单击 [关闭] 按钮,完成凭证过账处理。

7.7.2　结转损益

结转损益是指在期末时将各损益类科目余额转入"本年利润"科目,以反映企业在一个会计期间内实现的利润或亏损总额,同时生成一张结转损益记账凭证。在结转损益时应注意:只有在"科目类别"中设定为"损益类"的科目,其科目余额才能进行损益结转;本期所有凭证全部录入并审核过账。

【例 7-10】　bsp 公司的张会计在本期末结转本期损益。由李主管对结转损益凭证进行审核、过账。

操作步骤:

(1)在【结转损益-总账-[主界面]】窗口中,执行【财务会计】/【总账】/【结账】/【结转损益】并双击,弹出【结转损益】对话框。

(2)在【结转损益】对话框中,单击 [下一步] 按钮,弹出【结转损益】对话框。

(3)如图 7-20 所示,在【结转损益】对话框中会显示出本期损益结转科目,单击 [下一步] 按钮,弹出【结转损益】对话框。

(4)在【结转损益】对话框中,如图 7-21 所示进行设置,再单击 [完成] 按钮。系统弹出【金蝶提示】界面,提示"已经生成 1 张转账凭证,凭证字号分别为:记-24",单击 [确定] 按钮,完成期末损益结转。

(5)查看生成的结转损益凭证。由张会计在【凭证查询】窗口中,查看系统生成的汇兑损益凭证,如果有误,可以进行修改或删除。查询完毕后单击 [关闭] 按钮,退出【凭证查询】窗口。

图 7-20 结转损益科目设置

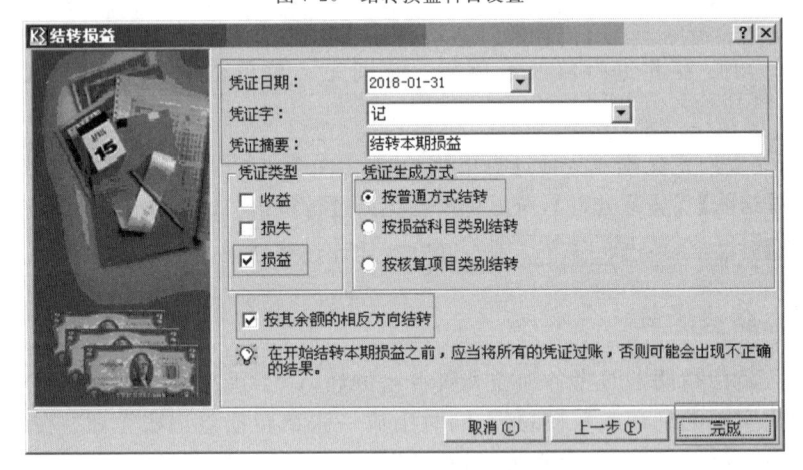

图 7-21 结转损益凭证要素设置

(6)由李主管对结转损益凭证进行审核、过账。由李主管登录系统主控台,执行【财务会计】/【总账】/【结账】/【凭证处理】,对汇兑损益凭证进行审核与过账。记账完成后,系统弹出【凭证过账】对话框,单击 关闭 按钮,完成凭证过账处理。

7.7.3 期末结账

总账系统的期末结账操作是指一个会计期间的期末处理的最后一项操作,只能在每期期末进行一次,且必须按月连续进行。在进行期末结账前,一定要将本月所有的凭证进行审核、过账,否则系统会拒绝结账。期末结账之后,不能再处理当月的凭证,本期各账户的期末余额将结转为下一期的期初余额,如果是年度账,则结转为下一年度的年初余额。

【例 7-11】 bsp 公司的张会计对总账系统进行期末结账。

操作步骤:

(1)由张会计在【期末结账-总账-[主界面]】窗口中,执行【财务会计】/【总账】/【结账】/【期末结账】并双击,弹出【期末结账】对话框。

(2)在【期末结账】对话框中,如图 7-22 所示进行设置,再单击 开始(S) 按钮,系统弹出【金蝶提示】界面,提示"确定要开始期末结账吗?",单击 确定 按钮,完成期末结账工作,并返回【期末结账-总账-[主界面]】窗口。

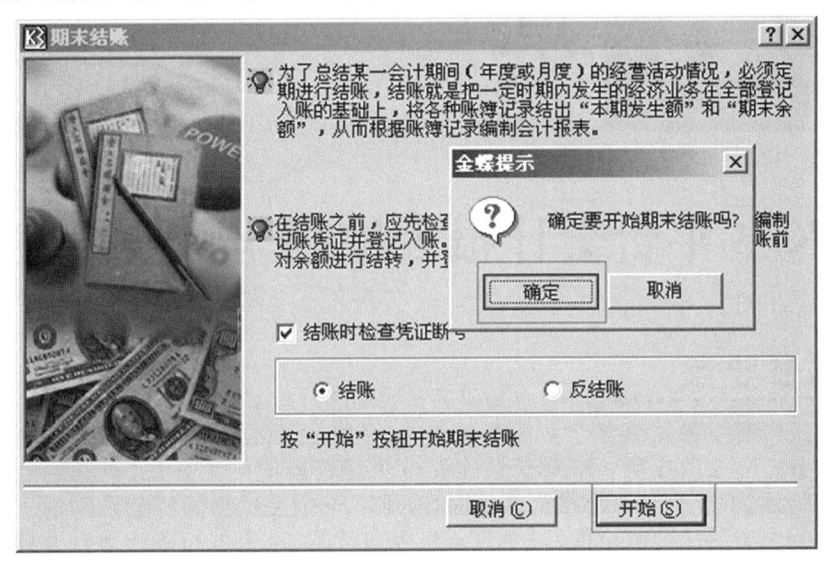

图 7-22 期末结账

技巧:在实际工作中,最好先编制好本期的会计报表之后再进行期末结账工作。

7.8 小　结

"期末处理"在 ERP 系统中举足轻重,实际上起着承上启下的纽带作用,只有本期的期末数据正确了,下期的期初数据才有保障,才能为下一个会计期间的业务处理提供良好的基础。本章对金蝶 K/3 在财务业务一体化应用中的期末处理加以总结,遵循系统的数据流程,按照业务的发生顺序,采用案例形式对各模块的期末处理进行了阐述。只要按照本章的演示流程按部就班地操作,就可以掌握金蝶 K/3 期末处理的规律,工作起来就会得心应手。

7.9 习　题

引入第 8 章的习题账套,完成以下任务之后,将账套数据进行备份。

已到本期期末了,按照 A 公司财务人员的分工要求,完成所有子系统的期末处理工作(已知本期末(2018 年 1 月 31 日)美元的市场汇率为 8.6)。

第 8 章

K/3 平台会计报表编制与财务报表分析

本章要点

本章主要介绍自定义报表的编制、系统预设报表模板的运用及主要财务分析方法的应用。本章是企业在一个经营期间结束之后,对其经营成效进行评价、分析与对外报告的手段,对于下一个会计期间经营活动的决策具有极为重要的参考价值,对企业调整经营范围、投资方向等管理行为具有警示作用。

会计报表是指以货币为计量单位,总括反映企业和行政、事业单位等在一定时期内的财务收支和经营成果情况的报告文件。会计报表比其他会计资料更能够综合、全面、系统地反映企业的经营状况与成果。它不仅是一个会计期间工作的综合成果,同时也标志着一个会计期间工作的结束。而财务分析则是在会计报表的基础上,采用一定的数学模型和计算方法,对多种数据进行整合分析,从无序散乱的数据中提取数据,对已有的财务状况和经营成果及未来前景进行评价和决策分析,为企业的财务决策、计划、控制提供广泛的帮助。

8.1 会计报表编制

企业报表编制与报表分析

会计报表编制是会计核算的一项专门内容,它将日常核算中繁多分散的会计资料,按统一的会计制度的要求,采用规定格式和编制方法加以归类、整理、汇总,形成一套完整的指标体系。在 ERP 系统中,会计报表的编制一般要经过三个步骤:报表格式设计、报表内容和公式编辑以及生成报表。

8.1.1 报表格式设计

报表格式设计是指对报表的行数、列数、标题、表头、表体、表尾以及报表内各个单元的属性和风格等内容的定义。报表格式设计是会计报表编制的基础,它决定了报表的外观、结构和数据录入等属性。报表格式设计在操作上与常用的 Excel 表格设计相类似。

【例 8-1】 bsp 公司的张会计在本期期末需要建立一个货币资金表,其表样结构见表

第8章 K/3平台会计报表编制与财务报表分析

8-1,并要求:表内文字为蓝色、仿宋体、5号字,其余各项默认系统设置。

表 8-1　　　　　　　　　　　　　货币资金表表样结构

单位名称:bsp公司　　　　　　日期:2018-01-31　　　　　　　　　　　　单位:元

项　目 / 科　目	期初余额	本期发生额		期末余额
		借方发生额	贷方发生额	
库存现金				
银行存款-建设银行				
银行存款-中国银行				
其他货币资金				
合　计				

单位负责人:　　　　　　　　会计主管:　　　　　　　　制表人:

操作步骤:

(1)由张会计在【新建报表文件-报表-[主界面]】窗口中,执行【财务会计】/【报表】/【新建报表】/【新建报表文件】并双击,弹出【报表系统-[新报表:报表_1]】窗口。

(2)在【报表系统-[新报表:报表_1]】窗口中,如图8-1所示执行【格式】/【表属性】,弹出【报表属性】对话框。

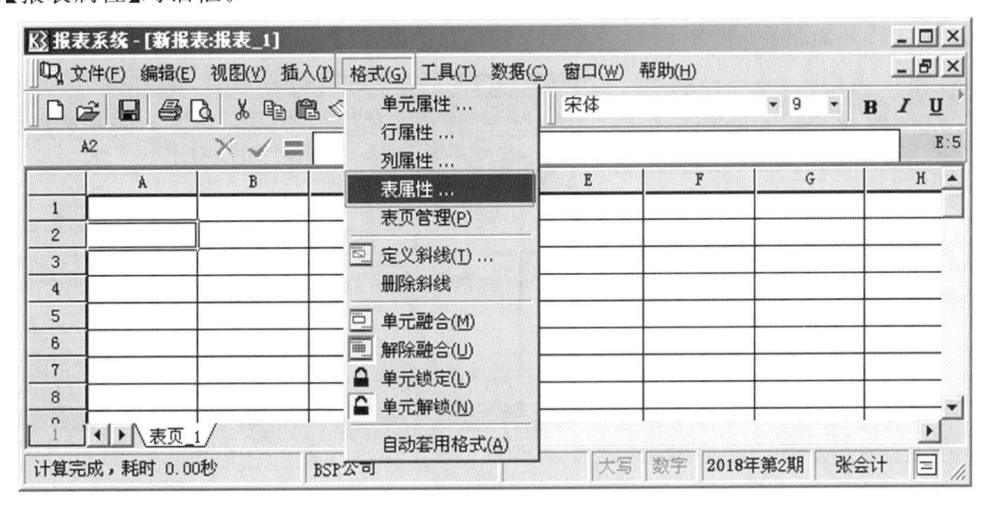

图 8-1　执行【格式】/【表属性】

(3)在【报表属性】对话框中,单击【行列】选项卡,在"总行数"文本编辑框中输入"7";在"总列数"文本编辑框中输入"5"。再单击【外观】选项卡。

(4)在【外观】选项卡中,设置"前景色"为"蓝色";单击 缺省字体(D)... 按钮,设置字体为仿宋体,字号为5号。再单击【页眉页脚】选项卡。

(5)在【页眉页脚】选项卡中,如图8-2所示,选择"报表属性",再单击 编辑页眉页脚(H)... 按钮,弹出【自定义页眉页脚】对话框。如图8-3所示,在报表属性文本编辑框中输入"货币资金表",再单击 分段符(S) 按钮输入"|"分段符。设置完成后,单击 确定 按钮,返回如图8-2所示的对话框。

图 8-2　设置页眉页脚　　　　　　　　　图 8-3　编辑页眉页脚

(6)在【页眉页脚】选项卡中,参照操作步骤(5)完成页眉及页脚的设置,设置结果如图 8-4 所示,再单击 应用(A) 按钮,设置好的报表格式会应用到新报表中去。如不需要对报表属性再进行设置,可单击 确定 按钮,退出【报表属性】对话框,返回【报表系统-[新报表:报表_1]】窗口。

(7)在【报表系统-[新报表:报表_1]】窗口中,如图 8-5 所示,新报表的格式已发生了改变。但是表头及表尾(页眉页脚)部分并不能显示出来,需要执行【文件】/【打印预览】才可见,预览结果如图 8-6 所示。

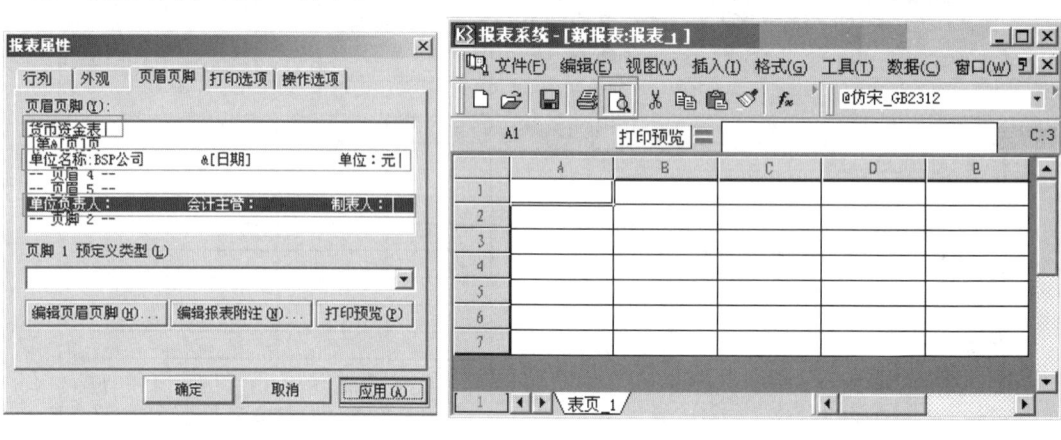

图 8-4　已设置好的页眉页脚　　　　　　　图 8-5　已设置好的报表格式

(8)在【报表系统-[新报表:报表_1]】窗口中,选择"A1:A2"单元格,执行【格式】/【单元融合】,将这两个单元格组合成一个单元格;同样将"B1:B2"单元格、"C1:D1"单元格、"E1:E2"单元格分别组合成一个单元格。

(9)在 A1 单元格中画一条斜线。如图 8-7 所示,选择 A1 单元格,执行【格式】/【定义斜线】。弹出【A1：A2 单元属性】对话框,进行设置,单击 应用(A) 按钮,再单击 确定 按钮,返回【报表系统-[新报表:报表_1]】窗口。

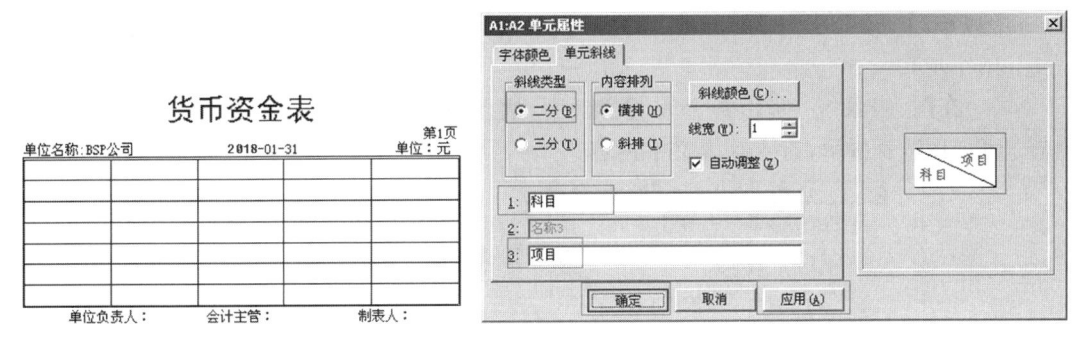

第 8 章　K/3 平台会计报表编制与财务报表分析

图 8-6　报表预览结果　　　　　　　图 8-7　定义单元格斜线

（10）在【报表系统-[新报表:报表_1]】窗口中,将设置好的报表格式进行保存,系统弹出【另存为】对话框,选择"保存位置",并在"报表名"文本编辑框中输入"货币资金表",单击 保存(S) 按钮,将报表保存。保存后的报表如图 8-8 所示。

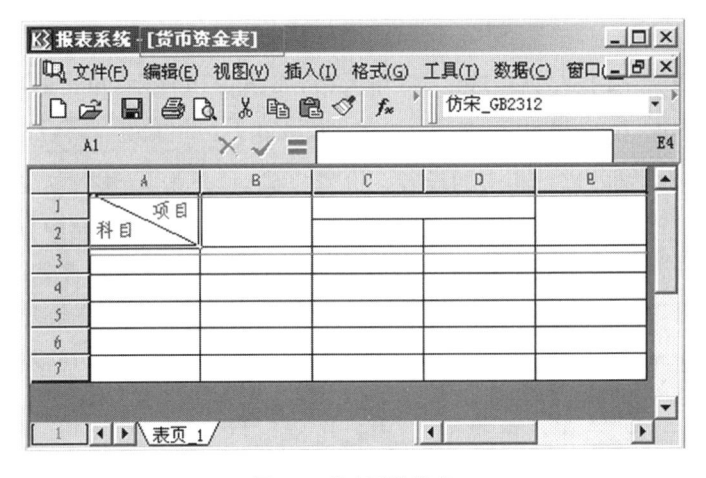

图 8-8　保存后的报表

8.1.2　报表内容和公式编辑

报表内容和公式编辑即录入报表文字内容和设置报表公式,并显示报表公式运算结果——数据。

一般情况下,编辑报表时使用最多的是 ACCT( )总账科目取数公式。该公式的参数项有科目、取数类型、货币、年度、起始期间、结束期间、账套配置名等。科目即会计科目,可按 F7 键进行选择;取数类型有 30 多种,如 C 表示期初余额、Y 表示期末余额、JF 表示借方发生额、DF 表示贷方发生额等;货币是指本科目金额以何种货币表示;年度是报表数据的计算年度,可以直接表示(如 2018),也可以用相对数表示(如 0 表示本年度、-1 表示上一年度等);起始期间是指数据计算的开始期间,可以直接表示(如 1、2 等),也可以用相对数表示(如 0 表示本期、-1 表示上一期等);结束期间是指数据计算的结束期间,其定义与起始期间一样;账套配置名要求:账套名称必须与账套设置时所定义的名称一致。其余取数公式的定义,在此不再一一叙述,可查看相关【帮助】。

【例 8-2】 在【例 8-1】的基础上,完成报表内容和公式编辑,并生成报表数据。

操作步骤:

(1)在【报表系统-[货币资金表]】窗口中,执行【视图】/【显示公式】,进入格式编辑状态。再如图 8-9 所示,录入报表文字内容。

图 8-9 录入报表文字内容

(2)录入报表文字内容之后,选定 B3 单元格,如图 8-10 所示,单击的 ƒx 函数按钮,或直接单击 = 按钮,在编辑栏中输入"=",再单击 ACCT 函数按钮,弹出 ACCT 函数编辑对话框,进行相应的设置。设置完成后,单击 确认 按钮,完成该函数的设置。设置完"库存现金"期初余额取数公式之后,采用填充柄填充的方法,填充 B3:E6 其余各单元格,并修改各公式中相应的参数即可,如图 8-11 所示。再如图 8-12 所示,设置最后一行"合计"单元格的取数公式。设置好后,可单击 按钮,保存报表公式。

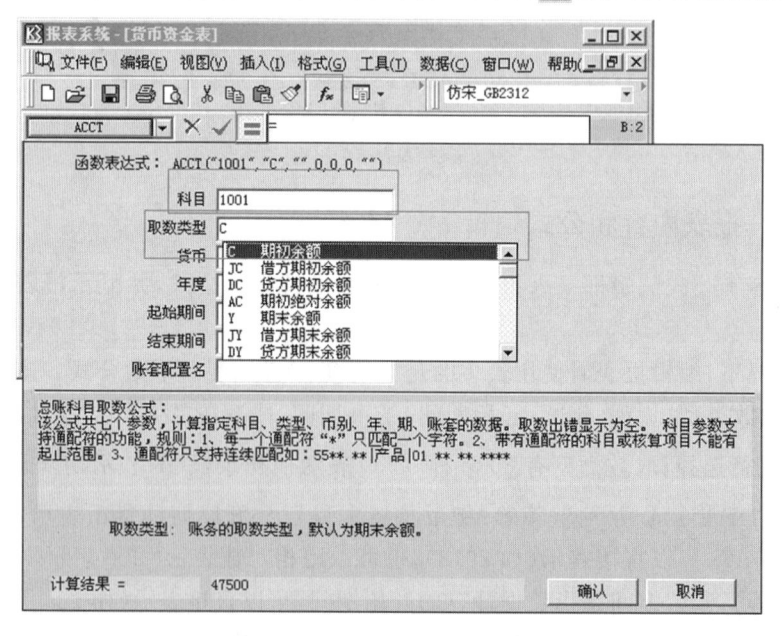

图 8-10 设置"库存现金"期初余额取数公式

(3)生成报表数据。在【报表系统】窗口中,执行【视图】/【显示数据】,系统会自动根据

第 8 章　K/3 平台会计报表编制与财务报表分析

图 8-11　填充所有单元格取数公式

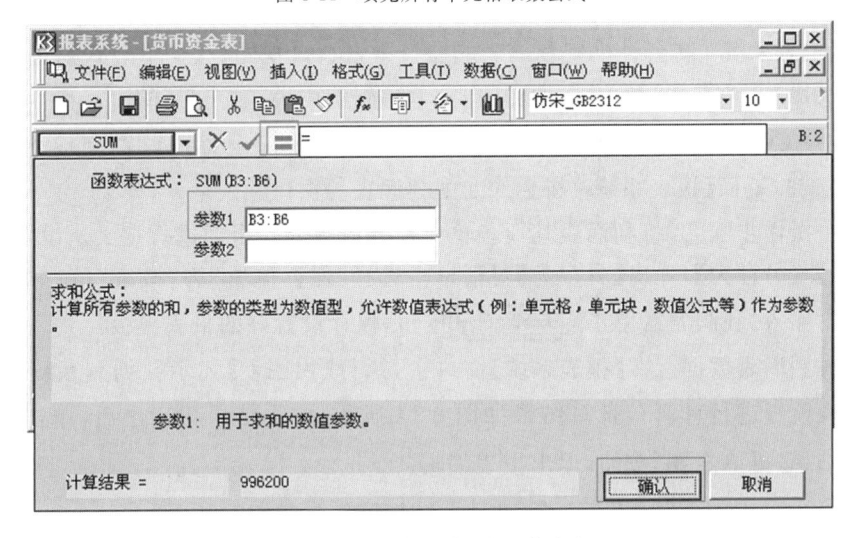

图 8-12　设置合计单元格取数公式

定义的单元格公式，计算并显示出报表。其结果如图 8-13 所示，检查正确后，单击 ![保存] 按钮保存结果，再单击 ![关闭] 按钮，退出该窗口。

图 8-13　生成报表

8.1.3　系统预设报表应用

期末编制会计报表是一件非常烦琐的工作，且会计报表的结构及公式定义也比较复杂，在大量的计算公式编制过程中，很容易因细小的错漏而导致数据的不正确。为此，金蝶 K/3 已经按照企业会计准则的要求预设了各种会计报表的格式及公式定义，在企业需要编制相应的会计报表时,只需要调出相应的会计报表模板,按照企业的实际情况稍做修改并生成数据即可,这样可以最大限度地减轻财务人员编制会计报表的工作量。

【例 8-3】 bsp 公司要求:张会计生成 2018 年第 1 期的利润表及资产负债表。

操作步骤:

(1)生成利润表

①张会计在【新会计准则利润表-报表-[主界面]】窗口中,执行【财务会计】/【报表】/【(行业)-新企业会计准则】/【新会计准则利润表】并双击,弹出【报表系统-[新会计准则利润表]】窗口。

②在【报表系统-[新会计准则利润表]】窗口中,执行【视图】/【显示公式】,进入格式编辑状态。选择 B2 单元格,单击 = 按钮,在文本编辑框中输入"=",单击 ACCT 按钮,弹出 ACCT 函数编辑对话框,如图 8-22 所示进行设置。设置完成之后,单击 确认 按钮,返回【报表系统-[新会计准则利润表]】窗口。

③参照操作步骤②,将利润表其他各单元格的取数公式全部进行定义。设置完成后,执行【文件】/【另存为】,弹出【另存为】对话框。选择"保存位置"为"报表";在"报表名"文本编辑框中输入"利润表",单击 保存(S) 按钮,保存设置好的报表模板。

④生成利润表数据。在【报表系统】窗口中,执行【视图】/【显示数据】,系统自动按设置好的报表模板进行计算。计算结果如图 8-14 所示,检查结果正确之后,单击 按钮,保存计算结果,再单击 X 按钮,退出报表编辑。

图 8-14 生成利润表数据

第 8 章　K/3 平台会计报表编制与财务报表分析

（2）生成资产负债表

①由张会计在【新会计准则资产负债表-报表-[主界面]】窗口中，执行【财务会计】/【报表】/【(行业)-新企业会计准则】/【新会计准则资产负债表】并双击，弹出【报表系统-[资产负债表]】窗口。

②重复操作步骤（1）中的第①～④步生成资产负债表数据，结果如图 8-15 所示。检查结果正确之后单击 🖫 按钮，保存计算结果，再单击 ✖ 按钮，退出报表编辑。

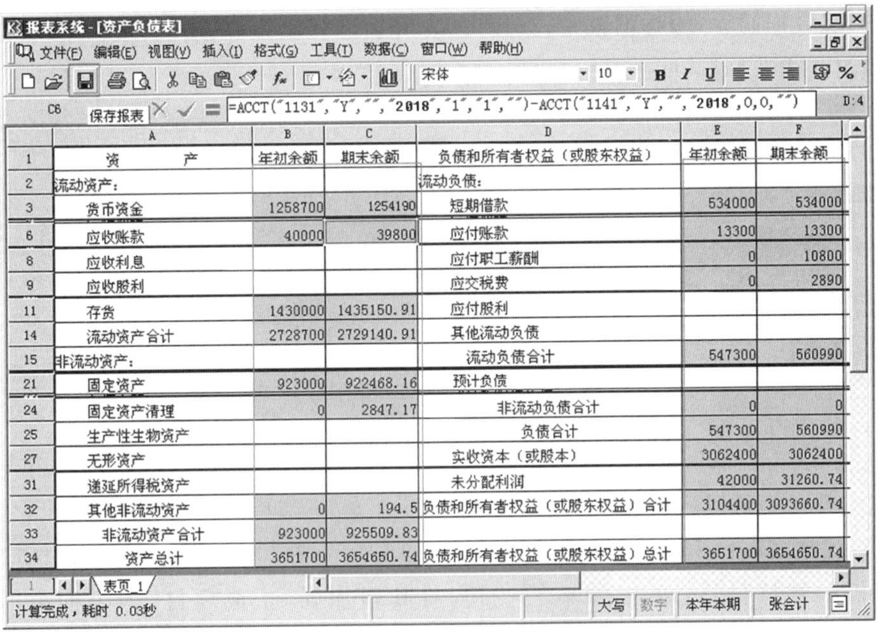

图 8-15　生成资产负债表数据

8.2　财务报表分析

财务分析是财务管理的重要组成部分，是企业对已有的财务状况和经营成果及未来前景的评价和决策分析。在金蝶 K/3 中，财务分析的主要内容有报表分析、指标分析及因素分析，企业可以根据系统提供的各种分析工具对企业的财务状况进行比较全面的分析，了解企业的财务状况、经营收益，为投资决策提供有力的依据。本书主要以报表分析为例进行阐述，其余各种分析方法可以借鉴其分析步骤进行。

在报表分析中，可对资产负债表、损益表和利润分配表进行结构分析、比较分析和趋势分析。如果除了对系统预置的报表进行分析之外，还想对其他报表进行分析，可以新建一张报表，并同各类数据源链接，报表定义之后即可对该报表进行各种分析。

【例 8-4】　bsp 公司的张会计在本期末对公司本期的利润表进行结构分析，从利润的构成要素总额上进行分析，找出增加本期利润最大影响因素和减少本期利润最大影响因素。

操作步骤：

（1）张会计在【(报表分析)利润分配表-财务分析-[主界面]】窗口中，执行【财务会计】/【财务分析】/【自定义报表分析】/【(报表分析)利润分配表】并双击(在此选择任何一个明细功能均可,其目的是为了弹出【财务分析系统】窗口),弹出【财务分析系统】窗口。

(2)在【财务分析系统】窗口中,如图8-16所示选择"报表分析"并单击鼠标右键,弹出【新建报表】快捷菜单命令,执行此命令,弹出【新建报表向导】对话框。

(3)在【新建报表向导】对话框中,输入报表名称"利润表",单击 下一步(N) 按钮,弹出【数据源设置】对话框。

(4)在【数据源设置】对话框中,如图8-17所示进行设置,单击 下一步(N) 按钮,弹出【报表项目生成器】对话框。

图8-16　执行【新建报表】

图8-17　设置报表数据源

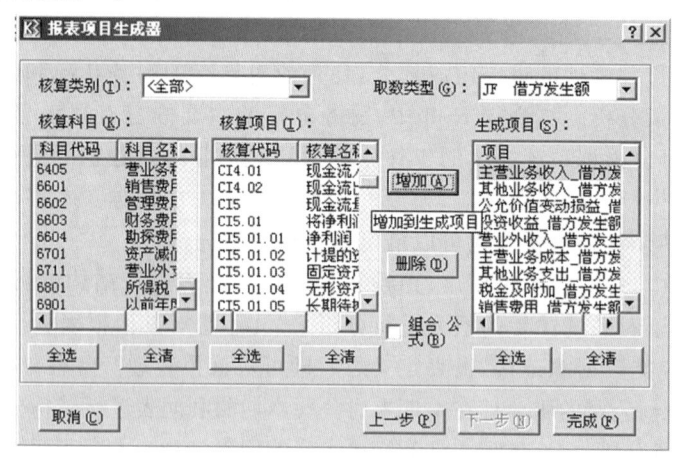

(5)在【报表项目生成器】对话框中,如图8-18所示,在"核算科目"列表框中选择需要进行分析的核算科目,单击 增加(A) 按钮,将其增加到"生成项目"列表框中,再单击 完成(F) 按钮。弹出【金蝶提示】界面,提示"您现在已经成功地建立了一个报表,是否需要立即定义报表项目?",单击 是(Y) 按钮,生成报表项目,弹出【财务分析系统-[报表项目录入:利润表]】窗口。

图8-18　报表项目生成器

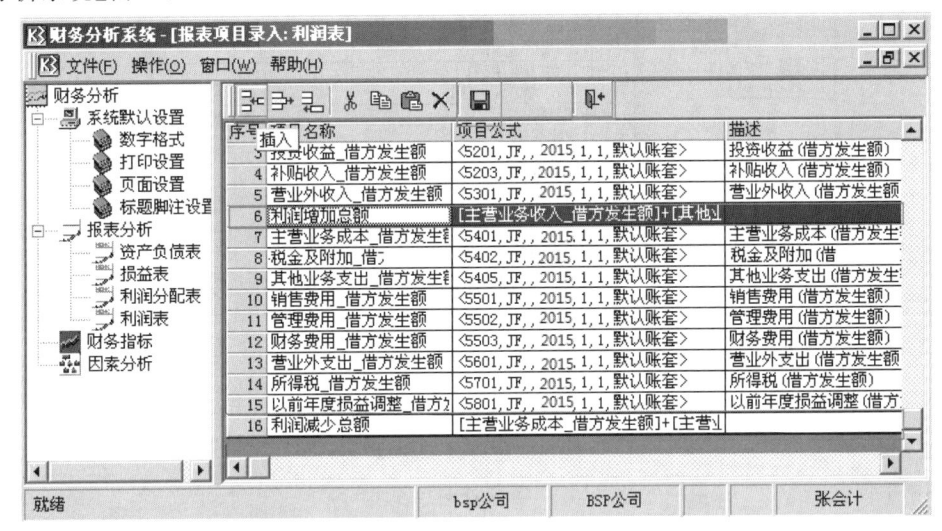

第 8 章 K/3 平台会计报表编制与财务报表分析

（6）在【财务分析系统-[报表项目录入:利润表]】窗口中，如图 8-19 所示，选择第 5 行单击 插入按钮，在所有收入类的科目下面插入一行。双击"项目名称"所对应的表单元格，输入项目名称"利润增加总额"，双击"项目公式"所对应的表单元格，输入公式为表内各收入项目之和。同样在第 15 行所有支出类科目下面插入一行，将其定名为"利润减少总额"，并设置相关项目。设置完成后，单击 按钮，保存信息，并单击 按钮，返回【财务分析系统】窗口。

图 8-19 增设报表项目

（7）在【财务分析系统】窗口中，选择"利润表"并单击鼠标右键，执行【报表分析】。系统按照利润表的项目设置进行结构分析，并在窗口的右侧显示区域显示出分析结果，如图 8-20 所示。在分析结果中可以看出该公司在本期利润构成各要素中影响最大的是"主营业务收入""主营业务成本"和"财务费用"。如需要将分析结果进行保存，则单击 按钮，以文件的形式单独保存下来，再单击 按钮，退出【财务分析系统】窗口，完成财务分析。

8.3 小 结

本章以案例为基础，简明扼要地将金蝶 K/3 的报表编制方法及常用的财务分析方法进行了流程清楚、步骤明晰、要点突出的阐述，使读者能一明了然地抓住学习重点，达到事半功倍的效果。

8.4 习 题

引入第 7 章的练习账套，完成以下工作。

（1）自定义 A 公司的费用明细表，并生成报表数据向相关领导汇报。费用明细表表样结构见表 8-2。

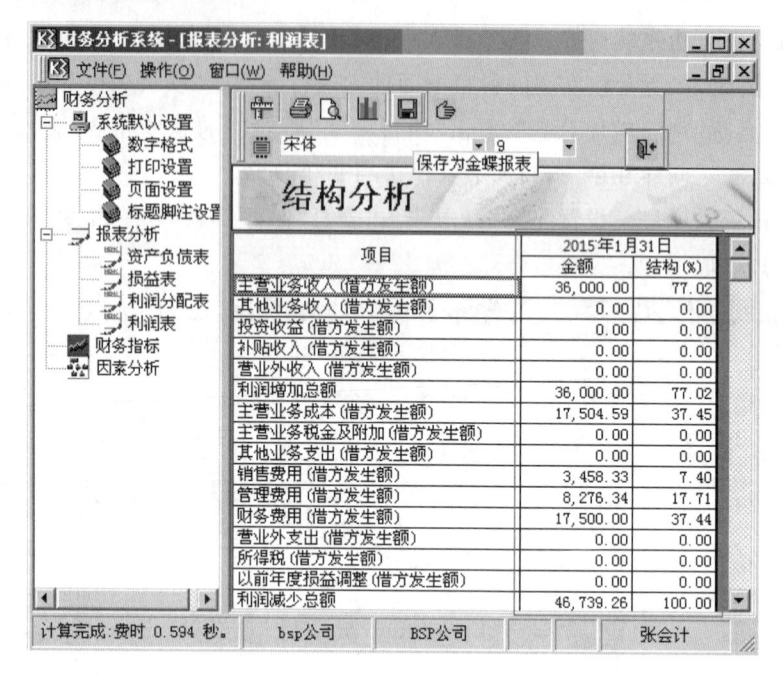

图 8-20 利润表结构分析结果

表 8-2   费用明细表表样结构

编制单位：   编制日期：   单位：元

科目＼项目	本期借方发生额	本期贷方发生额
销售费用		
管理费用		
财务费用		
合　计		

（2）采用系统内的报表模板生成该公司第 1 期的资产负债表、利润表。

（3）采用结构分析法对该公司的现金流量进行分析。现金流量分析表表样结构见表 8-3。

表 8-3   现金流量分析表表样结构

项目名称	项目公式	结构比例
库存现金	本期发生净额	
银行存款	本期发生净额	
其他货币资金	本期发生净额	
现金总计	以上各项相加	

下 篇

基于用友 U8 平台

第 9 章

系统管理

本章要点

本章主要告诉读者怎样登录到用友 U8 系统的信息环境中为企业创建一个账套,对企业发生的经济业务数据进行管理,还为读者更好地进行企业财务分工及信息化的内部控制提供建议。

用友 U8 是由多个子系统构成,各个子系统在功能上具有相对独立性,在数据信息上又具有共享性,为了实现对各个子系统的综合管理,用友 U8 系统设置了账套管理、用户管理等对各个子系统进行综合管理的模块。相对各个子系统而言,账套管理和用户管理是专为系统管理员和账套主管使用的,以用于对各子系统进行统一的操作管理和数据维护。

9.1 系统登录

在安装用友 U8 软件后,要运行用友 U8 软件有两次系统登录过程,第一次是在中间层服务器进行账套管理登录,其界面以创建账套及对账套进行管理。

如果是首次进行本界面的登录,用户名是默认的"Admin",密码是空的,单击 确定 按钮即可进入账套管理界面中。

第二次登录是创建账套之后,由客户端登录到中间层服务器上的账套中,即为"系统登录",以对企业发生的各项业务进行管理,其界面如图 9-1 所示。

在【操作员】文本编辑框中,输入当前操作员的代码或全称,再单击【账套】文本编辑框右侧的下拉按钮 选择所需要登录的账套,单击 确定 按钮,便可登录到所属的账套系统中。

图 9-1 系统登录

9.2 账套管理

用户安装好用友 U8 软件后,要在计算机上进行企业业务处理与管理,首先要做的是以软件为依托,建立一个企业核算专用的管理系统即账套,并设置系统的操作员及权限,以便在以后的工作中由操作员在其相应的职权范围内对财务软件进行管理或运用。

账套是指利用软件在计算机上所建立的一套完整的账簿核算体系,是专门为企业服务的财务系统。在账套的基础上,通过输入日常会计信息管理的基本规则参数和会计数据,财务软件就可以利用有关的参数设置、数据和功能进行自动核算。

一般的商业性财务软件允许使用多个账套,在用友 U8 软件系统中,每个账套用一个账套号和一个账套名称来表示,账套号和账套名称不能重复,账套号和账套名称是对应的。账套号可以由用户自己选择,也可由系统按顺序自动排序生成。

1. 新建账套

新建账套包括设置账套信息、单位信息、核算类型、基础信息等。其中账套号是指账套在系统中的编号,用来标识账套,是唯一的;账套名即账套的名称,一般用公司名称来表示,也可以不同于公司名称,以用来区分单位内部不同的账套;单位信息,包括单位名称、简称、地址、电话、税务登记号等信息;核算类型包括公司所适用的会计制度、本位币等信息;基础信息包括企业的客户、供应商分类,存货分类,外币核算等信息。

【例 9-1】 某工业公司——bsp 公司,于 2018 年 1 月 1 日准备实行信息系统集成管理,需要创建一个账套。账套号是 701;账套名是 bsp 公司;该公司对存货进行分类管理;有外币业务;科目编码级次为 4-2-2-2;存货分类编码级次为 1;部门编码级次为 2-2。本公司需管理的业务信息有:总账、工资、固定资产、应收、应付、采购、销售、库存、存货。

操作步骤:

(1)在【用友 ERP-U8 系统管理】界面中,单击工具栏 新建 按钮,弹出【新建账套】对话框,在该对话框中如图 9-2~图 9-6 所示输入(设置)相关信息完成账套创建工作。

第 9 章 系统管理

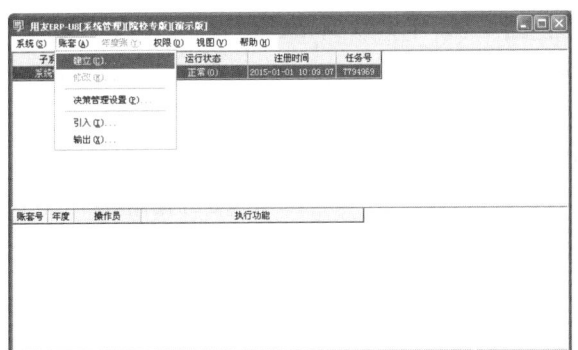

图 9-2 新建账套

图 9-3 设置账套信息

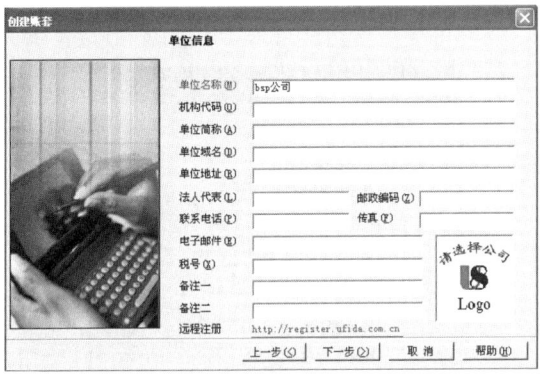

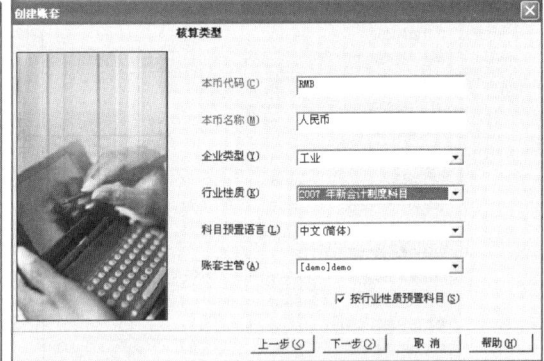

图 9-4 设置单位信息

图 9-5 核算类型

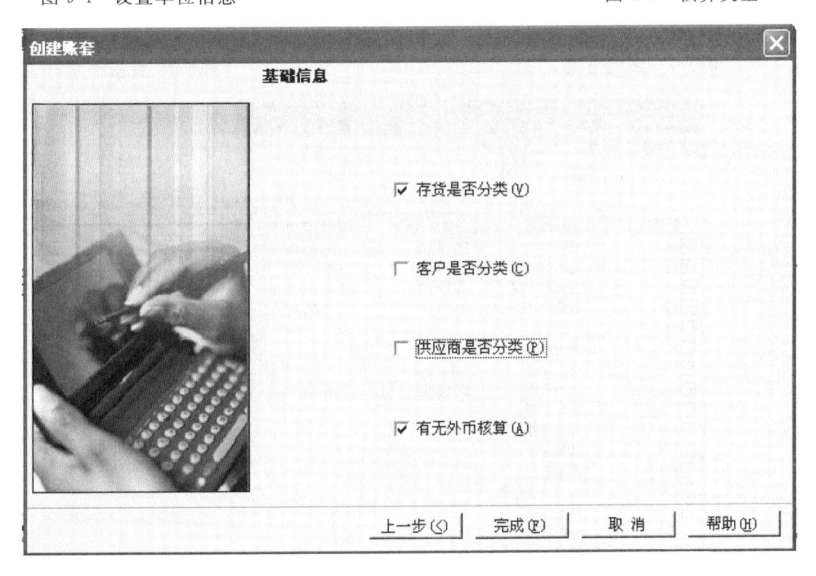

图 9-6 基础信息

(2) 单击 完成(F) 按钮,系统显示 可以创建账套了么?,单击 是 ,系统弹出编码方案设

置框,如图 9-7 所示进行设置后,再单击 [确定],系统弹出数据精度设置框,如图 9-8 所示,全部保持默认设置值,直接单击 [确定] 后,系统弹出系统启用提示,单击 [是],如图 9-9 所示进行系统启用设置(或单击 [否] 在企业门户中再进行启用设置也可),启用完成后,单击 [退出],系统提示,单击 [确定],返回到【用友 ERP-U8[系统管理]】主界面。

图 9-7 编码方案

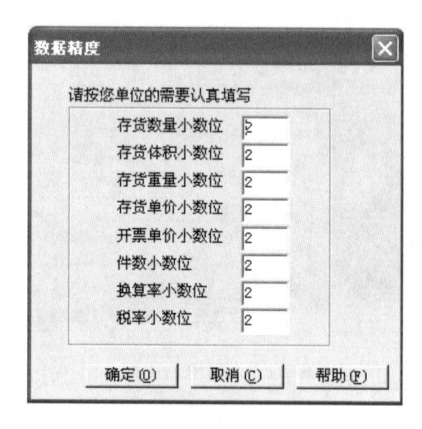

图 9-8 数据精度

图 9-9 系统启用

2. 备份账套

为了保证账套数据的安全性,需要定期对账套进行备份。一旦原有的账套毁坏,则可以通过账套恢复功能将以前的账套备份文件恢复成一个新账套进行使用。

第 9 章 系统管理

在用友 U8 系统中,备份账套,即输出账套。

一般情况下,建议选择"完全备份"方式,每次备份时覆盖前一次的备份即可,但在初始化阶段或特殊阶段建议不覆盖前一次的备份,而是保存关键阶段的备份数据。

【例 9-2】 bsp 公司的系统管理员制定了备份方案,在 D 盘下建立文件夹"账套备份",每天下班前 17:00 进行数据备份。

操作步骤:

(1)在【用友 ERP-(P226)U8[系统管理]】界面中,如图 9-10 所示,选择菜单命令账套/输出,打开账套输出对话框,再选择账套号"[701]bsp 公司",单击 确认(O) 按钮。

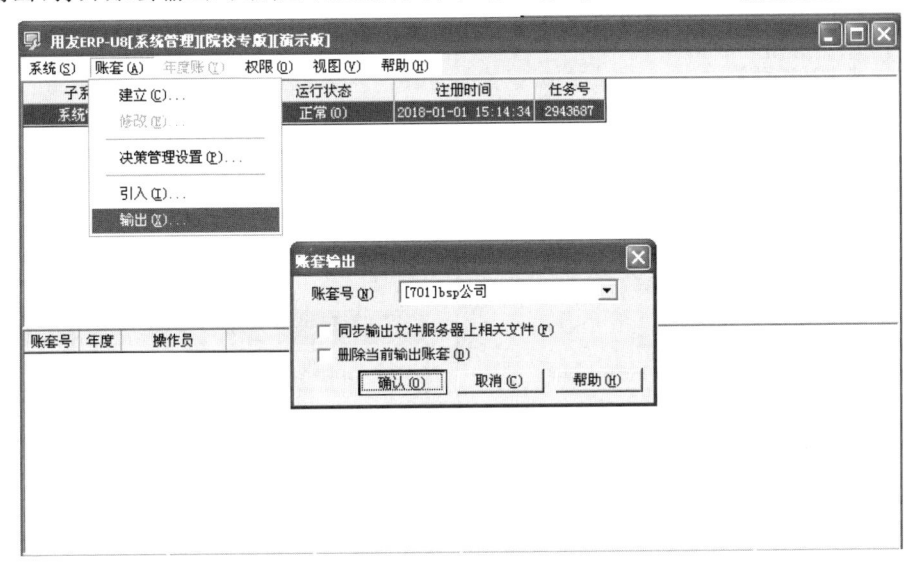

图 9-10 备份账套

(2)系统弹出【选择账套备份路径】对话框,选择"D 盘",单击 新建文件夹(N) ,输入新建的文件夹名称【账套备份】,单击 确定 按钮,选择 D:\账套备份,单击 确定 按钮,系统完成备份。

(3)备份成功后,系统弹出"输出成功"提示对话框,单击 确定 按钮,账套备份成功,生成了.bak 与.lst 两个备份文件。在实际工作中,还需要将此处备份生成的两个文件拷贝到外部设备或制作成光盘隔离保存。

3.恢复账套

恢复账套可以将备份的账套文件恢复到用友 U8 系统中,以修复损坏或丢失的账套数据。

【例 9-3】 bsp 公司由于电脑故障,需对账套文件进行恢复,按最新备份的文件进行恢复。

操作步骤:

(1)在【用友 ERP-U8[系统管理]】界面中,执行菜单【账套】/【引入】命令。

(2)打开【请选择账套备份文件】界面,如图 9-11 所示,选择已有的备份文件,单击 确定(O) ,打开【系统管理】对话框,单击 是 按钮。

（3）打开【选择账套引入的目录】界面，在【数据库实例】下方列表框中，选择账套要恢复到系统硬盘的目录路径，本例为默认，单击 确定 按钮，打开系统对话框，如图9-12所示，单击 是 ，系统按操作设置自动进行数据恢复的工作。

（4）数据恢复成功后，系统弹出"账套引入成功"对话框，单击 确定 按钮完成账套的恢复工作。

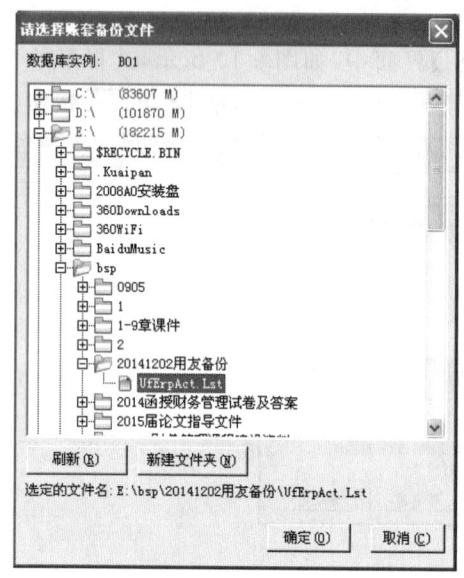

图9-11　选择账套备份文件　　　　图9-12　账套恢复覆盖提示

9.3　用户管理

一个系统的使用离不开人的作用，在进入系统后，就应该为该系统设置用户（操作员），并对用户进行授权和管理，以避免与业务无关的人员对系统进行操作，保证系统数据的安全与保密。用户管理功能主要是对账套管理工具中各种功能的使用进行相应的权限控制，将账套管理中不兼容的功能授权给不同的用户，从而增强账套管理的安全性。

9.3.1　角色

用户管理中包括角色、用户。角色的作用主要是方便对多个用户进行集中授权。因为对权限相同的用户逐个授权，比较烦琐且浪费时间，如果只对某个角色进行一次授权，该角色中的所有用户都可以继承该角色的权限信息，将会事半功倍。但在有的用户除了拥有该角色的权限之外还有某个特定的权限时，则可以再单独对其进行授权。当然在公司员工较少的情况下可以不分角色，直接建立用户并授权。在用友U8系统中，已预设了很多角色，基本可满足需求。

9.3.2　用户

用户是指对某个具体的账套而言，有一定的操作权限的人。通过对用户进行管理可以在企业的一个账套中增加用户、删除用户、用户禁用及对各用户进行一定的操作权限授权。

1. 新建用户

新建用户即在某一账套中新增加一个操作人员。新建用户包括建立用户编码、姓名、口令、认证方式等属性描述。用户名和用户编码是登录账套进行管理使用的名称,在系统中应该是唯一的。用户新增后,用户编码就不能再修改,因此,新建用户时,需要谨慎设置用户编码。认证方式有传统认证、动态密码认证和 CA 认证。一般用户采用用户+口令的传统认证方式,如采用动态密码认证方式、CA 认证方式则需要在中间层服务器上安装相应的软件。

【例 9-4】 bsp 公司拟新增一些用户,见表 9-1。

表 9-1　　　　　　　　　　　　用户名及属性

编号	所属部门	用户名	密码认证
1	管理部	李主管	空
2	管理部	张会计	空
3	管理部	王业务	空
4	管理部	陈主任	空

操作步骤:

(1)在【用友 ERP-U8[系统管理]】界面中,执行【权限】/【用户】命令。

(2)打开【操作员详细情况】对话框,如图 9-13 所示,录入编号"1",录入姓名"李主管";选择【认证方式】为"用户+口令(传统)"认证方式,口令为空;所属部门输入"管理部",其余默认。单击　增加　按钮,增加"李主管"到"用户管理"窗口。重复本步完成"张会计""王业务""陈主任"的用户增加操作,单击　取消　按钮,返回到"用户管理"窗口。

图 9-13　新建用户

2. 用户授权

用户权限管理包括三种权限：功能权限、数据权限、字段权限。功能权限是指用户对各子系统中功能模块的功能操作权限，当用户拥有了子系统的功能模块的功能操作权限时，就能进行对应模块的功能操作；数据权限是指用户对系统中具体数据的操作权限，包括数据查询权、数据修改权、数据删除权。系统默认对所有数据均不进行数据权限控制，用户拥有数据类别的功能操作权限就可以进行该类别下所有数据的操作权限。数据权限控制范围包括基础资料、BOM、BOS基础资料三种；字段权限是指用户对各子系统中某一数据类别的字段操作权限，系统默认不进行字段权限检查。当授权用户对指定字段设置了字段权限控制后，用户对该数据类别的指定字段进行操作时就会进行权限检查，只有当用户拥有了该字段的字段权限时，才能对该字段进行相应的操作。在系统中，可以进行字段授权的数据包括公共基础资料（仅为核算项目）、BOS基础资料和BOS单据。

一般所讲用户授权，只是针对"功能权限"而言，其他如"数据权限""字段权限"系统默认用户完全拥有，即只要用户拥有某一功能权限，则其就拥有该功能权限中的所有数据权限与字段权限。再者，如果对数据权限与字段权限进行控制，则对某一功能权限的数据权限或字段权限进行操作时，就必须要授权，这是一项非常细致且繁杂的工作，建议初学者不要进行"数据权限"或"字段权限"的管理。

【例9-5】 bsp公司拟对新增的用户进行授权，各用户的权限管理见表9-2。

表9-2　　　　　　　　　　　　　用户权限管理

用户名	权限介绍
李主管	账套主管，拥有所有权限
张会计	拥有财务处理的所有权限、固定资产系统的查询权、所有凭证的处理权
王业务	拥有业务处理的所有权限（采购、销售、仓存、存货）
陈主任	拥有固定资产系统的查询权

操作步骤：

(1) 在【用友 ERP-U8〔系统管理〕】界面中，执行【权限】/【权限】命令。

(2) 打开【操作员权限】对话框，按图9-14所示的①~④步，对李主管进行授权。

(3) 选择"张会计"，单击【修改】菜单命令，在右边的权限显示框中，勾选张会计应用的权限：总账、固定资产、薪酬管理、应收款管理、应付款管理、公用目录设置，再单击"保存"按钮，完成张会计的授权操作。

依照上述(3)步的操作原理及顺序，按照表9-2中的权限管理内容完成其余两位用户的授权。

9.3.3 上机日志

通过上机日志功能，我们可以查看到有哪些用户登录到了用友U8系统中，从哪台客户端上登录的，做了什么操作，什么时间做的操作等信息。这样可以方便对系统的运行情况进行监控，确保数据的安全性。

第 9 章　系统管理

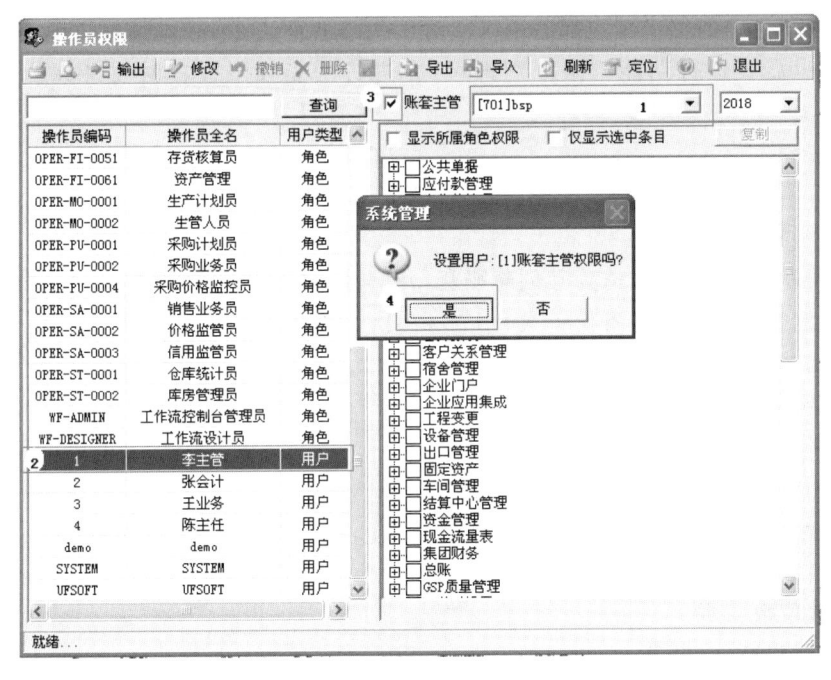

图 9-14　设置李主管的权限

【例 9-6】　bsp 公司拟将查询近段时间公司各主机对系统所进行的业务操作情况。

操作步骤：

(1)在【用友 ERP-U8[系统管理]】界面中，执行【视图】/【上机日志】命令。

(2)打开【上机日志】窗口中的【日志过滤】对话框，如图 9-15 所示，按企业所需信息条件，单击各文本输入框右边的 ▼ 按钮，选择输入各项条件，然后再单击 确认(C) 按钮，系统自动按条件组合将符合条件的上机操作信息显示出来。

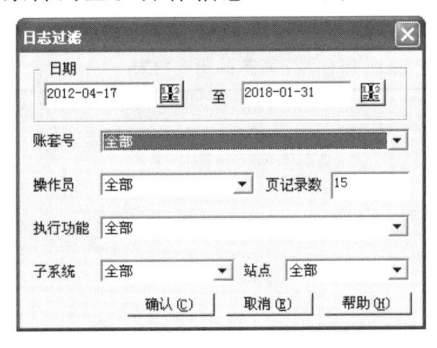

图 9-15　上机日志过滤对话框

9.4　小　结

本章主要介绍了两大内容，一是账套管理；二是用户及其权限管理。对于账套管理要注意：(1)在创建账套时要选择与本企业实际情况相吻合的解决方案；(2)进行属性设置时要考虑内部控制的需要；(3)要定期定时备份。在进行用户及其权限管理时要注意：(1)角色权限对该角色中的每个用户都适用;(2)对于初学者而言,不必对数据权限与字段权限进行控制,只需要进行功能权限限制即可,在进行功能权限授权时要考虑内部控制的需要。

9.5 习　题

某公司基本情况如下,请为其创建账套,并增设用户且进行用户授权,还要求:完成所有业务后,建立备份方案并备份一次。

1. 公司名称:A 公司;
2. 新会计准则;
3. 记账本位币:人民币;
4. 启用时间:2018 年 1 月 1 日;
5. 存货分类,供应商、客户分类,有外币业务;
6. 科目级次 4-2-2-2,其余默认;
7. 小数位数:2 位;
8. 该公司员工资料见表 9-3。

表 9-3　　　　　　　　　　用户资料表

用户名	用户编号	权限介绍
zhuguan	101	拥有所有权限
kuaiji	102	拥有基础资料、总账系统、报表系统、应收应付、财务分析、现金管理、现金流量表进行财务处理的权限,拥有固定资产系统的查询权、固定资产系统的权限中的凭证管理的权限
yewu	103	拥有采购、仓存、存货核算、销售管理、供应链系统公用设置、供应链分销、管理驾驶舱等业务处理的权限
ziguan	104	拥有固定资产的所有权限

第 10 章 基础设置

本章要点

本章主要告诉读者怎样将一个企业的基础资料设置到信息化系统中,即如何让一个通用的商品化软件系统成为某企业所特有的信息化系统,为该企业进行信息化管理服务。

一个信息化系统在进行业务处理之前必须要进行相关参数的设置及一些相关基础资料的配备,它是企业管理信息化的前提与基础,它关系到所有财务业务流程的处理,是信息化成功实施的关键,因此在进行系统设置时一定要认真考虑、慎重对待。

10.1 基本信息、系统设置

基础设置是对用友 U8 信息系统进行最基本的基础数据设置,它是整个系统的基础,是保障系统正常运行的关键。基础设置关系企业全局业务的处理,因而在进行基础设置时要慎重。

10.1.1 基本信息

基本信息,是用友 U8 信息系统进行信息化的前提与基础。一般包括:系统启用、编码方案、数据精度设置。

1. 系统启用,包括子系统的选择和启用日期设置,用户创建账套之后如果没有立即启用各子系统,即可在此进行系统启用,但要注意不能早于账套创建时的会计年度与会计期间,并且各子系统的启用时间不能早于总账的启用时间,最好与总账的启用时间相同。

2. 编码方案,是对用友 U8 系统中各种基本数据代码的编码级次与级长的定义,如会计科目的编码方案、部门的编码方案等。编码方案定义之后,其后的相关数据编码应符合此编码方案设置。如果创建账套之后就已进行过相应设置,在此不必再设置。

3.数据精度设置,是对各种数据计量的小数位数进行定义,如存货数量小数位数、存货质量小数位数、存货单价小数位数、税率小数位数。

10.1.2 系统设置

系统设置是系统使用前所必需的,主要是针对一些系统属性进行设置,如公司名称、电话、银行账号、纳税登记号等公司基本情况,还有各子系统的选项设置,如暂估冲回凭证生成方式、存货核算方式、期末结账时检查未记账的单据等。但要注意,系统设置中的内容只能修改,不能增加或删除,另公司地址、名称和系统名称会自动显示在各单据中,一经确定,最好不要随意更改。特别是公司代码,更是不能更改的,因为代码是公司在信息化资料中的唯一标识,用来与其他分公司进行区分。

10.2 基础资料设置

基础资料,是指在用友 U8 系统中使用的各种基础数据的总称。企业在进行凭证或者单据处理时,都需要用到一些业务资料,如科目、币别、商品、客户、金额等。也就是说企业中所有的凭证、单据都是由一些基础资料信息和具体的数量信息构成的。因此为了对这些基础数据进行统一的设置与管理,用友 U8 系统提供了"基础资料"管理平台。

用友 U8 系统功能众多,囊括范围很广,为了便于管理,根据业务性质将各种功能分在了不同的系统中进行维护管理。这样,不仅各子系统都会使用公共基础数据,而且各子系统还会有相应的自己独有的基础资料。因此为将这些不同的基础资料进行分类管理,基础资料又细分为两个大部分:公共资料和各个子系统中的基础数据。"公共资料"是对科目、币别、凭证字、计量单位、结算方式、核算项目等各项基础资料进行的维护管理,本节主要是对公共资料设置进行阐述。

10.2.1 设置货币类别

在企业的经营活动中,都是以币别作为交易的媒介和度量单位的。对于涉外企业,其交易活动中不可避免地将要涉及多种币别,为了方便企业对不同币种的业务数据进行记录和度量,用友系统提供了"币别"管理功能。"币别"管理一般有以下一些常用功能:如新增币别、币别属性、删除币别、币别管理等。其中,"新增币别",是指增加一种新的货币种类;"币别属性",是对选定的某种币别的属性,如币符、币别名称、记账汇率进行修改;"删除币别",即对选定的某种币别进行删除,但是要注意如果该币别已经使用,则不能删除;"币别管理",是对币别进行管理的一个综合管理器,其中有多种币别管理功能,如新增、修改、删除、刷新。

在进行币别管理时要注意,币别代码要使用 3 个字符表示,一般使用惯例进行编码,如人民币为 RMB、港币为 HKD、美元为 USD 等。系统在创建账套时默认的币别是记账本位币,不能进行更改,记账本位币的折算系数为 1,不需要选择折算公式。

【例 10-1】 bsp 公司以人民币为记账本位币,同时还有一种外币——美元,其代码为"USD",外币折算方式采用直接标价法,记账汇率为 8.5,发生外币业务时采用固定汇率核算,金额小数位位数为 2;另外还有一种外币——港币,其代码是"HKD",外币折算方式也采用直接标价法,记账汇率为 1.1,发生外币业务时采用固定汇率折算,金额小数位位数为 2。

操作步骤:

(1)在【用友-[主界面]】窗口中,如图 10-1 中的①～④所示,选择【基础设置】/【基础档案】/【财务】/【外币设置】双击打开【外币设置】窗口。

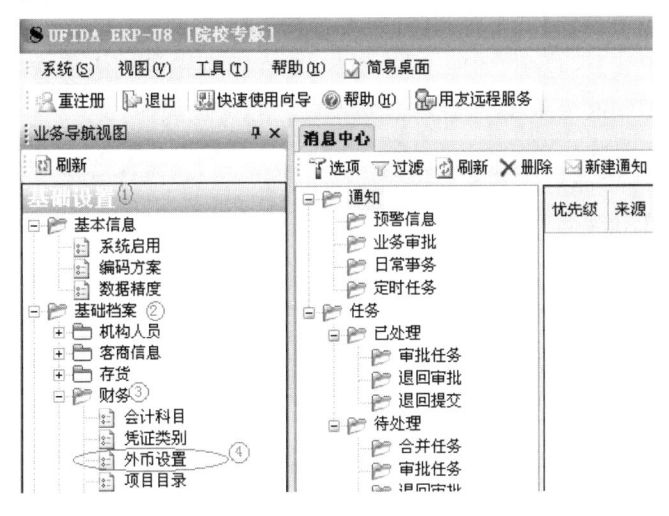

图 10-1 选择"币别"功能

(2)在【外币设置】窗口中,单击工具栏 增加 或 编辑(E) 按钮,执行【编辑】/【增加】菜单命令。

(3)在【外币设置】对话框中,在【币符】文本编辑框中,键入"USD";在【币名】文本编辑框中,键入"美元";单击" 外币 * 汇率 = 本位币 "前的单选按钮,选择【折算方式】为 外币 * 汇率 = 本位币;单击"固定汇率"前的单选按钮,选择汇率核算方式为固定汇率核算。最后单击 确认 按钮,跳转到图 10-2,在账套启用日期的记账汇率下输入 8.5,点击 确认 按钮,完成操作。

图 10-2 币别记录列表

(4)重复上述(2)~(3)步,完成币别"港币"的新增操作。

【例10-2】 bsp公司的李主管在检查币别设置时发现港币的记账汇率为1,而不是1.1,其余均是正确的。于是他马上进行了更正。

操作步骤:

(1)在【用友-[主界面]】窗口中,如图10-1中的①~④所示,选择【基础设置】/【基础档案】/【财务】/【外币设置】双击打开【外币设置】窗口。

(2)在【外币设置】窗口中,如图10-3所示,先在币别记录列表中选中币别"港币",直接将所属月份的汇率改为1.1,然后点击 退出 按钮,完成操作。

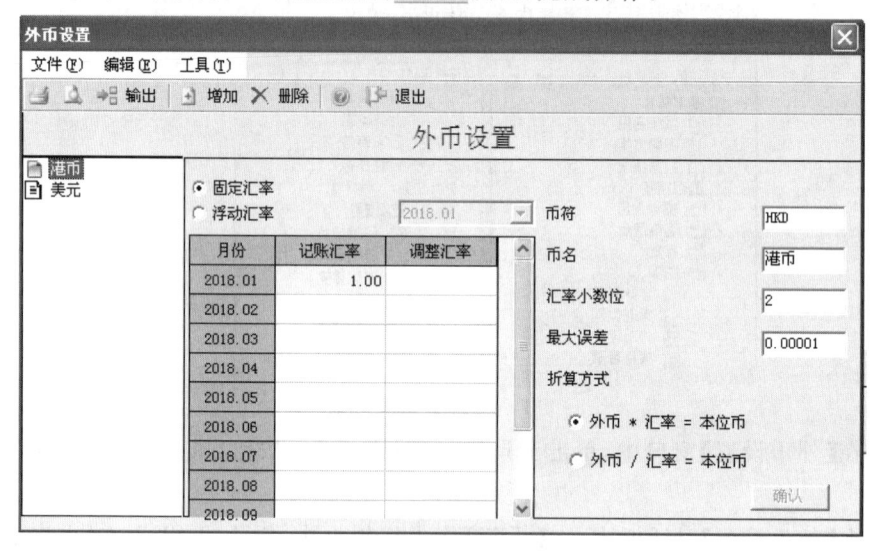

图10-3 选择币别

【例10-3】 bsp公司的李主管在检查币别设置时,发现币别"港币"的设置是多余的,该公司现只有一种外币"美元",没有"港币"。

操作步骤:

(1)在【用友-[主界面]】窗口中,如图10-1中的①~④所示,选择【基础设置】/【基础档案】/【财务】/【外币设置】双击打开【外币设置】窗口。

(2)在【外币设置】窗口中,先在币别记录列表中选中币别"港币",再单击工具栏的 删除 按钮,执行【编辑】/【删除】菜单命令。

(3)弹出【删除确认】话框,单击 是 按钮,将币别"港币"删除。删除后,在【外币设置】窗口中的币别记录列表中将不再有"港币"币别记录。

10.2.2 设置计量单位

计量单位是对物料的度量所需用到的单位。有些物料的计量单位可能会有几个,其中必有一个是主要的,即主计量单位,其他的起辅助计量作用的即辅助计量单位。为了能体现该物料多种计量单位方法及这些计量单位之间的运算关系,我们将一种物料的所有计量单位设置成一个计量单位组,在计量单位组中各计量单位的关系就是主计量单位与辅助计量单位的关系,用系数来进行描述。主计量单位即系统默认的计量单位,他的系数肯定是1(自己与自己的关系),其他辅助计量单位的系数由它与主计量单位的倍数来决定。如一条香烟有10包,如果设"包"为香烟的主计量单位,则"条"为辅助计量单位,那么"条"的系数就应当是"10"。

在进行计量单位设置时,必须先设置计量单位组,再设置计量单位。计量单位组的设置由物料记录所需用计量单位而定,如有100种物料,只需要20种计量单位,则设置20个单位组即可。因为一种物料只能用一种主计量单位进行记录,而且必须是主计量单位,而一个计量单位组只有一个主计量单位,且只有主计量单位是物料在记录时能获取到的默认计量单位。

【例10-4】 bsp公司根据前期资料的整理,了解到本公司所需用到的计量单位,主要见表10-1中的资料。

表10-1 计量单位

计量单位组	默认计量单位	辅助计量单位	系数	换算率
数量组	件(010)	箱(011)	10	固定
质量组	千克(020)	吨(021)	1000	固定
里程	公里(0301)	米(0302)	0.001	固定

操作步骤:

1. 增加计量单位组

(1)在【业务导航视图】栏中,选择【基础设置】/【基础档案】/【存货】/【计量单位】,双击打开【计量单位-计量单位组】窗口。

(2)在【计量单位-计量单位组】窗口,在列表中选中【计量单位组】,再单击执行【分组】命令,打开【计量单位组】对话框。

(3)在【计量单位组】对话框中,按照表10-1的内容,如图10-4所示,单击 增加 按钮,在【计量单位组编码】文本编辑框中,键入"01",【计量单位组名称】文本编辑框中,键入"数量组",【计量单位组类别】文本编辑框中,选择"固定换算率",再单击 按钮,新增加一个计量单位组"数量组"。

(4)重复第(2)~(3)步,按照表10-1的内容,新增另一个计量单位组"质量组"。

(5)新增计量单位组后,在【计量单位-计量单位组】窗口中的列表处显示新增的计量单位组。

2. 新增计量单位

(1)在【计量单位-计量单位组】窗口,如图10-5的①和②所示,单击第①处的"数量组",再单击第②处的工具栏按钮,打开【计量单位】对话框。

(2)在【计量单位】对话框中,按照表10-1中的内容,在【计量单位编码】文本编辑框中,键入"010";在【计量单位名称】文本编辑框中,键入"件";勾选【主计量单位标志】前的□(因为"件"本身是默认计量单位也是主计量单位,它与自身的换算率是1);单击 按钮,新增计量单位"件"。

(3)在【计量单位】对话框中,按照表10-1中的内容,在【计量单位编码】文本编辑框中,键入"011";在【计量单位名称】文本编辑框中,键入"箱";在【换算率】文本编辑框中,键入

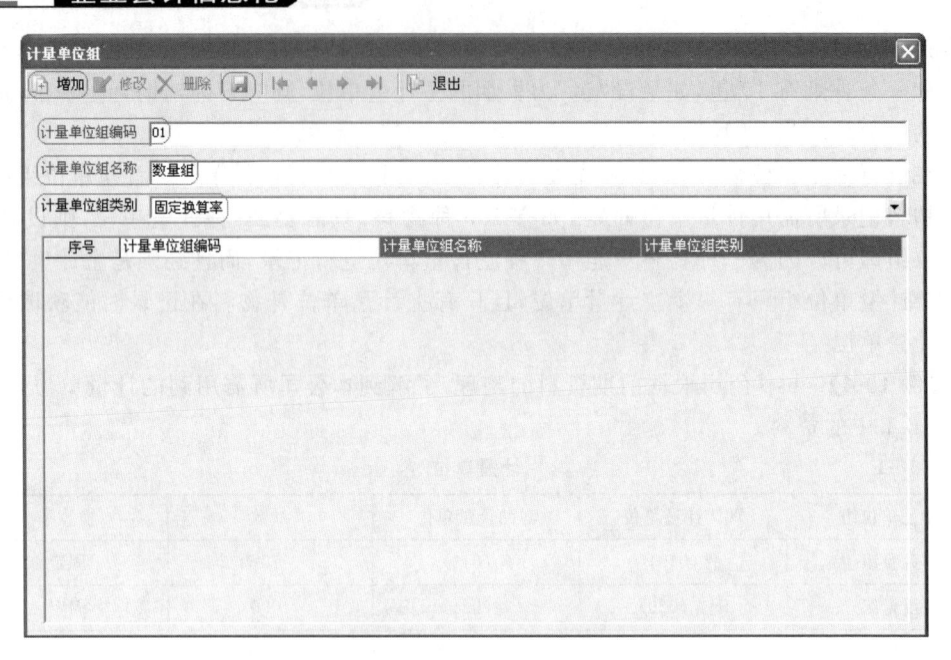

图 10-4　新增计量单位组"数量组"

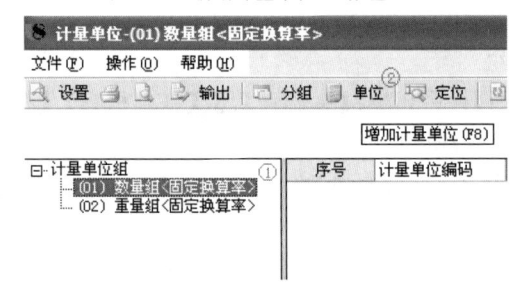

图 10-5　工具按钮【单位】计量单位

"10";不勾选【主计量单位标志】前的□;单击 按钮,新增计量单位"箱"。

(4)重复以上步骤,完成表 10-1 中的【质量组】和【里程】其他计量单位的增加操作。

(5)新增完所有的计量单位后,在【计量单位-计量单位组】窗口右边的记录区域将如图 10-6 所示显示所有新增的计量单位。

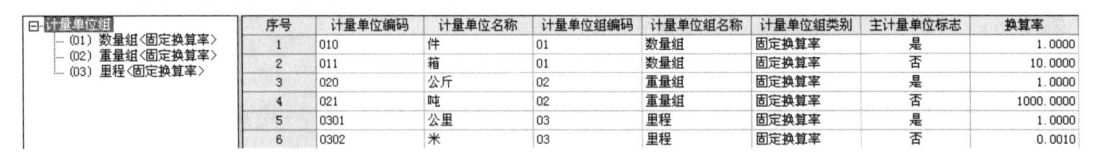

序号	计量单位编码	计量单位名称	计量单位组编码	计量单位组名称	计量单位组类别	主计量单位标志	换算率
1	010	件	01	数量组	固定换算率	是	1.0000
2	011	箱	01	数量组	固定换算率	否	10.0000
3	020	公斤	02	重量组	固定换算率	是	1.0000
4	021	吨	02	重量组	固定换算率	否	1000.0000
5	0301	公里	03	里程	固定换算率	是	1.0000
6	0302	米	03	里程	固定换算率	否	0.0010

图 10-6　计量单位记录

注意:在进行增加计量单位操作时,一定要先增加计量单位组才能增加计量单位。

10.2.3　设置会计科目

按照最新企业会计准则的规定,会计科目是依据企业会计准则中确认、计量和报告的规定制定的,它涵盖了企业的各类交易或者事项。企业在不违反会计准则中确认、计量和报告规定的前提下,可以根据本单位的实际情况自行增设、分拆、合并会计科目。企业不存在的交易或者事项,可不设置相关会计科目。对于明细科目,企业可以比照本附录中的规定自行设置。会计科目编号供企业填制会计凭证、登记会计账簿、查阅会计账目、采用会计软件系统参考,企业可结合自身实际情况确定会计科目编号。新企业会计准则将会计科目分为六大类:资产类、负债类、共同类、所有者权益类、成本类、损益类。

在会计信息系统中最重要的是会计科目编号,即科目代码,它对提高系统的输入、处理效率,对输出详细而完整的会计核算资料都有着极为重要的意义。科目代码采用的是群码的编码方式,即将会计科目代码分成若干段,每一段有固定的位数:第一段表示一级科目代码,第二段表示二级明细科目代码,依此类推,每一段按照一定的标准顺序排列,一般一级科目代码是不允许修改的。

在用友 U8 系统中,对会计科目的管理主要有新增、复制、修改、删除等。并且还提供了从系统模板引入会计科目的功能,以节约企业录入会计科目的时间,提高工作效率。一个会计科目有多项字段属性描述,如科目代码、助记码、科目名称、科目类别、余额方向、外币核算等。

1. 增加会计科目

(1)在【用友-[主界面]】窗口中,选择【基础设置】/【基础档案】/【财务】/【会计科目】窗口,单击 增加 ,或者单击 编辑(E) 按钮,再单击【增加】选项来增加科目。

(2)打开【新增会计科目】,如图 10-7 所示,在【科目编码】文本编辑框中,键入"100201";在【科目名称】文本编辑框中,键入"建设银行",完成后单击 确定 按钮,这样为"1002,银行存款"增加了一个下级明细科目"100201,建设银行"。

图 10-7 新增会计科目"100201"

(3)重复第(2)步,完成"1002,银行存款"的下级明细科目"100202,中国银行""1403,原材料"的下级明细科目"140301,生产用原材料""140302,其他用原材料";"1401,材料采购"的下级明细科目"140101,生产用材料采购""140102,其他用材料采购"。

注意:在新增会计科目时,一定要勾选其相应的核算选项,如本例中的"1002.02,中国银行"明细科目要勾选【外币核算】复选框,【外币核算】下拉列表框中选择"美元"。或如本例中的"1403.01,生产用原材料"等则一定要勾选【数量核算】复选框,并在【计量单位】下拉列表区选择"千克",然后,单击 确定 按钮。

2. 修改、复制会计科目

【例 10-5】 BSP 公司的李主管为了节约时间,从系统模板引入通用的会计科目,并针对公司的实际情况拟增加表 10-2 中的明细科目。

表 10-2　　　　　　　　　　　　　明细科目资料

代码	科目名称	选项说明	计量单位	代码	科目名称	选项说明	计量单位
1002.01	银行存款/建设银行	银行科目、出日记账		1401.01	材料采购/生产用材料采购	数量金额核算	千克
1002.02	银行存款/中国银行	银行科目、出日记账、核算美元、期末调汇		1401.02	材料采购/其他材料采购	数量金额核算	千克
1403.01	原材料/生产用原材料	数量金额核算	千克	5001.01	生产成本/直接材料		
1403.02	原材料/其他原材料	数量金额核算	千克	5001.02	生产成本/直接人工		
				5001.03	生产成本/制造费用		

按本例中表 10-2 的要求,在"生产成本"科目下增加"直接材料""直接人工""制造费用"三个二级明细科目。

(1)在【用友-[主界面]】窗口中,选择【基础设置】/【基础档案】/【财务】/【会计科目】窗口,单击 增加 ,或者单击 编辑(E) 按钮,再单击"增加"选项来增加科目。按表 10-2 中的内容,在【科目编码】文本编辑框中,键入"500101";在【科目名称】文本编辑框中,键入"直接材料",完成后单击 确定 按钮,为"5001,生产成本"增加了一个下级明细科目"500101,直接材料"。

(2)在【会计科目】对话框中,如图 10-8 所示,执行【编辑】/【复制】,对"直接材料"会计科目进行复制。

(3)将复制下来的会计科目进行修改,将【科目编码】文本编辑框中的"500101"改为"500102",将【科目名称】文本编辑框中的"直接材料"改为"直接人工",再单击 确定 按钮,将修改结果保存。重复此步,完成"500103,制造费用"科目的复制。

(4)"生产成本"下的明细科目全部修改好后,在【会计科目】"生产成本"下,显示"生产成本"科目下所有的明细科目。

第 10 章　基础设置

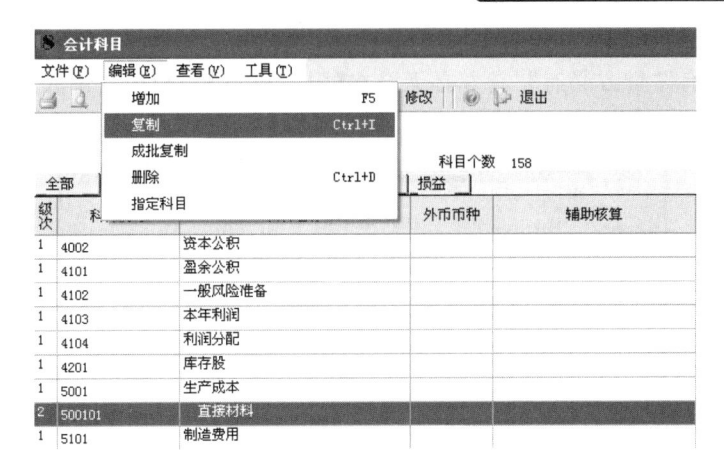

图 10-8　复制会计科目

10.2.4　设置凭证类别

凭证分类的目的是反映经济业务的范围,以便为同类经济业务进行有序编号。按照凭证的使用范围,凭证类别可分为通用记账凭证和专用记账凭证两种大类。如采用通用记账凭证这种格式,则凭证类别可设"记"字,所有经济业务均使用这一种格式编制记账凭证;如采用专用记账凭证格式,又可按具体业务范围分为三种格式和五种格式两种类型,三种格式的凭证类别可分别设为"收""付""转",五种格式的凭证类别可分别设为"现收""现付""银收""银付""转"。不过按照现行会计制度规定,一般均采用通用记账凭证这一种格式,即凭证类别只要设"记"字就可以了。

在用友 U8 系统中对凭证类别的维护与管理主要有增加、修改、删除等操作,在主控台【基础设置】/【基础档案】/【财务】/【凭证类别】界面中完成。

1. 新增凭证类别

【例 10-6】　bsp 公司根据日常业务的发生情况,拟将本公司的凭证类别设为"收""付""转"三种类别。其中"收"指所有收款业务所要记录的凭证类别;"付"指所有付款业务所要记录的凭证类别;"转"是指所有转账业务所要记录的凭证类别。具体设置要求见表 10-3。

表 10-3　　　　　　　　　　凭证类别列表

类别字	限制类型	会计科目
收	借方必有	1001、1002
付	贷方必有	1001、1002
转	贷方必无	1001、1002

操作步骤:

(1) 在【业务导航视图】栏中,选择【基础设置】/【基础档案】/【财务】/【凭证类别】,双击打开【凭证类别预置】窗口。

(2) 在【凭证类别预置】窗口,选择 ⊙ 收款凭证　付款凭证　转账凭证,单击 确定 按钮,打开【凭证类别】对话框。

(3) 在【凭证类别】窗口，按表 10-3 中的内容，如图 10-9 所示，在【限制类型】一栏中依次选择"借方必有""贷方必有""贷方必无"；在【限制科目】一栏依次键入"1001,1002"，最后单击 退出 按钮，完成凭证类别设置。

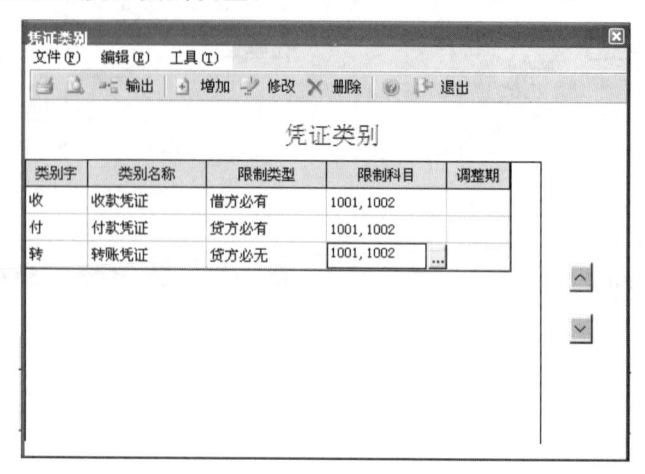

图 10-9 设置凭证类别

2. 修改、删除凭证类别

【例 10-7】 bsp 公司的主管决定，为了精简核算，将本公司的凭证类别重新设置为"记"字一种凭证。具体设置要求见表 10-4。

表 10-4　　　　　　　　　　　凭证类别列表

类别字	限制类型	会计科目
记	无	

操作步骤：

(1) 在【凭证类别】窗口中，如图 10-10 中的①～③所示，先选中"收"字凭证类别一栏，再单击工具栏中的 ╳ 删除 按钮，在【删除确认】窗口中单击 是 ，完成删除。

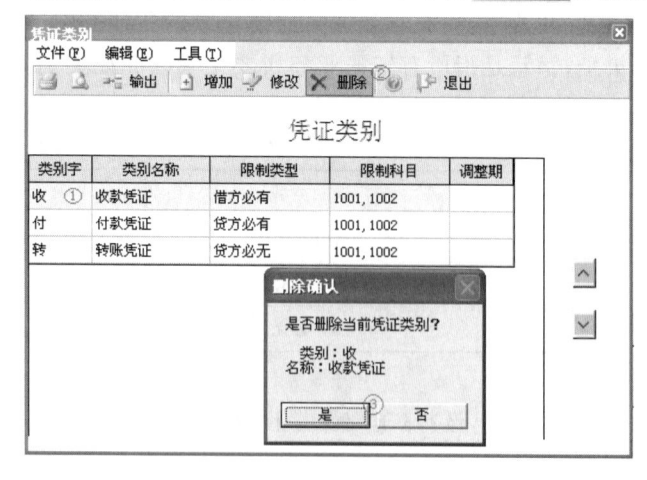

图 10-10 采用工具删除凭证类别

(2)重复第(1)步,将"付"字凭证类别删除。

(3)如图10-11所示,双击【类别字】一栏,将"转"改为"记",用同样的方法将【类别名称】由"转账凭证"改为"记账凭证",【限制类型】由"贷方必无"改为"无限制",最后清空【限制科目】栏内的"1001,1002",单击 退出 按钮完成修改。

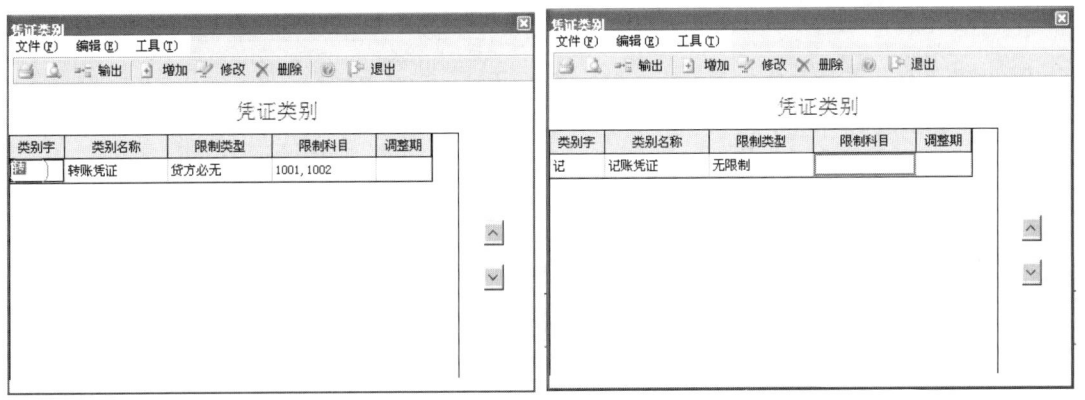

图 10-11 修改凭证类型

10.2.5 设置结算方式

结算方式是企业在往来业务中款项的收付方式,如现金结算、支票结算、商业汇票结算等。用友系统已经事先预置的结算方式有:现金、电汇、信汇、商业汇票、银行汇票,用户可以对其进行禁用、修改、删除等编辑操作。当然,我们也可以根据企业经营活动的需要自行增加结算方式。

【例10-8】 bsp公司为了满足企业经营活动的需要,拟增加表10-5中的两种结算方式。

表 10-5   结算方式

代码	名称
101	现金支票
102	转账支票

操作步骤:

(1)在【基础设置】窗口中,选择【基础档案】/【收付结算】/【结算方式】,双击打开【结算方式】窗口。

(2)在【结算方式】窗口中,单击工具栏的 增加,开始输入增加结算方式的内容。

(3)在【结算方式】对话框中,按照表10-5中的内容,如图10-12所示,在【结算方式编码】文本编辑框中,键入"1",在【结算方式名称】文本编辑框中,键入"支票"。然后,单击退出按钮,完成"支票"的新增操作,然后再重新按照题目进行增加。在【结算方式编码】文本编辑框中,键入"101",在【结算方式名称】文本编辑框中,键入"现金支票"。然后,单击退出按钮,完成"现金支票"的新增操作,在【结算方式编码】文本编辑框中,键入"102",在【结算方式名称】文本编辑框中,键入"转账支票"。然后,单击退出按钮,完成"转账支票"的新增操作。

(4)所有结算方式全部增加完毕,在【结算方式】窗口的下方记录显示区域,将显示出新增的两条结算方式记录如图 10-13 所示。

图 10-12　新增"支票"　　　　　　　图 10-13　显示"结算方式"记录

10.2.6　设置仓库

仓库是企业保管存货的地方,要对存货进行管理,首先应对仓库进行管理,因此进行仓库设置是供销链管理的重要基础准备工作之一。在仓库设置功能中可将企业使用的仓库相关信息输入系统中,也可对仓库档案进行修改和删除。"仓库"是核算项目管理的内容之一。

【例 10-9】　bsp 公司为了生产经营需要设置了两个普通仓库,一个是"原料库",另一个是"成品库",其具体资料见表 10-6。

表 10-6　　　　　　　　仓库设置

代码	名称	仓库类型
1	原料库	普通仓
2	成品库	普通仓

操作步骤:

(1)在【业务导航视图】栏中,选择【基础设置】/【基础档案】/【业务】/【仓库档案】,双击打开【仓库档案】窗口。

(2)在【仓库档案】窗口,如图 10-14 所示,单击 增加 按钮,打开【增加仓库档案】窗口。

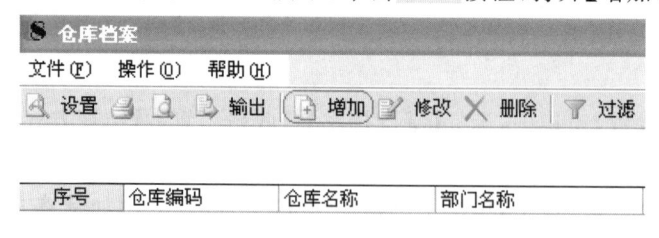

图 10-14　执行【增加仓库档案】命令

(3)在【增加仓库档案】窗口中,按表 10-6 中的内容,如图 10-15 所示,在【仓库编码】文本编辑框中,键入"1";在【仓库名称】文本编辑框中,键入"原料库";在【仓库属性】文本编辑框中,单击选择"普通仓"。然后单击 按钮,完成"原料库"的设置。重复此步骤完成"成品库"的设置。

(4)所有的仓库资料均设置完成后,退出【增加仓库档案】窗口,返回到【仓库档案】窗口,会看到所增加的仓库记录。

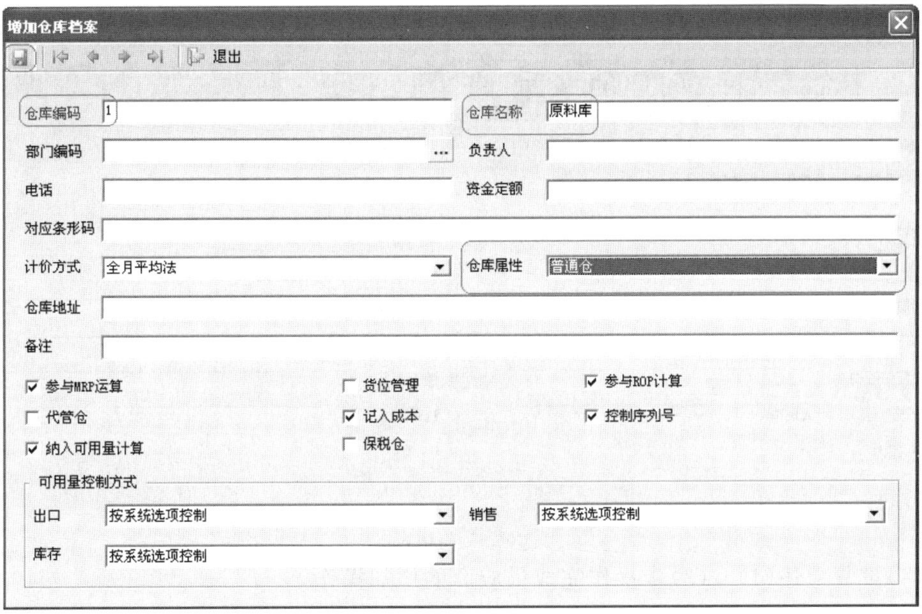

图 10-15　新增"原料库"

10.2.7　设置客户和供应商档案

客户是存货流转环节的消费者,客户档案即提供管理存货流转环节中的消费者信息的一种功能数据库。客户是企业购销业务流程的终点,也是企业进行生产经营业务的直接外因,客户管理不仅是销售管理的重要组成部分,同时也是应收款管理、信用管理、价格管理所不可或缺的基本要素。

供应商是存货流转环节的提供者,供应商档案即提供管理存货流转的供应者信息的一种功能数据库。供应商是企业购销业务流程的起点,也是企业进行生产经营业务的直接外因,设置供应商管理不仅是销售管理的重要组成部分,同时也是应付款管理、融资管理、成本管理不可或缺的基本要素。

【例 10-10】　bsp 公司客户及供应商的具体资料见表 10-7。

表 10-7　　　　　　　　　　　客户与供应商资料

类别	代码	名称	状态
客户	01	华东电子	使用
供应商	01	广东仪器	使用

操作步骤:

(1)在【基础设置】窗口中,选择【基础档案】/【客商信息】/【客户档案】,双击打开【客户档案】窗口。

(2)在【客户档案】窗口中,单击 增加 按钮,开始增加客户档案。

(3)在【增加客户档案】窗口,参照表 10-7 中的内容,如图 10-16 所示,在【客户编码】文本编辑框中,键入"01",在【客户名称】文本编辑框中,键入"华东电子",单击工具按钮,完成一个客户的增加操作,同时可以看到新增的客户信息。

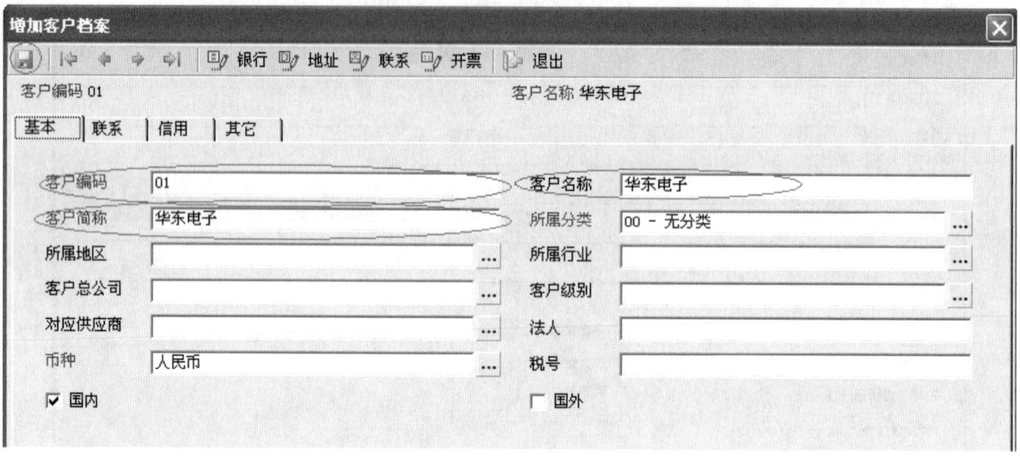

图 10-16 新增客户

(4)重复上述(1)~(3)步操作完成供应商的增加操作。

10.2.8 设置部门档案

部门档案是用来记录企业组织结构的构成情况的。用户可以根据企业的实际情况来决定部门的级次结构,即部门的分级设立情况。设置部门档案,即将企业的实际部门构成情况输入用友 U8 系统中。

【例 10-11】 bsp 公司的部门设置资料见表 10-8。

表 10-8　　　　　　　　　　部门资料

代码	名称	部门属性	成本核算类型
01	管理部	非车间	期间费用部门
02	生产部	车间	基本生产部门
03	供销部	非车间	期间费用部门

操作步骤:

(1)在【基础设置】窗口中,选择【基础档案】/【机构人员】/【部门档案】功能,双击打开【部门档案】窗口。

(2)在【部门档案】窗口中,单击 增加 按钮,进行档案录入。

(3)在【部门档案】窗口,参照表 10-8 中的内容,在【部门编码】文本编辑框中,键入"01",在【部门名称】文本编辑框中,键入"管理部",在【部门属性】文本编辑框中,键入"非车间",再单击退出按钮,完成一个部门的增加操作。重复本步,增加其余 2 个部门的信息。

(4)增加所有部门之后,在【部门档案】窗口中,在窗口右边的显示区域会显示增加的客户信息。

第10章 基础设置

10.2.9 设置人员档案

人员档案是一个核算项目,它用来记录一个组织机构内部所有员工的信息。主要信息包括职员名称与全名、部门名称、入职日期、离职日期、班组、工种、业务组、开户银行与账号及其他一些辅助信息。

【例10-12】 bsp公司的职员档案资料见表10-9。

表10-9　　　　　　　　　　　　　　职员资料

代码	名称	性别	所属部门	人员类别
0101	李主管	男	管理部	在职人员
0102	张会计	女	管理部	在职人员
0103	陈主任	女	管理部	在职人员
0201	赵生产	男	生产部	在职人员
0301	王业务	男	供销部	在职人员

操作步骤:

(1)在【业务导航视图】栏中,选择【基础设置】/【基础档案】/【机构人员】/【人员档案】明细功能,双击打开【人员列表】窗口。

(2)在【人员列表】窗口中,单击 增加按钮,打开【人员档案】窗口。

(3)在【人员档案】窗口中,参照表10-9中的内容,在【人员编码】文本编辑框中,键入"0101",在【人员姓名】文本编辑框中,键入"李主管",在【性别】文本编辑框中选择输入"男",在【人员类别】文本编辑框中,选择输入"在职人员",在【行政部门】文本编辑框中,选择输入"管理部";勾选"是否操作员"前的□,在【对应操作员名称】文本编辑框中选择输入"李主管";勾选"是否业务员"前的□,最后单击工具按钮 ,完成一名人员档案的新增操作。重复本步,新增其余4名职员档案的信息。

(4)新增完所有的职员档案信息之后,返回到【人员列表】窗口,在窗口右边的显示区域会显示增加的职员档案信息。

10.2.10 新增物料(商品)资料

物料是原材料、半成品、产成品等企业生产经营资料的总称,是企业经营运作、生存获利的物质保障,物料资料的设置也成为设置系统基本业务资料的最基本、也是最重要的内容。

【例10-13】 bsp公司的物料资料见表10-10。

表10-10　　　　　　　　　　　　　　物料资料

代码	名称	物料属性	计量单位	计价方法	销售收入科目	销售成本科目	存货科目	默认仓库
01	原材料	外购						
0101	钢材	外购	千克	全月平均法	6051	6402	1403.01	原料库
0102	运费							
02	产成品	自制						
0201	机箱	自制	件	全月平均法	6001	6401	1405	成品库

操作步骤：

(1)在【基础设置】窗口中，选择【基础档案】/【存货】/【存货分类】明细功能，双击打开【存货分类】窗口。

(2)在【存货分类】窗口中，单击 增加 按钮，开始对存货资料进行输入。

(3)对原材料下的二级明细——钢材的相关信息进行录入。点击"原材料"，然后在右边空白地方点击，然后点击 增加 按钮，弹出【增加存货档案】对话框，在此对话框中对"钢材"信息进行录入。

(4)在【增加存货档案】中，如图 10-17 所示，在【存货编码】文本编辑框中，键入"0101"，在【计量单位组】中点击右侧 ，选择"质量组"，【存货名称】为"钢材"，【存货属性】勾选"外购"、"生产耗用"；单击【成本】选项卡，在【计价方法】中选择"全月平均法"。

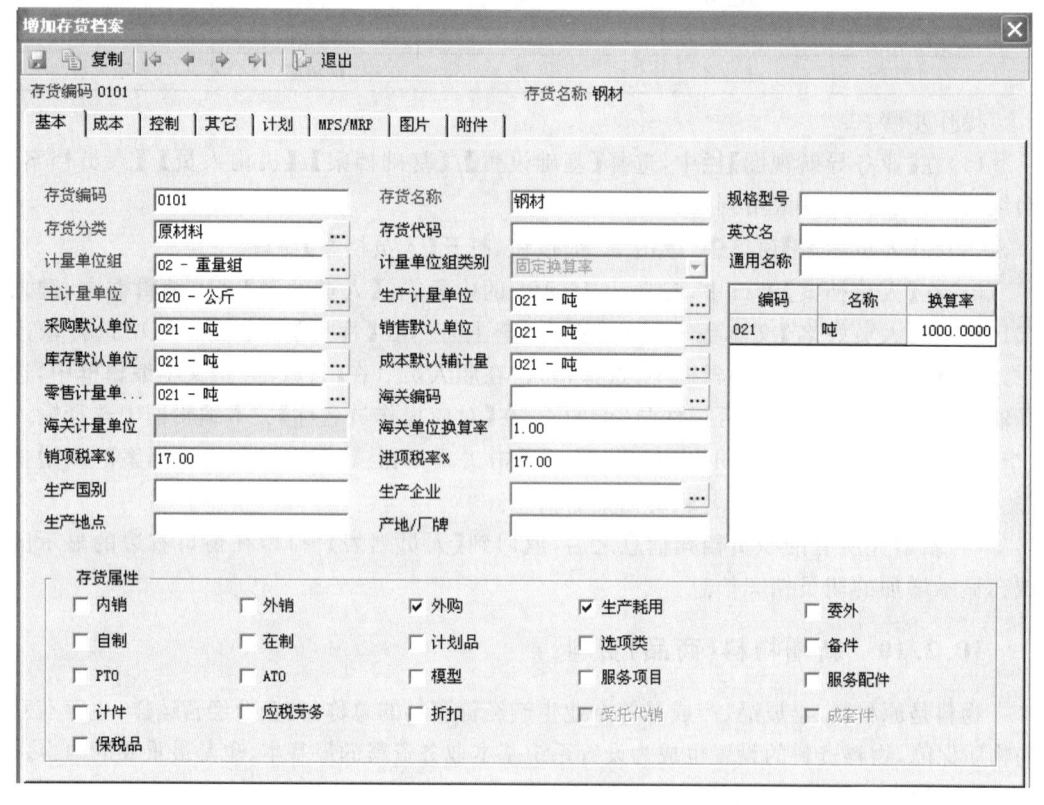

图 10-17 增加存货档案

(5)根据上述方法，将题目中的其余物流资料信息增加完整。

(6)新增完所有的物料信息之后，在窗口右边的显示区域会显示所有新增的物流资料信息。

10.3 小 结

本章主要以案例的形式深入浅出地，对用友 U8 系统的参数设置与基础资料设置进行了阐述。其中系统参数即用友 U8 信息系统的核算参数,它是信息化的前提与基础,在此主要介绍了启用年度和启用期间设置;核算方式设置;库存更新控制。基础资料设置是系统初始化的起点,在此以业务发生的先后顺序为引线对基础资料中的九个核算项目进行了说明,以帮助读者逐步掌握用友 U8 系统的全面操作技巧。

10.4 习 题

请接着第二章账套的习题内容完成以下操作,并进行数据备份。

一、系统参数设置

A 公司的业务系统参数设置要求如下:启用年度为 2018 年 1 月;采用数量、金额核算;单据保存后立即更新;不启用门店管理;专用发票的精度为"4";"供应链整体选项"参数维护中要求:"审核人与制单人可为同一人";不需要"若应收应付系统未结束初始化,则业务系统发票不允许保存"项;"核算系统选项参数"维护中设置"暂估凭证冲回方式",采用月初一次冲回。

二、基础资料设置

1. 记账本位币为"人民币",同时还有一种外币"美元",其代码为"USD",外币折算方式采用直接标价法,记账汇率为 8.5,发生外币业务时采用固定汇率核算,金额的小数位数为 2。

2. 计量单位,主要资料见表 10-11。

表 10-11　　　　　　　　　　　计量单位

计量单位组	默认计量单位	辅助计量单位	系数	换算率
数量组	件(010)	箱(011)	10	固定
质量组	千克(020)	吨(021)	1000	固定

3. 从系统模板引入通用的会计科目,并针对公司的实际情况拟增加表 10-12 中的明细科目资料。

表 10-12　　　　　　　　　　　增加的明细科目资料

代码	科目名称	选项说明	计量单位	代码	科目名称	选项说明	计量单位
1002.01	银行存款/建设银行	银行科目、出日记账		1401.01	材料采购/生产用材料采购	数量金额核算	千克
1002.02	银行存款/中国银行	银行科目、出日记账、核算美元、期末调汇		1401.02	材料采购/其他材料采购	数量金额核算	千克
14031.01	原材料/生产用原材料	数量金额核算	千克	5001.01	生产成本/直接材料		
14031.02	原材料/其他原材料	数量金额核算	千克	5001.02	生产成本/直接人工		
				5001.03	生产成本/制造费用		

4.凭证设置要求见表10-13。

表10-13　　　　　　　　　凭证字列表

凭证字	限制条件	会计科目
收	借方必有	1001、1002
付	贷方必有	1001、1002
转	借和贷必无	1001、1002

5.结算方式见表10-14。

表10-14　　　　　　　　　结算方式

代码	名称
05	现金
06	现金支票
07	转账支票
08	汇票

6.设置仓库见表10-15。

表10-15　　　　　　　　　仓库设置

代码	名称	仓库属性	仓库类型
1	原料库	良品	普通仓
2	半成品库	良品	普通仓
3	成品库	良品	普通仓

7.客户及供应商资料见表10-16。

表10-16　　　　　　　　　客户及供应商资料

类别	代码	名称	状态
客户	01	南方电子	使用
供应商	01	北方仪器	使用

8.部门设置见表10-17。

表10-17　　　　　　　　　部门资料

代码	名称	部门属性	成本核算类型
01	管理部	非车间	期间费用部门
02	生产部	车间	基本生产部门
03	业务部	非车间	期间费用部门

9.职员档案资料见表10-18。

表10-18　　　　　　　　　　　　　　职员资料

代码	名称	性别	所属部门
0101	zhuguan	男	管理部
0102	kuaiji	女	管理部
0103	ziguan	女	管理部
0201	shenchan	男	生产部
0301	yewu	男	业务部

10.物料信息见表10-19。

表10-19　　　　　　　　　　　　　　物料信息

代码	名称	物料属性	计量单位	计价方法	销售收入科目	销售成本科目	存货科目	默认仓库
01	原材料	外购						
0101	塑粒	外购	千克	加权平均法	6051	6402	1403.01	原料库
02	产成品	自制						
0201	塑管	自制	件	加权平均法	6001	6401	1405	成品库

第11章 系统初始化

本章要点

本章主要告诉读者如何将一个企业在手工状态下的财务数据转入到信息化系统中,使企业的信息化系统承接企业前期的财务工作成果继续为企业的信息化管理服务。

系统初始化是对系统的工作环境进行初始设置,以便系统满足企业会计信息核算与管理的需要,其主要内容是初始参数设置以及将手工状态下的财务数据输入到会计信息系统当中,即系统初始数据录入。如果企业无初始余额及累计发生额则不需要进行初始数据录入,否则所有使用会计信息系统的企业都要进行初始数据录入。初始余额的录入分两种情况进行处理:一是账套的启用时间是会计年度的第一个会计期间,只需录入各个会计科目的初始余额;另一种情况是账套的启用时间非会计年度的第一个会计期间,此时需录入截止到账套启用期间的各个会计科目的本年累计借、贷方发生额、损益的实际发生额、各会计科目的初始余额。

11.1 系统初始化顺序

企业的业务发生是有一定的先后顺序的,那么在会计信息系统中各个子模块的初始化设置相对而言也有一定的前后关系,在进行初始数据输入时也应遵照其规律:先财务后业务。具体的初始化顺序如图 11-1 所示。

11.2 总账系统的初始化

总账系统的初始余额录入主要是录入科目的期初余额,如果往来业务也在总账系统中核算,还包括录入往来业务的期初

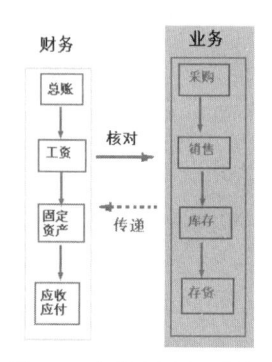

图 11-1 初始余额录入顺序

余额。在录入余额时,要注意系统的启用日期,如启用日期不是年度的第一期则需要录入本年累计借方发生额、贷方发生额、损益的实际发生额、各科目的初始余额,并由系统根据公式:借方年初余额＝期初余额＋本年累计贷方发生额－本年累计借方发生额;贷方年初余额＝期初余额＋本年累计借方发生额－本年累计贷方发生额,自动计算出本年的年初余额,否则只需要录入年初余额即可。

11.2.1 总账系统简介

总账系统是会计信息系统的核心,是最为重要的部分,它以凭证处理为中心,进行账簿报表的管理,可与各个业务系统无缝连接,实现数据共享,企业所有的核算最终在总账中体现。总账系统的功能主要有凭证管理、账簿处理、往来业务管理、项目核算、部门管理、现金流量表的制作及期末业务处理。总账系统的总体业务处理流程如图11-2所示。

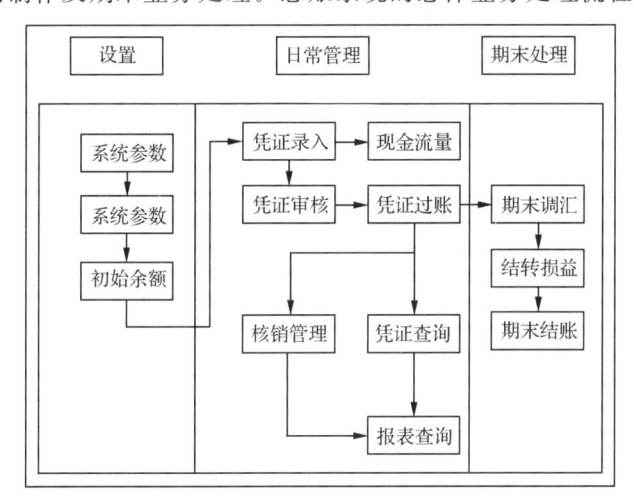

图 11-2　总账系统业务流程

11.2.2 总账系统参数设置

总账系统参数设置即对总账系统的一些基础参数进行设置。这些参数是总账系统的基础,它的设置关系到所有财务业务和流程的处理,用户在设置前要慎重考虑。

总账系统参数设置的内容包括四个部分:基本信息、凭证、预算、往来传递。其中,最主要的是"基本信息"与"凭证"参数的设置。

11.2.3 输入期初余额

在系统的各项资料输入完毕后,就应该录入初始数据了。当一个企业无初始余额及累计发生额时不需要录入初始数据,否则均需进行初始余额录入设置。初始余额的录入分两种情况进行处理:一是,账套的启用时间是会计年度的第一个会计期间,只需录入各个会计科目的初始余额;二是,账套的启用时间非会计年度的第一个会计期间,此时需录入截止到账套启用时间的各个会计科目的本年累计借、贷方发生额,损益的实际发生额,各科目的初始余额。

【例 11-1】 bsp 公司经过整理,2018 年 1 月份的相关科目及期初余额见表 11-1。

表 11-1　　　　　　　　　　　相关科目及期初余额表

会计科目	借方期初余额	贷方期初余额
库存现金	37 400	
银行存款——建设银行	923 800	
银行存款——中国银行(美元)	35 000(折合人民币 297 500)	
应收账款	40 000	
原材料——生产用原材料	380 000(38 000 千克)	
库存商品	1 050 000	
固定资产	1 423 000	
累计折旧		500 000
短期借款		534 000
应付账款		13 300
实收资本		3 062 400
利润分配——未分配利润		42 000

操作步骤：

(1)在【业务导航视图】栏中,选择【业务工作】/【财务会计】/【总账】/【设置】/【期初余额】明细功能,双击打开【期初余额录入】窗口。

(2)在【期初余额录入】窗口中,双击某科目所对应的期初余额栏,参照表 11-1 中的科目余额录入相应科目的期初余额。

(3)特别要注意的是"应收账款""应付账款"等科目的期初余额录入。以"应收账款"为例,双击对应的【期初余额】栏,进入【辅助期初余额】窗口,如图 11-3 所示,单击 增行 按钮,根据 2018 年发生的应收账款业务信息录入"客户""业务员""金额"等资料,最后点击 退出 按钮完成录入。"应付账款"的期初余额录入也参照以上方法。

图 11-3　录入"应收账款"期初余额

(4)全部科目的期初余额录入完毕后,单击工具栏 试算 按钮,弹出如图 11-4 所示的【期初试算平衡表】对话框,查看其显示结果是否平衡,如已平衡,则单击 确定 按钮,返回到【期初余额录入】窗口,再单击 退出 按钮退出录入窗口;否则返回到【期初余额录入】窗口后,再进一步检查录入的余额是否有误,并进行更正,直至平衡为止。

第 11 章　系统初始化

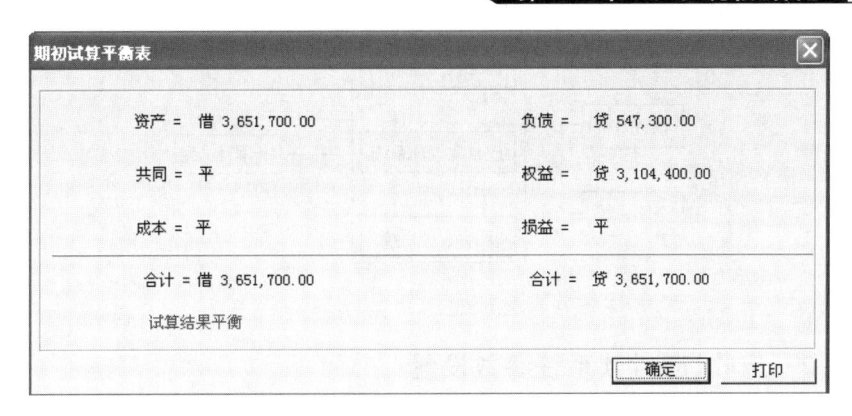

图 11-4　进行试算平衡

11.3　应收、应付款管理系统的初始化

应收、应付款管理系统实际上是两个系统,即应收款管理系统和应付款管理系统。应收款管理系统通过销售发票、其他应收款单等单据的管理,从而达到对企业的往来账款进行综合管理的目的,以及时、准确地提供客户往来账款余额资料、提供各种分析报表,提高资金的利用效率。应收款管理系统不只是针对应收账款而是广义的应收款,包括应收账款、应收票据、其他应收款等。而应付款管理系统与应收款管理系统类似,只不过它管理的是应付款,即应付账款、应付票据、其他应付款等。

11.3.1　应收、应付款管理系统简介

应收、应付款管理系统的主要功能有:单据管理、票据管理、结算、凭证处理、坏账处理、报表管理、合同管理、外币核算、期末调汇、系统对账等。其操作流程如图 11-5 所示。

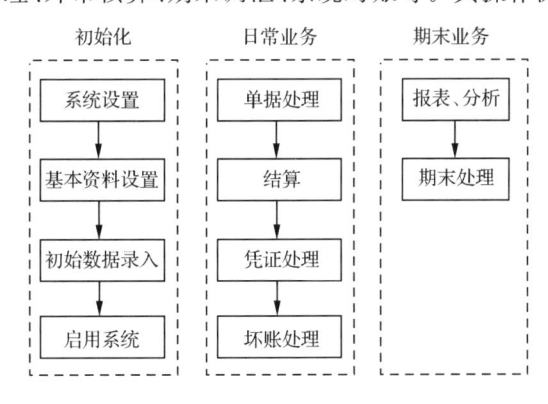

图 11-5　应收、应付处理流程

应收、应付管理系统既可独立运行,又可与销售系统、总账系统、现金管理系统等结合运用,以提供更完整的业务和财务信息,应收、应付管理系统如与其他系统关联运行其数据关系图如图 11-6 所示。

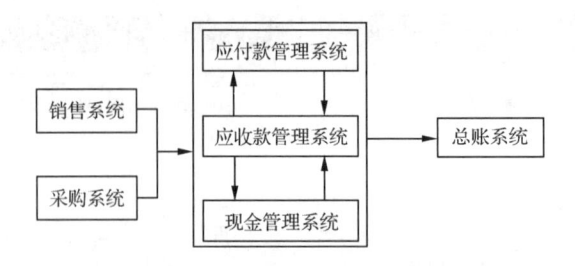

图 11-6　应收、应付管理系统与其他系统的关系图

11.3.2　应收、应付款系统参数设置

系统参数主要是用来设置应收、应付管理系统的启用期间、用户的名称,选择坏账准备的计提方法,需计提坏账准备的会计科目及其他有关信息,是应收、应付管理系统最基础的参数。本节主要以应收管理系统为例进行系统参数设置的相关介绍,因为应付管理系统除没有"坏账计提方法"这一项的设置外,其他均与应收款管理系统的参数设置相同。

【例 11-2】　bsp 公司的应收款管理系统相关参数设置要求如下:

1. 坏账准备核算方法是备抵法,坏账计提方法是应收余额百分比法;
2. 选择"只允许修改和删除本人录入的单据";
3. 选择"审核后自动核销";
4. 选择"预收冲应收生成凭证";
5. 选择"期末处理前凭证处理应该完成"。

操作步骤:

(1)在【业务工作】窗口中,选择【应收账款】/【设置】/【选项】明细功能,双击打开【账套参数设置】页面。

(2)在【账套参数设置】窗口,单击【常规】选项卡,如图 11-7 所示,参照【例 11-2】的内容,在【坏账处理方式】设置框内单击【应收余额百分比法】前的单选按钮,选中应收余额百分比法。

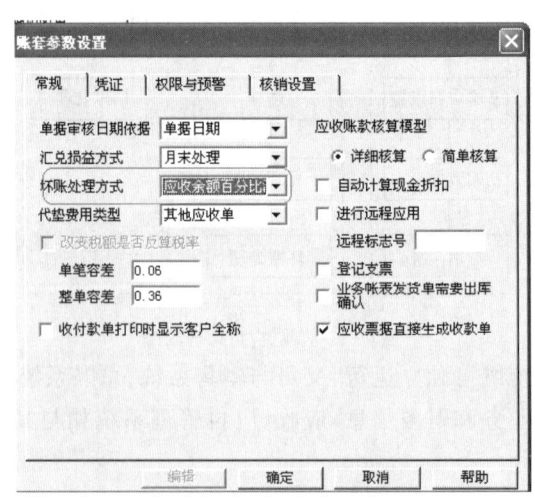

图 11-7　【坏账处理方式】选项卡设置

(3)在【账套参数设置】窗口,单击【凭证】选项卡,参照【例 11-2】的内容,单击【月结前全部生成凭证】前的复选按钮,勾选该项;单击【预收冲应收生成凭证】前的复选按钮,勾选该项。

(4)在【账套参数设置】窗口,单击【核销设置】选项卡,参照【例 11-2】的内容,单击【收付款单审核后核销】前的复选按钮,勾选该项。

11.3.3　输入期初余额

在应收、应付款管理系统中完成各项系统参数设置后,要将有关应收、应付款的各项期初余额、未核算金额、坏账数据录入到系统中,进行初始化检查并完成与总账的核对工作,初始化工作才算完成。

【例 11-3】　bsp 公司的应收款管理系统的相关初始余额,经过整理见表 11-2。录入完成之后,进行初始化检查与对账,并结束应收款管理系统的初始化。

表 11-2　　　　　　　　　应收账款初始数据

客户	单据类型	单据日期 财务日期	部门	业务员	发生额	商品	数量	含税单价	应收日期
华东电子	普通销售发票	2017.9.10	供销部	王业务	40000	机箱	200	200	2018.3.1

操作步骤:

(1)在【业务工作】窗口中,选择【财务会计】/【应收账款】/【应收单据处理】/【应收单据录入】明细功能,双击打开【应收单】窗口。

(2)在【应收单】窗口,参照【例 11-3】的数据,如图 11-8 所示,单击 增加 按钮,在【客户】文本编辑栏内,输入"华东电子",【金额】为"40000.00",【数量】为 200,点击退出按钮,并自动保存。

图 11-8　输入【初始化－销售普通发票数据】

应付款管理系统的初始数据录入工作及启用系统的操作与应收款管理系统相同,下面以一个案例简单说明,不再详述。

【例11-4】 bsp公司的应付款管理系统中应付账款的初始余额见表11-3,进行相关余额录入及初始化检查与对账,并结束初始化。

表11-3　　　　　　　　　应付账款的初始余额

供应商	单据类型	单据日期 财务日期	部门	业务员	发生额	商品	数量	单价	应收日期
广华仪器	普通采购发票	2017.8.1	供销部	王业务	13300	钢材	10	1330	2018.2.1

操作步骤:

(1)在【业务工作】窗口中,选择【财务会计】/【应付账款】/【应付单据处理】/【应付单据录入】明细功能,双击打开【应付单】窗口。

(2)在【应付单】窗口,参照表【11-3】的数据,如图11-9所示,单击 增加 按钮,在【供应商】文本编辑栏内,输入"广东仪器",【金额】为"13300",【数量】为10,点击退出按钮,并自动保存。

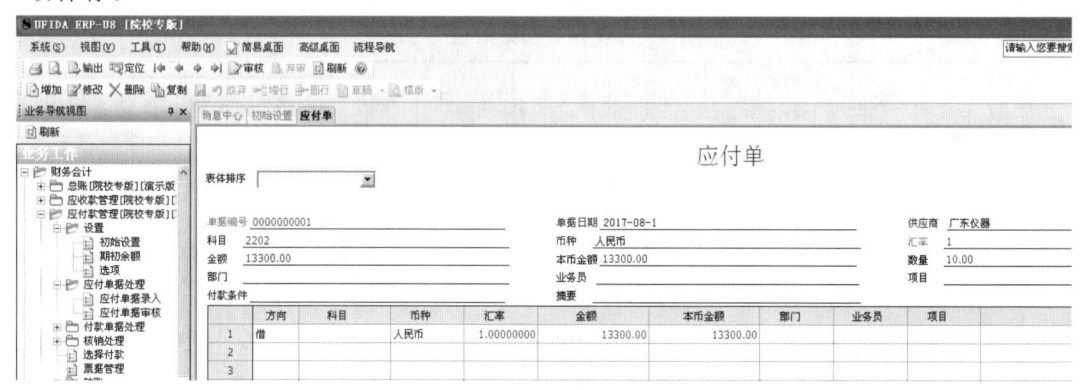

图11-9　应付款期初余额录入

11.4　固定资产管理系统的初始化

11.4.1　固定资产管理系统简介

固定资产系统的主要功能包括固定资产的新增、清理、变动,按国家会计准则的要求进行计提折旧,以及与折旧相关的基金计提和分配的核算工作。固定资产管理系统既可独立使用,也可与其他系统配合使用,形成完整的固定资产管理和核算体系。固定资产系统与其他系统的接口关系如图11-10所示。

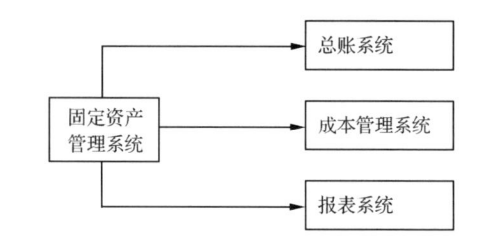

图11-10　固定资产管理系统与其他系统的接口关系图

固定资产管理系统的操作流程主要由三块业务流程组成,即初始化、日常业务处理和期末处理,具体流程如图11-11所示。其中初始化是进行企业的账务和物流业务的基础数据设置和录入启用账套会计期间的相关固定资产的期初数据。日常业务处理是负责处理企业日常固定资产的相关业务,如购买固定资产、接受固定资产投资、固定资产的毁损等。期末处理是在每期期末对固定资产计提折旧并进行期末结账处理。

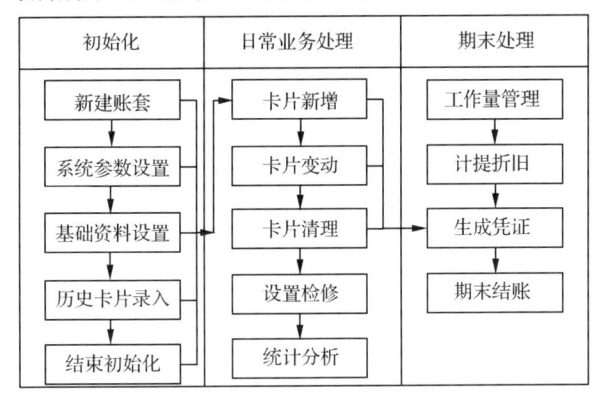

图 11-11　固定资产管理系统具体处理流程

11.4.2　固定资产管理系统参数设置

固定资产管理系统参数设置是将企业的固定资产管理系统按照企业对固定资产管理的特定需求对系统的个性化设置,它的设置将关系到企业日后固定资产管理系统的业务和流程的处理,因此在进行固定资产管理系统的参数设置时要全面考虑企业的管理制度与需求。

11.4.3　基础资料录入

基础资料是系统运行的数据基础,固定资产系统需要两类基础资料,一是公共基础资料,即部门资料、科目资料、币别资料等,在总账系统初始化中已经进行了阐述,并进行了相关设置,在此不再需要录入。二是固定资产系统特有的基础资料,包括变动方式、使用状态、折旧方法、卡片类别、存放地点等,在系统中一般对这些信息已经作了大致设置。这些特有的基础资料反映了企业根据会计制度并结合自身具体情况,确定固定资产的划分标准和管理要求。

【例 11-5】　bsp 公司的固定资产管理系统根据企业对固定资产的管理需要,需再增加表 11-4 所示的固定资产类别,其余默认系统设置。

表 11-4　　　　　　　　　　　　　固定资产类别

固定资产类别代码	名称	年限	净残值率	单位	单位代码	所属计量单位组	折旧方法	资产科目	折旧科目	减值准备	编码规则	是否计提折旧
001	房屋及建筑物	50	5%	栋	022	栋	平均年限法	固定资产	累计折旧	固定资产减值准备	FW—	一直计提
002	办公设备	5	5%	台	033	台	平均年限法	固定资产	累计折旧		BG—	由使用状态决定是否计提

操作步骤:

(1)在【业务工作】窗口中,选择【固定资产】/【设置】/【资产类别】明细功能,双击打开【资产类别】窗口。

(2)在【资产类别】窗口，点击【编辑】——增加按钮，在右侧对资产进行录入，打开【资产类别】明细功能。

(3)在固定资产分类编码表中填入信息。在【类别名称】中，如图11-12所示，填入"房屋及建筑物"，【使用年限】为50年，【净残值率】填入'5%'，计量单位为"栋"，【折旧方法】填入"平均年限法（一）"，录入完信息，点击右上角的退出，会跳出一个提示框，点击"是"即可。

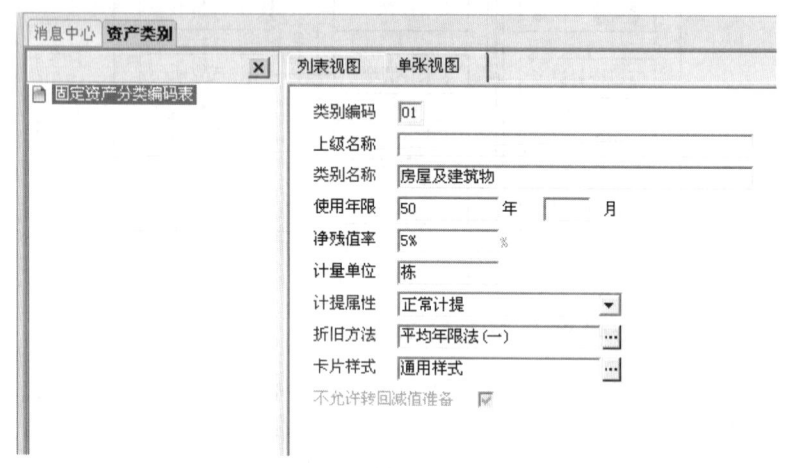

图11-12　新增【房屋建筑物】固定资产类别

(4)根据上述方法录入【办公设备】的信息，如图11-13所示。

(5)新录入的资产可以在左侧的列表中看到，如图11-14所示。

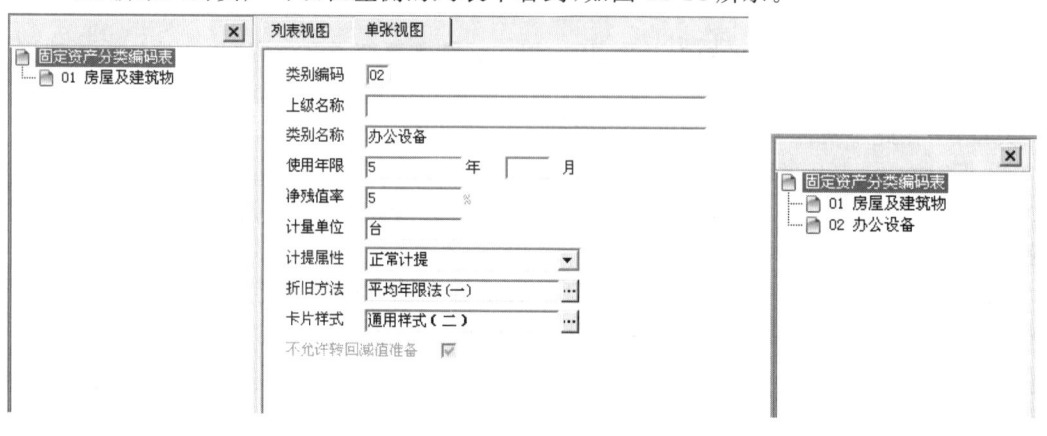

图11-13　新增【办公设备】固定资产类别

图11-14　固定资产分类编码表

11.4.4　输入期初余额

输入期初余额即将企业手工核算状态下的固定资产的相关信息及余额经过整理后，转录到用友的固定资产管理系统中来，以保持数据的连续性。

【例11-6】 bsp公司在2017年12月底对本公司的固定资产信息经过整理得到表11-5所示的固定资产期初相关信息，请完成本公司的固定资产初始化工作，并结束初始化。

表 11-5　　　　　　　　　　　　固定资产期初相关信息

资产编码	FW-1	BG-1
名称	办公楼	电脑
类别	房屋建筑物	办公设备
入账日期	2018-01-01	2018-01-01
经济用途	经营用	经营用
使用状态	正常使用	正常使用
变动方式	自建	购入
使用部门	管理部(50%)、供销部(50%)	管理部
折旧费用科目	管理费用/销售费用	管理费
币别	人民币	人民币
原币金额	1400000	23000
购进累计折旧	0	0
开始使用日期	1999-06-20	2016-02-10
已使用期间	222	22
累计折旧金额	492100	7900
折旧方法	平均年限法	平均年限法
本年已提折旧	0	0

操作步骤：

(1)在【业务工作】窗口，选择【固定资产】/【卡片】/【录入原始卡片】，双击弹出【固定资产类别档案】，选择"房屋及建筑物"，点击 确定 按钮，弹出固定资产卡片。

(2)对资产信息进行录入，参照表 11-5 中的"办公楼"的相关信息，先在【基本信息】选项卡中，在【类别名称】文本编辑框中，选择录入"房屋及建筑物"；在【固定资产名称】文本编辑框中，录入"办公楼"；在【使用状况】文本编辑框中，选择录入"在用"；在【增加方式】文本编辑框中，选择录入"在建工程转入"；如图 11-17 所示。再单击【使用部门】文本编辑框，如图 11-15 所示，单击【使用部门】选项下的 多个 按钮，并单击 ... 按钮，打开【部门分配情况－编辑】对话框，增加"管理部"及"供销部"并将其分配比例各设为 50%，再单击 关闭(C) 按钮，返回到【卡片及变动－新增】对话框；单击【对应折旧科目】，打开【折旧费用分配情况－编辑】对话框，增加"销售费用"及"管理费用"并将其分配比例均设为50%，如图 11-16 所示，再单击 确定 按钮，返回到【固定资产卡片】对话框。最后在【原值】文本编辑框中，录入"1400000"；在【已计提月份】文本编辑框中，录入"324"；在【累计折旧】文本编辑框中，录入"492100"。再单击右上方的退出按钮，弹出对话框。点击"是"保存所录新增固定资产的卡片信息，返回到【卡片管理】窗口。

图 11-15　录入新增固定资产的"基本信息"

图 11-16　设置新增固定资产的部门

图 11-17　设置固定资产折旧费用分配

(3)在【卡片管理】窗口,会显示出如图 11-18 所示的新增固定资产卡片的信息。

图 11-18　新增办公楼的固定资产卡片信息

(4)根据上述方法录入另外一个固定资产信息,如图 11-19 所示。

图 11-19　录入其他固定资产卡片

提示1：在录入新增固定资产卡片时，如一种固定资产是多部门共同使用的，则在设置使用部门时，要注意将折旧金额按比例在各部门之间进行分配，分配比例之和为100％。但在进行折旧费用分配时，各个部门对应的折旧费用科目的分配比就是该部门的所有应分摊的折旧费用，因此其分配比例是100％，除非一个部门折旧费用需要在多个费用科目之间分配，则分配比例之和为100％，但此种情况比较少见。

11.5 工资管理系统的初始化

工资管理系统的初始化是指企业在使用工资管理系统时，对与工资核算及工资发放业务相关的公司基本信息的录入以及有关工资核算的基础数据的设置工作。系统的初始化设置是系统实施的关键步骤，是进行业务操作的第一步，系统的初始化设置尤为重要。工资管理系统的初始化设置的主要步骤如图11-20所示。

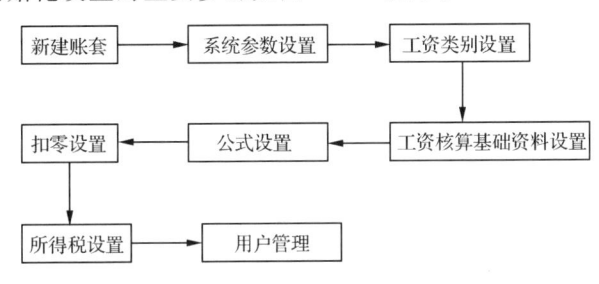

图11-20 工资管理系统的初始化设置步骤

11.5.1 薪资管理系统简介

用友U8薪资管理系统采用了多类别管理，可进行多工资库的处理，工资核算、工资发放、工资费用分配、银行代发等。工资管理系统能及时反映工资动态变化，实现完备而灵活的个人所得税计算与申报功能，并提供丰富实用的各类管理报表。工资管理系统还可以根据员工工资项目数据和比例计提基金，包括社会保险、医疗保险等，并对员工的基金转入、转出进行管理。薪资管理系统操作流程如图11-21所示。

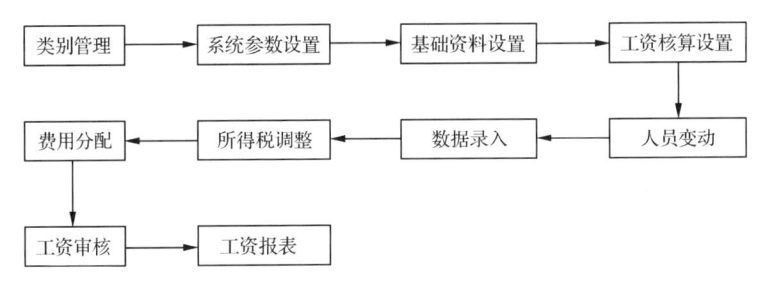

图11-21 薪资管理系统操作流程

11.5.2 设置部门档案

部门档案是用来记录企业组织结构的构成情况的。用户可以根据企业的实际情况来决定部门的级次结构,即部门的分级设立情况。设置部门档案,即将企业的实际部门构成情况输入到用友 U8 系统中。

【例 11-7】 bsp 公司的部门设置资料见表 11-6。

表 11-6 部门资料

代码	名称	部门属性	成本核算类型
01	管理部	非车间	期间费用部门
02	生产部	车间	基本生产部门
03	供销部	非车间	期间费用部门

操作步骤:

(1)在【基础设置】窗口中,选择【基础档案】/【机构人员】/【部门档案】功能,双击打开【部门档案】窗口。

(2)在【部门档案】窗口中,单击 增加 按钮,进行档案录入。

(3)在【部门档案】窗口,参照表 11-6 中的内容,在【部门编码】文本编辑框中,键入"01",在【部门名称】文本编辑框中,键入"管理部",在【部门属性】文本编辑框中,选择输入"非车间",再单击退出按钮,完成一个部门的新增操作。重复本步,新增其余 2 个部门的信息。

(4)新增所有部门的信息之后,在【部门档案】窗口,在窗口右边的显示区域会显示所增加的部门信息。

11.5.3 职员设置

职员管理系统用于建立员工基本档案,如身份证号、性别、所属部门、职位、文化程度、类别、入职日期、离职日期、银行账号等信息,是企业日后工资录入时最明细的载体,企业可以根据企业部门情况设置具体的职员。工资管理系统中的职员,可以从总账系统中引入,也可在工资管理系统中重新录入,最好是引入总账中的数据,因为在整个用友 U8 系统中职员信息也是共享的。也可以将薪资管理系统中的职员信息引出,生成外部数据文件。

【例 11-8】 bsp 公司在薪资管理系统中引入总账系统的职员信息。

操作步骤:

(1)在主界面【业务导航视图】栏,选择【业务工作】/【人力资源】/【薪资管理】/【设置】/【人员档案】明细功能,双击打开【人员档案】窗口。

(2)在【人员档案】窗口,如图 11-22 所示,单击工具栏中的 批增 按钮,打开【人员批量增加】窗口,在【人员类别】一栏,单击选择"在职人员",最后单击 确定 按钮,将总账中已设置好的职员信息导入到薪资管理系统中。

提示 2:也可单击工具栏中的 增加 按钮逐个添加人员。

(3)导入职员信息完成后,在【职员】窗口的下方显示区域会显示出从总账系统中导入的职员信息。

第 11 章　系统初始化

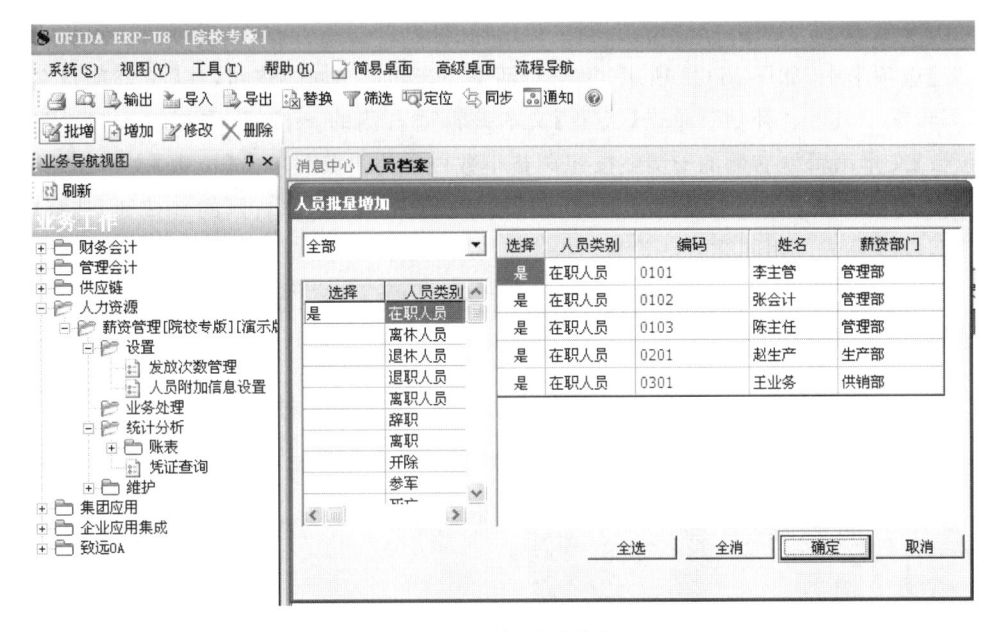

图 11-22　导入职员信息

11.5.4　工资项目设置

工资项目设置是定义工资核算项目的全部信息,如:职员代码、职员姓名、部门名称、应发合计、实发合计、代扣税等。在工资管理系统中系统已经预设一些基本的工资项目,如应发合计、扣款合计、代扣税、实发合计、职员姓名等。除此之外,企业还可根据实际情况设置一些工资项目。设置工资目需要设置"项目名称""数据类型""数据长度""小数位数""增减项"五项目内容,"增减项"有"增项""减项""其他"之分,其值需要带入到"应发合计"的设为"增项",需要带入到"扣款合计"的设为"减项",否则就设为"其他"。

【例 11-9】bsp 公司根据需要,设置公司的工资项目见表 11-7。

表 11-7　　　　　　　　　　　　　　工资项目表

项目名称	数据类型	数据长度	小数位数	系统是否预设	增减项
年终奖				是	其他
基本工资				是	增项
年终奖代扣税				是	其他
奖金	数字	10	2	否	增项
补贴	数字	15	2	否	增项
应发合计				是	增项
代扣税				是	减项
扣款合计				是	减项
实发合计				是	增项

操作步骤:

(1)在【项目设置－工资管理】主界面窗口,选择【人力资源】/【薪资管理】/【设置】/【工资项目设置】明细功能,双击打开【工资项目设置】对话框。

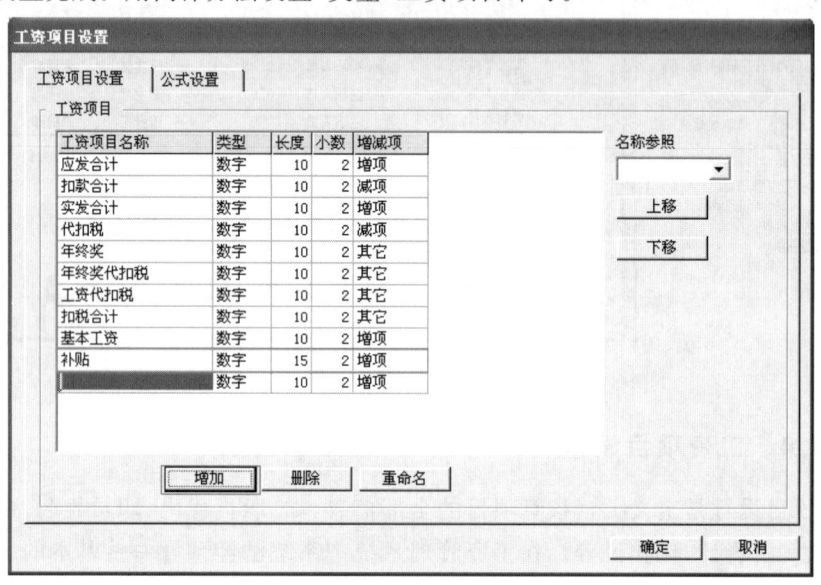

(2)参照表 11-7 的内容可知,本例只需增加"补贴""奖金"两项工资项目。在【工资项目设置】选项卡中,如图 11-23 所示,单击对话框下部的 增加 按钮,在【工资项目名称】文本编辑框中,输入"补贴";单击【类型】文本编辑框右侧的 按钮,选择输入"数字";单击【位数】文本编辑框右侧的 调整按钮调整小数位数为"15";单击【位数】文本编辑框右侧的 调整按钮调整小数位数为"2";单击【增减项】文本编辑框右侧的 按钮,选择输入"增项",设置完成。用同样方法设置"奖金"工资项目即可。

图 11-23 工资项目设置

(3)打开【公式设置】选项卡,如图 11-24 所示,可看到"应发合计""扣款合计""实发合计"工资项目的公式定义已根据工资项目的增减项设置列好。

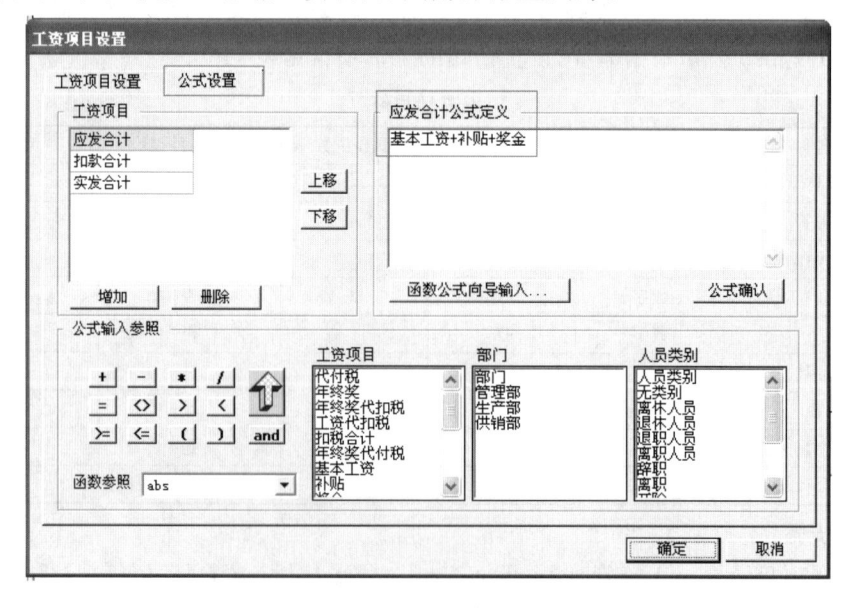

图 11-24 【公式设置】选项卡

11.6 供应链管理系统的初始化

供应链管理系统初始化主要是指将涉及企业的采购、销售、仓存业务所需要的基础资料和进行日常业务处理前的一些期初数据录入到系统的一些工作。供应链管理系统初始化的环节主要有"设置核算参数""设置基础资料""初始数据录入"等,其中,基础资料在整个用友 U8 系统中是可以共享的,在前面其他模块已经设置过的基础资料在此可不再设置,其具体的处理流程如图 11-25 所示。

核算参数设置 → 基础资料设置 → 初始数据录入 → 结束初始化

图 11-25　采购管理系统初始化流程

11.6.1　供应链管理系统概述

供应链管理系统包括采购管理、销售管理、库存管理、存货核算管理四大子系统。其中,采购管理系统是对采购申请、采购订货、进料检验、仓库收料、采购退货、购货发票处理、供应商管理、价格及供货信息管理、订单管理、质量检验管理等功能进行综合运用的管理系统,对采购物流和资金流的全过程进行有效的双向控制和跟踪,实现完善的企业物资供应信息管理。

销售管理系统是处理销售报价、销售订货、销售发货、销售开票、销售调拨、销售退回、发货折扣、委托代销、零售业务等,并根据审核后的发票或发货单自动生成销售出库单,处理随同货物销售所发生的各种代垫费用,以及在货物销售过程中发生的各种销售支出。

库存管理系统是对入库业务、出库业务、仓存调拨、库存调整、虚仓单据等功能,结合批次管理、物料对应、库存盘点、质检管理、即时库存管理等功能进行综合运用的管理系统,对仓存业务的物流和成本管理全过程进行有效控制和跟踪,实现完善的企业仓储信息管理。

存货核算系统的主要功能是存货出入库成本的核算、暂估入库业务处理、出入库成本的调整、存货跌价准备的处理。

供应链管理系统中各子系统既可单独使用,也可以集成使用,以提供更完整、全面的企业物流业务流程管理和财务管理信息。各集成使用系统之间的关系如图 11-26 所示。

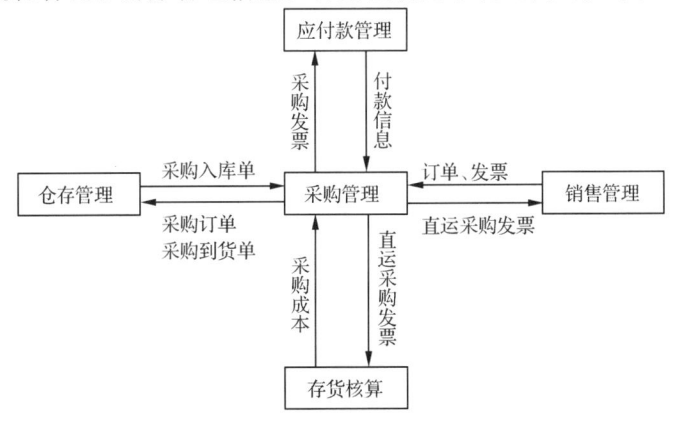

图 11-26　采购管理与其他系统的关系

1. 收发类别设置

(1)在用友 U8 操作系统中,打开【基础设置】窗口,选择【基础档案】/【业务】/【收发类别】,双击打开。

(2)在【收发类别】窗口右侧,如图 11-27 所示,【收发类别编码】填入"1",【收发类别名称】填入"材料入库",【收发标志】选择"收";同理增加"销售出库"的收发类别,但是【收发标志】选择"发",如图 11-28 所示。最后点击退出即可。

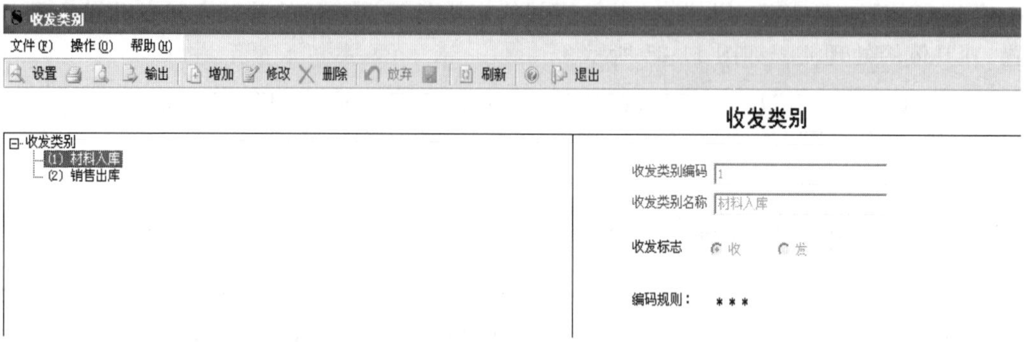

图 11-27 新增收发类别

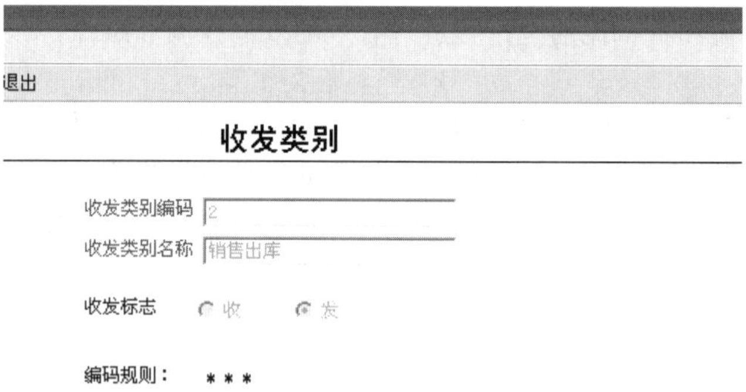

图 11-28 录入收发类别

2. 采购类别

(1)在用友 U8 操作系统中,打开【基础设置】窗口,选择【基础档案】/【业务】/【采购类型】,双击打开。

(2)打开【采购类型】窗口,如图 11-29 所示,在【采购类型编码】中输入"1",【采购类型名称】为"赊购",【入库类别】为"材料入库",点击保存键即可;同理,录入"现购"。

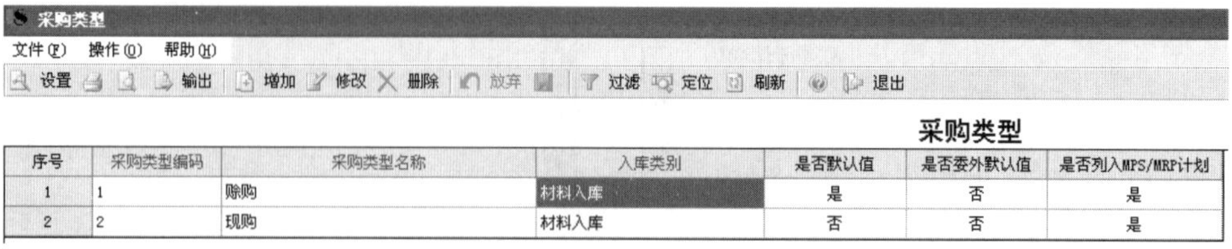

序号	采购类型编码	采购类型名称	入库类别	是否默认值	是否委外默认值	是列入MPS/MRP计划
1	1	赊购	材料入库	是	否	是
2	2	现购	材料入库	否	否	是

图 11-29 打开【收发类别】明细功能

3. 销售分类

(1)在用友 U8 操作系统中,打开【基础设置】窗口,选择【基础档案】/【业务】/【销售类型】,双击打开。

(2)打开【销售类型】窗口,如图 11-30 所示,在【销售类型编码】中输入"1",【销售类型名称】为"现销",【出库类别】为"销售出库",点击保存键即可;同理,录入"赊销"。

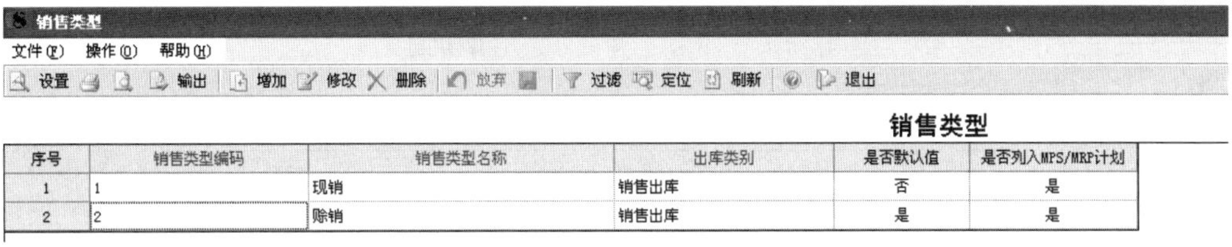

序号	销售类型编码	销售类型名称	出库类别	是否默认值	是否列入MPS/MRP计划
1	1	现销	销售出库	否	是
2	2	赊销	销售出库	否	是

图 11-30 录入其他销售类型

11.6.2 系统参数设置

供应链管理系统在进行日常业务处理前需要先对其系统参数进行设置,系统参数的设置要满足两个前提:①供应链系统处于初始化阶段;②供应链系统中不存在任何已录入的初始余额和业务单据。

11.6.3 输入期初余额

输入期初余额,即将企业期初各项物料的初始余额录入到系统。企业的核算参数及各项资料设置完毕后,需要将物料的期初数据录入到系统中,初始数据是系统启用时仓库物料结存情况的记录。在用友 U8 系统中如果整个供应链是联合使用的,那么物料的期初余额录入,不需要在供应链的各个子模块中分别录入,只要在其中的一个模块中进行录入即可,在其他模块中可以共享初始数据。

在供应链系统中,为保证物料数据与总账系统的数据一致,在物料的期初余额录入完毕后,还必须与总账系统进行核对,即对账。对账,即将供应链系统中的物料按所属科目汇总,并将汇总数据与总账数据核对。

【例 11-10】 bsp 公司 2018 年初的物料结存情况表 11-8,录入期初余额,并与总账数据核对无误。

表 11-8　　　　　　　　　　　物料期初结存资料

物料代码	物料名称	计量单位	期初数量	期初金额	入库日期
0101	钢材	千克	38 000	380 000	2017.12.31
0201	机箱	件	5 250	1 050 000	2017.12.31

操作步骤:

(1)在【业务工作】窗口,选择【供应链】/【库存管理】/【初始设置】/【库存期初】功能,双击打开【库存期初】窗口进行录入。

(2)在【库存期初】窗口中,参照【例 11-10】中表 11-8 的资料,如图 11-31 所示,选择【原材料】仓库,【存货名称】为"钢材",在【数量】对应的表单元中,输入"38 000.00",在【单价】对应的表单元中输入"10.00"。重复此步骤,输入库存商品——机箱的期初结存数据,如图11-32所示。

图 11-31 录入钢材的期初余额

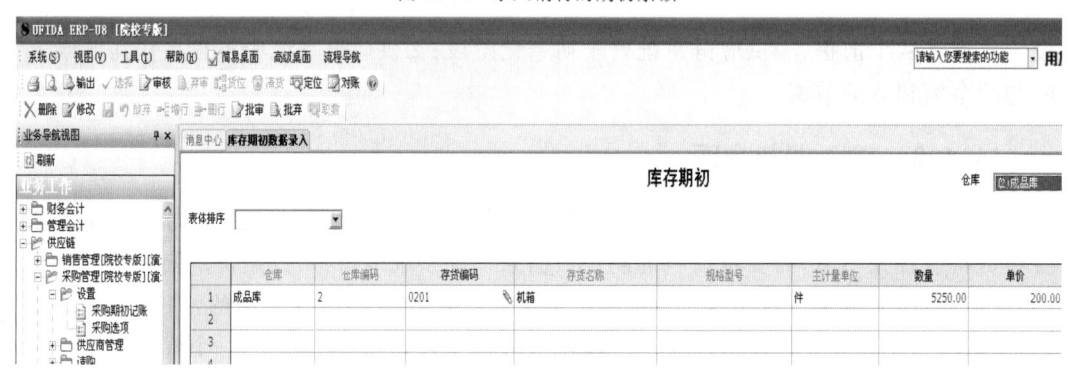

图 11-32 录入机箱的期初余额

(3)在【库存管理】中录入完期初存货,同时需要在【存货管理】中录入。单击【初始设置】/【期初数据】/【期初余额】,打开【期初余额】窗口,点击"取数"/"选择",数据就从【库存管理】中取到【存货管理】中,如图11-33所示;同理,把"产成品"也取过来,如图11-34所示。

图 11-33 原材料

(4)取完数后,需对所取的数进行对账,点击 对账 按钮,进行对账,账平后,点击"记账"按钮,进行记账。

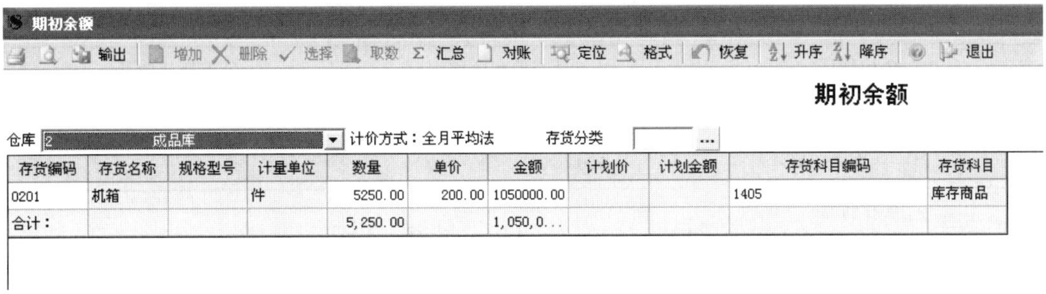

图 11-34 产成品

11.7 小　结

本章主要介绍了用友 U8 系统各模块的启用及初始化程序。对各模块的初始化设置进行详尽的阐述,介绍了各模块的基本功能、初始化流程及其模块之间的数据关系。系统能否正常运行,对企业财务、业务管理效果的好坏,产生的各种信息的决策有用性,其决定因素是系统的初始化设置。因此企业在进行初始化设置之前一定要对企业的管理理念、经营范围、经营规模、长期目标、内部控制方法、人员配置等相关信息进行详尽的整理,并结合本系统的功能与管理思想设计出相应的初始化流程与初始化工作要点,再着手进行初始化设置,以取得事半功倍的效果。

11.8 习　题

引入第三章习题的练习账套,完成下面各项操作,并进行数据备份。

11.8.1 总账初始化

1.设置总账系统参数

基本信息设置:本年利润科目:4101;利润分配科目:4102;数量单价位数:2;账簿余额方向与科目余额方向相同;凭证或明细账分级显示核算项目名称;明细账(表)摘要自动继承上条分录摘要;结账要求:损益类科目余额为零;不允许跨财务年度反结账。

凭证设置:凭证过账前必需审核;不允许修改或删除业务系统凭证;现金、银行存款赤字报警;不允许手工修改凭证号;凭证号按期间统一排序。

2.设置会计科目并录入科目期初余额

相关科目及期初余额表见表 11-9。

表 11-9　　　　　　　　　　　相关会计科目及期初余额表

会计科目	借方期初余额	贷方期初余额
库存现金	100 000	
银行存款——建设银行	14 500 000	
银行存款——中国银行(美元)	400 000(折合人民币 3 400 000)	

(续表)

会计科目	借方期初余额	贷方期初余额
应收账款	40 000	
原材料——生产用原材料	500 000(50 000 千克)	
库存商品	400 000	
固定资产	1 600 000	
累计折旧	70 000	
短期借款	800 000	
应付账款	60 000	
实收资本	19 510 000	
利润分配——未分配利润	100 000	

11.8.2 应收、应付初始始化

1. 应收管理系统参数设置

①启用期间是 2018 年 1 月；

②坏账准备核算方法采用备抵法，坏账计提方法采用应收账款百分比法；坏账损失科目：管理费用；坏账准备科目：坏账准备计提坏账准备科目：应收账款；计提方向：借方，计提比率为 0.5%；

③其他应收单、销售发票、收款单、退款单的科目均设置：应收账款；预收单的会计科目设置：预收账款；应收票据业务会计科目：应收票据；应交税金会计科目：应交税费——应交增值税(销项税额)。

④核算项目类别："客户"；

⑤选择"只允许修改和删除本人录入的单据"；

⑥税率来源"取产品属性中的税率"；

⑦选择"审核后自动核销"；选择"预收冲应收生成凭证"；选择"结账与总账期间同步"；选择"期末处理前凭证处理应该完成"；选择"期末处理前单据全部完成审核"；选择"启用期末调汇"。

2. 应付款管理相关参数设置

所有单据类型科目均为"2121 应付账款"；应付票据科目为"2111 应付票据"；应交税金科目为"2171.01.01 应交税费——应交增值税——进项税额"；核算项目类别为"供应商"。

3. 应收款管理系统的相关初始余额

应收款管理系统的相关初始余额见表 11-10。

表 11-10　　　　　　　　应收款管理系统相关初始余额表

客户	单据类型	单据日期 财务日期	部门	业务员	发生额	商品	数量	含税单价	应收日期
南方电子	普通销售发票	2017.9.10	业务部	yewu	40 000	塑管	200	200	2018.3.1

4. 应付账款的初始余额见表 11-11。

表 11-11　　　　　　　　　应付账款初始余额表

供应商	单据类型	单据日期 财务日期	部门	业务员	发生额	商品	数量	单价	应收日期
北方仪器	普通采购发票	2017.8.1	业务部	yewu	60 000	钢材	6 000	10	2018.2.1

11.8.3　固定资产初始化

1. 系统参数设置

(1) 启用期间为 2018.1.1；
(2) 与总账系统相连；
(3) 不允许改变基础资料编码；
(4) 期末结账前先进行自动对账；
(5) 变动使用部门时,当期折旧按原部门进行归集；
(6) 折旧率小数位为 2 位。

2. 固定资产类别(表 11-12)

表 11-12　　　　　　　　　固定资产类别表

固定资产类别代码	名称	年限	净残值率	单位	单位代码	所属计量单位组	折旧方法	资产科目	折旧科目	减值准备	编码规则	是否计提折旧
001	房屋及建筑物	50	0%	栋	022	栋	平均年限法	固定资产	累计折旧	固定资产减值准备	FW—	一直计提
002	生产线	10	10%	台	033	条	平均年限法	固定资产	累计折旧		SC—	由使用状态决定是否计提

3. 固定资产期初相关信息(表 11-13)

表 11-13　　　　　　　固定资产期初相关信息表

资产编码	FW—1	SC—1
名称	办公楼	电脑
类别	房屋建筑物	生产线
计量单位	栋	条

(续表)

资产编码	FW－1	SC－1
数量	1	2
入账日期	2017-12-31	2017-12-31
经济用途	经营用	经营用
使用状态	正常使用	正常使用
变动方式	自建	购入
使用部门	管理部(50%)、业务部(50%)	生产部
折旧费用科目	管理费用/销售费用	制造费
币别	人民币	人民币
原币金额	1 200 000	400 000
购进累计折旧	0	0
开始使用日期	2016-4-20	2017-2-10
已使用期间	20	10
累计折旧金额	40 000	30 000
折旧方法	平均年限法	平均年限法
本年已提折旧	0	0

11.8.4 现金管理初始始化

1. 参数设置

结账与总账期间同步；自动生成对方科目日记账；允许从总账引入日记账；与总账对账期末不等时不允许结账；审核后的凭证才可复核；日记账所对应总账凭证必须存在。

2. 引入期初余额

从总账系统中引入现金、银行存款科目；增加一个综合科目"1002,银行存款"；引入现金、银行存款科目余额。

11.8.5 工资管理初始化

1. 工资类别设置

该公司只设置一套工资核算方案,工资类别为"在职工"。

2. 引入总账的部门设置

3. 引入总账的职员设置

4. 设置代发工资银行

代发员工工资银行是"中国银行",银行代码为"001",账号长度为6位。

5. 设置工资项目（表11-14）

表11-14　　　　　　　　　　　工资项目表

项目名称	数据类型	数据长度	小数位数	项目属性
职员代码				
职员姓名				
职员部门				
基本工资	实数	10	2	增项
奖金	实数	10	2	增项
补贴	实数	10	2	增项
应发合计	实数	10	2	增项
代扣税	实数	10	2	减项
代扣水电费	实数	10	2	减项
扣款合计	实数	10	2	减项
实发合计	实数	10	2	增项

6. 设置计算公式

基本工资小于等于900元，补贴为150元，其余的补贴为200元；

应发合计＝基本工资＋奖金＋补贴；

扣款合计＝代扣税＋代扣水电费；

实发合计＝应发合计－扣款合计。

7. 所得税设置

个人所得税以"应发合计"减去"补贴"作为所得税计算的工资项目，税率以国家规定的超额累进税率为准，采用含税级距，基本扣除数为3 500元。

11.8.6 供应链初始化

1. 参数设置

启用日期与整个ERP系统的启用日期一致是2018年1月；核算方式采用数量、金额核算；不允许出现负库存；单据审核后才更新库存数据。

2. 录入期初余额，并与总账数据核对（表11-15）

表11-15　　　　　　　　　　物料期初结存资料

物料代码	物料名称	计量单位	期初数量	期初金额	入库日期
0101	塑粒	千克	50 000	500 000	2017.12.31
0201	塑管	件	400	400 000	2017.12.31

3. 启动业务链

第12章 日常账务处理的一般程序

本章要点

日常账务处理方式可分为两类：一类是所有的会计核算均在总账中完成；另一类是在建立了业务管理系统的前提下，与业务管理相关的单据和凭证先在各业务管理系统中产生，再传递到总账系统，由总账系统完成后续的凭证审核等工作。本章主要告诉读者日常账务处理的一般程序，即在总账系统中进行凭证输入、审核、记账及账簿管理等相关操作。

12.1 日常账务处理概述

日常账务处理工作的主要任务是根据业务发生过程中所形成的单据，准确、完整、及时地以会计凭证和账表的形式将日常经营业务记录下来，以便对其进行监督、核算和分析。

在总账系统中进行日常账务处理，其账务处理的起点是填制会计凭证，再通过会计信息系统对已输入凭证进行处理，将有关数据自动记入各种账簿。主要内容包括：凭证处理、记账、账簿管理等，基本流程如图 12-1 所示。

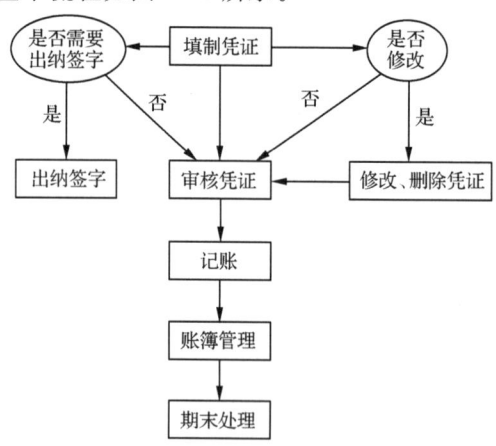

图 12-1　日常账务处理流程

12.2 凭证处理

凭证分为原始凭证和记账凭证两种,在业务发生时,应首先根据原始凭证和其他有关业务资料手工填制凭证,或者根据原始凭证直接在电脑上制作记账凭证。凭证处理是进行日常账务处理的起点,是整个会计信息系统的基础和主要数据来源,会计凭证的正确性将直接影响到整个会计信息系统的真实性、可靠性。只有输入正确的会计凭证信息,才能保证总账系统中所记录会计数据的准确性,才能保证经会计信息系统处理后输出会计信息的准确性与可靠性。

凭证处理环节包括:凭证录入、凭证查询、凭证审核、出纳复核、主管核准、凭证过账、凭证汇总,如果记账凭证有错要进行修改还要经过凭证冲销这一环节。凭证处理的流程如图 12-2 所示。

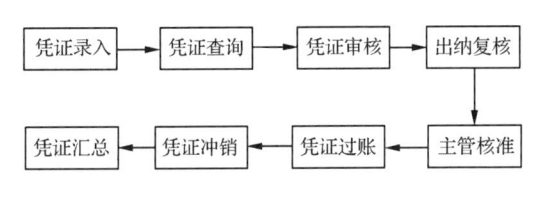

图 12-2 凭证处理流程

12.2.1 凭证录入

凭证录入即通过用友 U8 系统中仿真的凭证录入环境,将记账凭证录入到系统中去,或者根据原始凭证编制记账凭证。

【例 12-1】 bsp 公司在 2018 年 1 月有下列业务通过总账将凭证录入到系统中去:

1. 1 月 3 号,提取现金 10 000 元备用;
2. 1 月 5 号,管理部购买 1 000 元办公用品,用现金支付。

操作步骤:

(1) 在【业务导航视图】栏,选择【业务工作】/【财务会计】/【总账】/【凭证】/【填制凭证】功能,双击打开【填制凭证】窗口。

(2) 在【填制凭证】窗口中,如图 12-3 所示,单击工具栏的 按钮,激活凭证录入单。在【制单日期】文本编辑框中,录入填制凭证的日期"2018.01.03";在第 1 条分录对应的【摘要】文本编辑框中,录入"提现备用";在【科目】文本编辑框中,录入"库存现金";在【借方金额】文本编辑框中录入"10 000.00";同样录入第 2 条分录之后,再单击工具栏的 按钮,保存此凭证。

(3) 重复上步,录入 1 月 5 日管理部门购买办公用品的凭证。所有凭证录入完毕,单击【填制凭证】窗口右上方的 按钮,返回到【总账系统】主界面窗口。

提示 1:在进行凭证录入时,如需要查询"科目名称""摘要"资料时,可单击当栏右下角的 按钮。

提示 2:在录入凭证时,如需要在金额栏取借贷金额自动平衡数,则可单击 功能键,

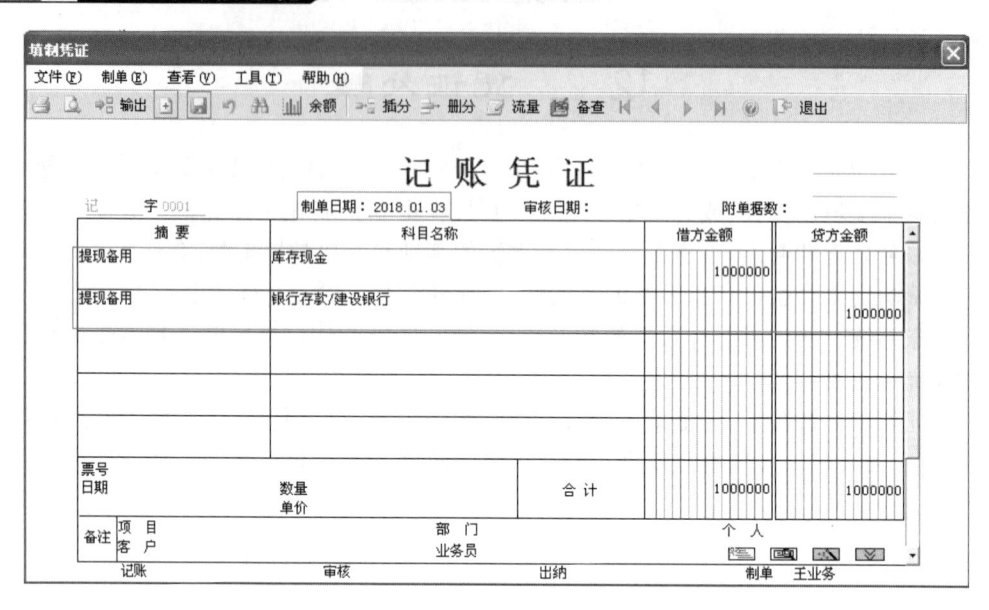

图 12-3 录入"提现备用"记账凭证

或按 Ctrl+F7 组合键。如需要切换借贷金额的方向,则可单击空格键。

12.2.2 凭证修改

已经录入到总账系统的未过账且未审核、未复核的凭证可以修改。凭证的修改在【查询凭证】界面中进行。双击进入要修改的凭证,再单击工具栏上的【修改】工具按钮,即可在界面中对需要修改的记账凭证进行修改,其操作方法与凭证录入相似。

在用友 U8 系统中还可以按凭证日期重新对完证进行排序,或在凭证存在断号需要系统自动按凭证连续排序以修正凭证断号的情况下对凭证进行整理。已审核、已核准、已过账、已结账期间的凭证不参与凭证整理。

【例 12-2】 bsp 公司 2018 年 1 月 5 日购入的办公用品是供销部而不是供管理部使用的。

操作步骤:

(1)在主界面【业务导航视图】栏中,选择【业务工作】/【财务会计】/【总账】/【凭证】/【凭证查询】明细功能,双击打开【凭证查询】对话框。

(2)在【凭证查询】对话框中,单击【记账范围】选项卡中"未记账凭证"条件项前的 ⊙ 按钮,再单击【凭证标志】选项卡中的"全部"条件项前的 ⊙ 按钮,最后单击 确定 按钮,打开【查询凭证】窗口。

(3)在【查询凭证】窗口中,选择需要修改的购买办公用品的凭证,单击 确定 按钮。

(4)在【查询凭证】窗口中,如图 12-4 所示,单击 修改 按钮,将科目名称由"管理费用"改为"销售费用",再单击工具栏的 按钮,将已修改完成的凭证进行保存,最后单击窗口右上角的 ✕ 按钮,退出修改窗口,返回到【查询凭证】窗口。

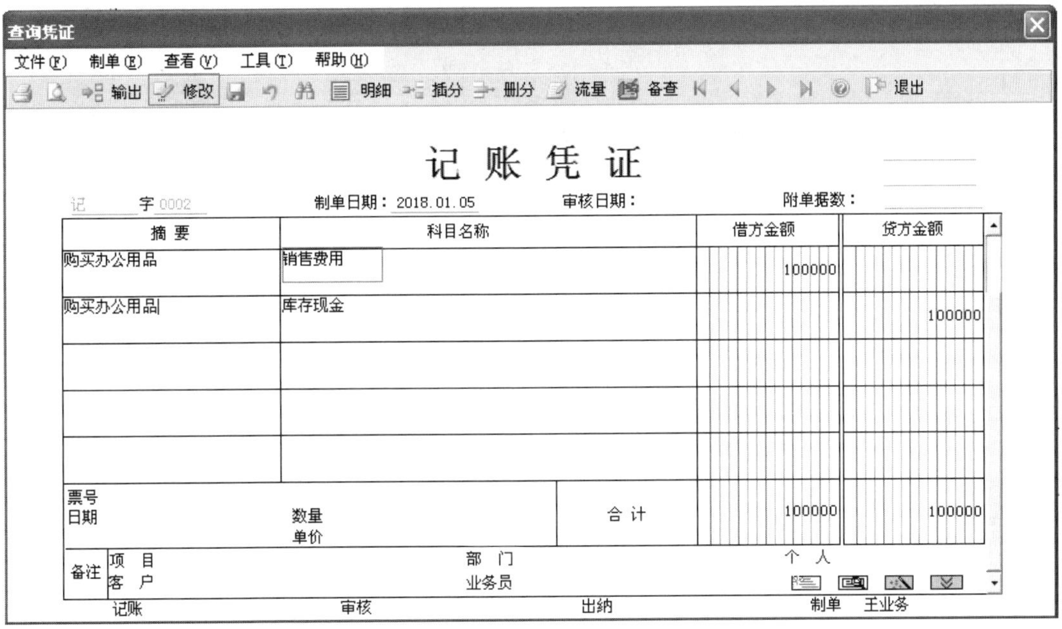

第 12 章　日常账务处理的一般程序

图 12-4　修改凭证

12.2.3　凭证删除

已经录入到总账系统的未过账且未审核、未复核的凭证可以删除。凭证的删除必须在【填制凭证】界面中进行。双击进入要删除的凭证,选择【制单】/【作废/恢复】菜单命令将凭证作废,然后选择【制单】/【整理凭证】菜单命令,打开作废凭证表,将选中的凭证删除。

【例 12-3】　bsp 公司 2018 年 1 月 5 日供销部购买办公用品并未收到原始凭证,需要从系统中删除。

操作步骤:

(1)在主界面【业务导航视图】栏中,选择【业务工作】/【财务会计】/【总账】/【凭证、】/【填制凭证】明细功能,双击打开【填制凭证】窗口。

(2)在【填制凭证】窗口中,单击 ◁ 或 ▷,找到要删除的凭证;在菜单栏中单击【制单】/【作废/恢复】命令将凭证作废。此时凭证左上方会出现 作废 字样。

(3)在菜单栏中单击【制单】/【整理凭证】命令,如图 12-5 所示,在弹出的【凭证期间选择】对话框中,选择凭证期间为"2018.01",单击 确定 按钮,进入【作废凭证表】对话框。

(4)在【作废凭证表】对话框中,如图 12-6 和图 12-7 所示,找到要删除的凭证,在"删除?"栏双击打上"Y"标记,单击 确定 按钮,系统提示"是否还需整理凭证断号",单击"按凭证号重排"选项前的 ⊙ 按钮,再单击 是(Y) 按钮,完成删除。

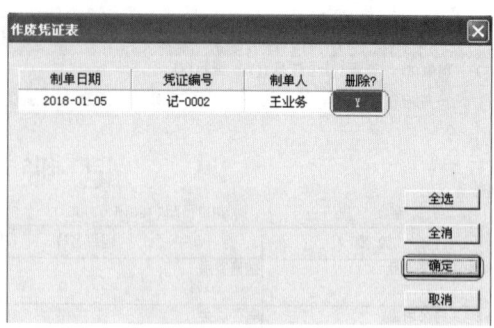

图 12-5　选择凭证期间　　　　　　　　　图 12-6　打开作废凭证表

图 12-7　系统提示

提示3：凭证只能在可修改状态下执行作废功能，凭证已复核、已审核、已核准、已过账、已结账、已核销不允许执行作废功能；由业务系统生成的机制凭证、已经预算扣减的凭证不允许作废（包括总账期末调汇、结转损益、自动转账生成的凭证）。作废凭证在系统中保留，但不参与会计记账。有作废标志的凭证，允许进行删除，但不允许修改、过账、复核、审核、核准、指定现金流量、发送内部往来信息等操作。

12.2.4　凭证审核

凭证审核是对凭证的正确性进行审查，如果确认凭证正确无误，审核人将在凭证上签名进行确认。凭证审核人与凭证录入人一定要是不同的两个操作员，以达到内部控制的目的。凭证审核只能在【审核凭证】界面进行，如果发现凭证有错，可单击工具栏的【改错】按钮，在【填写凭证错误原因】录入框中，注明凭证出错的地方，以便凭证制单人修改。录入批注后，表明凭证有错，此时不允许审核，除非清空批注或凭证完成修改并保存。凭证修改后，批注内容自动清空。如查看凭证并确认正确无误后，单击工具栏的【审核】按钮或键盘上的功能键 F3 单击，对凭证进行审核，并在凭证【审核】签章处显示该用户名。审核后的记账凭证，可以再单击工具栏的【取消】按钮进行反审核，消除原审核签章，该凭证变为未经审核状态。凭证审核可以单张审核，也可以成批审核，但建议采取单张审核的方式，以确保凭证的正确性。

【例 12-4】　bsp 公司由李主管对所有凭证进行审核。

操作步骤：

（1）在主界面【业务导航视图】栏，选择【业务工作】/【财务会计】/【总账】/【凭证】/【凭证审核】明细功能，双击打开【凭证审核】对话框。

（2）在【凭证审核】对话框中，单击【凭证标志】中的"全部"选项前的按钮，再单击"月份"选项前的单选按钮,选择"2018.01",最后单击 确定 按钮,打开【凭证审核】窗口。

(3)在【凭证审核】窗口中,选择需审核的凭证,单击 确定 按钮,打开【审核凭证】窗口。

(4)在【审核凭证】窗口中,如图 12-8 所示,查看凭证正确无误后,单击工具栏的 审核 按钮,在凭证尾的【审核】签章处签上"李主管",完成此张凭证的审核工作。如需继续审核,可单击工具栏的 ◀ 或 ▶ 按钮,重复本步操作,对其他凭证进行审核。

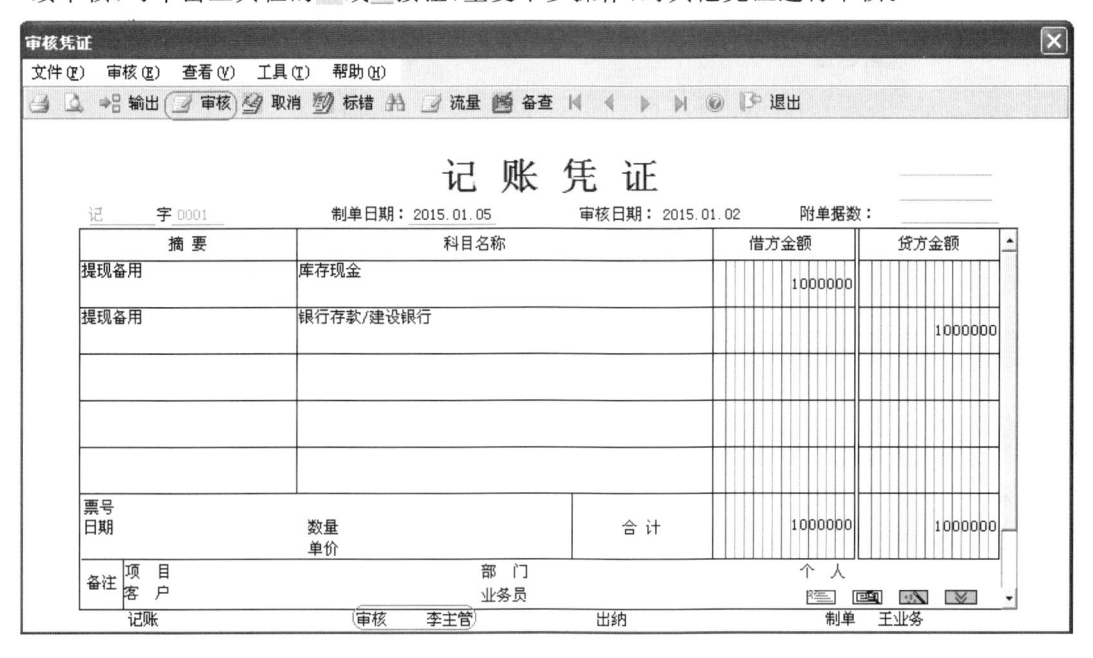

图 12-8 审核凭证

12.3 记 账

记账即凭证过账,是系统将已录入的记账凭证根据其会计科目登记到相关的明细账簿中的一个过程。经过记账的凭证不能修改,只能采取"补充凭证法"或"红字冲销法"对凭证进行更正。为此,在过账前应对记账凭证的内容进行仔细审核,系统只能检查记账凭证中的数据关系错误,而无法检查业务逻辑关系,业务逻辑关系只能由会计人员自己检查。

【例 12-5】 bsp 公司由李主管对所有未记账的凭证进行记账操作,要求:凭证有断号时停止过账、过账发生错误时停止过账。

操作步骤:

(1)主界面【业务导航视图】栏,选择【业务工作】/【财务会计】/【总账】/【凭证】/【记账】明细功能,双击打开【记账】向导对话框。

(2)在【记账】向导对话框中,单击选中需要记账的凭证,单击 记账 按钮,进入【期初试算平衡表】对话框。

(3)在【期初试算平衡表】对话框中,如图 12-9 所示,系统会提示试算结果是否平衡。确认平衡后,单击 确定 按钮,开始记账;记账完成后,会弹出系统提示"记账完毕!",单击 确定 按钮,返回到【记账】向导对话框。

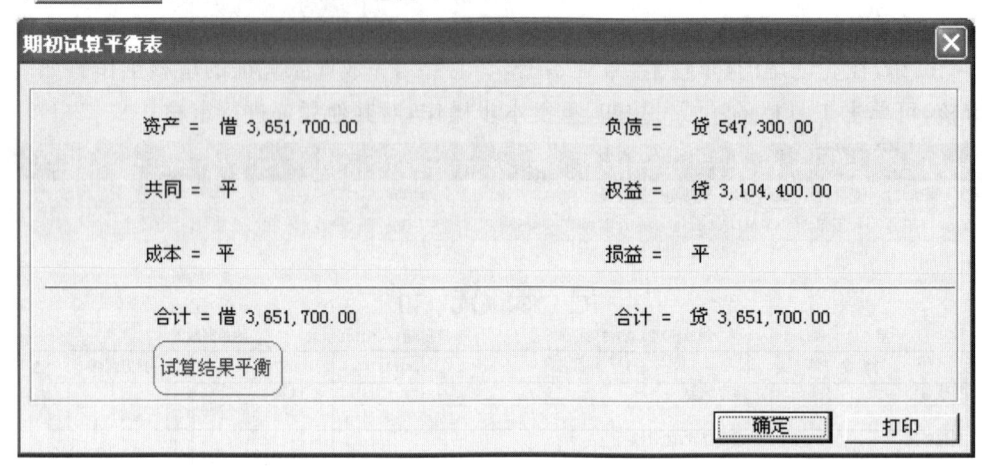

```
期初试算平衡表

    资产 = 借 3,651,700.00        负债 = 贷 547,300.00

    共同 = 平                     权益 = 贷 3,104,400.00

    成本 = 平                     损益 = 平

    合计 = 借 3,651,700.00        合计 = 贷 3,651,700.00

    试算结果平衡

                            确定    打印
```

图 12-9 期初试算平衡表

(4)在【记账】对话框中,会显示记账报告。如需要将此报告打印输出,可单击对话框下方的 打印 按钮,否则单击 退出 按钮关闭【记账】向导对话框。

科目汇总就是将记账凭证按照指定的范围和条件汇总到指定级别会计科目的借方、贷方发生额。按照不同条件对会计凭证进行汇总,可以满足各种不同要求所需的会计信息。

【例 12-6】 bsp 公司对 2018 年 1 月的所有记账凭证按一级科目进行科目汇总。

操作步骤:

(1)在主界面【业务导航视图】栏,选择【业务工作】/【财务会计】/【总账】/【凭证】/【科目汇总】明细功能,双击打开【科目汇总】对话框。

(2)在【科目汇总】对话框中,在【月份】文本编辑框中,选择输入"2018.01";在【凭证类别】文本编辑框中,选择输入"全部";在【科目汇总级次】文本编辑框中,选择输入"1";单击【已记账凭证】的条件项前的 ⊙ 按钮,最后单击 汇总 按钮,打开【科目汇总表】窗口。

(3)在【科目汇总表】窗口的显示区域中,如图 12-10 所示,显示出所有凭证按条件汇总的结果。

消息中心 科目汇总表

科目汇总表

共1张凭证,其中作废凭证0张,原始单据共0张

科目编码	科目名称	外币名称	计量单位	金额合计		外币合计		数量合计	
				借方	贷方	借方	贷方	借方	贷方
1001	库存现金			10,000.00					
1002	银行存款				10,000.00				
资产 小计				10,000.00	10,000.00				
合计				10,000.00	10,000.00				

图 12-10 科目汇总表

12.4 小　结

本章主要以企业进行日常账务处理的一般流程为线索,对日常账务处理的几个主要环节即对凭证的录入、修改、审核、汇总、记账,账簿管理进行了阐述,并佐以案例进行操作分析。本章相对简单、易学、易操作,但在实际运用中要注意结合企业的内部控制要求进行操作。例如,凭证录入时要序时、凭证的录入员与凭证的审核员不能是同一人等。

12.5 习　题

引入第四章习题的练习账套,完成下面各项操作,并进行数据备份。

1. 凭证录入

由凭证录入人员,将下列业务通过总账将凭证录入到系统中去。

(1)1月8日,提取现金8000元备用,现金支票号 xj0108;

(2)1月16日,业务部购买办公用品,价值2500元已用现金支付。

2. 凭证修改

1月16日购入的办公用品是生产部而不是业务部使用的。

3. 凭证删除

本月月底,经会计主管检查发现生产部购买办公用品并未收到原始凭证,需要从系统中删除。

4. 凭证审核

本月月底,由会计主管对所有凭证进行审核。

5. 记账

第13章 日常业务处理的具体方法

本章要点

本章是本书用友操作的核心部分,也是难点部分。本章主要从各业务管理子系统的功能需要,对各业务管理子系统的业务处理方法和方式进行阐述。具体有采购业务、销售业务、库存管理业务、存货业务、应收款业务、应付款业务、固定资产业务、现金业务、工资核算业务九大业务管理子系统。

在用友ERP产品中,各业务管理子系统的分工是十分明确的,不同的业务管理子系统其业务处理方法和方式是不同的。他们在完成各自业务处理的同时生成相应的记账凭证并传递到总账系统,由总账系统进行审核、记账等后续核算工作。

13.1 采购业务日常处理

采购业务是一个生产型企业日常业务中物流的起点,其主要业务有采购订单、采购入库、采购结算、采购发票、采购退料等,采购业务的主要流程如图13-1所示。在对采购业务进行处理的过程中可对采购物流和资金流的全过程进行有效的双向控制和跟踪,实现完善的企业物资供应信息管理。

图 13-1 采购业务流程图

在图 13-1 中,只有付款单不在采购管理系统中处理,其他单据均在采购管理系统中处理。其中,采购订单、外购入库单、采购发票是采购业务中最主要、最基本的业务流程。

13.1.1 采购订单处理

采购订单是企业采购部门根据各种采购申请单制定,并交给供应商作为订货依据的

第13章 日常业务处理的具体方法

单据。采购订单是采购业务中一个非常重要的信息,通过采购订单可以直接向供应商订货并可查询采购订单的收料情况和执行状况。

【例 13-1】 bsp 公司供销部的王业务于 2018 年 1 月 1 日向广东仪器公司发出采购订单,要求:订购钢材 2000 千克,双方协商价格为 10 元/千克,验货后付款,到货日为 2018 年 1 月 3 日。要求:王业务进行订单录入,李主管进行订单审核。

操作步骤:

(1)在用友 U8 系统【登录】窗中,在【操作员】文本编辑框中,输入"王业务",再单击 确定 按钮,以王业务的身份登录到用友 U8 系统主控台中。

(2)在【业务工作】窗口中,选择【供应链】/【采购管理】/【采购订货】/【采购订单】明细功能项,双击打开【采购订单】窗口。

(3)在【采购订单】窗口中,点击 增加 按钮,进行信息录入。如图 13-2 所示,参照【例 13-1】的资料,在【部门】文本编辑框中,输入"供销部";在【存货名称】中,双击文本框,弹出存货资料,选择"钢材";在【数量】中,输入"2 000",在【原币单价】中,输入"10.00"。最后单击工具栏的 按钮,将录入的采购订单保存,再单击 × 按钮,返回到【采购管理-[主界面]】窗口。

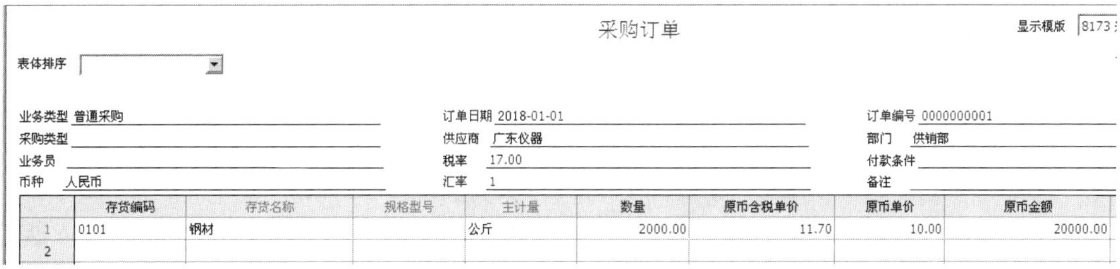

图 13-2 录入采购订单

(4)在【采购管理-[主界面]】窗口中,单击 重注册 按钮,在【用友 U8 系统登录】窗口,在【操作员】文本编辑框中,录入"李主管",再单击 确定 按钮。

(5)在【业务工作】窗口中,选择【供应链】/【采购管理】/【采购订货】/【采购订单】明细功能项,双击打开【采购订单】窗口。

(6)在【采购订单】窗口中,点击【订单列表】,如图 13-3 所示,选择上述所录入的订单,双击打开采购订单,单击工具栏的 审核 按钮,审核成功。再单击退出按钮,返回到【订单列表】窗口。

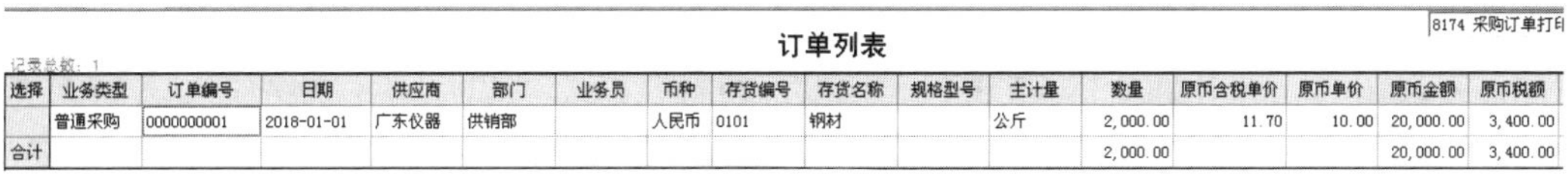

图 13-3 执行【审核】功能

提示 1:在录入采购订单时,可以双击调出相关的核算资料选择输入,也可以直接从键盘输入,但要注意从键盘输入时,输入的信息与已存的信息必须一致,否则会出现"系统提示"对话框,提示输入的信息不正确。

13.1.2 采购入库处理

采购入库处理一般有两个环节,一是生成收料通知单;二是根据收料通知单或直接录入生成外购入库单。

收料通知单是采购部门在物料到达企业后,登记由谁验收、由哪个仓库入库等情况的详细单据,便于物料的跟踪与查询。外购入库单又称收货单、验收入库单等,是确认货物入库的书面证明,不仅表明了货物转移,同时也是所有权实际转移的重要标志。一方面表明了实物的流入,形成储备资金,另一方面预示着货币资金的流出或债务的产生,是财务人员据以记账、核算成本的重要原始凭证。外购入库单有两种生成方式:一是直接录入;二是从收料通知单引入数据生成。

【例 13-2】 bsp 公司供销部的王业务于 2018 年 1 月 1 日向广东仪器公司发出采购订单,2018 年 1 月 3 日到货,由赵生产进行验货入库并保管。要求:王业务进行收料通知单及外购入库单的生成,李主管进行相关审核工作。

操作步骤:

(1)在用友 U8 系统【登录】窗中,在【操作员】文本编辑框中,输入"王业务",再单击 确定 按钮,以王业务的身份登录到用友 U8 系统主控台中。

(2)在【业务工作】窗口中,选择【供应链】/【采购管理】/【采购到货】/【到货单】明细功能,双击打开【到货单】窗口。

(3)在【到货单】窗口中,点击 增加 按钮,参照本例资料,可通过"生成订单"直接生单。如图 13-4 所示,单击【生单】文本编辑框右侧的 ▼ 按钮,选择【采购订单】;弹出【过滤条件选择】窗口,选择"过滤"按钮;弹出【拷贝并执行】,双击所要选择的内容,如图 13-5 所示,单击 确定 按钮,生单成功,如图 13-6 所示。

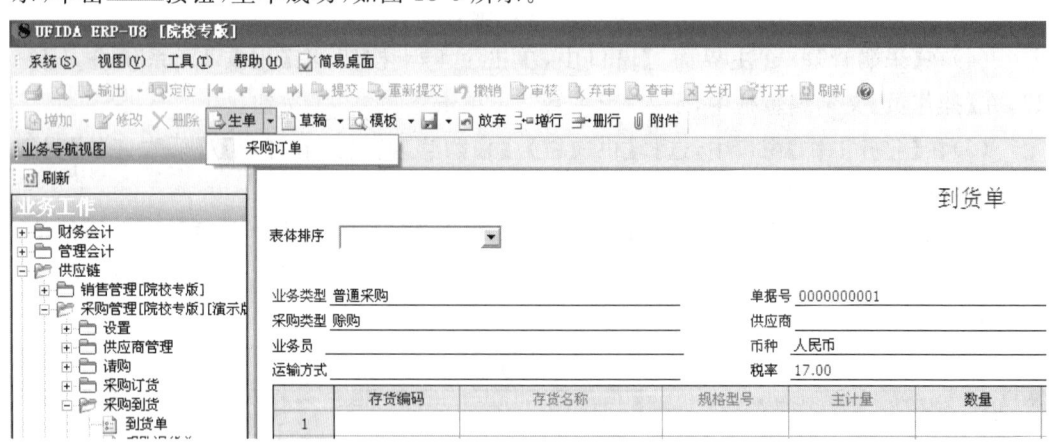

图 13-4 录入收料通知单

(4)在【用友 U8-[主界面]】窗口,单击 重注册 按钮,在用友 U8 系统【登录】窗中,在【操作员】文本编辑框中,录入"李主管",再单击 确定 按钮。

(5)在【业务工作】窗口中,选择【供应链】/【采购管理】/【采购到货】/【到货单列表】明细功能,双击打开【条件过滤】对话框。

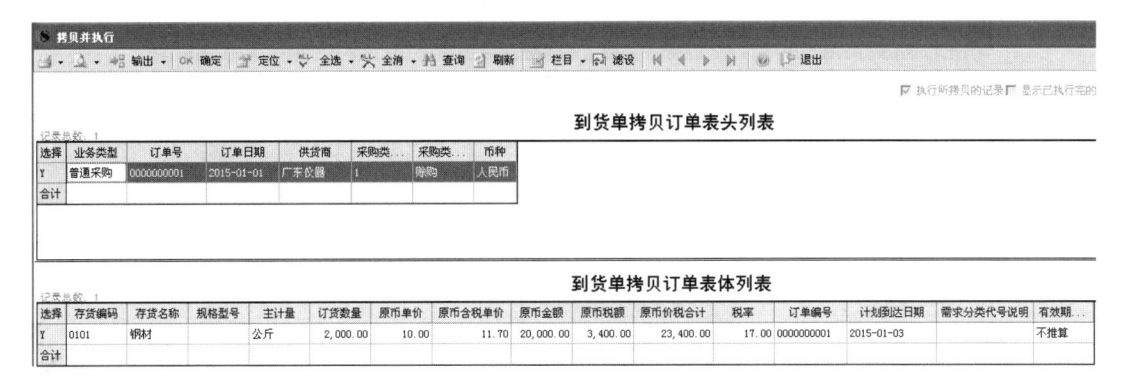

第13章 日常业务处理的具体方法

图 13-5 到货单拷贝

图 13-6 到货单

（6）在【条件过滤】对话框中，单击 过滤(F) 按钮，打开【到货单列表】窗口。

（7）在【到货单列表】窗口中，双击打开单据号为"0000000001"的到货单，单击工具栏的 审核 按钮，审核成功。再单击 退出 按钮，返回到【到货单列表】窗口中。

（8）在用友 U8 系统【登录】窗中，在【操作员】文本编辑框中，输入"王业务"，再单击 确定 按钮，以王业务的身份登录到用友 U8 系统主控台中。

（9）在【业务工作】窗口中，选择【供应链】/【库存管理】/【入库业务】/【采购入库单】明细功能，双击打开【采购入库单】窗口。

（10）在【采购入库单】窗口中，点击 生单 按钮，如图 13-7 所示，选择"采购到货单（蓝字）"，弹出"过滤"窗口，点击"过滤"，进入【到货单生成列表】，双击要生成订单的到货单，点击确定按钮，然后退出，得到【采购入库单】，如图 13-8 所示。

（11）在【用友 U8－[主界面]】窗口，单击 重注册 按钮，在用友 U8 系统【登录】窗中，在【操作员】文本编辑框中，录入"李主管"，再单击 确定 按钮。

（12）在【业务工作】窗口，选择【供应链】/【库存管理】/【单据列表】/【采购入库单列表】明细功能，双击打开【条件过滤】对话框。

（13）在【条件过滤】对话框中，单击"过滤"按钮，打开【到货单列表】窗口。

（14）在【采购入库单】列表窗口中，如图 13-9 所示，双击打开单据号为"0000000001"的采购入库单，单击工具栏的 审核 按钮，审核成功。再单击 退出 按钮，返回到【采购入库单列表】窗口中。

提示 2：在本例中，录入到货单及材料入库单时，均是通过生成数据的形式生成的相

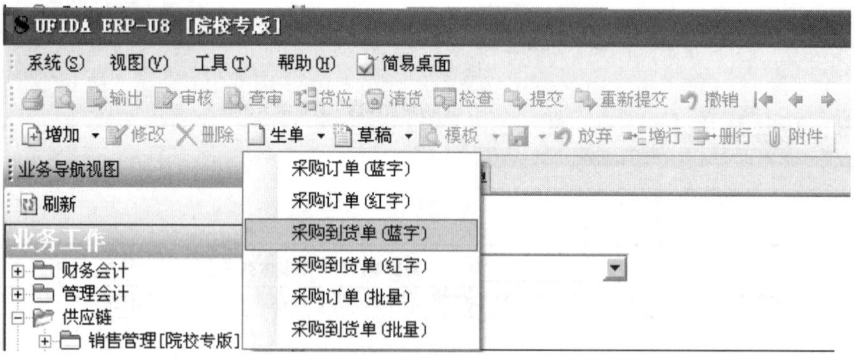

图 13-7 录入采购入库单

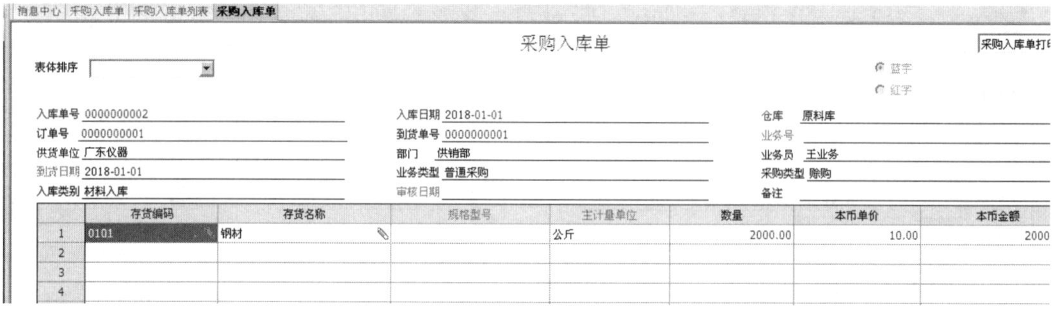

图 13-8 采购入库单

图 13-9 审核收料单

应单据,也可以按照资料所示内容直接由键盘键入生成。

13.1.3 采购发票处理

采购发票是供应商开给购货单位,购货单位据以付款、记账、纳税的依据。采购发票具有业务和财务双重性质,它涉及付款和确定采购成本,是采购系统与应付款系统以及存货核算系统的接口。发票以有形的单据代替企业生产经营活动中无形的资金流动轨迹,并与反映物流的外购入库单一起相互勾稽将整个采购业务流程构成一个有机整体。

采购发票包括采购专用发票和采购普通发票,其中专用发票是指增值税专用发票,是一般纳税人销售货物或者提供应税劳务所开具的发票,发票上记载了销售货物的售价、税率以及税额等,购货方以增值税专用发票上记载的购入货物已支付的税额作为扣税和记账的依据。普通发票是指除了专用发票之外的发票或其他收购凭证。采购发票可以通过手工录入、合同确认、采购订单、外购入库单关联等多途径生成。

第13章 日常业务处理的具体方法

【例 13-3】 bsp 公司供销部的王业务于 2018 年 1 月 1 日向广东仪器公司发出采购订单,2018 年 1 月 3 日,公司收到供货单位提供的增值税专用发票。要求:王业务根据外购入库单生成采购发票,李主管进行相关审核工作。

操作步骤:

(1)在用友 U8 系统【登录】窗中,在【操作员】文本编辑框中,输入"王业务",再单击 **确定** 按钮,以王业务的身份登录到用友 U8 系统主控台中。

(2)在【业务工作】窗口中,选择【供应链】/【采购管理】/【采购发票】/【专用采购发票】明细功能,双击打开【期初专用发票】窗口。

(3)在【期初专用发票】窗口中,单击 增加 按钮,通过"生单"完成操作。单击【生单】,选择"入库单",弹出【过滤】窗口,点击"过滤",弹出【执行并拷贝】窗口,如图 13-10 所示,选择入库单,单击"确定"按钮,单击 按钮,保存生成的购货发票,再单击 按钮退出。生成的专用发票如图 13-11 所示。

图 13-10 执行并拷贝

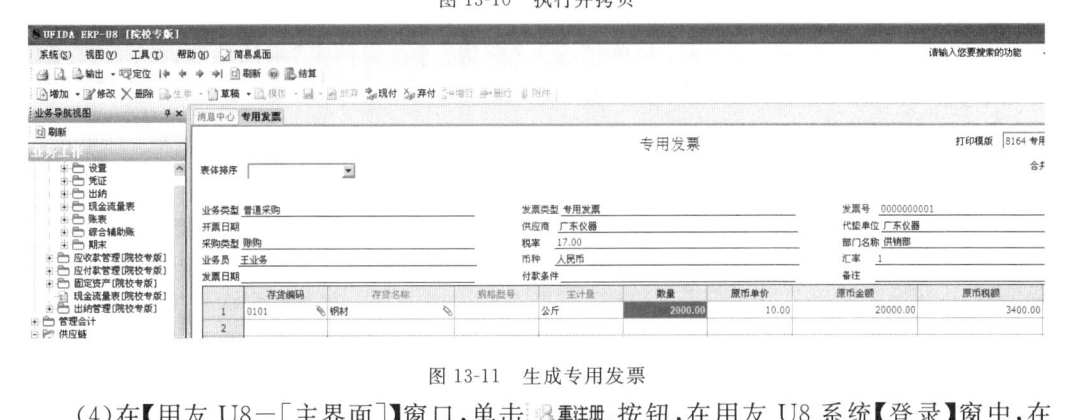

图 13-11 生成专用发票

(4)在【用友 U8-[主界面]】窗口,单击 **重注册** 按钮,在用友 U8 系统【登录】窗中,在【操作员】文本编辑框中,录入"李主管",再单击 **确定** 按钮。

(5)在【业务工作】窗口,选择【财务会计】/【应付款管理】/【应付单据处理】/【应付单据审核】明细功能,双击打开【条件过滤】对话框。

(6)在【条件过滤】对话框中,单击"确定"按钮,打开【应付单据列表】窗口。

(7)在【应付单据列表】窗口中,如图 13-12 所示,选择要审核的发票,单击工具栏的 **审核** 按钮,审核成功。再单击退出按钮,返回到【应付单据列表】窗口。

提示 3:在录入采购发票时,如果已经启用了对账与调汇功能,则必须要输入【往来科目】,否则在对采购发票进行审核时,会提示错误信息"单据审核不成功,启用对账与调汇

图 13-12 审核收料单

后,必须录入往来科目才能审核!"。

13.1.4 费用发票处理

费用发票是运输单位开给购货单位或加工单位开给来料单位等,是付款、记账、纳税的依据。在用友 U8 系统中,费用发票一般可以通过手工直接录入,也可以根据采购发票等关联生成。

【例 13-4】 bsp 公司供销部的王业务于 2018 年 1 月 1 日向广东仪器公司采购的 2000 千克钢材,2018 年 1 月 3 日,公司收到供货单位提供的增值税专用发票,并同时收到运费发票一张(不考虑增值税),金额 2000 元,要求:由王业务新增费用类别"运费",代码"01";再根据采购发票关联生成费用发票,李主管进行相关审核工作。

操作步骤:

(1)在用友 U8 系统【登录】窗中,在【操作员】文本编辑框中,输入"王业务",再单击 确定 按钮,以王业务的身份登录到用友 U8 系统主控台中。

(2)在【基础设置】窗口,选择【基础档案】/【存货】/【存货档案】明细功能,双击打开【存货档案】窗口。

(3)在【存货档案】窗口中,如图 13-13 所示,单击窗口右侧的空白显示区域,再单击工具栏的 增加 按钮,进行运费信息录入,如图 13-14 所示。

图 13-13 新增费用类别"运费"

(4)在【业务工作】窗口中,选择【供应链】/【采购管理】/【采购发票】/【运费发票】明细功能,双击打开【运费发票】对话框。

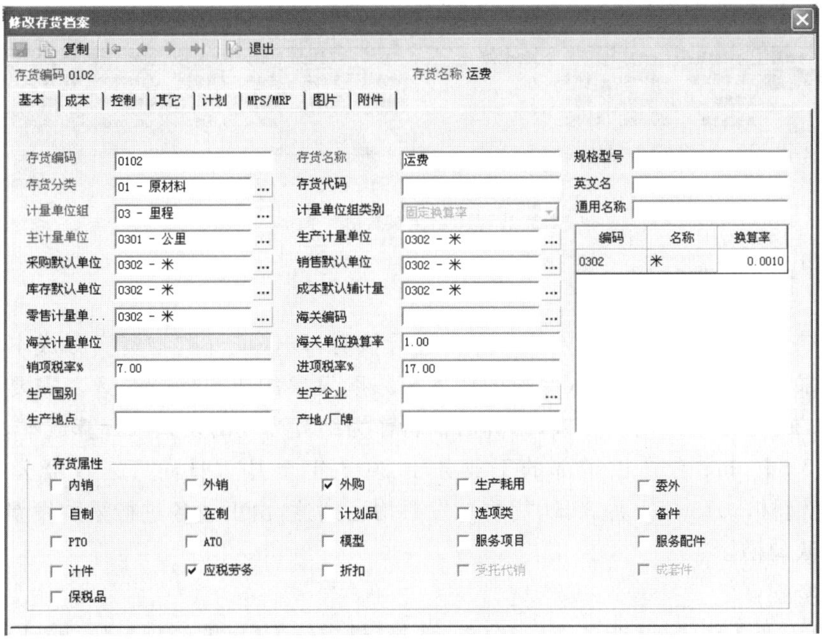

第13章 日常业务处理的具体方法

图 13-14 显示新增的费用类型"运费"

(5)打开【运费发票】窗口,点击 增加 按钮,新增一张空白的费用发票,如图 13-15 所示,在【供应商】中,增加"广东仪器";在【部门名称】中,选择"供销部";在【业务员】中,输入"王业务";在【存货名称】中,选择"运费",【原币金额】为"2 000.00"。然后点击 按钮,点击退出键进行退出。

图 13-15 录入费用发票

(6)由李主管对费用发票进行审核。在用友 U8 窗口,在【操作员】文本编辑框中,输入"李主管",单击 确定 按钮,登录到用友 U8 操作平台。

(7)在【业务工作】窗口中,选择【财务会计】/【应付款管理】/【应付单据处理】/【应付单据审核】明细功能,双击打开【条件过滤】对话框。

(8)在【条件过滤】对话框中,单击"确定"按钮,打开【应付单据列表】窗口。

(9)在【应付单据列表】窗口中,如图 13-16 所示,选择要审核的发票,单击工具栏的 审核 按钮,审核成功。再单击退出按钮,返回到【应付单据列表】窗口。

应付单据列表

选择	审核人	单据类型	单据号	供应商名称	部门	业务员	制单人	币种	汇率	原币金额	本币金额
	李主管	采购专用发票	0000000001	广东仪器	供销部	王业务	王业务	人民币	1.00000000	23,400.00	23,400.00
		运费发票	0000000001	广东仪器	供销部	王业务	王业务	人民币	1.00000000	2,000.00	2,000.00
		其他应付单	0000000001	广东仪器			麦志航	人民币	1.00000000	13,300.00	13,300.00
合计										38,700.00	38,700.00

记录总数：3

图 13-16　审核费用发票

13.1.5　采购结算

采购结算是将采购发票和外购入库单进行核对，以保证外购物资实际成本匹配的确认。通过采购结算后，使外购入库单的成本与采购发票的成本保持一致。需要注意是无论是本期的还是以前期间的发票，结算后都将作为结算当期的发票来计算成本。

【例 13-5】　bsp 公司供销部的王业务于 2018 年 1 月 1 日向广东仪器公司采购了 2 000 千克钢材，2018 年 1 月 3 日，货物与发票均已到达，由王业务进行采购发票与货物入库单的确认勾稽。

操作步骤：

(1)由王业务登录到【业务工作】窗口，选择【供应链】/【采购管理】/【采购结算】/【手工结算】明细功能，双击打开【手工结算】对话框，选择 选单 按钮，进入【结算发票/结算入库单】按钮，点击 刷新 按钮，选择发票和入库单，点击"确定"键，退出到【手工结算】页面。

(2)在【手工结算】界面，选择 分摊 按钮，对费用进行分摊，然后点击 结算 按钮，结算完成。

结算内容可在【结算单列表】中查看，如图 13-17 所示

结算单列表

选择	结算单号	结算日期	供应商	入库单号/...	发票号	存货编码	存货名称	规格型号	主计量	结算数量	结算单价	结算金额	暂估单价	暂估金额
	000000000000001	2018-01-31	广东仪器	0000000002	0000000001	0101	钢材		公斤	2,000.00	11.00	22,000.00	10.00	20,000.00
	000000000000001	2018-01-31	广东仪器		0000000001	0102	运费		公里	0.00		0.00		0.00
合计										2,000.00		22,000.00		20,000.00

记录总数：2

图 13-17　采购结算单列表

13.1.6　采购退料处理

在正常的采购环节有时也会由于所采购的物资质量不合格、价格不正确等因素，或与采购订单或合同的相关条款不相符等原因而导致需要将已采购的物资退回给供货单位。此时在会计信息系统中需要在采购管理系统中录入一张"采购退货单"，再由此关联生成"红字外购入库单""红字采购发票"并进行结算处理。

【例 13-6】　bsp 公司供销部的王业务于 2018 年 1 月 1 日向广东仪器公司采购的 2000 千克钢材，有 100 千克质量不合格，王业务决定在 2018 年 1 月 8 日从原料库退货，由赵生产进行保管和验货。1 月 9 日收到对方开出的红字增值税专用发票。要求：由王业务生成退料通知单、红字外购入库单、红字采购发票，李主管对所用的单据进行审核，同时对本笔业务的入库单与红字采购发票进行结算。

第13章　日常业务处理的具体方法

操作步骤：

(1)由王业务录入采购退货单。在【业务工作】窗口,选择【供应链】/【采购管理】/【采购到货】/【采购退货单】明细功能,双击打开【采购退货单】窗口。

(2)在【采购退货单】窗口中,点击 增加 按钮,点击 生单 按钮,选择"采购订单",弹出图13-18所示的内容,将数量修改为"-100"即可,单击 按钮退出。

图13-18　录入采购退货单

(3)由李主管对退料通知单进行审核。在用友U8系统【登录】窗中,在【操作员】文本编辑框中,输入"李主管",单击 确定 按钮,登录到用友操作平台。

(4)在【业务工作】窗口,选择【供应链】/【采购管理】/【采购到货】/【采购退货单】明细功能,双击打开【采购退货单】窗口。

(5)在【采购退货单】窗口中,如图13-19所示,选择待审核单据,单击工具栏 审核 按钮,审核成功。

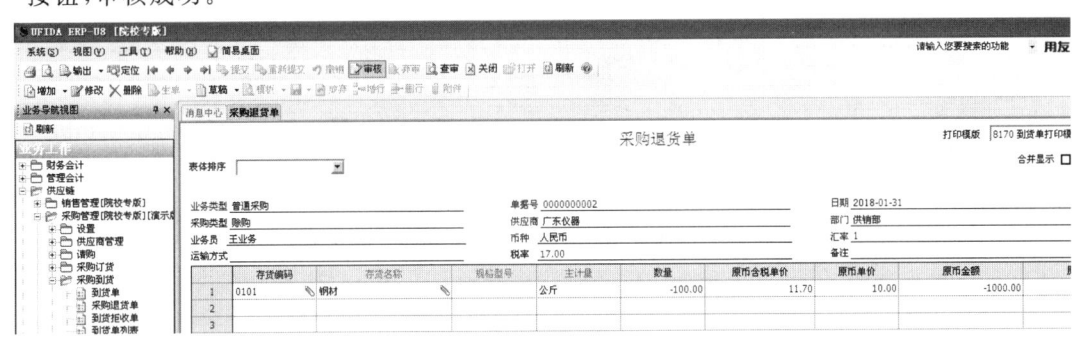

图13-19　审核采购退货单

(6)由王业务录入红字外购入库单。在【业务工作】窗口,选择【供应链】/【库存管理】/【入库业务】/【采购入库单】明细功能,双击打开【采购入库单】窗口。

(7)在【采购入库单】窗口中,单击 生单 按钮,选择"采购到货单(红字)",如图13-20所示,弹出【过滤】,单击"过滤"按钮,弹出【到货单生单列表】,如图13-21所示。选择要选择的单据,单击确定按钮,生成红字采购入库单如下图13-22所示,在【仓库】中选择"原材料库",单击 进行保存,然后退出。

(8)由李主管审核红字外购入库单。在用友U8系统【登录】窗中,在【惭作元】文本编辑框中输入"李主管",单击 确定 按钮,登录到用友U8操作平台。

(9)在【业务工作】窗口中,选择【供应链】/【库存管理】/【单据列表】/【采购入库单列

图 13-20 选择"采购到货单(红字)"

图 13-21 到货单生单表头

图 13-22 红字采购入库单

表】明细功能,双击打开【条件过滤】窗口,再单击过滤按钮,进入【采购入库单列表】窗口,选择要选择的采购入库单,点击 审核 按钮,完成审核,如图13-23所示。

图 13-23 显示审核人

(10)由王业务录入红字采购发票。王业务登录到用友U8操作台后,在【业务工作】窗口,选择【供应链】/【采购管理】/【采购发票】/【红字专业采购发票】明细功能,双击打开【采购发票】窗口。

(11)在【采购发票】窗口中,点击 增加 按钮,单击 生单 ,选择"入库单",弹出【过滤】窗口,点击"过滤",选择"入库单",点击"确定"按钮,生成红字采购专用发票,点击 按钮进行保存,生成的红字专用发票,如图13-24所示。

第13章 日常业务处理的具体方法

图 13-24 红字采购发票

(12)李主管对费用发票进行审核。在用友 U8 窗口,在【操作员】文本编辑框中,输入"李主管",单击 确定 按钮,登录到用友 U8 操作平台。

(13)在【业务工作】窗口,选择【财务会计】/【应付款管理】/【应付单据处理】/【应付单据审核】明细功能,双击打开【条件过滤】对话框。

(14)在【条件过滤】对话框中,单击"确定"按钮,打开【应付单据列表】窗口。

(15)在【应付单据列表】窗口中,选择要审核的发票,单击工具栏的 审核 按钮,审核成功。再按退出按钮,返回到【应付单据列表】窗口。

(16)李主管进行发票与入库单的结算。登录到【业务工作】窗口,选择【供应链】/【采购管理】/【采购结算】/【手工结算】明细功能,双击打开【手工结算】对话框,选择 选单 按钮,进入【结算发票/结算入库单】按钮,点击"过滤"按钮,选择发票和入库单,点击 确定 键退出到【手工结算】页面。

(17)在【手工结算】界面,点击 结算 按钮,结算完成。结算内容可在【结算单】中查看,如图 13-25 所示。

图 13-25 采购结算成功

13.2 销售业务日常处理

销售业务是企业实现收入的主要途径,对企业的销售业务进行行之有效的管理与控制能够实现企业的销售收入最大化。在用友 U8 系统中,销售系统对企业销售全过程进行有效的控制与跟踪。当然,不同企业销售业务的处理过程也不尽相同,本节主要对销售业务的主要流程进行介绍,销售业务的处理流程如图 13-26 所示。

292　企业会计信息化

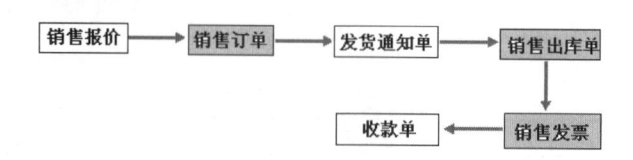

```
销售报价 → 销售订单 → 发货通知单 → 销售出库单
                                         ↓
                       收款单 ← 销售发票
```

图 13-26　销售业务处理流程

13.2.1　销售订单处理

销售订单是客户根据销售报价单制定并提交给销售部门的订货单，是购销双方共同签署的，并以此作为确认购销活动的标志。

一般来说，销售订单可以通过手工录入、合同确认、销售报价单关联、购货分支机构的采购订单转换(分销管理业务)等多途径生成。

【例 13-7】　bsp 公司供销部的王业务在 2018 年 1 月 1 日接到华东电子的订单一份。要求：订购机箱 100 件，单价 200 元(不含税)，2018 年 1 月 5 日发货。本业务要求：由供销部王业务录入销售订单，李主管进行单据审核。

操作步骤：

(1)王业务在用友 U8 登录窗口登录，在【操作员】文本编辑框中，输入"王业务"，单击【确定(O)】按钮，登录到用友 U8 主界面。

(2)在主界面【业务导航视图】栏，选择【业务工作】/【供应链】/【销售管理】/【销售订货】/【销售订单】明细功能，双击打开【销售订单】窗口。

(3)在【销售订单】窗口中，如图 13-27 所示，单击工具栏里的【增加】按钮，新增一张【销售订单】。在【客户简称】文本编辑框中，选择输入"华东电子"；在【销售部门】文本编辑框中，选择输入"供销部"；在【业务员】文本编辑框中，选择输入"王业务"；在【存货编码】文本编辑框中，选择输入"0201"；在【数量】文本编辑框中，输入"100.00"；由于在【销售选项】中勾选了"报价含税"，因此在【报价】文本编辑框中，应输入含税金额"23 400.00"；单击【保存】按钮，完成录入。

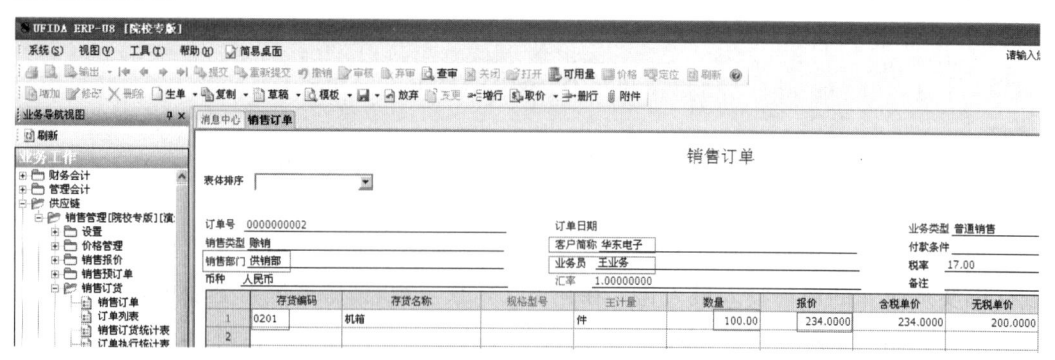

图 13-27　录入销售订单

(4)由李主管对销售订单进行审核。在用友 U8 系统【登录】窗中登录，在【操作员】文本编辑框中，输入"李主管"，单击【确定(O)】按钮，登录到主界面。

第 13 章　日常业务处理的具体方法

(5)重复步骤(2),打开【销售订单】窗口,如图 13-28 所示,使用 ← 和 → 按钮找到需审核的销售订单,单击工具栏里的 审核,完成审核。

图 13-28　审核销售订单

13.2.2　销售发货业务

销售发货业务是根据销售订单或销售发票由仓库发出货物的行为,在本环节产生的单据是发货单。发货单,又称销售出库单,是确认产品出库的书面证明,是处理包括日常销售、委托代销、分期收款等各种形式的销售出库业务的单据,具有非常重要的意义。

发货单有两种生成方式,一是直接录入;二是从其他单据关联生成。发货单与销售系统有两个接口,一个是从销售订单或发货通知单或销售发票引入数据生成发货单(或直接手工录入),另一个是发货单又是生成销售发票的数据来源。

【例 13-8】　华东电子 2018 年 1 月 1 日的订单,由 bsp 公司供销部的王业务于 2018 年 1 月 5 日负责发货。但是由于成本较高,加之市场紧俏,通知对方,销售价格上涨到 400 元(不含税,对方同意接受)。本业务要求:由供销部王业务生成发货单,李主管进行单据审核。

操作步骤:

(1)由王业务在用友 U8【登录】窗口登录,在【操作员】文本编辑框中,输入"王业务",单击 确定(O) 按钮,登录到用友 U8 主界面。

(2)在主界面【业务导航视图】栏,选择【业务工作】/【供应链】/【销售管理】/【销售发货】/【发货单】明细功能,双击打开【发货单】窗口。

(3)打开【发货单】窗口后,单击工具栏里的 增加 按钮,打开【过滤条件选择—参照订单】对话框,单击 过滤(F) 按钮,打开【参照生单】窗口。

(4)在【参照生单】窗口中,如图 13-29 所示,找到需要参照的销售订单,双击该订单前的【选择】栏,出现"Y"字样;单击工具栏 OK 确定 按钮,回到【发货单】窗口。

(5)在【发货单】窗口中,如图 13-30 所示,将报价由"23400"修改为"46800",单击工具栏 按钮,完成发货单录入。

(6)由李主管对销售订单进行审核。在用友 U8 系统【登录】窗口登录,在【操作员】文本编辑框中,输入"李主管",单击 确定(O) 按钮,登录到主界面。

(7)重复步骤(2),打开【发货单】窗口;使用 ← 和 → 按钮找到需审核的发货单,单击工

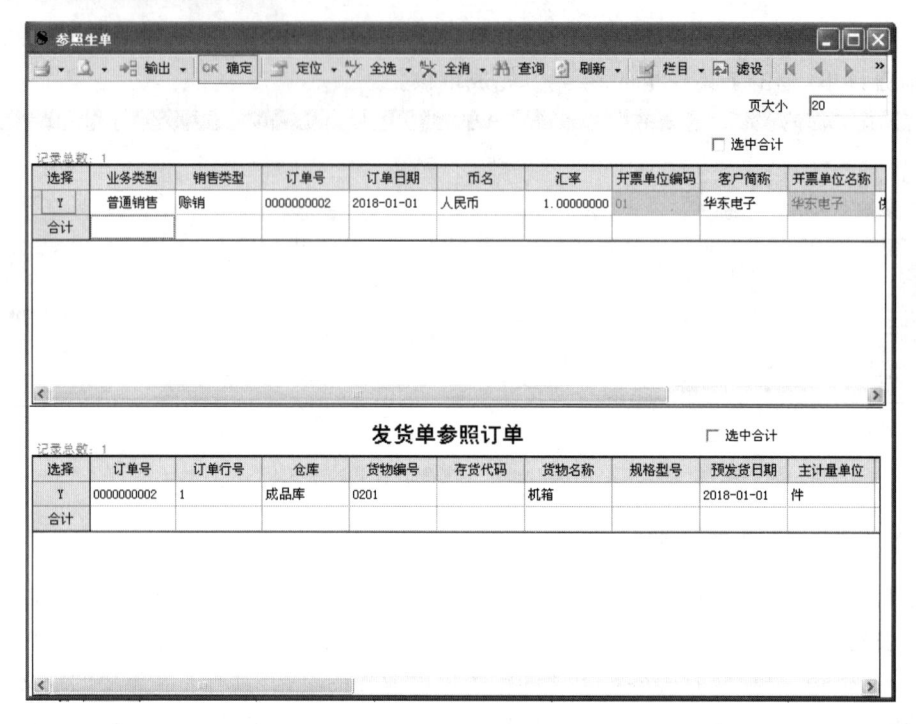

图 13-29 参照销售订单

图 13-30 生成发货单

具栏里的 审核 按钮,完成审核。

(8)在主界面【业务导航视图】栏,选择【业务工作】/【供应链】/【库存管理】/【出库业务】/【销售出库单】明细功能,双击打开【销售出库单】窗口。

(9)在【销售出库单】窗口中,使用 ← 和 → 按钮,找到需要审核的销售订单,单击菜单栏 审核 按钮,完成审核。

13.2.3 销售发票处理

销售发票是企业销售产品时销售部门开给购货单位的发票,是财务上非常重要的一种原始单据,是付款、记账、纳税的依据,销售发票是企业收入的确认标志,是实现企业经营目标的基本保障。

销售发票包括销售专用发票和销售普通发票。其中,销售专用发票是指增值税专用发票,是一般纳税人销售货物或者提供应税劳务所开具的发票;销售普通发票是指除了专用发票之外的发票,不涉及增值税。

一般来说销售发票的生成方式有两种,一种是直接输入保存生成;另一种是通过其他数据关联生成。销售发票生成的要进行审核,并同步进行发票勾稽操作。

【例 13-9】 bsp 公司供销部王业务在 2018 年 1 月 5 日向华东电子发出 100 件机箱时,开具了增值税专用发票,要求:由李主管进行审核。

操作步骤:

(1)由王业务在用友 U8【登录】窗口登录,在【操作员】文本编辑框中,输入"王业务",单击 [确定(O)] 按钮,登录到用友 U8 主界面。

(2)在主界面【业务导航视图】栏,选择【业务工作】/【供应链】/【销售管理】/【销售开票】/【销售专用发票】明细功能双击打开【销售专用发票】窗口。

(3)在【销售专用发票】窗口中,单击工具栏 [增加] 按钮,打开【过滤条件选择—参照订单】对话框,单击 [取消(C)] 按钮,回到【销售专用发票】窗口。

(4)在【销售专用发票】窗口中,如图 13-31 所示,单击工具栏 [生单▼] 右方的 ▼ 按钮,在下拉菜单中单击"参照发货单"打开【过滤条件选择—参照发货单】对话框,单击 [过滤(F)] 按钮,打开【参照生单】窗口。

图 13-31 选择"参照发货单"

(5)在【参照生单】窗口中,如图 13-32 所示,找到需要参照的发货单,双击该发货单前的【选择】栏,出现"Y"字样;单击工具栏 [OK 确定] 按钮,回到【销售专用发票】窗口;单击 按钮,完成销售专用发票录入。

(6)由李主管对销售订单进行审核。在用友 U8 系统【登录】窗口登录,在【操作员】文本编辑框中,输入"李主管",单击 [确定(O)] 按钮,登录到主界面。

(7)重复步骤(2),打开【销售专用发票】窗口;使用 ← 和 → 按钮找到需审核的销售专用发票,单击工具栏里的 [复核] 按钮,完成复核。

(8)审核自动生成的销售出库单。在主界面【业务导航视图】栏,选择【业务工作】/【供

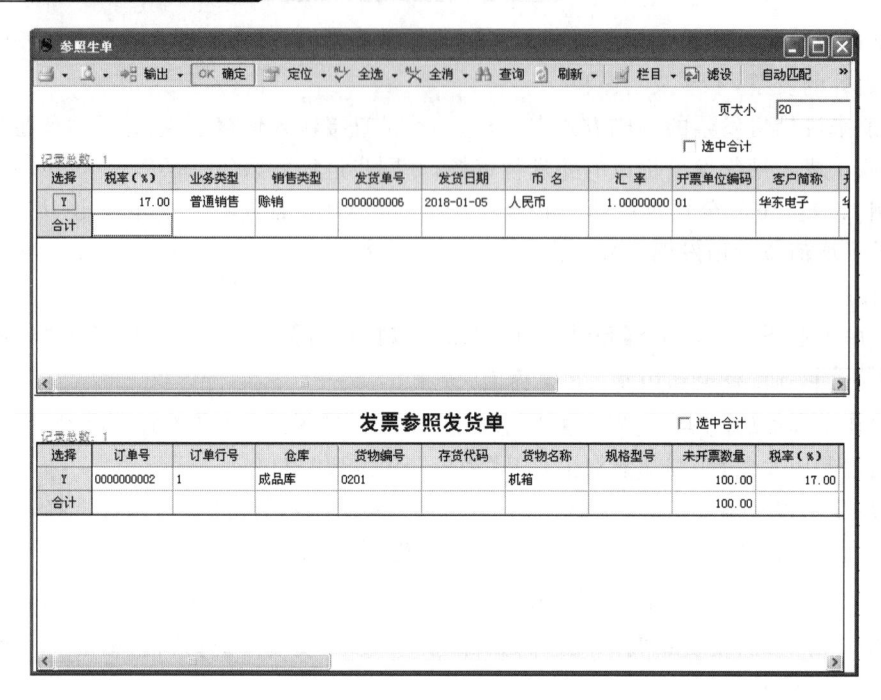

图 13-32　选择参照的发货单

应链】/【库存管理】/【出库业务】/【销售出库单】明细功能,双击打开【销售出库单】窗口。

(9)在【销售出库单】窗口中,使用 ← 和 → 按钮找到需审核的销售出库单,单击工具栏里的 审核 按钮,完成审核。

13.2.4　代垫费用单处理

代垫费用单主要用来处理销售过程中发生的或者代垫的费用,如运输费用等。代垫费用单用于处理销售时由销售方支付销售费用的情况。

【例 13-10】　bsp 公司供销部王业务在 2018 年 1 月 5 日向华东电子发出 100 件机箱的同时替对方垫付了运费 500 元,以现金支票支付,支票号为 03。要求:由王业务开具代垫费用单,李主管进行审核。

操作步骤:

(1)由王业务在用友 U8【登录】窗口登录,在【操作员】文本编辑框中,输入"王业务",单击 确定(O) 按钮,登录到用友 U8 主界面。

(2)在主界面【业务导航视图】栏,选择【业务工作】/【供应链】/【销售管理】/【代垫费用】/【代垫费用单】明细功能,双击打开【代垫费用单】窗口。

(3)在【代垫费用单】窗口中,单击菜单栏 增加 按钮,增加一张代垫费用单。如图 13-33 所示,在【客户简称】文本编辑框中,选择输入"华东电子";在【销售部门】文本编辑框中,选择输入"供销部";在【业务员】文本编辑框中,选择输入"王业务";在【费用项目】文本编辑框中,选择输入"代垫运费";在【代垫金额】文本编辑框中,键入"500.00";在【存货编码】文本编辑框中,选择输入"0201",单击 按钮,完成代垫费用单的录入。

(4)由李主管对销售订单进行审核。在用友 U8 系统【登录】窗口登录,在【操作员】文

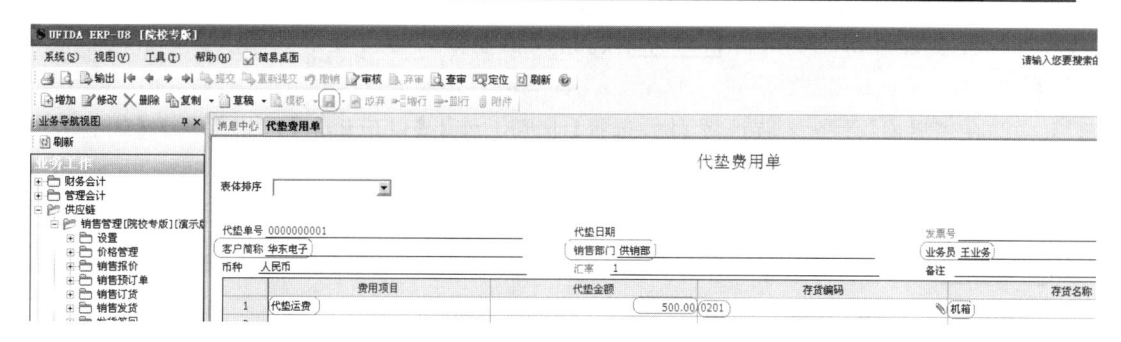

第 13 章　日常业务处理的具体方法

图 13-33　录入代垫费用单

本编辑框中,输入"李主管",单击 确定(O) 按钮,登录到主界面。

（5）重复步骤（2），打开【代垫费用单】窗口；如图 13-34 所示，使用 ← 和 → 按钮找到需审核的代垫费用单，单击工具栏里的 审核 按钮，完成审核。

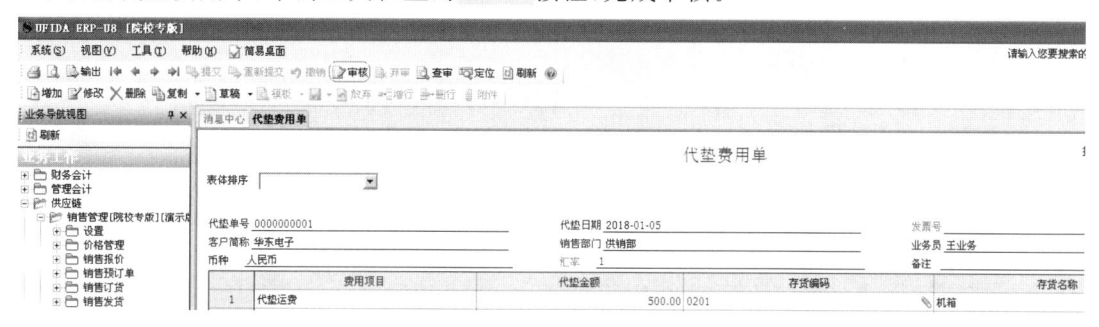

图 13-34　审核代垫费用单

13.2.5　销售退货处理

销售退货是处理由于质量不合格、价格不正确等因素或与销售订单或合同的相关条款不相符等原因，供货单位将销售货物退回的业务。销售退货业务处理一般有两种情况，一是未开出销售发票的销售退货业务处理，此种退货业务不需要开出红字销售发票，业务处理较简单；二是已开出销售发票的销售退货业务处理，此时的退货业务处理流程较完整，其处理流程如图 13-35 所示。

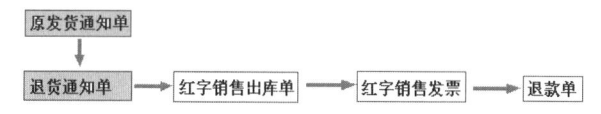

图 13-35　销售退货业务流程图

【例 13-11】 bsp 公司供销部 2018 年 01 月 5 日销售给华东电子的机箱中有 10 件机箱因有质量问题，华东电子要求：退货。bsp 公司答应其退货要求，于 2018 年 1 月 15 日收到华东电子退回的 10 件机箱，同时开具红字销售发票给对方。本业务要求：王业务生成红字销售发票及退货单；李主管对所有单据进行审核。

操作步骤：

（1）由王业务生成红字销售发票。在用友 U8 系统【登录】窗口中，在【操作员】文本编辑框中,输入"王业务",再单击 确定(O) 按钮,以王业务的身份登录到用友 U8 系统主控台中。

(2)在主界面【业务导航视图】栏,选择【业务工作】/【供应链】/【销售管理】/【销售开票】/【红字专用销售发票】明细功能,双击打开【销售专用发票】窗口。

(3)在【销售专用发票】窗口中,单击 增加,弹出【过滤条件选择—参照订单】窗口,点击 过滤(F) 按钮,进入【参照生单】对话框,双击需参照订单前的【选择】栏,出现"Y"字样;单击 OK 确定 按钮,退回到【红字销售专用发票】界面。

(4)在【红字销售专用发票】界面,如图 13-36 所示,将【数量】改为"－10.00",将【报价】改为"468.00",点击 按钮,保存所开具的发票信息。

图 13-36　生成红字销售发票

(5)由李主管审核红字销售发票。在用友 U8 系统【登录】窗口,在【操作员】文本编辑框中,输入"李主管",单击 确定(O) 按钮,登录到用友操作平台。

(6)重复步骤(2),打开【销售专用发票】窗口;单击 按钮,选择需审核的发票,点击 复核 按钮,审核成功,如图 13-37 所示。此时在【业务工作】/【供应链】/【销售管理】/【销售发货】/【退货单】明细功能里,会自动生成退货单,如图 13-38 所示。

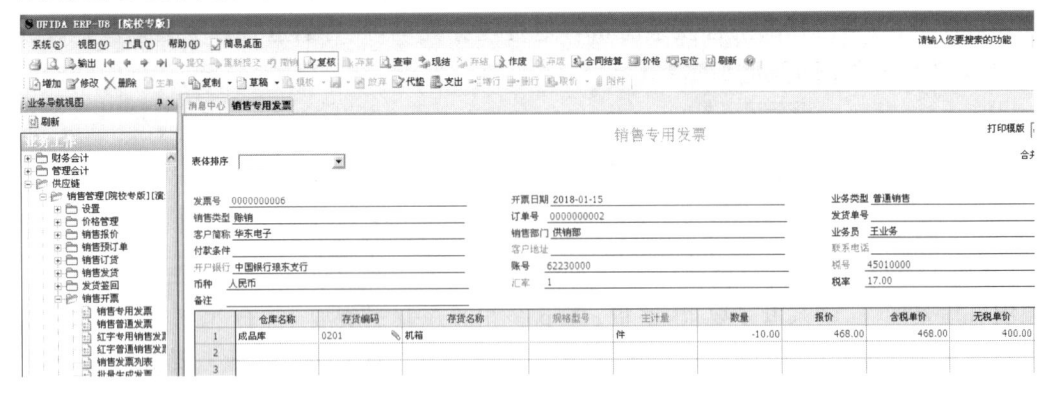

图 13-37　红字销售发票审核成功

(7)在主界面【业务导航视图】栏,选择【业务工作】/【供应链】/【库存管理】/【出库业务】/【销售出库单】明细功能双击打开【销售出库单】窗口。

图 13-38 自动生成退货单

(8)在【销售出库单】窗口中,使用 ← 和 → 按钮,找到需要审核的销售出库单,单击菜单栏 审核 按钮,完成审核。

13.3 库存管理业务日常处理

库存管理主要是通过入库业务(包括外购入库、产品入库、委外加工入库、其他入库)、出库业务(包括销售出库、领料单、委外加工出库、其他出库、受托加工领料)、仓存调拨、库存调整(包括盘盈入库、盘亏毁损)等功能,结合批次管理、物料对应、库存盘点、质检管理、即时库存管理等功能综合运用。对仓存业务的物流和成本管理全过程进行有效控制和跟踪,实现完善的企业仓储信息管理。

13.3.1 领料发货业务处理

一般情况下,物料的出库按不同的去向分为:销售出库、生产领料、盘亏毁损、其他出库、委外加工发出等多种方式,本节内容主要绍生产领料发货业务的处理。在前面章节 13.2.2 销售出库中,已对销售出库业务进行了阐述。

【例 13-12】 bsp 公司生产部赵生产于 2018 年 1 月 1 日为生产机箱领用了 600 千克钢材,每千克钢材成本为 10 元,准备生产 200 个机箱。要求:由王业务生成材料出库单;李主管进行审核。

操作步骤:

(1)由王业务录入材料出库单。在用友 U8【登录】窗口登录,在【操作员】文本编辑框中,输入"王业务",单击 确定(O) 按钮,登录到用友 U8 主界面。

(2)在主界面【业务导航视图】栏,选择【业务工作】/【供应链】/【库存管理】/【出库业务】/【材料出库单】明细功能,双击打开【材料出库单】窗口。

(3)打开【材料出库单】窗口,单击工具栏里的 增加 按钮,增加一张空白出库单。如图 13-39 所示,在【仓库】文本编辑框中,选择输入"原料库";在【出库类别】文本编辑框中,选择输入"生产领料";在【部门】文本编辑框中,选择输入"生产部";在【材料编码】文本编辑框中,选择输入"0101";在【材料名称】文本编辑框中,会自动显示"钢材";在【数量】文本编辑框中,输入"600.00",在【单价】文本编辑框中,输入"10.00",在【金额】文本编辑框中,会自动显示"6000.00";最后单击工具栏里的 按钮,完成录入。

图 13-39　录入出库单

（4）由李主管对出库单进行审核。在用友 U8 系统【登录】窗口，在【操作员】文本编辑框中，输入"李主管"，单击 确定(O) 按钮，登录到主界面。

（5）在主界面【业务导航视图】栏中，选择【业务工作】/【供应链】/【库存管理】/【单据列表】/【材料出库单列表】明细功能，双击打开【过滤条件选择—材料出库单列表】对话框，单击 过滤(F) 按钮，进入【材料出库单列表】窗口。

（6）在【材料出库单列表】窗口中，如图 13-40 和图 13-41 所示，选择待审核的材料出库单，双击进入【材料出库单】窗口；审核无误后，单击工具栏里的 审核 按钮，弹出【库存管理】提示"该单据审核成功！"，单击 确定 按钮，完成审核。

图 13-40　材料出库单列表

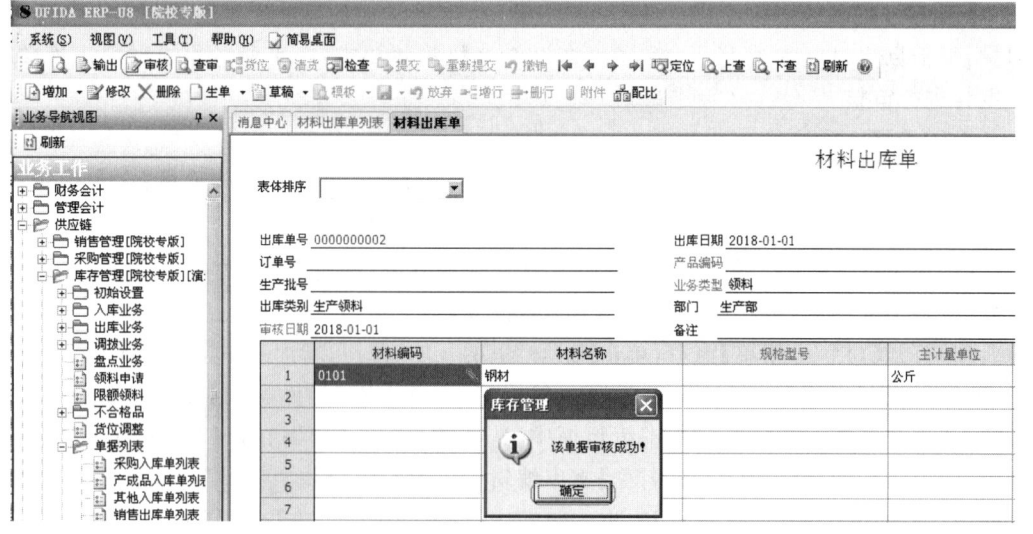

图 13-41　显示审核标志

13.3.2 验收入库业务处理

一般情况下,物料的入库按不同的来源渠道分为:外购入库、产品入库、委外加工入库、盘盈入库、其他入库等,在本节内容中主要介绍产品入库业务的处理。在前面章节13.1.2 采购入库中已对外购入库业务进行了阐述。

【例 13-13】 bsp 公司生产部赵生产于 2018 年 1 月 5 日送来仓库 200 个完工产品机箱,每件机箱成本为 50 元,由王业务接收。要求:由王业务生成产品入库单;李主管进行审核。

操作步骤:

(1)由王业务录入产品入库单。在用友 U8 系统【登录】窗口中,在【操作员】文本编辑框中,输入"王业务",单击 确定(O) 按钮,登录到主界面。

(2)在主界面【业务导航视图】栏,选择【业务工作】/【供应链】/【库存管理】/【验收入库】/【产成品入库单】明细功能,双击打开【产成品入库单】窗口。

(3)打开【产成品入库单】窗口,单击菜单栏里的 增加 按钮增加一张空白产成品入库单。如图 13-42 所示,在【仓库】文本编辑框中,选择输入"成品库";在【入库类别】文本编辑框中,选择输入"产成品入库";在【部门】文本编辑框中,选择输入"生产部";在【产品编码】文本编辑框中,选择输入"0201",在【产品名称】文本编辑框中,会自动显示"机箱";在【数量】文本编辑框中,输入"200.00",在【单价】文本编辑框中,输入"50.00",在【金额】文本编辑框中,会自动显示"10000.00";最后单击工具栏里的 按钮完成录入。

图 13-42 录入产成品入库单

(4)由李主管对入库单进行审核。在用友 U8 系统【登录】窗口,在【操作员】文本编辑框中,输入"李主管",单击 确定(O) 按钮,登录到主界面。

(5)在主界面【业务导航视图】栏,选择【业务工作】/【供应链】/【库存管理】/【单据列表】/【材料入库单列表】明细功能,双击打开【过滤条件选择—产成品入库单列表】对话框,单击 过滤(F) 按钮,进入【产成品入库单列表】窗口。

(6)在【产成品入库单列表】窗口,如图 13-43 和图 13-44 所示,选择待审核的材料入库单,双击打开,进入【产成品入库单】窗口,审核无误后,单击工具栏里的 审核 按钮,弹出【库存管理】提示"该单据审核成功!",单击 确定 按钮,完成审核。

企业会计信息化

图 13-43 产成品入库单列表

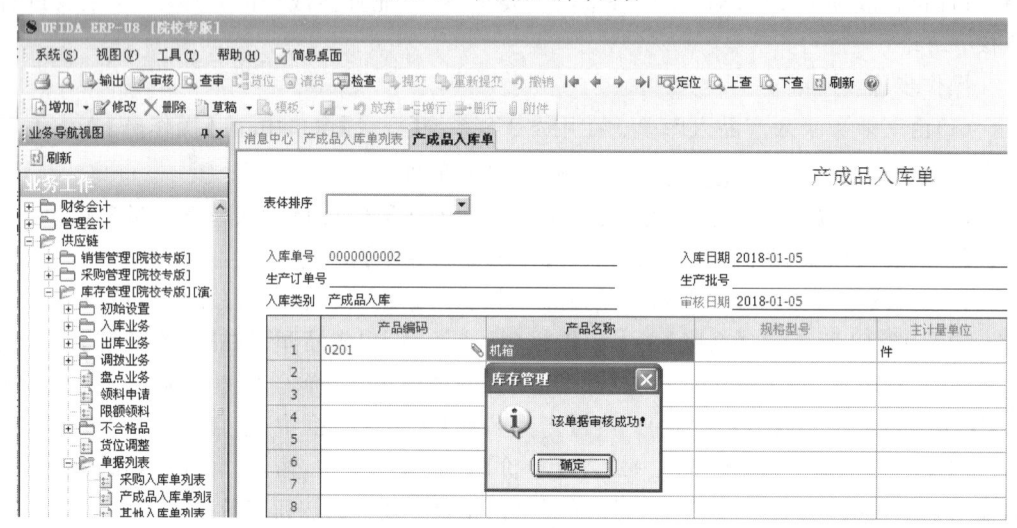

图 13-44 审核产成品入库单

13.3.3 仓库调拨业务处理

仓库调拨业务,是指将物料从一个仓库转移到另一个仓库。在仓库调拨业务中产生的主要单据是仓库调拨单,调拨单是确认货物在仓库之间流动的书面证明,是财务人员记账、核算成本的重要原始凭证。调拨单的生成方式也有两种,一是通过关联发货通知单、生产任务单、退货通知单、外购入库单生成;二是手工直接输入。

【例 13-14】 2018 年 1 月 28 日,bsp 公司由于生产需要,有 8 个机箱需要再进行加工。要求供销部的王业务将其从成品库调拨到原料库;李主管进行审核。

操作步骤:

(1)由王业务录入产品入库单。在用友 U8 系统【登录】窗口中,在【操作员】文本编辑框中,输入"王业务",单击 确定(O) 按钮,登录到主界面。

(2)在主界面【业务导航视图】栏,选择【业务工作】/【供应链】/【库存管理】/【验收入库】/【产成品入库单】明细功能,双击打开【产成品入库单】窗口。

(3)打开【产成品入库单】窗口,单击菜单栏里的 增加 按钮增加一张空白产成品入库单。如图 13-45 所示,在【转出部门】文本编辑框中,选择输入"供销部";在【转入部门】文本编辑框中,选择输入"生产部";在【转出仓库】文本编辑框中,选择输入"成品库";在【出库类别】文本编辑框中,选择输入"调拨出库";在【入库类别】文本编辑框中,选择输入"调拨入库";在【材料编码】文本编辑框中,选择输入"0201",在【存货名称】文本编辑框中会自动显

第13章 日常业务处理的具体方法

示"机箱";在【数量】文本编辑框中,输入"8.00";最后单击工具栏里的 按钮,完成录入。

图 13-45 录入调拨单

(4)由李主管对入库单进行审核。在用友 U8 系统【登录】窗口,在【操作员】文本编辑框中,输入"李主管",单击 确定(O) 按钮,登录到主界面。

(5)在主界面【业务导航视图】栏,选择【业务工作】/【供应链】/【库存管理】/【单据列表】/【调拨单列表】明细功能,双击打开【过滤条件选择—调拨单列表】对话框,单击 过滤(F) 按钮,进入【调拨单列表】窗口。

(6)在【调拨单列表】窗口,如图 13-46 和图 13-47 所示,选择待审核的调拨单,双击打开,进入【调拨单】窗口,审核无误后,单击工具栏里的 审核 按钮,弹出【库存管理】提示"该单据审核成功!",单击 确定 按钮,完成审核。

图 13-46 调拨单列表

图 13-47 审核调拨单

提示：调拨单不需要生成凭证。

13.3.4 盘点业务处理

盘点业务是指利用仓存系统与实际库存进行库存盘点并生成盘盈与盘亏报告单的相关业务处理。盘点业务主要包括：备份盘点数据、打印盘点表、输入盘点数据、编制盘点报告表等处理功能，实现对盘点数据的备份、打印、输出、录入、生成盘盈或盘亏单据等，它是对账存数据和实际库存数据进行核对的重要工具，是保证企业账实相符的重要手段。盘点业务处理的流程如图 13-48 所示。

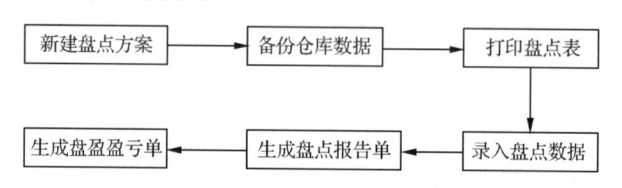

图 13-48 盘点业务处理的流程图

在备份仓库数据时要注意，如果该仓库还有与出入库单相关的单据未审核，则不能备份；如果该仓库已经备份，且未输出盘点单，也不能备份。"打印盘点表"是为了仓管人员方便核实实际库存数所与账存数用的，可以不打印。

【例 13-15】 bsp 公司供销部的王业务于 2018 年 1 月 31 日对"成品库"进行盘点，发现机箱比账存数少了一个（账存数量为 5352 件，实际库存数量为 5351 件），作盘亏处理，同时生成盘亏单，并由李主管进行审核。

操作步骤：

(1) 由王业务录入盘点单。在用友 U8 系统【登录】窗口中，在【操作员】文本编辑框中，输入"王业务"，单击 确定(O) 按钮，登录到主界面。

(2) 在主界面【业务导航视图】栏，选择【业务工作】/【供应链】/【库存管理】/【盘点业务】明细功能，双击打开【盘点单】窗口。

(3) 在【盘点单】窗口中，如图 13-49 所示，单击工具栏的 增加 按钮，新建一张新的"盘点单"；在【盘点仓库】文本编辑框中，选择输入"成品库"；在【部门】文本编辑框中，选择输入"供销部"；在【经手人】文本编辑框中，选择输入"王业务"；在【存货编码】文本编辑框中，键入"0201"；在【盘点数量】文本编辑框中，键入"5351"；单击 按钮，完成录入。

(4) 由李主管对入库单进行审核。在用友 U8 系统【登录】窗口中，在【操作员】文本编辑框中，输入"李主管"，单击 确定(O) 按钮，登录到主界面。

(5) 重复步骤(2)，打开【盘点单】窗口；使用 ← 和 → 按钮找到需审核的盘点单，单击菜单栏 审核 按钮，弹出【库存管理】提示"该单据审核成功！"；单击 确定 按钮，完成审核。

(6) 审核自动生成的其他出库单。在主界面【业务导航视图】栏，选择【业务工作】/【供应链】/【库存管理】/【出库业务】/【其他出库单】明细功能，双击打开【其他出库单】窗口。

(7) 在【其他出库单】窗口中，使用 ← 和 → 按钮找到需审核的其他出库单，单击菜单栏 审核 按钮，弹出【库存管理】提示"该单据审核成功！"；单击 确定 按钮，完成审核。

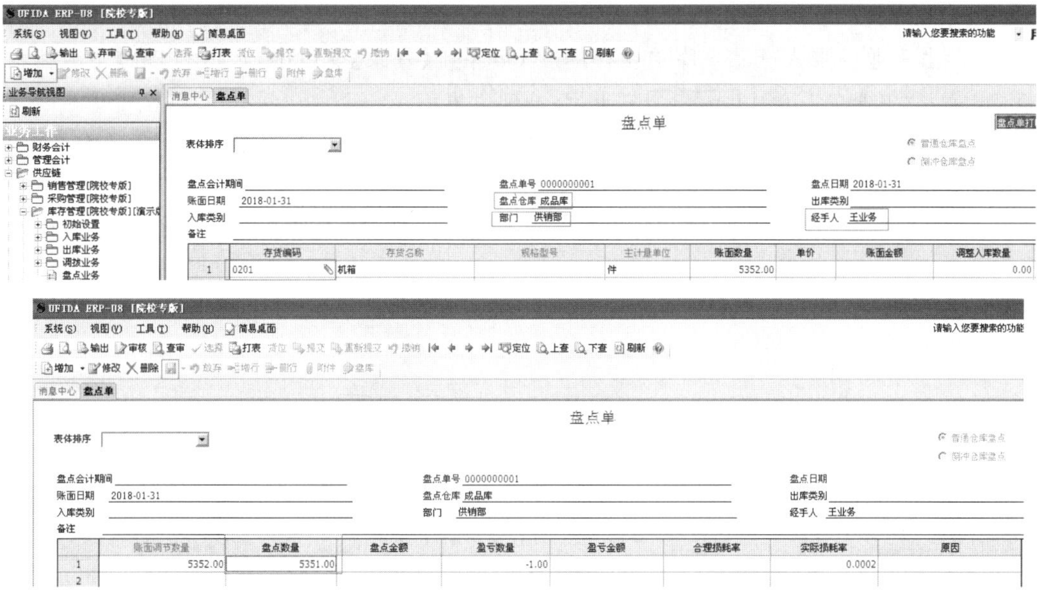

第 13 章　日常业务处理的具体方法

图 13-49　录入盘点单

13.4　存货业务日常处理

存货业务日常处理主要是对供应链系统中产生的各种单据,在此由财务人员为每一张业务进出的单据确定一个正确的成本金额,完成成本的确认。存货业务日常处理是在存货管理系统中完成的,本系统是总账和供应链系统的接口,并为实现企业财务、业务一体的完整管理提供可能。存货业务日常处理的主要工作有:外购入库的成本核算、自制入库的成本核算、暂估入库成本核算、材料出库核算、产品出库核算、相关业务凭证处理等。

13.4.1　入库存货成本核算

在采购管理与仓存管理系统中均有入库单据的生成、审核操作,但只涉及数量的核算,并没有涉及金额的核算,只有在存货管理系统中才对存货的金额进行核算处理。

外购入库核算主要是指针对企业对外采购并已收到发票的入库材料进行核算。它的核算以采购发票上的金额和对应的入库单中的数量为准,以保证核算的正确性。所以在外购入库核算中显示的是采购发票,没有发票的入库是暂估入库。

外购入库的实际成本,包括买价和采购费用二部分。买价由与外购入库单相勾稽的发票决定,采购费用由用户录入后,可按数量、金额或手工先分配到发票上每一条物料的金额栏,再通过核算功能,将买价与采购费用之和根据勾稽关系分配到对应的入库单上,作为外购入库的实际成本。

【例 13-16】　bsp 公司在每月末对本期所有外购入库存货进行成本核算,确定采购入库成本。要求:由供销部的王业务将采购费用在采购材料的采购成本中进行分配,确定外购入库材料的成本。

操作步骤：

(1)由王业务录入产品入库单。在用友 U8 系统【登录】窗口中，在【操作员】文本编辑框中，输入"王业务"，单击 确定(O) 按钮，登录到主界面。

(2)在【业务工作】窗口，选择【供应链】/【存货核算】/【日常业务】/【产成品入库单】明细功能，双击打开【产成品入库单】向导。

(3)在【产成品入库单】向导对话框中，如图 13-50 所示，系统自动由发票生成产成品入库单。

图 13-50 【产成品入库单】

13.4.2 出库存货成本计算

出库存货成本计算主要用来核算存货的出库成本，分为材料出库核算和产品出库核算。出库存货成本计算为企业管理层提供核算向导、计算报告和出错报告，反映出库核算的处理过程。在前面销售管理系统所述的销售出库及仓存管理系统所讲的各种出库只有数量的进出，而没有金额，在此主要是讲各种物料出库的金额的核算。

1. 产成品出库核算

产成品出库核算主要是指销售产品所产生的存货出库成本核算，其目的是计算出销售产品成本。

【例 13-17】 bsp 公司月末对本期所有发出产品的成本进行核算，确定发出产品的销售成本。要求：由供销部的王业务结转本期发出产品的出库成本，生成凭证。

操作步骤：

(1)在用友 U8 系统【登录】窗口中，在【操作员】文本编辑框中，输入"王业务"，单击 确定 按钮，登录到用友 U8 操作平台。

(2)在【业务工作】窗口中，选择【供应链】/【存货核算】/【业务核算】/【正常单据记账】明细功能，双击打开【正常单据记账】向导，打开【过滤条件选择】窗口，点击 过滤(F) 按钮，弹出【正常单据记账列表】。

(3)在【正常单据记账列表】中，如图 13-51 所示，选择要记账的单据，点击"记账"按钮，弹出【存货核算】提示框，记账成功。

(4)对存货进行期末处理。在【业务工作】窗口中，选择【供应链】/【存货核算】/【业务核算】/【期末处理】明细功能，双击打开【期末处理】，弹出【期末处理】窗口，选择 未期末处理存货 ，点击 存货选择 ，选择所有的存货，点击确定按钮即可。

第13章 日常业务处理的具体方法

图 13-51 【正常单据记账】

(5)在【业务工作】窗口中,选择【供应链】/【存货核算】/【业务核算】/【平均单价计算】明细功能,双击打开【平均单价计算】,如图 13-52 所示,在 是否进行了期末处理 中,选择"是",在【仓库】中,选择"2—成品库",在【存货】中,选择"机箱",点击 确定 按钮。

图 13-52 【平均单价计算】

(6)在【平均单价计算表】中,如图 13-53 所示,计算出来的平均单价为"194.50"。

图 13-53 【平均单价计算】结果

(7)在【业务工作】窗口中,选择【供应链】/【存货核算】/【财务核算】/【生成凭证】明细功能,双击打开【生成凭证】窗口,单击工具栏中的 选择 按钮,弹出【查询条件】窗口,如图 13-54 所示,点击 全选(A) 按钮,然后单击 确定 按钮,弹出如图 13-55 所示的【未生成凭证单据一览表】,单击 全选(A) 按钮,单击 确定 按钮,弹出如图 13-56 所示的窗口,点击 生成 按钮,生成凭证。

(8)李主管对生成的凭证进行审核,记账。

2.红字出库核算

在此所指的红字出库核算是指车间退料或销售退货时,成本较难确定,即不确定单价的单据的出库核算。在处理上直接打开属于此类核算的单据录入成本数据即可。如果有原单的红字出库单,系统在核算时自动取原单的单价,不需要在此核算,如销售退货就不需在此再进行红字出库核算,因而此处不再用案例阐述。

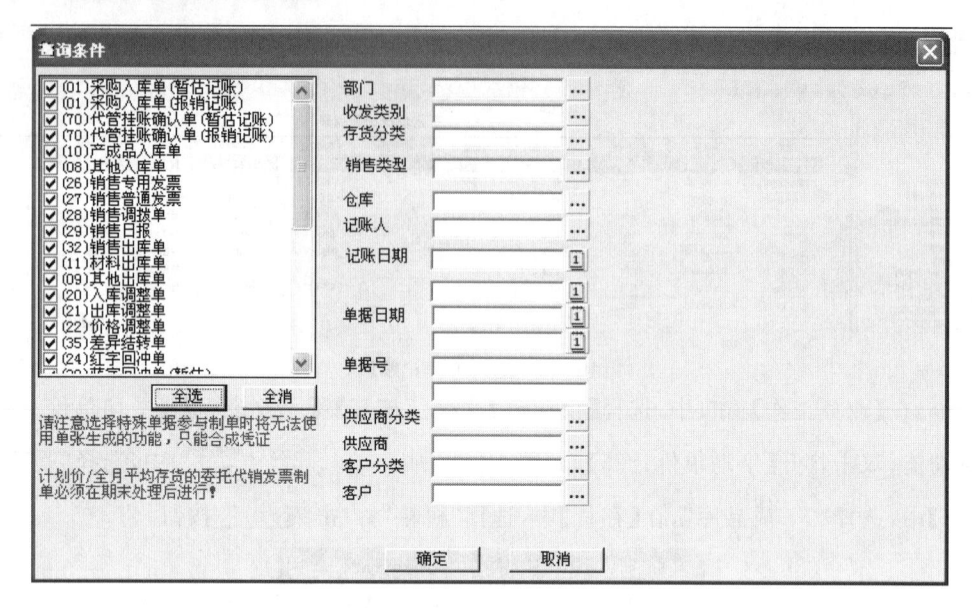

图 13-54 【查询条件】窗口

图 13-55 【未生成凭证单据一览表】

图 13-56 生成凭证窗口

13.5 应收款业务日常处理

应收款业务的日常处理,主要是通过销售发票、其他应收单、收款单等单据的录入,对企业的往来账款进行综合管理,及时、准确地提供给客户往来账款余额资料,提供各种分析报表,帮助企业合理地进行资金调配,提高企业资金的利用效率;及时对到期账款进行催收,以防止发生坏账;对信用额度进行控制,以随时了解客户的信用情况。

13.5.1 应收业务发生的单据处理

应收业务发生的单据处理主要包括应收款管理系统中的各种单据的录入,如销售发票、应收单、应收票据、收款单、预收单、退款单等。应收款管理系统与销售管理系统联合使用的,则在销售管理系统中生成销售发票后会自动传递到应收款管理中,在此不需要录入,如本书中的案例,为此,在此主要介绍收款单的处理。

【例 13-18】 bsp 公司于 2018 年 1 月 31 日收到华东电子的转账支票一张,编号为:2018013101ZZ01,用于偿付本月 12 日购买机箱的货款 42120 元,代垫运费 500 元。要求:由王业务制作一张收款单,同时由李主管进行审核,并生成单据。

操作步骤:

(1)由李主管进入用友 U8 系统主界面。选择【业务工作】/【财务会计】/【应收款管理】/【应收单据处理】/【应收单据审核】明细功能,打开【应收单过滤条件】对话框,单击 **确定** 按钮,打开【应收单据列表】窗口。

(2)在【应收单据列表】窗口中,如图 13-57 所示,双击需要审核的三张应收单据前的【选择】栏,出现"Y"字样;单击菜单栏 **审核** 按钮,完成审核。

图 13-57 审核应收单据

(3)由王业务进入用友 U8 系统主界面。选择【业务工作】/【财务会计】/【应收款管理】/【收款单据处理】/【收款单据录入】明细功能,打开【收款单】窗口。

(4)在【收款单】窗口中,制作收款单。如图 13-58 所示,单击工具栏 **增加** 按钮,生成一张新的收款单;在【客户】文本编辑框中,选择输入"华东电子";在【结算方式】文本编辑框中,选择输入"转账支票";在【结算科目】文本编辑框中,选择输入"100201";在【金额】文本编辑框中,选择输入"42620.00";在【票据号】文本编辑框中,键入"2015013101ZZ01";在【部门】文本编辑框选择中,输入"供销部";在【业务员】文本编辑框选择中,输入"王业务";在【收款类型】栏选择中,输入"应收款";单击工具栏 按钮,完成收款单的录入。

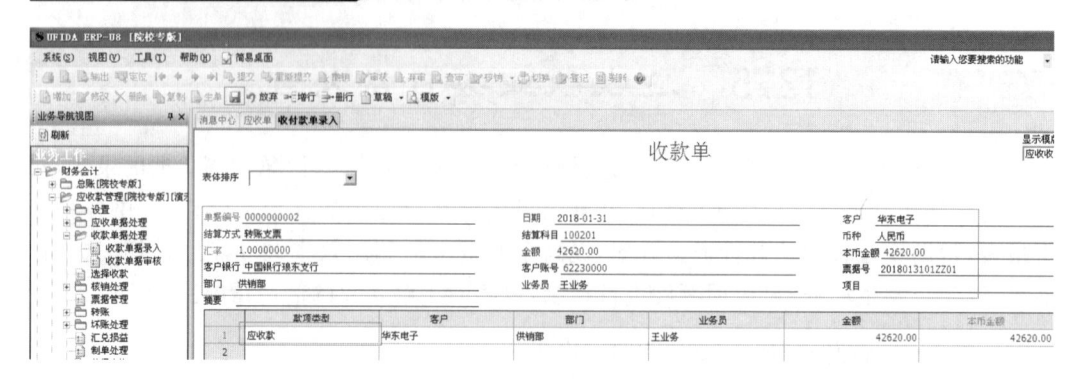

图 13-58 录入收款单

(5)换由李主管进入用友 U8 系统主界面,选择【业务工作】/【财务会计】/【应收款管理】/【收款单据处理】/【收款单据审核】明细功能,打开【收款单过滤条件】对话框;单击 确定 按钮,打开【收付款单列表】窗口。

(6)在【收付款单列表】窗口中,如图 13-59 所示,双击需要审核的付款单,打开【收付款单列表】窗口。

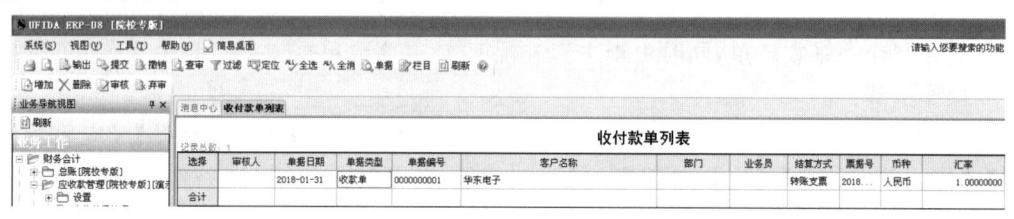

图 13-59 打开【收付款单列表】

(7)在【收付款单列表】窗口中,如图 13-60 所示,单击工具栏 审核 按钮,出现【收付款录入】提示"是否立即制单?"单击 是 按钮,进入【填制凭证】窗口。

图 13-60 审核收款单

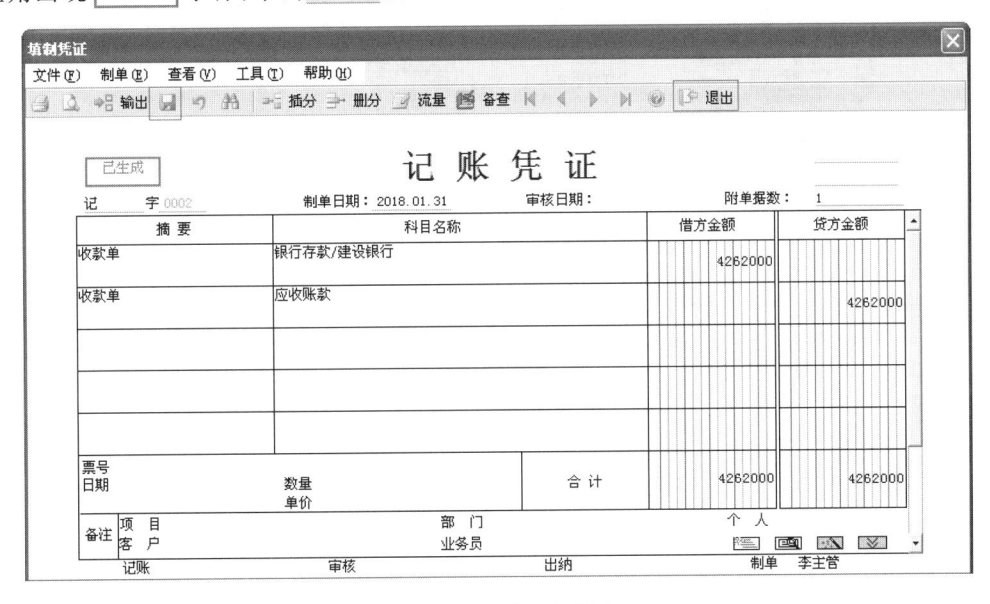

(8) 在【填制凭证】窗口,如图 13-61 所示,单击工具栏 按钮,生成凭证,此时窗口左上角出现 已生成 字样;单击 退出 按钮,退出窗口。

图 13-61 生成记账凭证

注意:本例中,结算金额为 42620 元,是销售机箱 100 件,价税合计 46800 元。后退货 10 件,价税合计 4680 元,共应收货款为 42120 元,再加上收回的代垫运费 500 元,因此共收到的货款为 42620 元。

13.5.2 坏账处理

坏账处理的功能主要包括对坏账损失、坏账收回、计提坏账准备及生成坏账等相关凭证的处理。进行坏账处理,最好先对本期发生的各种应收款进行结算核销之后再进行,这样才能保证应收账款余额的正确性。

【例 13-19】 bsp 公司 2018 年 1 月 31 日由王业务计提本月坏账准备。本公司要求:按应收账款余额的 0.5% 计提。

操作步骤:

(1) 由张会计在用友 U8 系统主界面【业务导航视图】栏,双击【业务工作】/【财务会计】/【应收款管理】/【初始设置】明细功能,打开【初始设置】窗口。

(2) 在【初始设置】窗口中,如图 13-62 所示,单击选中【坏账准备设置】,在【提取比率】文本编辑框中,输入"0.5.00";在【坏账准备科目】文本编辑框中,输入"1231"(坏账准备);在"对方科目"文本编辑框中,输入"6701"(资产减值损失),单击 确定 按钮完成录入。

(3) 在用友 U8 系统主界面【业务导航视图】栏,双击【业务工作】/【财务会计】/【应收款管理】/【坏账处理】/【计提坏账准备】明细功能,打开【应收账款百分比法】窗口。

(4) 在【应收账款百分比法】窗口中,如图 13-63 所示,会显示出本期坏账准备计提的详细记录。

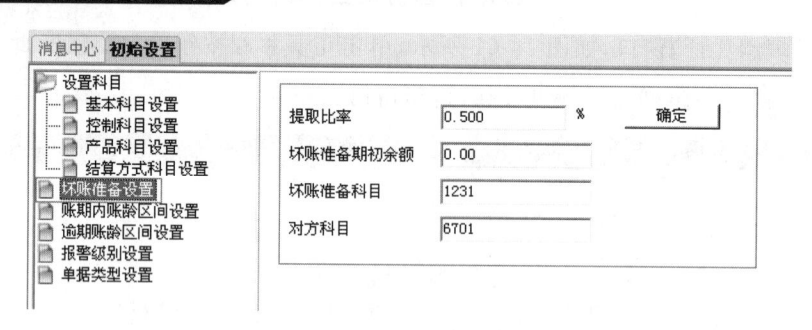

图 13-62　设置坏账准备

图 13-63　坏账准备记录

13.6　应付款业务日常处理

应付款业务日常处理,主要是通过发票、其他应付单、付款单等单据的录入,对企业的往来账款进行综合管理,及时、准确地提供供应商的往来账款余额资料,提供各种分析报表,帮助企业合理地进行资金的调配,提高资金的利用效率;同时还提供各种预警、控制功能,如到期债务列表的列示以及合同到期款项列表,以及时支付到期账款,以保证良好的信誉。

应付业务发生的单据处理主要提供各种单据的录入,如采购发票、其他应付单、应付票据、付款单、退款单等。如应付款管理系统与采购管理系统联合使用,则在采购管理系统中生成采购发票后会自动传递到应付款管理中,在此不需要录入,如本书中的案例。为此,在此主要介绍付款单的处理。

【例 13-20】 bsp 公司于 2018 年 1 月 31 日向广东仪器公司支付采购的钢材款总计 22230 元,同时支付运费 2000 元。开出建设银行的转账支票一张,编号为:2018013102ZZ01,要求:由王业务生成两张付款单,同时进行审核。

操作步骤:

(1)在【业务工作】窗口中,选择【财务会计】/【应付款管理】/【付款单据处理】/【付款单据录入】明细功能,双击打开【付款单】窗口,点击 增加 按钮,对付款单进行新增。

(2)在【付款单[新增]】窗口中,如图 13-64 所示,单击【结算方式】文本编辑框右侧的 浏览按钮,选择"转账支票"输入;在【票据号】文本编辑框中,直接输入"2018013102ZZ01";在【摘要】文本编辑框中,直接输入"支付采购货款";在【供应商】文本框中,选择"广东仪器",在【部门】文本框中输入"供销部",【业务员】为"王业务"。在单据中会相应地显示出相关信息,信息录入完毕,单击工具栏的 按钮,将收款单信息保存。重复此步再生成一张支付运费 2000 元的付款单,如图 13-65 所示。

第13章 日常业务处理的具体方法

图 13-64 填制付款单——支付钢材款

图 13-65 填制付款单——支付采购运费

(3)李主管对付款单进行审核,在【用友 U8】窗口,在【操作员】文本编辑框中,输入"李主管",单击 确定 按钮,登录到用友 U8 操作平台。

(4)在【业务工作】窗口中,选择【财务会计】/【应付款管理】/【付款单据处理】/【付款单据审核】明细功能,双击打开【付款单】窗口,点击 审核,审核成功,弹出"是否制单"的提示框,点击 是 按钮,弹出如图 13-66 所示的【填制凭证】窗口,点击"保存"按钮,制单成功。根据上述方法将运费的凭证生成也完成,如图 13-67 所示。

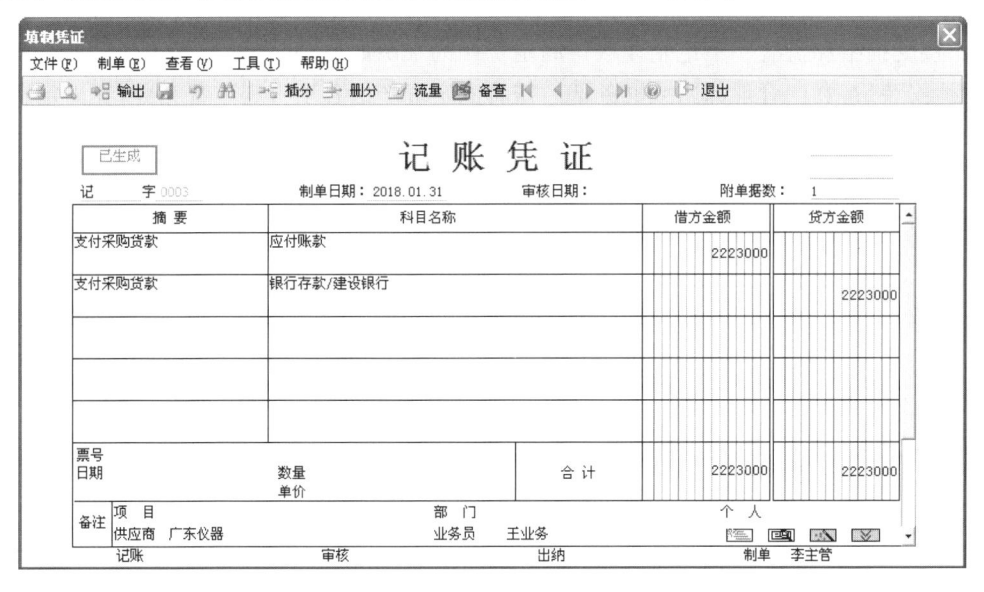

图 13-66 生成的记账凭证

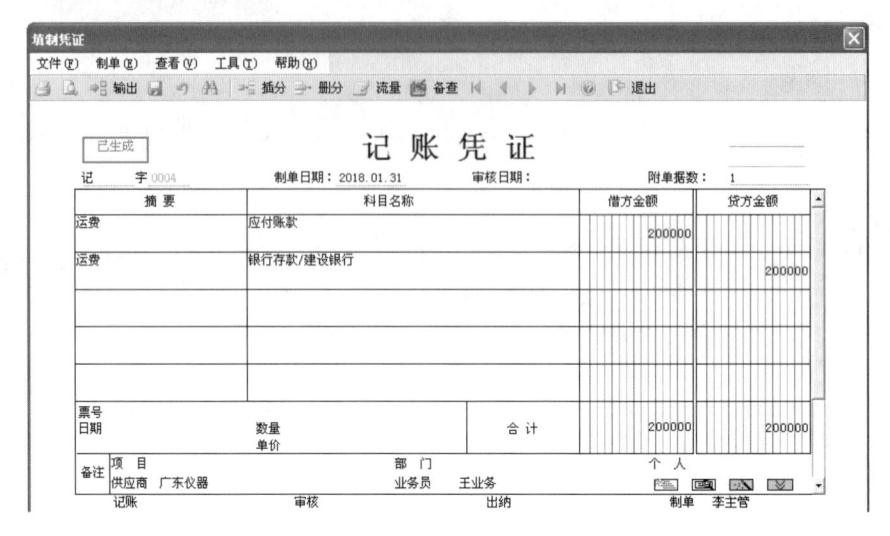

图 13-67　运费凭证

13.7　固定资产业务日常处理

固定资产日常业务处理是指对固定资产日常发生的各种业务进行管理和核算，主要包括：固定资产的增加、固定资产的减少、固定资产的其他变动（如价值变动、折旧方法的改变等）、计提折旧、生成凭证等。

13.7.1　固定资产增加核算

固定资产的增加是指企业取得固定资产。按其取得的来源不同可分为：购置、自建、租入、接受捐赠和盘盈。不论企业取得固定资产的来源如何，固定资产到达既定地点或完成建造安装后，资产管理部门或财务部门需将固定资产的各项资料准备充分，在固定资产管理系统中录入新增固定资产的卡片资料，并进行相应的账务处理。

【例 13-21】　bsp 公司 2018 年 1 月 31 日购入一台生产用仪器，总金额为 5 000 元。具体资料见表 13-1。按公司制度规定由陈主任录入新增固定资产信息。

表 13-1　　　　　　　　　　新增固定资产卡片信息

资产编码	YQ-1	变动方式	直接购入
名称	仪器	使用部门	生产部
类别	办公设备	折旧费用科目	制造费用
计量单位	台	币别	人民币
净残值率	0%	原币金额	5000
使用年限(月)	60	开始使用日期	2018-01-31
使用状况	正用	折旧方法	平均年限法

操作步骤：

(1) 在用友 U8 系统【登录】窗口，在【操作员】文本编辑框中，输入"陈主任"，再单击 确定(O) 按钮，登录到用友 U8 系统主界面。

第13章 日常业务处理的具体方法

(2)在主界面【业务导航视图】栏,选择【业务工作】/【财务会计】/【固定资产】/【卡片】/【资产增加】明细功能,双击打开【固定资产类别档案】对话框;单击选中"办公设备",再单击菜单栏 确定 按钮,打开【固定资产卡片】窗口。

(3)在【固定资产卡片】窗口的【固定资产卡片】选项卡中,如图 13-68 所示,在【固定资产编号】文本编辑框中,键入"YQ-1";在【固定资产名称】文本编辑框中,键入"仪器";在【增加方式】文本编辑框中,选择输入"直接购入";在【使用情况】文本编辑框中,选择输入"再用";在【使用年限(月)】文本编辑框中,选择输入"60";在【折旧方法】文本编辑框中,选择输入"平均年限法(一)";在【原值】文本编辑框中,键入"5 000.00";在【净残值率】文本编辑框中,键入"0.00";在【对应折旧科目】文本编辑框中,选择输入"5101,制造费用";单击工具栏 按钮,完成录入。

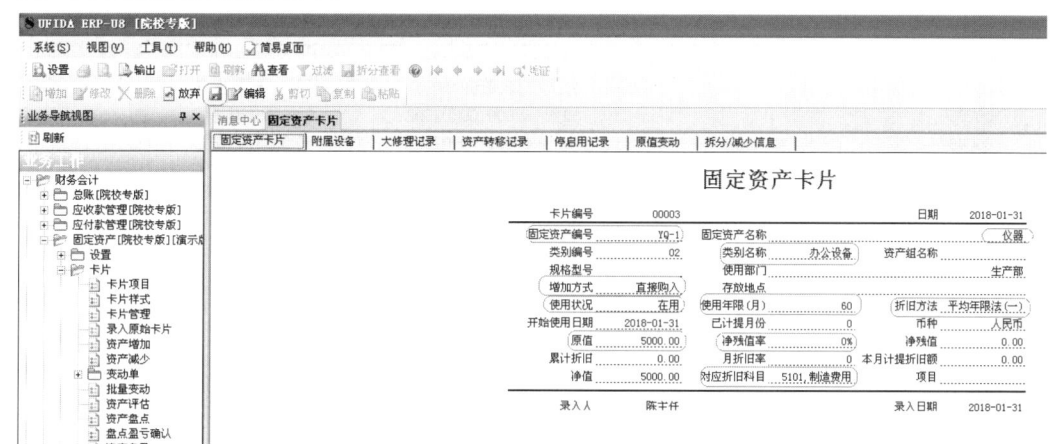

图 13-68 录入固定资产卡片

13.7.2 固定资产减少核算

企业发生固定资产减少业务时一般均要经过"固定资产清理",发生固定资产减少的原因主要有:固定资产投资转出、盘亏、报废等。在固定资产管理系统中进行固定资产减少核算时,主要是生成一张固定资产清理记录单,并将原固定资产卡片删除。

【例 13-22】 bsp 公司于 2018 年 1 月 31 日报废一台办公设备——电脑,清理残值收入 100 元,收到现金,未发生清理费用。要求:由陈主任进行相关固定资产减少业务处理。

操作步骤:

(1)在【用友 U8 系统】窗口中,在【操作员】文本编辑框中,输入"陈主任",再单击 确定 按钮,登录到用友 U8 操作平台。

(2)在【业务工作】窗口中,选择【财务会计】/【固定资产】/【卡片】/【资产减少】明细功能,双击打开【资产减少】窗口。

(3)在【资产减少】窗口中,如图 13-69 所示,在【卡片编号】中,选择"00005",点击 增加 按钮,在【减少方式】中,输入"报废";在【清理收入】中,输入"100";在【清理原因】中,输入"报废"。点击 确定 按钮,操作完成。

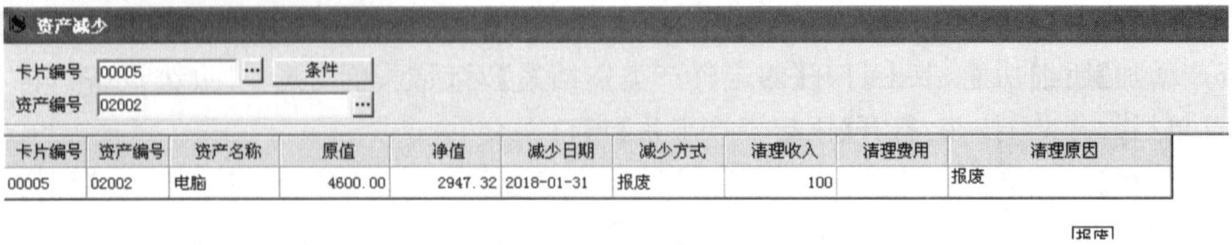

企业会计信息化

资产减少

卡片编号	资产编号	资产名称	原值	净值	减少日期	减少方式	清理收入	清理费用	清理原因
00005	02002	电脑	4600.00	2947.32	2018-01-31	报废	100		报废

图 13-69　进行固定资产清理

（4）在【固定资产系统——[卡片管理]】窗口中，如图 13-70 所示，在窗口的显示区域，会增加一条变动记录，从此记录中可看出，电脑由原来的 5 台变为 4 台，原值由 2300 变为 1840。最后单击工具栏 退出 按钮退出此窗口，完成固定资产减少业务的处理。

在役资产

卡片编号	使用年限(月)	原值	固定资产编号	净残值率	录入人
00001	600	400,000.00	FW-1	0.05	王业务
00003	60	5,000.00	YQ-1		陈主任
00005	60	4,600.00	02002	0.05	李主管
00006	60	4,600.00	02003	0.05	李主管
00007	60	4,600.00	02004	0.05	李主管
00008	60	4,600.00	02005	0.05	李主管
合计：(共计卡片6张)		423,400.00			

图 13-70　查看固定资产减少记录

13.8　现金业务日常处理

现金日常业务处理是指处理企业的日常出纳业务，包括现金业务、银行业务、票据管理及相关报表、系统维护等内容，同时会计人员能在该系统中根据出纳录入的收付款信息生成相关的记账凭证并传递到总账系统中去。

13.8.1　日记账查询

日记账查询包括库存现金日记账查询和银行存款日记账查询。库存现金日记账，是用来逐日逐笔反映库存现金的收入、支出和结存情况，以便于对现金的保管、使用及现金管理制度的执行情况进行严格的日常监督及核算的账簿。银行存款日记账，是用来逐日逐笔反映银行存款增减变化和结余情况的账簿。通常，银行存款日记账由出纳人员进行登记。通过银行存款日记账，可以序时、详尽地提供每一笔银行存款收付的具体信息，全面反映银行存款的增减变化与结存情况。

【例 13-23】　bsp 公司的张会计在月末需要查询本公司的库存现金日记账与银行存款日记账。

操作步骤：

1. 查询库存现金日记账

（1）由张会计在用友 U8 系统主界面【业务导航视图】栏，选择【业务工作】/【财务会计】/【总账】/【出纳】/【现金日记账】明细功能，双击打开【现金日记账查询条件】对话框。

(2)在【现金日记账查询条件】对话框中,如图 13-71 所示,进行设置,再单击 确定 按钮,打开【现金日记账】窗口。

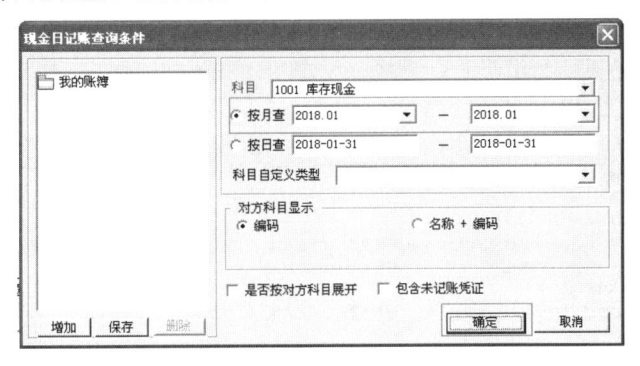

图 13-71 设置现金日记账查询条件

(3)在【现金日记账】窗口的显示区域,如图 13-72 所示,会显示出本期有关库存现金日记账的详细记录。

现金日记账

2018年 月	日	凭证号数	摘要	对方科目	借方	贷方	方向	余额
			上年结转				借	37,400.00
01	05	记-0001	提现备用	100201	10,000.00		借	47,400.00
01	05		本日合计		10,000.00		借	47,400.00
01			当前合计		10,000.00		借	47,400.00
01			当前累计		10,000.00		借	47,400.00

图 13-72 查询现金日记账结果

2.查询银行存款日记账

(1)由张会计在用友 U8 系统主界面【业务导航视图】栏,选择【业务工作】/【财务会计】/【总账】/【出纳】/【银行日记账】明细功能,双击打开【银行日记账查询条件】对话框。

(2)在【银行日记账查询条件】对话框中,如图 13-73 所示,进行设置,再单击 确定 按钮,打开【银行存款日记账】窗口。

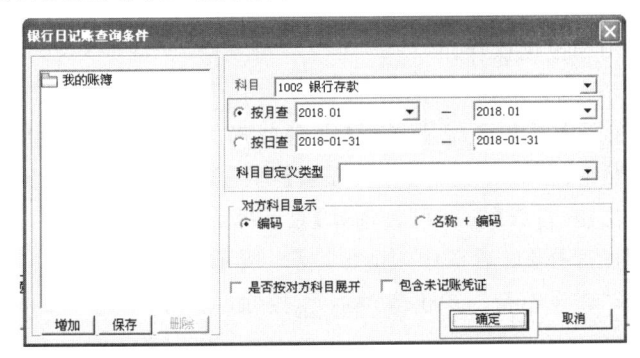

图 13-73 设置银行日记账查询条件

(3)在【银行存款日记账】窗口的显示区域,如图13-74所示,会显示出本期有关银行存款日记账的详细记录。

银行日记账

科目 1002 银行存款

2018年		凭证号数	摘要	结算号	对方科目	借方	贷方	方向	余额
月	日								
			上年结转					借	1,221,300.00
01	05	记-0001	提现备用		1001		10,000.00	借	1,211,300.00
01	05		本日合计				10,000.00	借	1,211,300.00
01	31	记-0002	支付采购货款_102_2007013102ZZ01_2015.01	转账支票-200701	2202		22,230.00	借	1,189,070.00
01	31	记-0003	运费_102_2007013102ZZ01_2015.01.31	转账支票-200701	2202		2,000.00	借	1,187,070.00
01	31	记-0004	直接购入资产		1601		5,000.00	借	1,182,070.00
01	31	记-0007	收款单_102_2015013101ZZ01_2015.01.31	转账支票-201501	1122	42,620.00		借	1,224,690.00
01	31		本日合计			42,620.00	29,230.00	借	1,224,690.00
01			当前合计			42,620.00	39,230.00	借	1,224,690.00
01			当前累计			42,620.00	39,230.00	借	1,224,690.00

图 13-74 查询银行日记账结果

13.8.2 支票管理

企业出纳人员经常要购置大量的空白支票进行资金支付业务,为了加强对购置的现金支票、转账支票、普通支票进行管理,设置了支票管理功能模块,以实现对空白支票的监管使用,防止和杜绝了出纳人员和业务人员责任不明确,以及票据遗漏、丢失等现象的发生。支票管理的主要内容有:支票购置、支票领用、支票报销、支票审核、支票核销等。

空白支票购置并领用后就可自动在票据备查簿中查阅显示,但对付款支票内容的维护只能在票据管理中进行。

【例 13-24】 bsp 公司的张会计因业务需要于 2018 年 1 月 1 日从建设银行琅东支行(银行账号 622700000000)购置了现金支票与转账支票各一本。并在 2018 年 1 月 3 日张会计领用了一张现金支票用于从银行提现,限额为 10000 元,其支票号为 01;2018 年 1 月 31 日张会计又领用了一张现金支票用于购买固定资产,限额为 5000 元,支票号为 02;2018 年 1 月 31 日王业务领用了一张现金支票代垫运费,限额为 500 元,支票号为 03;2018 年 1 月 31 日领用了二张转账支票用于支付材料款,限额为 22230 元,运费限额为 2000 元,支票号为 04、05,并且在 2018 年 1 月 31 日相关付款业务已全部完成。要求:由张会计完成支票领用和报销操作。

操作步骤:

(1)由张会计在用友 U8 系统主界面【业务导航视图】栏,双击【业务工作】/【财务会计】/【总账】/【出纳】/【支票登记簿】明细功能,打开【银行科目选择】对话框。

(2)在【银行科目选择】对话框中,如图 13-75 所示,在【科目】栏中,选择"建设银行";单击 确定 按钮,打开【支票登记簿】窗口。

(3)在【支票登记簿】窗口中,如图 13-76 所示,单击

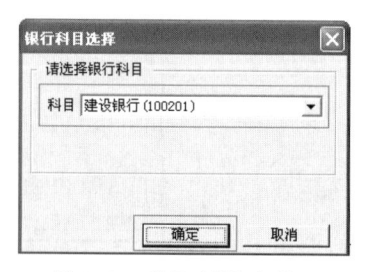

图 13-75 设置选择银行科目

菜单栏的 增加 按钮,新增一条支票信息;在【领用日期】文本编辑框中,选择输入"2018.01.03";在【领用部门】文本编辑框中,选择输入"管理部";在【领用人】文本编辑框中,选择输入"张会计";在【支票号】文本编辑框键入"01";在【用途】文本编辑框键入"提现备用";在【付款银行名称】文本编辑框中,选择输入"中国建设银行琅东支行";在【银行账号】文本编辑框中,键入"622700000000";在【报销日期】文本编辑框中,选择输入"2018.01.31";在【预计金额】文本编辑框中键入"10 000.00";单击 按钮,完成支票信息的录入及报销。

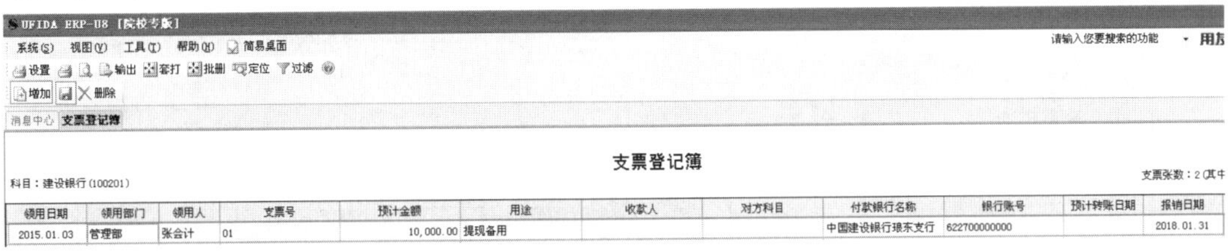

图 13-76 录入支票信息

提示 1:在【报销日期】文本编辑框未输入日期时,支票信息栏呈白色,表示"未报销";在【报销日期】文本编辑框输入日期后,支票信息栏呈黄色,表示"已报销"。

(4)重复步骤(3),如图 13-77 所示,录入其他支票的信息并完成审核。

图 13-77 录入其他支票信息并报销

13.8.3 银行对账单录入

银行对账单录入是指将银行出具的对账单录入到本系统中。银行对账单可以逐笔登记,也可以从银行取得对账单文档(要求:必须转化成文本文件,即扩展名为 TXT 文件),直接引入。

【例 13-25】 bsp 公司的张会计于 2018 年 1 月 31 日从建设银行取回本月的银行存款对账单,对账单信息见表 13-2。要求:由张会计录入银行存款对账单。

表 13-2　　　　　　　　　　银行存款对账单

日期	摘要	结算方式	支票号	借方	贷方
2018-01-01	期初			923800	
2018-01-03	提现备用	现金支票	Xj0103	10000	
2018-01-05	代垫运费	现金支票	Xj0112	500	

操作步骤:

(1)由张会计在用友 U8 系统主界面【业务导航视图】栏,选择【业务工作】/【财务会计】/【总账】/【出纳】/【银行对账】/【银行对账期初录入】明细功能,双击打开【银行科目选择】对话框。

(2)在【银行科目选择】对话框中,如图 13-78 所示,在【科目】栏选择"建设银行(100201)",单击 确定 按钮,打开【银行对账期初】窗口。

(3)在【银行对账期初】窗口中,如图 13-79 所示,启用日期选择"2018.01.01",在"单位日记账调整前余额"栏和"银行对账单调整前余额"栏都输入期初余额数"923 800.00",单击菜单栏 退出 按钮,完成录入。

图 13-78　设置银行科目选择

图 13-79　录入银行对账期初余额

注意:"启用日期"必须与账套启用日期一致或者迟于账套启用日期。

(4)在用友 U8 系统主界面【业务导航视图】栏,选择【业务工作】/【财务会计】/【总账】/【出纳】/【银行对账】/【银行对账单】明细功能,双击打开【银行科目选择】对话框。

(5)在【银行科目选择】对话框中,如图 13-80 所示,在【科目】栏中选择"建设银行(100201)";【月份】选择"2018.01-2018.01";单击 确定 按钮,打开【银行对账单】窗口。

(6)在【银行对账单】窗口中,如图 13-81 所示,单击菜单栏 增加 按钮;在【日期】文本编辑框中,选择输入"2018.01.03";在【结算方式】文本编辑框中,选择输入"101"(现金支票);在【借方金额】文本编辑框键

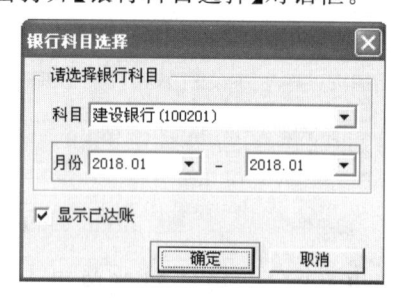

图 13-80　设置选择银行科目

入"10 000.00";单击 按钮,完成录入。用同样方法录入"代垫运费"的信息。

日期	结算方式	票号	借方金额	贷方金额	余额
2018.01.03	101	Xj0103	10,000.00		933,800.00
2018.01.31	101	Xj0112	500.00		934,300.00

图 13-81　银行对账单

13.8.4 银行对账

银行对账是指将企业的银行存款日记账与银行出具的银行对账单之间进行核对。银行对账是企业银行出纳员的最基本工作之一,企业的结算业务大部分要通过银行进行结算,但由于企业与银行的账务处理和入账时间不一致,往往会发生双方账面记录不一致的情况。为了防止记账发生差错,准确掌握银行存款的实际金额,企业必须定期将企业银行存款日记账与银行出具的对账单进行核对。

【例 13-26】 bsp 公司的张会计于 2018 年 1 月 31 日录入银行对账单后,与建设银行银行存款进行对账,并编制银行存款余额调节表,核实银行存款情况。

操作步骤:

(1)在用友 U8 系统主界面【业务导航视图】栏,选择【业务工作】/【财务会计】/【总账】/【出纳】/【银行对账】/【银行对账单】明细功能,双击打开【银行科目选择】对话框。

(2)在【银行科目选择】对话框中,如图 13-82 所示,在【科目】栏中,选择"建设银行";【月份】选择"2018.01-2018.01";单击 确定 按钮,打开【银行对账】窗口。

图 13-82 设置选择银行科目

(3)在【银行对账】窗口中,如图 13-83 所示,单击工具栏的 对账 按钮,打开【自动对账】对话框,单击【结算票号相同】和【结算方式相同】前的 ☑ 按钮,最后单击 确定 按钮,进行自动对账。

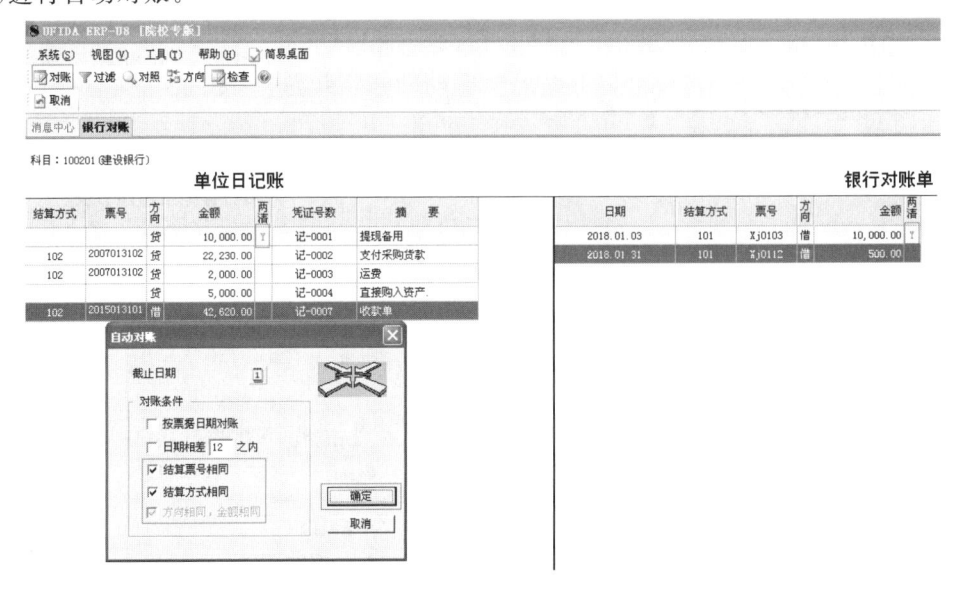

图 13-83 进行自动对账

技巧 1:在【自动对账】对话框中,【方向相同,金额相同】选项是系统默认必须勾选的,【结算票号相同】和【结算方式相同】选项我们也应当勾选;【按票据日期对账】和【日期相差

_之内】选项可根据企业实际需要进行输入和勾选。

技巧2：自动对账不完整的还可以手工进行对账：双击【单位日记账】选中款项的【两清】栏，出现红色"Y"字样；【银行对账单】的对应款项也进行相同操作。剩余未能对账的款项我们称之为未达账项。

(4)在【银行对账】窗口中，如图13-84所示，单击菜单栏的 检查 按钮，打开【对账平衡检查】对话框，查看对账是否已平衡；确认平衡后，单击 确定 按钮，完成检查。

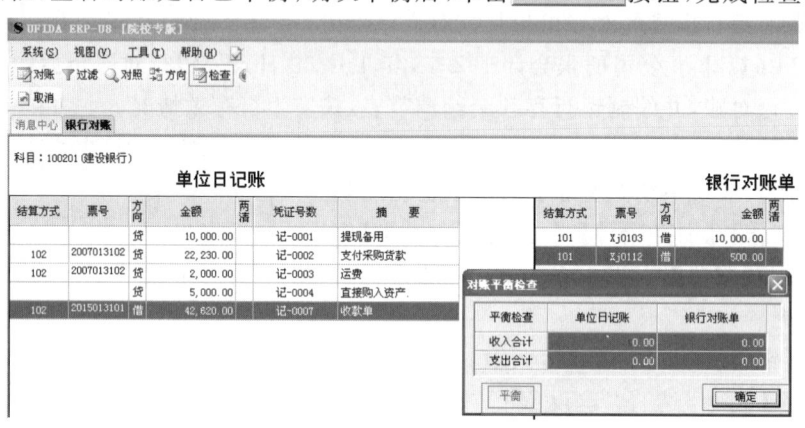

图13-84　检查银行对账是否平衡

(5)在用友U8系统主界面【业务导航视图】栏，选择【业务工作】/【财务会计】/【总账】/【出纳】/【银行对账】/【余额调节表查询】明细功能，双击打开【银行存款余额调节表】窗口。

(6)在【银行存款余额调节表】窗口中，如图13-85所示，单击菜单栏的 查看 按钮，打开【银行存款余额调节表】对话框；查看【单位日记账】和【银行对账单】的"调整后余额"是否相等；确认相等后，单击工具栏的 退出 按钮，退出此窗口。

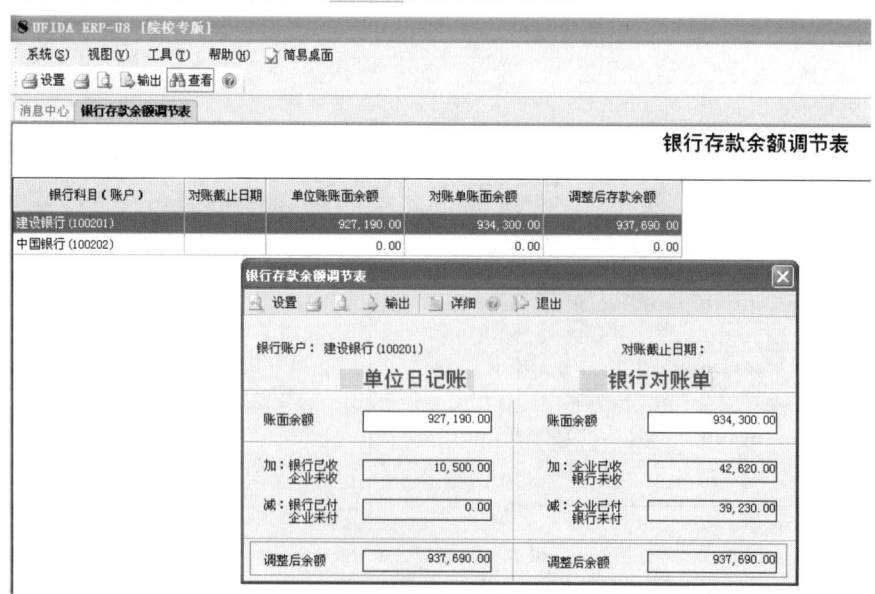

图13-85　查看银行存款余额调节表

13.9 工资核算业务日常处理

工资核算业务日常处理主要包括：工资数据录入、工资计算及审核、工资发放、工资费用分摊、相应的凭证管理工作、员工的个人所得税计算以及人员变动的调整。在企业中，工资核算是一项工作量大、准确性要求高、涉及面广的一项工作，如果系统设置得完善、日常处理流程合理，将会大大减轻工作人员的工作量、提高工作效率。在此，为大家将提供一个较为优化的工资业务处理流程，其基本流程如图 13-86 所示。

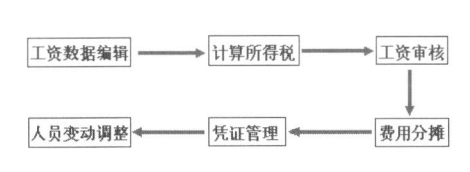

图 13-86 工资业务处理流程

企业薪资业务处理

13.9.1 工资数据编辑

工资数据编辑主要是将企业员工每月的原始工资数据录入到系统中，并计算出一些需要计算的项目，如应发合计、实发合计等。在录入工资数据时，可以直接手工录入，也可以由各下级单位统一报送之后，引入到本系统。

【例 13-27】 bsp 公司的李主管月末收齐了 1 月各部门员工的工资数据单后，将数据录入到工资管理系统中，并计算出各计算项、合计项。工资数据单见表 13-3。

表 13-3　　　　　　　　　　2018 年 1 月工资数据单

职员代码	职员姓名	部门代码	部门名称	基本工资	奖金
0101	李主管	01	管理部	7100	1000
0102	张会计	01	管理部	8000	850
0103	陈主任	01	管理部	3000	600
0201	赵生产	02	生产部	2500	650
0301	王业务	03	供销部	3100	550

操作步骤：

(1)李主管在【业务工作】窗口，选择【人力资源】/【薪酬管理】/【设置】/【业务处理】/【工资变动】明细窗口，打开【工资变动】窗口，进行工资录入。

(2)在【工资变动】窗口中，参照【例 13-27】中表 13-3 的资料，如图 13-87 所示，将基本工资与奖金进行修改，录入正确后，单击工具栏的"退出"按钮，弹出薪酬管理提示框，如图 13-88 所示，点击 是 ，系统会自动对工资进行核算，点击 退出 按钮，退出即可。

选择	人员编号	姓名	部门	人员类别	基本工资	补贴	奖金	应发合计	代扣税	扣款合计	实发合计	年终奖	年终奖代扣税	工资代扣税	扣税合计
	0101	李主管	管理部	在职人员	7,100.00		1,000.00	8,100.00	71.50	1,853.50	6,246.50			71.50	71.50
	0102	张会计	管理部	在职人员	8,000.00		850.00	8,850.00	120.25	2,067.25	6,782.75			120.25	120.25
	0103	陈主任	管理部	在职人员	3,000.00		600.00	3,600.00		792.00	2,808.00				
	0201	赵生产	生产部	在职人员	2,500.00		650.00	3,150.00		693.00	2,457.00				
	0301	王业务	供销部	在职人员	3,100.00		550.00	3,650.00		803.00	2,847.00				
合计					23,700.00	0.00	3,650.00	27,350.00	191.75	6,208.75	21,141.25	0.00	0.00	191.75	191.75

图 13-87 录入工资数据

图 13-88 薪酬管理

13.9.2 个人所得税计算

所得税计算即按照税法规定，对公司员工的个人所得进行所得税的计算，企业可根据需要设置多种计税方案，以满足核算的需要。

【例 13-28】 bsp 公司的张会计在月末录入并计算完本月所有的工资数据之后，对员工的工资进行个人所得税的扣除计算。

操作步骤：

（1）在【业务工作】窗口中，选择【人力资源】/【薪酬管理】/【业务处理】/【扣缴所得税】明细窗口，打开【扣缴所得税】窗口，进行所得税录入。

（2）打开【扣缴所得税】窗口，弹出【个人所得税申报模板】，如图 13-89 所示，单击【扣缴个人所得税报表】，单击 打开 按钮，弹出【所得税申报】窗口，如图 13-90 所示，在【过滤方式】下选择"按部门""按税率"和"全部人员"，点击 确认 按钮即可打开【系统扣缴个人所得税报表】，如图 13-91 所示。

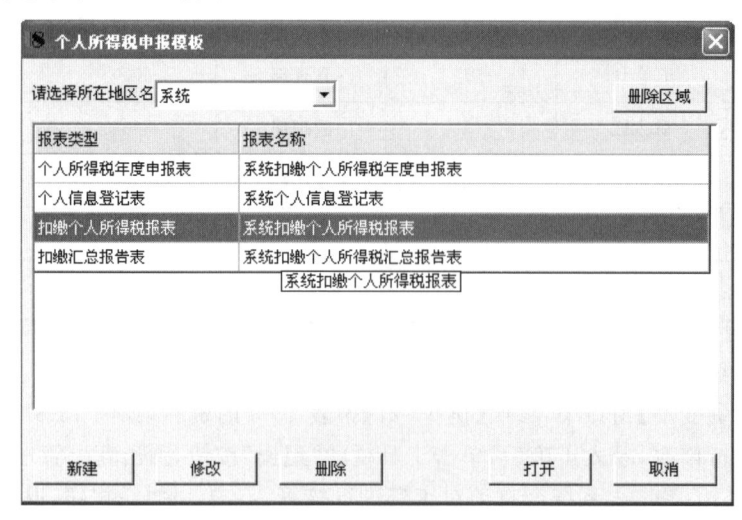

图 13-89 个人所得税申报模板

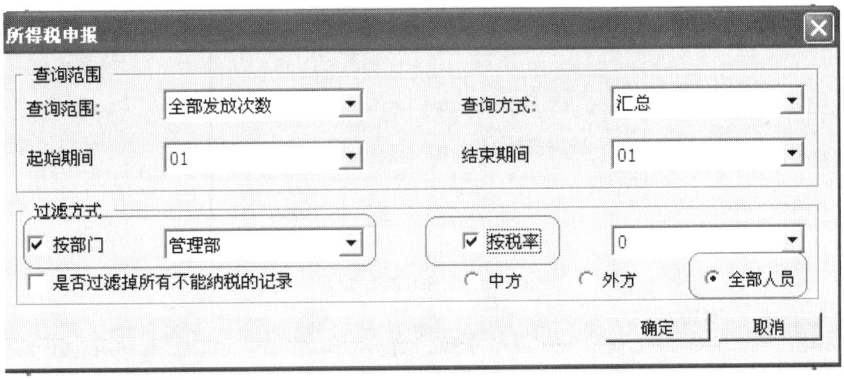

图 13-90　所得税申报

(3)在【所得税申报】中,如图 13-91 所示,就会显示扣缴所得税的结果,点击退出即可。

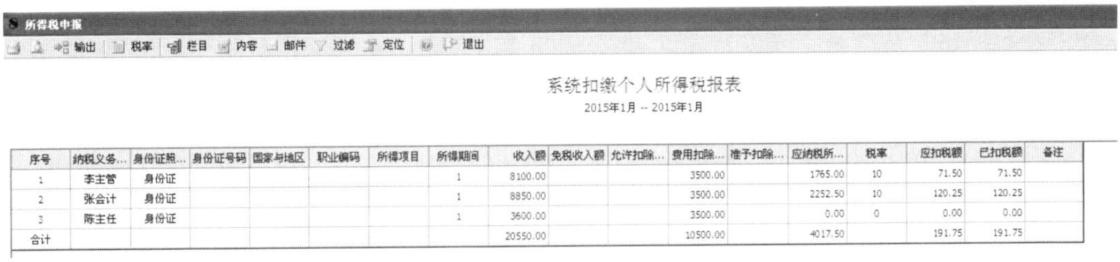

系统扣缴个人所得税报表

2015年1月 -- 2015年1月

序号	纳税义务...	身份证照...	身份证号码	国家与地区	职业编码	所得项目	所得期间	收入额	免税收入额	允许扣除...	费用扣除...	准予扣除...	应纳税所...	税率	应扣税额	已扣税额	备注
1	李主管	身份证					1	8100.00			3500.00		1765.00	10	71.50	71.50	
2	张会计	身份证					1	8850.00			3500.00		2252.50	10	120.25	120.25	
3	陈主任	身份证					1	3600.00			3500.00		0.00	0	0.00	0.00	
合计								20550.00			10500.00		4017.50		191.75	191.75	

图 13-91　系统扣缴个人所得税报表

13.9.3　工资费用分摊

完成了工资数据的录入、个人所得税的计算之后,为了将本企业的工资业务记录下来,并反映到会计记录当中,对外进行报告,需要对本月员工的工资数据按员工的职能进行费用分摊。在工资管理系统中,工资费用分配模块是工资管理系统与总账系统的接口。

【例 13-29】 bsp 公司每月月末要求:张会计按部门汇总,对员工的应发工资费用进行分配。

操作步骤:

(1)在【业务工作】窗口中,选择【人力资源】/【薪酬管理】/【业务处理】/【工资分摊】明细窗口,双击打开【工资分摊】窗口,点击【工资分摊设置】,弹出【分摊类型设置】窗口,点击 增加 ,弹出【分摊计提比例设置】窗口,如图 13-92 所示,在“计提类型名称”中填入“管理费用”,点击 下一步(N) 按钮,弹出【分摊构成设置】窗口,在“部门名称”文本对话框中,输入“管理部”,“借方科目”中,输入“管理费用”,“贷方科目”中,输入“应付职工薪酬”,如图 13-93 所示,然后点击 完成(F) 按钮,相关信息可以在【工资分摊】窗口的左边查看,如图 13-94 所示 。同理再增加“制造费用”和“销售费用”的计提费用类型,如图 13-95 所示。

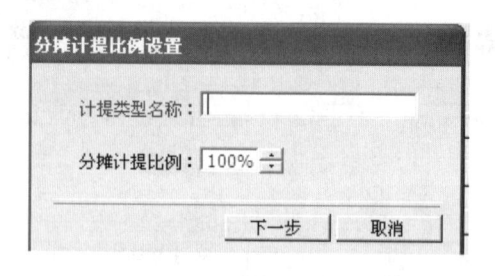

图 13-92　分摊计提比例设置

图 13-93　分摊构成设置

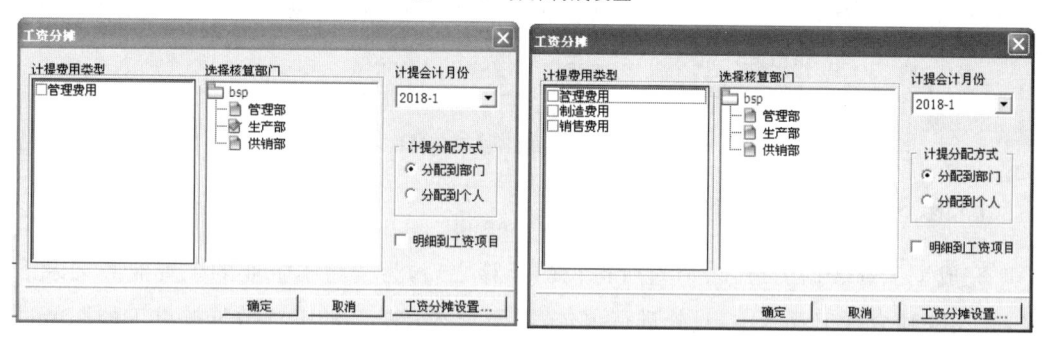

图 13-94　计提费用类型　　　　　图 13-95　工资分摊－计提费用类型

（2）在【工资分摊】对话框中，如图 13-96 所示，在【计提费用类型】中，全选；在【选择核算部门】中，全选；选择"分配到部门"，单击确定按钮，弹出【管理费用一览表】窗口。

（3）在【管理费用一览表】窗口中，如图 13-97 所示，在"借方科目"中，输入"6602"，在"贷方科目"中输入"2211"，然后点击"制单"按钮，生成凭证，如图 13-98 所示，在右上方，选择"记"字，点击保存即可。

（4）用同样的方法，生成"制造费用"和"销售费用"凭证。

第 13 章　日常业务处理的具体方法

图 13-96　选择工资类别

图 13-97　管理费用一览表

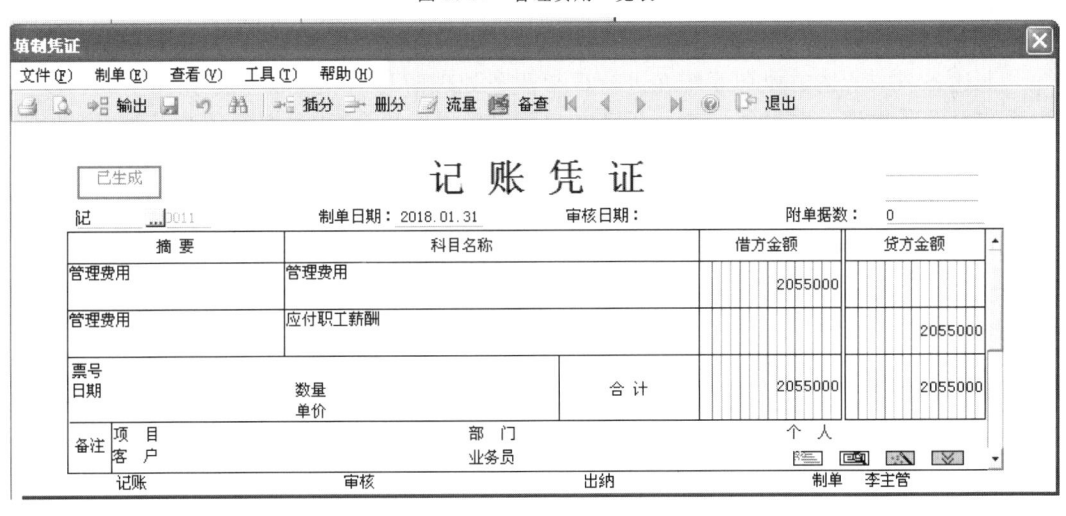

图 13-98　管理费用凭证

13.9.4　工资凭证管理

工资凭证管理主要是指对工资管理系统生成的凭证进行相关的处理,如查看、打印、删除等操作。

【例 13-30】 bsp 公司的张会计生成本月工资费用分配凭证之后,需要检查凭证的正确性。

操作步骤:

(1)在【业务工作】窗口中,选择【人力资源】/【薪酬管理】/【统计分析】/【凭证查询】明细功能,双击打开【凭证查询】对话框。

(2)在【凭证查询】对话框中,如图 13-99 所示,查询到本月工资分摊到各部门的费用凭证。

业务日期	业务类型	业务号	制单人	凭证日期	凭证号	标志
2018-01-31	管理费用	1	李主管	2018-01-31	记-11	未审核
2018-01-31	制造费用	2	李主管	2018-01-31	记-12	未审核
2018-01-31	销售费用	3	李主管	2018-01-31	记-13	未审核

图 13-99 工资分摊到各部门的费用凭证

13.10 各业务系统传递到总账系统中凭证处理

上述各节中所述的业务系统在进行日常业务处理时均有相关的业务凭证生成,并已由系统自动传递到总账系统。这些凭证在总账系统进行集合,由总账系统统一管理,进行审核、汇总与记账,最后再流向报表管理系统,按照一定的格式对外报告。

1. 凭证审核

凭证审核的功能与操作步骤与 10.2.4 中所述内容完全一样,在此不再详述。

【例 13-31】 由李主管在总账系统中对所有的凭证进行审核。

操作步骤:参照【例 10-4】中的操作步骤完成。

2. 凭证汇总与记账

凭证汇总的功能与操作步骤在 10.2.5 中已进行了详述,在此不再阐述;凭证记账的功能与操作步骤在第 10.5.3 中进行了详述,在此不再阐述。

【例 13-32】 由李主管在总账系统中对所有的凭证按一级科目进行汇总。

操作步骤:参照【例 10-5】中的操作步骤完成。

【例 13-33】 由李主管在总账系统中对所有的凭证进行记账。

操作步骤:参照【例 10-6】中的操作步骤完成。

13.11 小　　结

本章作为本书的核心部分,同时也是重点与难点部分,是企业管理日常经营业务所必需的。笔者以案例的形式对用友 ERP 的几大主要功能模块,如采购管理、销售管理、仓存管理、存货核算、应收款管理、应付款管理、固定资产管理、现金管理、工资管理九个模块的日常业务处理进行了较为详细的阐述。在处理过程中,以企业的日常业务的发生顺序为主线贯穿整个处理流程,同时又兼顾了各职能模块业务处理的先后顺序及其完整性。

13.12 习　　题

引入第五章习题的账套,完成下面各项操作,并进行数据备份。

A 公司在 2018 年 1 月发生如下业务。要求:本公司的相关人员按照公司要求各自完成各自的工作任务。

1.2018 年 1 月 1 日向北方仪器公司发出采购订单,要求:订购塑粒 2000 千克,双方协商价格为 10 元/千克,验货后付款,到货日为 2018 年 1 月 3 日。2018 年 1 月 3 日,塑粒到货,并验货入库、保管。同时收到供货方提供的增值税专用发票一张,以及运费发票一张,金额 2000 元。2018 年 1 月 3 日,进行采购发票与货物入库单的确认勾稽。

2.于 2018 年 1 月 1 日,向北方仪器公司采购的 2000 千克塑粒中,有 100 千克质量不合格,公司决定 2018 年 1 月 8 日,从原料库退货。2018 年 1 月 9 日,公司收到对方开出的红字增值税专用发票。

3.2018 年 1 月 10 日,接到南方电子的订单一份。要求:订购塑管 100 件,单价 1600 元(不含税),于 2018 年 01 月 12 日发货。开具了增值税专用发票,同时替对方垫付了运费 500 元。并对所产生的销售发票、费用发票与销售出库单进行勾稽。

4.2018 年 01 月 12 日,销售给南方电子的塑管中,有 10 件机箱因有质量问题,南方电子要求:退货。A 公司答应其退货要求,于 2018 年 1 月 15 日收到南方电子退回的 10 件塑管,同时开具红字增值税专用发票给对方。

5.2018 年 01 月 12 日,生产部为进行生产,领用了 600 千克塑粒,准备生产。

6.生产部于 2018 年 1 月 28 日,生产完工入库 200 件塑管,每件成本为 1000 元。

7.2018 年 1 月 28 日由于生产的需要,有 8 件塑管需要再进行加工,从产品库调拨到材料库。

8.2018 年 1 月 30 日,对"产品库"进行盘点,发现塑管比账存数少了一件,作盘亏处理,同时生成盘亏单。

9.在每月月末,对本期所有外购入库存货进行成本核算,确定采购入库成本。

10.在月末对本期所有自制产品入库进行成本核算,确定自制产品入库成本为 1000 元/件。

11.在月末对本期所有发出产品的成本进行核算,确定发出产品的销售成本。

12.在月末生成本期所有采购发票,采购费用发票,出库、入库、销售发票,销售费用发票等供应链业务的凭证。

13.2018 年 1 月 31 日,收到南方电子的建设银行转账支票一张,编号为:ZZS01,用于偿付本月12日购买塑管的货款及代垫的运费。

14.2018年1月31日,生成本月相关的应收单据凭证。同时对本月的应收款进行到款结算核销。

15.2018年1月31日,计提本月坏账准备,按应收账款余额的0.5%的比例计提。

16.2018年1月31日,支付向北方仪器公司采购材料款项,同时支付运费。开出建设银行的转账支票一张,编号为:ZZF01。

17.2018年1月31日,生成本月相关的应付单据凭证,对本月的付款单进行付款结算核销。

18.2018年1月31日,购入一台生产用设备,总金额为5000元,已开出建设银行的现金支票支付,编号为:XJF01。具体资料见表13-4。

表 13-4　　　　　　　　　　新增固定资产卡片信息表

资产编码	YQ-1	变动方式	购入
名称	设备	使用部门	生产部
类别	生产线	折旧费用科目	制造费用
计量单位	台	币别	人民币
数量	1	原币金额	5000
经济用途	经营用	开始使用日期	2018-01-31
使用状态	正在使用	折旧方法	平均年限法(基于入账原账)

19. 2018年1月31日,报废一台电脑,清理残值收入100元,收到现金,未发生清理费用。

20.月末生成本月相关固定资产业务的凭证。

21.直接从总账引入本月的日记账数据。

22.月末因业务需要,查询本公司的库存现金日记账与银行存款日记账。

23. 2018年1月1日,从建设银行购置了现金支票与转账支票各一本。并对本月相关支票的领用及核销进行管理。

24.月末对本公司的员工工资数据进行了统计,统计结果见表13-5,并分摊相关工资费用,计提养老保险金、住房公积金、医疗保险金,代扣代缴个人所得税。

表 13-5　　　　　　　　　　本公司1月份工资数据表

职员姓名	所属部门	基本工资	奖金	补贴	代扣水电费
zhuguan	管理部	1800	800		120
kuaiji	管理部	1600	700	110	
ziguan	管理部	1750	800	80	
shenchan	生产部	1850	900	60	
yewu	业务部	1600	800	120	

25.在总账系统中,对生成的各业务凭证进行审核与记账。

第 14 章

期末业务处理

本章要点

本章所述的期末业务处理是第 13 章日常业务处理的结束,也为下一个周期的业务处理开始做准备。本章遵循用友 U8 系统各模块之间的数据流程关系,对各业务管理子系统的期末业务处理流程及处理要点进行阐述。主要包括存货核算、应收款管理、应付款管理、固定资产管理、工资管理、现金管理、总账七个管理子系统的期末业务处理操作。

在用友 U8 系统中,各业务管理子系统的数据流是相通的,在进行期末业务处理时一定要遵循其产品设计的流程,保证各业务处理的完整性与一致性。在企业的各业务模块对日常业务进行管理时,为了能满足会计上的"会计分期"的核算需求,一般在每一个会计期间的期末(一般为月末)对所有日常业务进行相关的月末费用计提与分摊,月末的结转、对账与结账等各种期末处理。

14.1 期末业务处理概述

期末业务处理是指财务人员为了及时总结企业的经营活动满足会计核算及会计报告的需求,人为地进行"会计分期"核算,在每个会计期末进行的相关结转、期末对账与结账工作。

14.1.1 期末处理的功能

在用友 U8 系统中,各业务管理子系统的期末处理功能各有不同,但主要有期末费用计提与分摊、期末对账、期末结账等。

期末结转业务是指根据会计制度的规定和成本计算的要求,在每期期末进行计提,分摊当期发生的各种的费用,结转各收入成果账户和成本费用账户的工作,并在此基础上,准确地核算本期的经营成果。

期末对账是指为了保证账簿记录的真实、可靠,对账簿和账户所记录的有关数据加以检查和核对的工作。账簿记录的准确与真实、可靠,不仅取决于账簿本身,还涉及账簿与凭证的关系,以及账簿记录与实际情况是否相符的问题。

期末结账是指在一定时期内发生的经济业务全部登记入账的基础上,将各账簿记录结出本期发生额和期末余额的工作。结账以后,不能再处理已结账月份的业务。

14.1.2 期末结账的顺序

期末结账业务处理的顺序安排要结合系统模块的配置情况而定。在运用供应链业务管理系统进行各业务管理的情况下,首先要对各业务管理系统进行期末处理工作,在此基础上总账系统再对各业务管理系统传递的数据进一步进行损益结转和结算。如果本书是采用财务业务一体化流程进行阐述的,其期末结账业务处理的具体流程如图14-1所示。

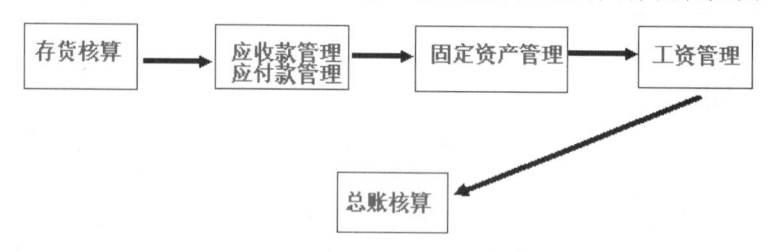

图 14-1 期末结账业务处理流程图

14.2 存货业务期末处理

期初、期末余额是进行存货核算以及仓存管理的重要依据,因此,在存货核算系统中一定要进行期末结账处理,将本期所有数据结转到下一期,包括:结转数量与金额,同时要注意在用友 U8 系统供应链中,只在存货核算系统中进行期末处理,在其他各模块中不需要进行。存货业务期末处理一般要经过两个环节,即期末对账与结账。

14.2.1 期末对账

供应链管理系统在期末结账前,往往需要对本期的出入库单据进行后续处理,如出入库核算、生成凭证、与财务系统对账等。但此时本期的核算单据录入尚未截止,可能会造成对账结果的不确定,而通过对账功能可截至本期的出入库单据的录入和其他处理,有利于为期末结账前的核算处理创造稳定的数据环境。

【例 14-1】 bsp 公司在月末由王业务对存货核算系统进行期末对账。

操作步骤:

(1)由王业务进行系统登录。在用友 U8 系统【登录】窗口中,在【操作员】文本编辑框中,输入"王业务",单击【确定】按钮,登录到用友操作平台。

(2)在【业务工作】窗口中,选择【供应链】/【存货核算】/【财务核算】/【与总账对账】明细功能,双击打开【与总账对账】向导对话框。

(3)在【与总账对账】窗口中,如图 14-2 所示,显示存货系统与总账系统数量、金额相符,可以进行期末结账。

第14章 期末业务处理

与总账对账

科目		存货系统							总账系统			
编码	名称	期初结存金额	期初结存数量	借方发生金额	借方发生数量	贷方发生金额	贷方发生数量	期末结存金额	期末结存数量	期初结存金额	期初结存数量	借方发生金额	借方发生数量
140301	生产用原材料	380000.00	38000.00	21000.00	1900.00	6000.00	600.00	395000.00	39300.00	380000.00	38000.00	21000.00	1900.00
1405	库存商品	1050000.00	5250.00	10000.00	200.00	17699.50	91.00	1042300.50	5359.00	1050000.00	5250.00	10000.00	200.00

图 14-2 与总账对账

14.2.2 期末结账

期末结账是指截至本期所有核算单据的处理，计算本期的存货余额，并将存货余额转入到下一期，同时系统将当前期间下置一个期间。在期末结账前，系统会自动对本期的核算单据进行检查，从而判断物流业务是否已处理完整，若不完整，会给出相应的提示。

【例 14-2】 bsp 公司在 1 月末由王业务对存货核算系统进行期末结账处理。

操作步骤：

在【业务工作】窗口中，选择【供应链】/【存货核算】/【业务核算】/【月末结算】明细功能，双击打开【月末结账】向导对话框，选择一月份，点击 确认 按钮即可。

14.3 应收款/应付款业务期末处理

应收款/应付款业务期末处理是在此系统中，对所有的单据进行了审核、核销处理，相关单据均已生成了凭证的前提下，要将此系统与物流系统、总账系统进行对账的环境检查，以保证对账正确。其内容主要包括：期末对账检查、对账及期末结账。

14.3.1 对账检查与对账

对账检查是指对应收款/应付款业务系统当期的单据、凭证以及核销、票据等操作进行检查。检查当前期间是否存在未审核的单据；是否有未进行凭证处理的单据以及未进行核销、票据处理的单据；物流系统录入发票的期间与应收应付期间是否一致。对账是指应收款/应付款业务系统与总账系统进行对账。

【例 14-3】 bsp 公司月末由张会计对应收款管理系统及应付款管理系统进行期末对账检查及对账处理，要求：选择对账方式为会计科目对账。

操作步骤：

(1)由张会计在【业务工作】窗口，选择【财务会计】/【应收款管理】/【账表管理】/【业务账表】/【与总账对账】明细功能，双击打开【与总账对账】对话框，弹出【对账条件】窗口，如图 14-3 所示，单击 确定 按钮，查看对账结果。

(2)在【与总账对账结果】对话框中，如图 14-4 所示，应收系统与总账是平衡的。

14.3.2 结账

当本期所有操作完成后，如果所有单据进行了审核、核销处理，相关单据已生成了凭证，同时与总账等系统的数据资料已核对完毕，此时可进行期末结账工作。期末结账之后，系统进入下一个会计期间，同时，对本期相关业务再进行处理，如需要处理可进行反结

图 14-3　对账条件

图 14-4　对账检查完成及结果

账处理。

【例 14-4】 bsp 公司的张会计在月末对应收款管理系统及应付款管理系统进行期末对账检查及对账通过之后,进行期末结账。

操作步骤:

1. 应收款管理系统期末结账

(1)在【业务工资】窗口中,选择【财务会计】/【应收款管理】/【期末处理】/【月末结账】明细功能,双击打开【月末处理】对话框。

(2)在【月末处理】对话框中,选择"一月",点击"下一步",点击"完成",弹出"应收款管理"提示框,结账完成。

2. 应付款管理系统期末结账

参照上述 1 中的(1)~(3)步,完成应付款管理系统的期末结账处理。

14.4　固定资产业务期末处理

固定资产管理系统的期末处理主要包括折旧管理、期末对账与结账。如果在启用固定资产管理系统时未选择"在对账不平的情况下允许固定资产月末结账",则必须在实现总账与固定资产管理系统对账平衡的基础上才能对固定资产管理系统进行结账。在此还需要注意,尽管有这一选项,但在实际工作中是不允许选择的。

尽管在用友 U8 系统的固定资产管理系统中,实现了固定资产业务处理和总账核算处理的无缝连接,但为了防止用户不通过固定资产系统直接在总账系统录入固定资产凭证,导致业务数据与财务数据核对不上,还必须将固定资产系统的业务数据与总账系统的财务数据进行核对,以及时发现错误。

期末结账是指在完成当前会计期间的业务处理后,将当期与固定资产的有关账务处理如折旧或变动等信息转入已结账状态,即不允许再进行修改和删除,同时进入到下一期间,开始新业务的处理。

【例 14-5】 bsp 公司的陈主任确定本月相关固定资产业务已处理完毕,进行期末对账与结账处理。

操作步骤:

(1)陈主任在用友 U8 系统主界面【业务导航视图】栏,选择【业务工作】/【财务会计】/【固定资产】/【处理】/【月末结账】明细功能,双击打开【月末结账】对话框。

(2)在【月末结账】对话框中,如图 14-5 和图 14-6 所示,单击 开始结账 按钮,开始进行结账;结账完成后,弹出【与账务对账结果】对话框,单击 确定 按钮,退出窗口。

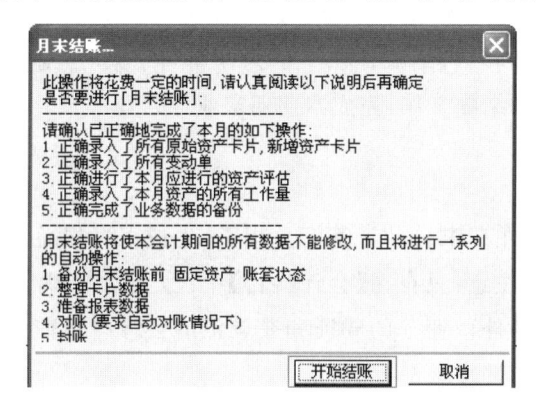

图 14-5 开始月末结账

图 14-6 查看对账结果

14.5 工资核算业务期末处理

工资核算业务的期末处理就是进行期末结账。期末结账是用于在月末或在一次工资发放完成之后对相应的数据进行结账处理,以便进行下一期或下一次工资发放,开始新的工资业务的处理。

【例 14-6】 bsp 公司的张会计对工资管理系统进行期末结账处理。

操作步骤:

(1)陈主任在用友 U8 系统主界面【业务导航视图】栏,选择【业务工作】/【人力资源】/【薪资管理】/【业务处理】/【月末处理】明细功能,双击打开【月末处理】对话框。

(2)在【月末处理】对话框中,如图 14-7 所示,单击 确定 按钮,弹出【薪资管理】提示"月末处理后,本月工资将不许变动!继续月末处理吗?",单击 是 按钮,完成月末处理。

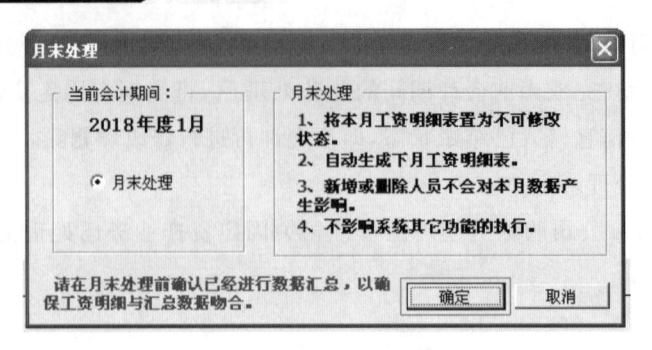

图 14-7 确认月末处理

14.6 总账系统期末处理

总账系统业务的期末处理是在其他各业务管理子系统完成期末处理的基础上进行的,其主要内容有期末调汇、结转损益、自动转账、结账。在一个会计期间结束时,对所有凭证进行记账处理后,进行程序性的对账和结账工作,完成本期期末业务处理。

14.6.1 期末调汇

期末调汇主要用于对外币核算的账户在期末自动计算汇兑损益,生成汇兑损益记账凭证及期末汇率调整表。在期末调汇时要注意:只有在【会计科目】中设定【期末调汇】的科目才能进行期末调汇处理;本期所有涉及外币业务的凭证和要调汇的会计科目需要全部录入完毕并审核过账。

【例 14-7】 bsp 公司的张会计从市场外汇牌价得知本期期末美元的汇率为 8.8。由张会计进行本期期末调汇。由李主管对汇兑损益凭证进行审核、记账。

(1)张会计在【业务工作】窗口,选择【财务会计】/【总账】/【期末】/【汇兑损益】明细功能,双击打开【汇兑损益】对话框。

(2)在【汇兑损益结转设置】对话框中,在【汇兑损益入账科目】对应的表单元中,输入"6061",在"是否计算汇兑损益"栏中,选择"Y",点击 确定 按钮即可。

(3)结转汇兑损益。由张会计在【业务工作】窗口,选择【财务会计】/【总账】/【期末】/【转账生成】明细功能,双击打开【转账生成】对话框。

(4)双击打开【转账生成】对话框后,如图 14-8 所示,选择"汇兑损益结转",在【外币币种】中,选择"USD",在【是否结转】中,选择"Y",点击 确定 按钮,生成汇兑损益试算表,如图 14-9 所示,点击 确认 按钮,生成汇兑损益凭证,如图 14-10 所示,对凭证进行审核、记账。

图 14-8 汇兑损益结转

图 14-9 汇兑损益试算表

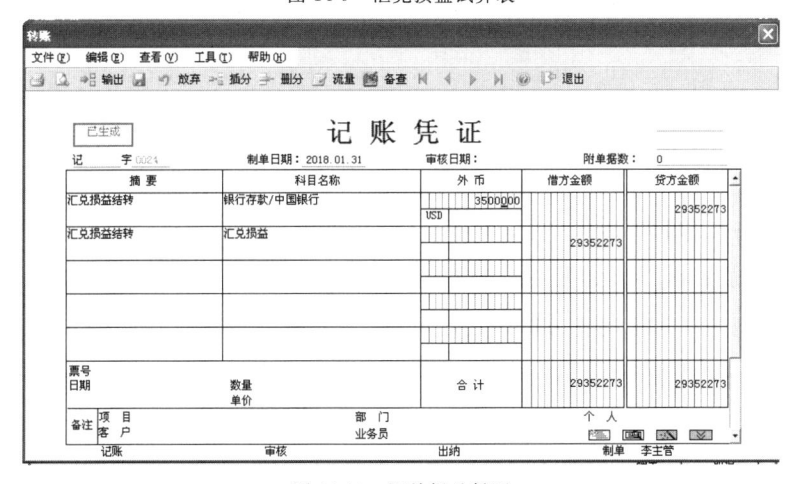

图 14-10 汇兑损益凭证

14.6.2 结转损益

结转损益是指期末将各损益类科目的余额转入"本年利润"科目,以反映企业在一个会计期间内实现的利润或亏损总额，同时生成一张结转损益记账凭证。

【例 14-8】 bsp 公司的张会计在本期末结转本期损益。同时要李主管对结转损益凭证进行审核、记账。

操作步骤：

(1)张会计在【业务工作】窗口，选择【财务会计】/【总账】/【期末】/【转账定义】/【期间损益】明细功能，双击打开【期间损益结转设置】对话框。

(2)在【期间损益结转设置】对话框中，如图 14-11 所示，在【本年利润科目】中输入"本年利润"，点击 确定 按钮。

损益科目编号	损益科目名称	损益科目账类	本年利润科目编码	本年利润科目名称	本年利润科目账类
6001	主营业务收入		4103	本年利润	
6011	利息收入		4103	本年利润	
6021	手续费及佣金收入		4103	本年利润	
6031	保费收入		4103	本年利润	
6041	租赁收入		4103	本年利润	
6051	其他业务收入		4103	本年利润	
6061	汇兑损益		4103	本年利润	
6101	公允价值变动损益		4103	本年利润	
6111	投资收益		4103	本年利润	
6201	摊回保险责任准备金		4103	本年利润	
6202	摊回赔付支出		4103	本年利润	
6203	摊回分保费用		4103	本年利润	
6301	营业外收入		4103	本年利润	
6401	主营业务成本		4103	本年利润	

每个损益科目的期末余额将结转到与其同一行的本年利润科目中。若损益科目与之对应的本年利润科目都有辅助核算，那么两个科目的辅助账类必须相同。损益科目为空的期间损益结转将不参与

图 14-11 期间损益结转设置

(3)在【业务工作】窗口中，选择【财务会计】/【总账】/【期末】/【转账生成】明细功能，双击打开【转账生成】对话框，如图 14-12 所示，选择"期间损益结转"，点击 全选(A) 按钮，再单击 确定 按钮，生成凭证，如图 14-13 所示，李主任对凭证进行审核、记账。

(4)结转完成期间损益后，查看发生额及余额表。在【业务工作】窗口中，选择【财务会计】/【总账】/【账表】/【科目账】/【余额表】明细功能，双击打开【发生额及余额表】对话框，如图 14-14 所示，注意检查损益类科目期末有无余额，没有余额是正确的。

第 14 章 期末业务处理

图 14-12 结转损益科目设置

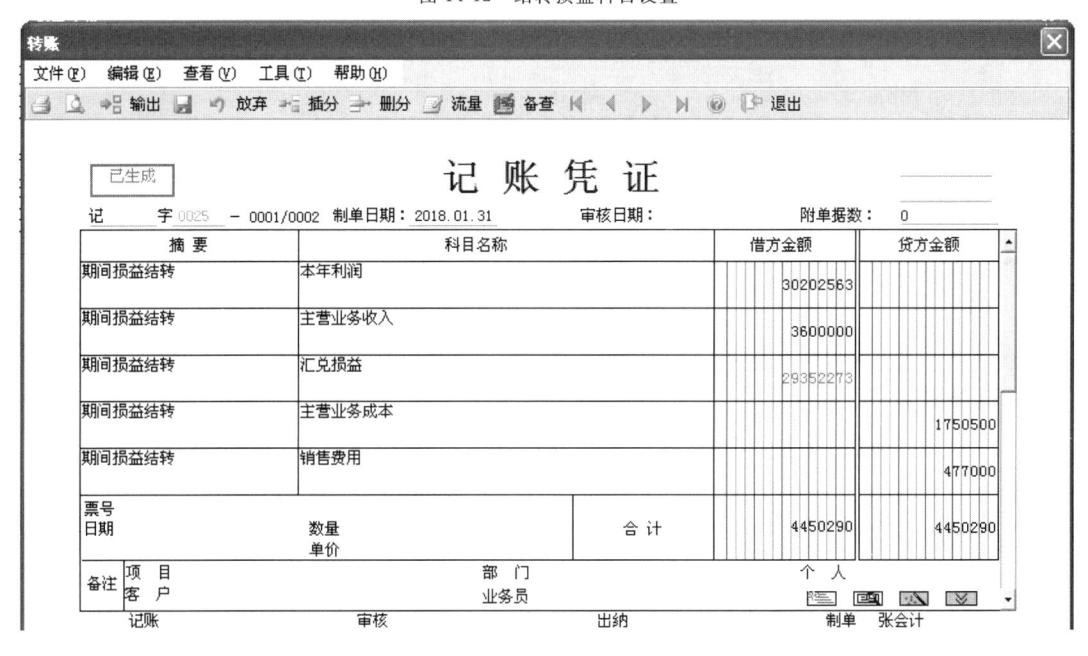

图 14-13 生成期间损益的凭证

14.6.3 结账

总账系统的结账操作是一个会计期间期末处理的最后一项操作,结账只能在每期期末进行一次,且必须按月连续进行。在进行期末结账前,一定要将本月所有的凭证进行审

发生额及余额表

科目编码	科目名称	期初余额 借方	期初余额 贷方	本期发生 借方	本期发生 贷方	期末余额 借方	期末余额 贷方
1001	库存现金	37,400.00		10,000.00		47,400.00	
1002	银行存款	1,221,300.00		42,620.00	333,252.73	930,667.27	
1122	应收账款	40,000.00		42,620.00	42,620.00	40,000.00	
1402	在途物资			20,000.00	21,000.00		1,000.00
1403	原材料	380,000.00		21,000.00	6,000.00	395,000.00	
1405	库存商品	1,050,000.00			17,699.50	1,042,300.50	
1601	固定资产	1,423,000.00		5,000.00	4,600.00	1,423,400.00	
1602	累计折旧		500,000.00	1,580.00	2,603.40		501,023.40
1606	固定资产清理			3,020.00	3,020.00		
资产小计		4,151,700.00	500,000.00	155,840.00	427,775.63	3,881,787.77	502,023.40
2001	短期借款		534,000.00				534,000.00
2202	应付账款		13,300.00	24,230.00	23,400.00		12,470.00
2211	应付职工薪酬				27,350.00		27,350.00
2221	应交税费			3,400.00	6,120.00		2,720.00
负债小计			547,300.00	27,630.00	56,870.00		576,540.00
4001	实收资本		3,062,400.00				3,062,400.00
4103	本年利润			302,025.63	302,025.63		
4104	利润分配		42,000.00				42,000.00
权益小计			3,104,400.00	302,025.63	302,025.63		3,104,400.00
5001	生产成本			6,000.00	10,000.00		4,000.00
5101	制造费用			3,150.00		3,150.00	
成本小计				9,150.00	10,000.00	3,150.00	4,000.00
6001	主营业务收入			36,000.00	36,000.00		
6401	主营业务成本			17,505.00	17,505.00		
6601	销售费用			4,770.00	4,770.00		
6602	管理费用			22,033.40	22,033.40		
6711	营业外支出			194.50	194.50		
损益小计				80,502.90	80,502.90		
合计		4,151,700.00	4,151,700.00	575,148.53	575,148.53	4,186,963.40	4,186,963.40

图 14-14 发生额及余额表

核、记账,否则,系统会拒绝结账。结账后,不能再处理当月的凭证。结账后,本期各账户的期末余额将结转为下一期的期初余额。

【例 14-9】 bsp 公司的张会计对总账系统进行期末结账。

操作步骤:

(1)张会计在【业务工作】窗口,选择【财务会计】/【总账】/【期末】/【结账】明细功能,双击打开【结账】对话框。

(2)双击打开【结账】对话框,弹出如图 14-15 所示的对话框;单击"下一步",跳转到"核对账簿"对话框;点击"对账"按钮,进行对账;对账完成,点击"下一步""月度工作报告",试算结果平衡;点击"下一步",结账完成。

技巧:在实际工作中,最好先编制好本期的会计报表,再进行期末结账处理工作。

14.7 小 结

"期末处理"在 U8 系统中举足轻重,实际上起着承上启下的纽带作用,只有本期的期末数据正确了,下期的期初数据才有保障,才能为下一个会计期间的业务处理提供一个良好的基础。本章是对用友 U8 系统在财务业务一体化的业务应用上期末处理的一个总

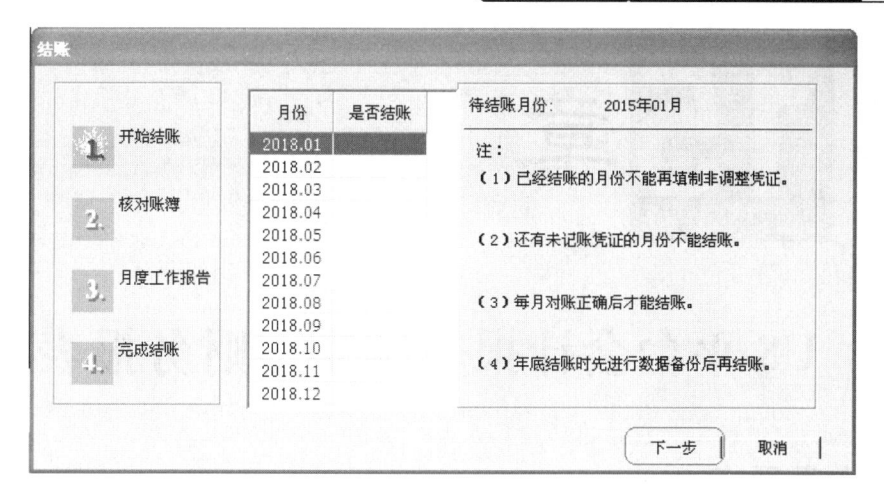

图 14-15　结账第一步

结,遵循系统的数据流程、业务的发生顺序,采用案例的形式对各模块的期末处理进行了阐述。只要按照本章的演示流程按部就班地操作,就可以掌握用友 U8 系统期末处理的规律,工作起来得心应手。

14.8　习　题

请引入第 13 章的习题账套,完成下列任务之后,将账套数据进行备份。

本期期末,按照 A 公司财务人员的分工要求,完成所有子系统的期末处理工作。已知:2018 年 1 月 31 日,美元的市场汇率为 8.4。

第15章

U8平台会计报表编制与财务报表分析

本章要点

本章主要介绍了自定义报表的编制、系统预制报表模板的运用以及一些主要财务分析方法的应用。本章是企业在一个经营期间结束后,对其经营效果的一个评价、分析和对外报告的手段。为下一个会计期间进行经营活动决策,起着极为重要的参考作用,为企业调整经营范围、投资方向等管理行为起着警示作用。

会计报表是以货币为计量单位,总括反映企业和行政、事业等单位在一定时期内的财务收支和经营成果情况的报告文件。会计报表比其他会计资料更能够综合、全面、系统地反映企业的经营状况与成果,不仅是一个会计期间工作的综合成果,同时,也标示着一个会计期间工作的结束。而财务分析则是在会计报表的基础上,采用一定的数学模型和计算方法,对多种数据进行整合分析,从无序散乱的数据中提取数据,对已有的财务状况和经营成果及未来前景进行的一种评价和决策分析,为企业的财务决策、计划、控制提供广泛的帮助。

15.1 会计报表的编制

编制会计报表是会计核算的一项专门方法,它将日常核算中繁多分散的会计资料,按照统一的会计制度要求,规定的格式和编制方法,加以归类、整理、汇总,形成一套完整的指标体系。在ERP系统中,会计报表的编制一般要经过三个步骤:选择报表模板、定义报表公式、生成报表。

15.2 报表应用

期末编制会计报表是一件非常烦琐的工作,且报表的结构及公式定义也比较复杂,在通过大量的计算公式编制会计报表的过程中很容易因细小的错漏而导致报表数据不正确。为此,在用友U8系统中,为了企业会计报表编辑的便利,已经按照企业会计准则的

第 15 章　U8 平台会计报表编制与财务报表分析

要求预置了各种报表的格式及公式定义,在企业需要编制相应的报表时,只需要调出相应的报表模板,按照企业的实际情况稍做修改并生成报表数据即可,这样可以最大限度地减轻财务人员编制报表的工作量。

【例 15-1】 bsp 公司要求:张会计生成 2018 年第 1 期的利润表及资产负债表。

操作步骤:

1. 生成利润表

(1)张会计在【业务工作】窗口中,选择【财务会计】/【总账】/【UFO 报表】,双击打开【UFO 报表】窗口。

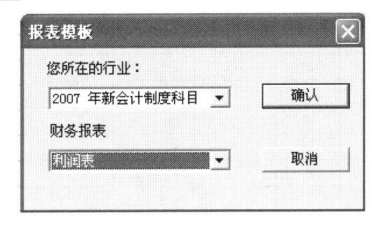

(2)在【UFO 报表-[report1]】中,点击工具栏左上角的 按钮,添加报表,单击"格式",选择"报表模板(m)",弹出【报表模板】窗口,如图 15-1 所示,选择 2007 年新会计制度科目 和 利润表 ,点击 确定 按钮,弹出如图 15-2 所示的用友软件提示框,点击 确定 即可。

图 15-1　选择报表模板　　　图 15-2　用友软件提示框

(3)打开利润表,如图 15-3 所示,显示的是格式化下的利润表,点击左下角的"格式",弹出用友软件提示框,如图 15-4 所示,点击 是 按钮,即生成利润表,如图 15-5 所示。

图 15-3　利润表模板

(4)对生成的利润表要进行保存,点击■按钮或"另存为",对所做的利润表进行保存。

2.生成资产负债表

操作步骤:

(1)由张会计在用友U8系统主界面【业务导航视图】栏,选择【业务工作】/【财务会计】/【UFO报表-[report1]】明细功能,双击打开【UFO报表-[report1]】窗口。

图15-4 用友提示框

利润表

会企02表

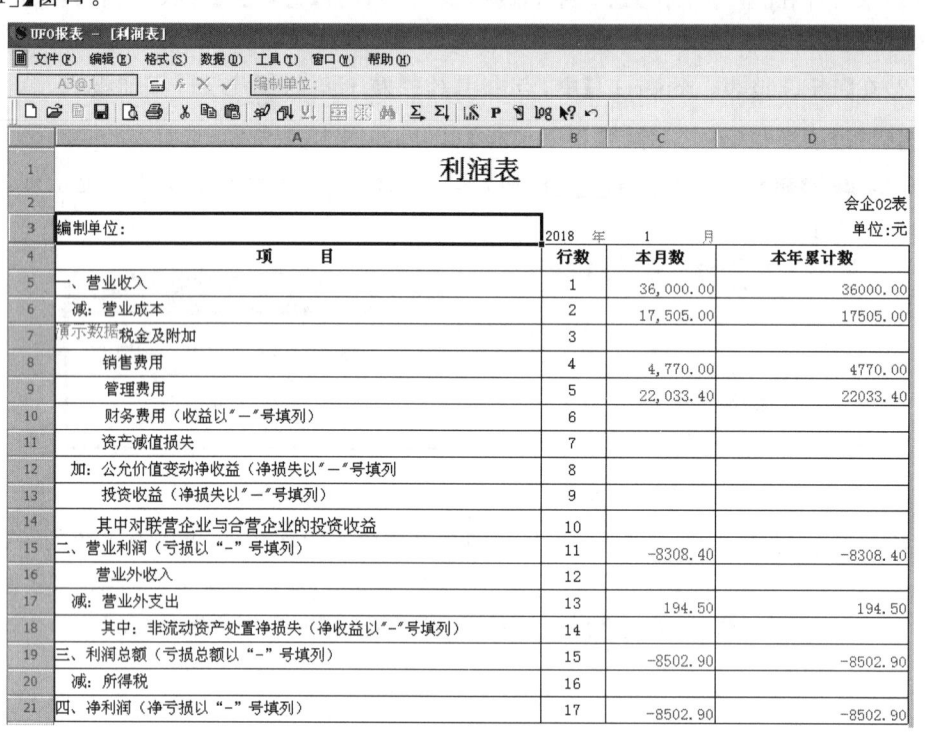

编制单位: 2018年 1 月 单位:元

项目	行数	本月数	本年累计数
一、营业收入	1	36,000.00	36000.00
减:营业成本	2	17,505.00	17505.00
税金及附加	3		
销售费用	4	4,770.00	4770.00
管理费用	5	22,033.40	22033.40
财务费用(收益以"-"号填列)	6		
资产减值损失	7		
加:公允价值变动净收益(净损失以"-"号填列)	8		
投资收益(净损失以"-"号填列)	9		
其中对联营企业与合营企业的投资收益	10		
二、营业利润(亏损以"-"号填列)	11	-8308.40	-8308.40
营业外收入	12		
减:营业外支出	13	194.50	194.50
其中:非流动资产处置净损失(净收益以"-"号填列)	14		
三、利润总额(亏损总额以"-"号填列)	15	-8502.90	-8502.90
减:所得税	16		
四、净利润(净亏损以"-"号填列)	17	-8502.90	-8502.90

图15-5 利润表数据

(2)在【UFO报表-[report1]】窗口中,单击 按钮,新增一张报表;单击菜单栏的 格式(S) 按钮,单击选择"报表模板",打开【报表模板】对话框。

(3)在【报表模板】对话框中,如图15-6所示,在【您所在的行业】文本编辑框中,选择"2015新会计制度科目";在【财务报表】文本编辑框中,选择"资产负债表";单击 确认 按钮,如图15-7所示,弹出【用友软件】提示框,单击 确认 按钮,打开【资产负债表】窗口。

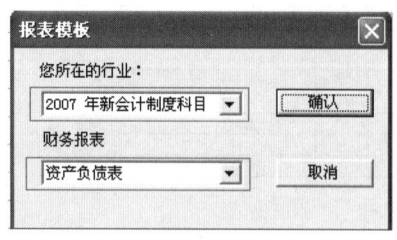

图15-6 设置报表模板   图15-7 用友软件提示

第 15 章 U8 平台会计报表编制与财务报表分析

(4) 在【资产负债表】窗口中,如图 15-8 所示,双击 C15【存货年初数】的"公式单元"单元格,弹出【定义公式】对话框;在【定义公式】文本编辑框中的公式后添加输入"+QC("5001",全年,,,年,,)+QC("5101",全年,,,年,,)";单击 确认 按钮,完成公式定义。

(5) 在【资产负债表】窗口中,如图 15-9 所示,双击 D15【存货期末数】的"公式单元"单元格,弹出【定义公式】对话框;在【定义公式】文本编辑框中的公式后添加输入"+QM("5001",月,,,年,,)+QM("5101",月,,,年,,)";单击 确认 按钮,完成公式定义。

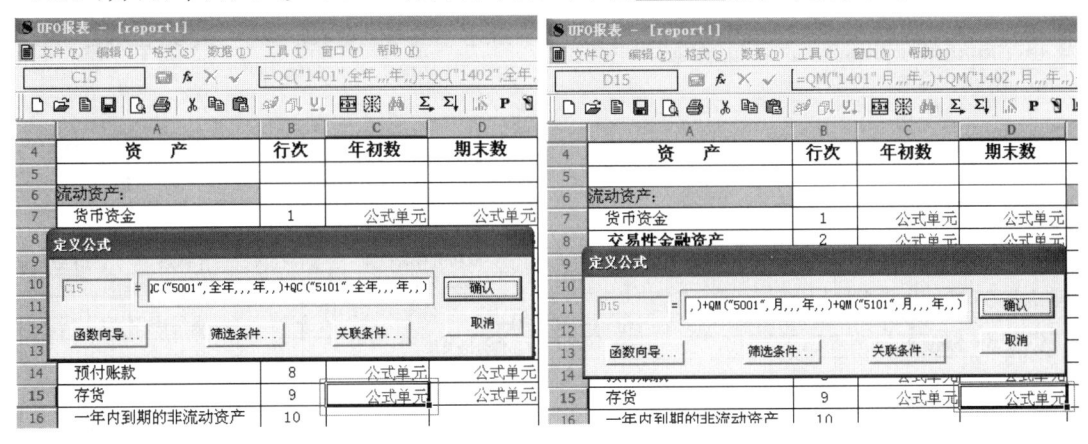

图 15-8 定义【存货年初数】公式

图 15-9 定义【存货期末数】公式

(6) 在【资产负债表】窗口中,如图 15-10 所示,双击 G37【未分配利润年初数】的"公式单元"单元格,弹出【定义公式】对话框;在【定义公式】文本编辑框中的公式后添加输入"+QC("4103",全年,,,年,,)";单击 确认 按钮,完成公式定义。

(7) 在【资产负债表】窗口中,如图 15-11 所示,双击 H37【未分配利润期末数】的"公式单元"单元格,弹出【定义公式】对话框;在【定义公式】文本编辑框中的公式后添加输入"+QM"4103",日,,,年,,)";单击 确认 按钮,完成公式定义。

图 15-10 定义【未分配利润年初数】公式

图 15-11 定义【未分配利润期末数】公式

(8)在【资产负债表】窗口中，单击页面左下角 格式 按钮，使之变成 数据 ；单据菜单栏的 数据(D) 按钮，单击选择"整表重算(A)"，如图15-12所示，弹出【用友软件】提示框，单击 是 按钮，完成资产负债表数据计算录入。

(9)在【资产负债表】窗口中，如图15-13所示，资产负债表已经生成完毕，单击菜单栏的 ■ 按钮，完成保存。

图15-12 【用友软件】提示

资产	行次	年初数	期末数	负债和所有者权益（或股东权益）	行次	年初数	期末数
流动资产：				**流动负债：**			
货币资金	1	1,258,700.00	978,067.27	短期借款	34	534,000.00	534,000.00
交易性金融资产	2			**交易性金融负债**	35		
应收票据	3			应付票据	36		
应收股利	4			应付账款	37	13,300.00	12,470.00
应收利息	5			预收账款	38		
应收账款	6	40,000.00	40,000.00	**应付职工薪酬**	39		27,350.00
其它应收款	7			**应交税费**	40		2,720.00
预付账款	8			应付利息	41		
存货	9	1,430,000.00	1,435,450.50	应付股利	42		
一年内到期的非流动资产	10			其他应付款	43		
其它流动资产	11			一年内到期的非流动负债	44		
				其他流动负债	45		
流动资产合计	12	2,728,700.00	2,453,517.77	流动负债合计	46	547,300.00	576,540.00
非流动资产：				**非流动负债：**			
可供出售金融资产	13	演示数据		长期借款	47		
持有至到期投资	14			应付债券	48		
投资性房地产	15			长期应付款	49		
长期股权投资	16			专项应付款	50		
长期应收款	17			预计负债	51		
固定资产	18	1,423,000.00	1,423,400.00	递延所得税负债	52		
减：累计折旧	19	500,000.00	501,023.40	其他非流动负债	53		
固定资产净值	20	923,000.00	922,376.60	非流动负债合计	54		
减：固定资产减值准备	21			负债合计	55	547300.00	576540.00
固定资产净额	22	923,000.00	922,376.60				
生产性生物资产	23			**所有者权益（或股东权益）：**			
工程物资	24			实收资本（或股本）	56	3,062,400.00	3,062,400.00
在建工程	25			资本公积	57		
固定资产清理	26		3,020.00	减：库存股	58		
无形资产	27			盈余公积	59		
商誉	28			未分配利润	60	42,000.00	-260,025.63
长期待摊费用	29			所有者权益（或股东权益）合计	61	3,104,400.00	2,802,374.37
递延所得税资产	30						
其他非流动资产	31						
非流动资产合计	32	923000.00	925396.60				
资产总计	33	3651700.00	3378914.37	负债和所有者权益（或股东权益）总计	62	3,651,700.00	3,378,914.37

图15-13 资产负债表数据

提示：在用友U8系统的资产负债表模板中，5001生产成本、5101制造费用和4103本年利润等科目默认无期末余额，而在我们的账套中，这三个科目是有期末余额的，所以必须通过(4)~(7)步进行相关科目的公式修改，以保证账表数据的正确性。

15.3 小　结

本章以案例为基础，简明扼要的将用友 U8 系统的报表编制方法及常用的财务分析方法进行了阐述，在阐述过程中，流程清楚、步骤明晰、要点突出，让读者能一目了然，抓住学习的重点，从而事半功倍。

15.4 习　题

引入第 14 章的练习账套，完成下列工作：
采用系统内的报表模板，生成本公司第一期的资产负债表、利润表。

参 考 文 献

1. 金蝶软件(中国)有限公司,2015,金蝶 K3 操作手册指南,百度文库,http://wenku.baidu.com

2. 用友网络科技股份有限公司,2015,用友 U8 操作手册及使用指南,百度文库,http://wenku.baidu.com

附　录

财政部关于全面推进我国会计信息化工作的指导意见

财会〔2009〕6号

国务院有关部委、有关直属机构，各省、自治区、直辖市、计划单列市财政厅（局），新疆生产建设兵团财务局：

　　信息化是当今世界发展的必然趋势，是推动我国现代化建设和经济社会变革的技术手段和基础性工程。党中央、国务院高度重视信息化工作，中共中央办公厅、国务院办公厅制定发布了《2006—2020年国家信息化发展战略》（中办发〔2006〕11号），对各部门、各地区提出了全面推进信息化建设的要求，并有计划、有步骤地组织实施。会计信息化是国家信息化的重要组成部分。为了贯彻国家信息化发展战略，全面推进我国会计信息化工作，进一步深化会计改革，充分发挥会计在经济社会发展中的作用，现提出以下指导意见。

一、全面推进我国会计信息化工作的重要意义

　　《2006—2020年国家信息化发展战略》明确指出，国家信息化发展的战略重点包括：推进国民经济和社会信息化、加强信息资源开发利用、推行电子政务、完善综合信息基础设施、提高国民经济信息应用能力等。全面推进会计信息化工作，是贯彻落实国家信息化发展战略的重要举措，对于全面提升我国会计工作水平具有十分重要的意义。

　　会计工作是经济社会发展的基础，直接关系到企事业单位会计信息质量和内部管理、国家宏观决策、社会管理和市场监管以及市场经济秩序和社会公众利益等各个方面。随着社会主义市场经济的不断完善和经济全球化、现代信息技术和网络技术的日益普及，会计工作应当按照国家信息化发展战略的要求，全面推进信息化建设。会计工作与信息化建设密切相关、相辅相成、相互促进。通过全面推进会计信息化建设，能够进一步提升会计工作水平，促进经济社会健康发展。

　　我国会计改革已经取得了显著成效和长足进展。企业会计准则实现了国际趋同并得到有效实施，企业内部控制规范体系建设基本完成，会计人员市场准入制度及会计人才评价体系也已经建立，注册会计师行业管理全面加强，以委托代理记账为主要形式的农村会计服务已经启动，会计理论研究与会计教育水平逐步提升，会计参与企事业单位和社会管理的作用不断加强。在新的形势下，全方位的会计改革与发展要求推进会计信息化建设，会计信息化建设本身也属于会计改革的重要内容，应当顺时应势、抓住机遇，全面推进会计信息化工程，为我国经济社会全面、协调、可持续发展做出应有的贡献。

二、全面推进我国会计信息化工作的目标和主要任务

　　全面推进我国会计信息化工作的目标是：力争通过5～10年的努力，建立健全会计信

息化法规体系和会计信息化标准体系〔包括可扩展商业报告语言（XBRL）分类标准〕，全力打造会计信息化人才队伍，基本实现大型企事业单位会计信息化与经营管理信息化融合，进一步提升企事业单位的管理水平和风险防范能力，做到数出一门、资源共享，便于不同信息使用者获取、分析和利用，进行投资和相关决策；基本实现大型会计师事务所采用信息化手段对客户的财务报告和内部控制进行审计，进一步提升社会审计质量和效率；基本实现政府会计管理和会计监督的信息化，进一步提升会计管理水平和监管效能。通过全面推进会计信息化工作，使我国的会计信息化达到或接近世界先进水平。

根据以上目标，全面推进我国会计信息化工作的主要任务是：

(一)推进企事业单位会计信息化建设。一是会计基础工作信息化，会计基础工作涉及企事业单位管理全过程，只有基础工作信息化，才能为企事业单位全面信息化奠定扎实的基础；二是会计准则制度有效实施信息化，通过将相关会计准则制度与信息系统实现有机结合，自动生成财务报告，进一步贯彻执行相关会计准则制度，确保会计信息等相关资料更加真实、完整；三是内部控制流程信息化，根据企事业单位内部控制规范制度要求，将内部控制流程、关键控制点等固化在信息系统中，促进各单位内部控制规范制度的设计与运行更加有效，形成自我评价报告；四是财务报告与内部控制评价报告标准化，各企事业单位在贯彻实施会计准则制度、内部控制规范制度并与全面信息化相结合的过程中，应当考虑 XBRL 分类标准等要求，以此为基础生成标准化财务报告和内部控制评价报告，满足不同信息使用者的需要。

(二)推进会计师事务所审计信息化建设。一是财务报告审计和内部控制审计信息化，加强计算机审计系统的研发与完善，实现审计程序和方法等与信息系统的结合，全面提升注册会计师执业质量和审计水平；二是会计师事务所内部管理信息化，通过信息化手段实现会计师事务所内部管理的科学化、精细化，促进注册会计师行业做强做大，全面提升会计师事务所的内部管理水平和执业能力。

(三)推进会计管理和会计监督信息化建设。一是建立会计人员管理系统，创新会计人员后续教育网络平台，实现对全社会会计人员的动态管理；二是在全国范围内逐步推广无纸化考试，提高会计从业资格管理工作效率和水平；三是推进信息系统在会计专业技术资格考试工作中的应用，完善会计人员专业技术资格考试制度，切实防范考试过程中的舞弊行为；四是完善注册会计师行业管理系统，建立行业数据库，对注册会计师注册、人员转所、事务所审批、业务报备等实行网络化管理；五是推动会计监管手段、技术和方法的创新，充分利用信息技术提高工作效率，不断提升会计管理和会计监督水平。

(四)推进会计教育与会计理论研究信息化建设。一是建立会计专业教育系统，实时反映和评价会计专业学历教育情况，掌握会计专业学生的培养状况以及社会对会计专业学生的需求，改进教学方法和教学内容，促进会计专业毕业生最大限度地满足社会需求；二是建立会计理论研究信息平台，及时发布和宣传会计研究最新动态，定期统计、推介和评估有价值的会计理论研究成果，促进科研成果转化为生产力，以指导和规范会计理论研究，为会计改革与实践服务。

(五)推进会计信息化人才建设。一是完善会计审计和相关人员能力框架，在知识结构、能力培养中重视信息技术方面的内容与技能，提高利用信息技术从事会计审计和有关监管工作的能力;二是加强会计审计信息化人才的培养,着力打造熟悉会计审计准则制度、内部控制规范制度和会计信息化三位一体的复合型人才队伍。

(六)推进统一的会计相关信息平台建设。为了实现数出一门、资源共享的目标,应当构建以企事业单位标准化会计相关信息为基础,便于投资者、社会公众、监管部门及中介机构等有关方面高效分析利用的统一会计相关信息平台。该平台应当涵盖数据收集、传输、验证、存储、查询、分析等模块,具备会计等相关信息查询、分析、检查与评价等多种功能,为会计监管等有关方面预留接口,提供数据支持。在建立统一的会计相关信息平台过程中,应当关注信息安全。

三、全面推进我国会计信息化工作的措施和要求

(一)高度重视,加强领导

全面推进我国会计信息化工作是一项系统工程,涉及会计改革和经济发展的各个领域,政策性强,技术要求高,社会效用大,应当高度重视,加强领导,统筹规划,有序推进。这项工作做好了,将会带动各地区会计工作水平的全面提升。各地区在会计信息化方面已经做了卓有成效的工作,如企事业单位会计电算化、会计从业资格无纸化考试、注册会计师行业管理系统建设、委托代理记账和会计集中核算等。根据新形势发展的要求,各地区需要从全局和战略高度出发,组织调查研究,总结已有经验,分析存在问题,提出本地区会计信息化建设的战略规划和具体措施。

各级财政部门应当根据本指导意见,结合本地区实际情况,组建本地区会计信息化委员会,加强对会计信息化工作的领导,将推进会计信息化工作列入会计改革与发展的重要议程,从组织领导、制度建设、专业管理、试点工作、人才培养等方面,有序推进本地区会计信息化工作。

(二)明确职责,协调配合

财政部作为我国会计主管部门,负责全国会计信息化工作的组织领导。一是建立和完善会计信息化法规制度体系并组织实施,及时制定或修订会计基础工作规范及其他相关会计信息化管理规定;二是制定会计信息化标准体系并组织实施,当前着重制定基于国家统一的会计准则制度的 XBRL 分类标准;三是制定并实施会计信息化人才培养规划,特别重视复合型会计信息化人才的培养;四是开展会计信息化国际交流与合作,积极参与国际会计信息化技术标准与规则的制定与协调;五是其他有关会计信息化管理工作。

财政部及各地财政部门应当加强与相关部门的协调与合作,整合资源,齐抓共管,形成合力,积极构建统一的会计相关信息平台,促进会计相关信息资源的综合利用,全面提升政府监管效能。

各地财政部门应当按照财政部的统一部署,认真组织实施好本地区会计信息化工作。

(三)重视人才,加快培养

各级财政部门应当采取切实有效措施,抓紧打造会计信息化人才队伍。全面推进会计信息化工作,人才是关键,推动企事业单位、注册会计师审计、会计管理和会计监督的信息化建设,构建统一的会计相关信息平台,都需要强有力的人才保障和技术支持。为此,应当充分利用学历教育、继续教育、实践锻炼、交流培训等途径和方式培养会计信息化人

才,同时要建立和完善会计信息化人才选拔和评价机制,发现和选拔会计信息化人才,在此过程中,要重视会计信息化人才培养与选拔工作的投入,以完成会计信息化人才建设任务,确保会计信息化人才建设与全面推进会计信息化工作的要求相适应。

(四)组织试点,稳步推进

各级财政部门应当根据本指导意见做好全面推进会计信息化的试点工作。试点内容为全面推进会计信息化工作主要任务所涉及的范围。在组织试点工作中,既要防止一哄而起、盲目跟风,又要避免反应迟缓、贻误时机。试点单位的选择应当具有代表性,包括大型企事业单位和大型会计师事务所等。各级财政部门应当积极做好会计从业资格无纸化考试、会计人员管理系统建设、村级委托代理记账等试点和推广工作。试点工作应当制定方案,明确任务,精心组织,先易后难,稳步推进,务求实效。

在推进会计信息化工作中,应当重视发挥会计软件公司和有关服务商的技术支持作用,着力培育一个能够满足信息化发展需要的会计信息化服务产业,促进会计软件公司等提供的产品符合会计信息化法规制度和相关标准的要求。

(五)督促指导,强化监管

各级财政部门应当根据全面推进会计信息化工作的要求,加强对会计信息化建设的指导和监督,通过召开座谈会、现场会和组织经验交流等多种形式,推广先进经验,解决存在问题。在会计信息化工作不断推进过程中,应当督促和指导进展情况,监管会计信息化工作是否符合国家统一的会计准则制度、内部控制规范体系和会计信息化标准的要求,确保完成会计信息化各项任务,努力实现全面推进会计信息化工作的目标。

(六)加强宣传,营造氛围

各级财政部门应充分利用各种媒体,采取多种形式,加强对会计信息化工作的宣传,重点宣传会计信息化建设的意义、目标和主要任务,会计信息化有关法规制度和标准,会计信息化建设方面的重大举措、重要活动、示范企业、人才战略、典型案例,以及会计信息化领域的热点、难点和焦点问题,提高社会各界对会计信息化工作重要性的认识,增强企事业单位和相关人员对会计信息化的应用意识,转变观念、交流意见、普及知识、推广经验,为全面推进会计信息化工作营造良好的社会氛围和发展环境。

财 政 部
二〇〇九年四月十二日